JN225799

条例制定の公法論

村中洋介

条例制定の公法論

学術選書
204
地方自治法

信山社

は し が き

　本書は，近畿大学大学院法学研究科に提出した博士論文で研究してきた地方自治の本旨論および条例制定権論について，関連するその後の研究を含めて，条例制定権に関する研究として取り纏めたものである。

　地方自治に関する公法学からの研究は従来から多くの研究者によってなされているものの，地方自治の実務においては，行政事務の増加や住民の求めるニーズと従来からの地方自治理論との乖離もみられる。地方自治に関する今日的課題についての検討も踏まえて地方自治の本旨論，条例制定権論に関する考察を行うことの必要性を感じ，本書においては，条例制定権に関する研究の観点から，災害行政や受動喫煙防止対策等についての検討を行いつつ，アメリカにおける地方自治との比較を通じて，わが国における今日の地方自治の位置づけを公法学の視点で検討することとしている。

　本書の構想段階においては，地方自治に関する課題の研究全般について幅広く取り纏めることを考えていたものの，本書の中でこれらすべてを網羅することは，筆者の能力超えることに加え，紙幅の関係もあることから，アメリカの地方自治，条例制定権に関する議論を中心に論じることとした。

　本書の構成は，以下の 6 章による構成としている。

　1 章では，比較研究の対象として，アメリカ地方自治の事例を参照し，検討している。アメリカの地方自治に関して今日も判例において用いられているディロンの原則を紹介しつつ，アメリカの地方自治の成り立ち，今日に至るまでのアメリカの地方自治制度について概観している。その上で，州憲法における地方自治に関する規定，ホームルール制度などのアメリカ独自の地方自治制度，アメリカにおける地方自治に関する判例として，City of Trenton v. State of New Jersey, 262 U. S. 182（1923），Atkin v. Kansas, 191 U. S. 207（1903）などを参考にして，アメリカの制度がわが国の地方自治の比較を行うものである。

　また，近時のアメリカにおける腰パン規制の動きに着目し，腰パンを規制する条例と表現の自由に関する考察，ジェニングス判決── Jennings v. Board of Supervisors of Northumberland County, 281 Va. 511（2011）──を参照し，ディロンの原則を前提とする近時のアメリカの地方自治理論の考察等を通じて

v

はしがき

今日のアメリカの地方自治，条例制定の研究を行っている。

2章では，わが国における地方自治の歴史を概観し，今日の地方自治が確立されるまでの沿革を検証することによって，今日の憲法上の地方自治の保障が意味するところを検討している。さらに，今日までの地方自治に関する先行研究，特に憲法上の地方自治の保障の意味するところ，「地方自治の本旨」の意味するところについて概観し，6章での検討につなげるものとしている。

特に地方自治の歴史に関しては，日本国憲法下における戦後地方自治や地方分権改革と比べても，明治期における地方自治改革が革新的で，地方自治的な要素を多分に含むものであることがうかがえる。こうした歴史的背景を基にして，今日の憲法上の地方自治の保障の意味を探ることとしている。

3章では，災害に関する条例制定の事例について検討している。東日本大震災や熊本地震，西日本豪雨など，近時の大規模災害から，災害に備える条例制定についての注目が集まっている。災害対策基本法は，市町村を第一義的な災害対応の行政主体と位置づけており，条例を活用した災害対策あり方も重要視されているものといえるだろう。本書では，まず，活断層上の土地利用について条例で定めている西宮市の事例として，西宮市「震災に強いまちづくり条例」，同「開発事業等におけるまちづくりに関する条例」についての分析とともに，カリフォルニア州における活断層上の土地利用規制にかかる法を参考としながら，特に活断層による地震災害に関する土地利用規制，条例制定のあり方を検討している。

また，「滋賀県流域治水の推進に関する条例」を事例として，河川の氾濫といった洪水災害に関する条例制定，住民避難のあり方の検討をし，滋賀県条例において指定されるような，災害危険区域に指定される浸水想定地域の建築制限等についての分析をしている。さらに，災害時の住民の避難に関連して，避難時に支援を必要とする住民の名簿情報と個人情報保護について「千葉市避難行動要支援者名簿に関する条例」の事例を基に検討をしている。

4章では，受動喫煙防止に関する条例制定の事例について検討している。東京五輪を前にして，国や東京都は，受動喫煙対策を強化することとして，平成30年に健康増進法の改正，東京都の受動喫煙防止条例制定が行われた。東京都では，これに先立ち，「東京都子どもを受動喫煙から守る条例」が制定されるなど，近時，受動喫煙対策が強化されている。各地方公共団体では，路上での喫煙防止，ポイ捨て防止，受動喫煙対策などを目的として，対策が講じられ

ているところであり，本章では，この点に関連して，兵庫県の受動喫煙防止条例の事例を基に，喫煙の自由等の観点を踏まえた検討をしている。また，横浜市路上喫煙防止条例に基づく過料の是非が問われた裁判例，東京都や国の近時の対策についても検討をしている。

5章では，地方公共団体の条例制定に関する事例として，地方公共団体の職員の派遣に関する，神戸市外郭団体第2次訴訟の事例，地方税法の規定と抵触するとされた企業税条例に関する事例を基に，最高裁の判例から，条例制定のあり方を検討することとしている。神戸市外郭団体第2次訴訟は，住民訴訟と権利放棄の議決の関係性という争点が含まれることから注目を集めた事例であり，企業税条例については，神奈川県の臨時特例企業税条例を事例とするものであり，最高裁として地方公共団体の課税権について示した初の判例ということもあり注目を集めた事例である。これらを基に，条例制定のあり方を探るのが本章の狙いである。

6章では，本書のまとめとして，地方自治の本旨の内容の理解，日本国憲法における地方自治の保障，条例制定権の限界，アメリカの地方自治とわが国の地方自治の比較を行っている。ここでは，地方自治の意味，地方自治の本旨の意味を探るほか，従来から地方自治の本旨論における中心的な考え方である制度的保障説についての再考，近時の補完性の原理にかかる議論を踏まえた地方自治の考え方，条例制定のあり方について検討をしているところである。また，アメリカにおける専占の法理について，その言葉を借り，地方自治に関する憲法上求められる専占（地方自治に関して，憲法上地方公共団体に委ねられる，専管事項とでもいうべき考え方）によって地方自治を考えることができないか検討している。

　以上のような構成による本書の執筆にあたっては，本書の基礎となった博士論文での研究やその後の研究において，ご助力，ご指導をいただいた多くの先生方のご尽力の賜物である。

　土屋孝次先生には，近畿大学，その後の研究生活の中で様々な形でご指導をいただいてきた。憲法，アメリカ法に関する指導のみならず，研究者としての姿勢についてもご指導をいただいた。

　博士学位論文の指導においても，学内業務の傍らご指導をいただき，感謝の言葉もない。学部・大学院時代に，サンスタイン教授やブライヤー連邦最高裁

はしがき

判事の講演を連れ立って聴きに行った日々を懐かしく思う。土屋先生には，良き師として，また良き研究仲間としてご指導いただいてきた。近畿大学の学内業務に忙しい今でも，大阪に行った際にはお会いして議論できることを楽しみにしている。本書の出版までには叶わないかもしれないが，お互いに大学の仕事が落ち着いた時には，静岡に招待したいと思う。

村上武則先生には，大学院時代，その後の研究生活の中で，多くのご指導をいただいてきた。地方自治の研究を進めることから，未熟であった行政法の視点について，丁寧にご指導いただき，博士学位論文についても副査として加わっていただくとともに，実質的なご指導をいただいた。

大学の講義や研究指導の中で，村上先生とともに，毎日のように判例や論文を精読したことが今でも目に浮かんでくる。この経験によって，一つひとつの判例を積み重ねて研究することを学び，研究を続けることができた。

博士号を取得し，首都大学東京に奉職した後も，また，電力中央研究所での勤務の折も，事あるごとに村上先生と議論をすることができ，これまでの多くの研究の基礎を築くことができたものと感謝している。

高田篤先生は，大阪大学大学院に研究生として入学する際には，指導教官を引き受けてくださった。地方自治の研究をしたいという私に，「憲法学からの地方自治の研究という理論的な側面も大切だが，具体的な課題等にも焦点をあてて研究をしたらどうか」とのご助言をいただき，その言葉が，その後の行政法の視点からの研究に結びついた。

今日，静岡文化芸術大学において専任教員として奉職できたことも，また首都大学東京等において奉職できたことも，偏に高田先生のご助言によって，その後の行政法の視点からの研究を進めてきた結果であると感謝している。

また，大学院在学中には，本間正明先生に，財政学の視点から地方自治研究に関するご指導をいただき，村上義弘先生に，アメリカの地方自治について多くのご指導をいただいてきた。

博士論文の公聴会においても，近畿大学大学院法学研究科，法学部，法科大学院の先生方から貴重なご意見を多数頂戴し，ここでのご指摘を受けて，本書の刊行に向けて研究を進めてきたところである。

博士号取得までの，研究者としてのはじまりの時期に，多くの先生方のご指導を受けながら成長できた。先生方には心より御礼申し上げる。

博士号取得後に，首都大学東京に奉職した後にも，各先生方にご指導をいた

viii

だいてきたが，特に，行政判例研究会の場を通じて，日ごろから多くの刺激を
いただいてきた。報告の機会もいただき，ここでの報告や塩野宏先生，小早川
光郎先生，宇賀克也先生をはじめとする先生方からのご指摘等が，今日の研究
の礎となっている。研究会の先生方，事務局の皆様に御礼申し上げたい。

　特に宇賀克也先生には，行政法研究への寄稿にお誘いいただき，これを通じ
て研究を重ねることができたことには，感謝の言葉もない。宇賀先生は，これ
から最高裁において多くの行政事件についての判例を導いていくことになると
思うが，私自身も研究者として宇賀先生から多くを学び切磋琢磨していきたい。
宇賀先生のご業績やご活躍を見習い倣うほどの能力は私にはないが，今後の私
の業績を見聞きした際には，ご指導いただきたいと思う。

　首都大学東京では，行政判例研究会にお誘いくださった徳本広孝先生，また
富井幸雄先生をはじめとする公法学の先生方，法科大学院勤務ということもあ
り，多くの法曹を目指す学生や修了生との議論を通じて，多くの学びを得るこ
とができ，博士論文後の業績の多くは，首都大学東京在職中に刊行することが
できた。若手研究者に対する大学の暖かい支援や先生方，事務職員の方々のご
支援によって，本書における研究の多くを取り纏めることができたことに，心
より感謝する。

　平成 29 年から電力中央研究所に勤務することとなった。電力中央研究所で
は，研究所内の業務がある中でも，外部資金による研究の実施をお許しいただ
き，入所間もない若手研究者を支援いただいた。平成 29 年度に，河川財団よ
り助成を受け，滋賀県流域治水の推進に関する条例について研究をさせていた
だいた。ここでの研究は，災害・防災行政の観点からも非常に重要な内容であ
るが，本書において，その研究成果を発信することができるのも，河川財団に
よる助成と，外部資金による研究をお許しくださった電力中央研究所のご支援
の賜物と厚く御礼申し上げる。

　本書の基となった研究の一部に対しては，（公財）河川財団―平成 29 年度
河川基金研究助成金，研究課題「滋賀県流域治水の推進に関する条例の研究」
（平成 29 年度，助成番号：2017-5311-008），Tokyo U-club 第 6 回都市に関する
研究奨励賞最優秀賞研究奨励助成金，受賞研究課題「災害・防災に関する条例
制定の研究」（平成 28 年度）の助成を受けている。ここでの助成を図書資料の
収集やヒアリング旅費等に用いて活用させていただいた。また，本書の出版に
あたっては，静岡文化芸術大学出版助成の交付を受けた。研究助成，出版助成

はしがき

の関係者各位に心より感謝する。

　本書の刊行にあたっては，信山社の今井貴社長をはじめ，編集部の稲葉文子さんには大変お世話になった。初めての単著の刊行ということで，何も分からない筆者に対して，稲葉さんから，丁寧にご助言，ご教示をいただいてきた。

　また，首都大学東京法科大学院の修了生である，寺脇慶くん，井上翔太くんには，本書や本書の基となる研究について専門的な助言や誤りの指摘をいただいた。

　様々な方のご協力により刊行に至ったことに心より感謝する。

　博士論文や過去の研究を読み返しながら，内容等の誤りを修正しつつ本書の完成に至ったものの，不十分な点があろうことを，ご海容いただきたい。

　最後に，研究者としての道を応援し，支援し続けてくれた両親や祖父母をはじめとする家族に心より感謝する。

　令和元年 11 月

　　　　　　　　　遠州灘と東海道新幹線を臨む研究室にて

　　　　　　　　　　　　　　　村 中 洋 介

目　　次

はしがき（*v*）

第1章　アメリカにおける地方自治────────*3*

第1節　アメリカの地方自治制度 ……………………………*3*

第1項　アメリカの地方自治の歴史 ……………………*3*

　1　アメリカ地方自治の誕生（*3*）

　2　アメリカにおける地方自治権（*9*）

　3　アメリカにおけるホーム・ルール（*13*）

第2項　アメリカの現行地方自治制度 …………………*23*

　1　アメリカの地方自治制度──行政（*23*）

　2　アメリカの州（*30*）

　3　アメリカの地方自治制度──議会（*32*）

第2節　アメリカにおける地方自治関連判決 ……………*38*

第1項　トレントン対ニュージャージー判決 …………*38*

第2項　アトキンス対カンザス判決 ……………………*40*

第3項　マクドナルド対シカゴ判決 ……………………*42*

第4項　ワトソン対シアトル判決 ………………………*45*

第3節　アメリカにおける条例──腰パン条例を事例として──………*47*

第1項　アメリカにおける腰パン条例 …………………*47*

第2項　アメリカにおける表現の自由 …………………*48*

　1　象徴的表現（*50*）

　2　United States v. O'Brien（*51*）

　3　Spence v. Washington（*52*）

第3項　アメリカにおける腰パン禁止条例 ……………*53*

第4項　腰パン禁止条例は表現の自由の侵害にあたるか ……*58*

第5項　小　　括 …………………………………………*66*

第4節　アメリカの地方自治──まとめ ……………………*67*

xi

目　次

第1項　ジェニングス判決　Jennings v. Board of Supervisors of Northumberland County, 281 Va. 511（2011）……………68

1　事件の概要（68）

2　最高裁の判断（70）

3　検　　討（72）

第2項　アリゾナ州判決　Arizona v. United States, 567 U. S. 387（2012）と連邦の専占……………76

第3項　アメリカの地方自治における地方自治体と州の関係………82

第2章　わが国における地方自治制度と憲法————87

第1節　わが国における地方自治の沿革 ……………87

第1項　戦前の地方自治制度………87

1　戦前地方自治制度の確立（87）

2　戦前地方議会制度の確立（91）

第2項　戦後の地方自治制度………96

1　戦後地方自治制度の発展（96）

2　戦後地方議会制度の発展（99）

第2節　現行地方自治制度と憲法 ……………102

第1項　憲法が規定する地方自治制度の内容 ……………102

1　地方自治条項が規定された背景（102）

2　92条の内容（103）

3　93条の内容（103）

4　94条の内容（109）

5　95条の内容（110）

第2項　憲法による地方自治の保障 ……………111

1　地方自治権の性質（111）

2　地方自治の本旨の位置づけ（114）

3　補完性の原理（116）

4　住民自治と団体自治（120）

5　地方公共団体の位置づけ（125）

目　次

第3章　災害と条例制定―――133

第1節　西宮市震災に強いまちづくり条例 ……133

第1項　災害に対する土地利用規制 ……133

1　災害と地方公共団体の条例制定（133）

2　西宮市条例の概要（134）

3　国内における活断層を考慮した土地利用（137）

第2項　カリフォルニア州（アメリカ合衆国）における活断層上の土地利用規制 ……139

第3項　活断層上の土地利用規制のあり方 ……142

第4項　西宮市条例の適法性 ……144

1　旧西宮市条例の抵触（145）

2　西宮市条例の抵触（146）

第5項　小　括 ……147

1　西宮市の条例の趣旨と法令（147）

2　災害についての条例の活用（148）

第2節　滋賀県流域治水の推進に関する条例 ……151

第1項　河川による災害防止の現状 ……151

第2項　滋賀県条例の内容 ……153

1　条例による流域治水に対する基本的姿勢（153）

2　具体的な施策の内容（154）

3　条例に基づく建築制限（155）

4　その他の規定（浸水時の避難等）（158）

5　罰　則（160）

6　地先の安全度マップ（161）

第3項　滋賀県条例の検討 ……162

1　条例に基づく建築規制（特に財産権との関係）（162）

2　住民の避難のあり方（166）

3　地先の安全度マップと地価等の関係（169）

第4項　滋賀県条例と災害に関する法制度や判例等との比較 ……170

1　災害と国家賠償訴訟（170）

2　佐用町豪雨災害（172）

3　東日本大震災に関する訴訟（174）

xiii

目　次

　　　　第5項　小　　括 ……………………………………………………177

　　第3節　避難行動要支援者名簿に関する条例 …………………………179

　　　　第1項　問題の所在 ………………………………………………179

　　　　第2項　災対法の改正と避難行動要支援者名簿に関する規定 ……180

　　　　　1　災対法の改正（180）

　　　　　2　避難行動要支援者名簿に関する規定の新設（181）

　　　　第3項　千葉市条例による規定とその運用 ……………………184

　　　　第4項　個人情報保護と避難行動要支援者名簿の関係 …………185

　　　　　1　避難行動要支援者名簿における個人情報保護のあり方（185）

　　　　　2　避難行動要支援者名簿における個人情報保護の課題（188）

　　　　第5項　千葉市条例と個人情報保護 ……………………………189

　　　　　1　名簿情報の収集方法（189）

　　　　　2　名簿情報の外部への提供（190）

　　　　　3　外部へ提供された情報の管理・漏洩リスク（192）

　　　　第6項　小　　括 ……………………………………………………194

第4章　受動喫煙防止と条例─────────────────197

　　第1節　受動喫煙防止条例と憲法 ………………………………………197

　　　　第1項　問題の所在 ……………………………………………197

　　　　第2項　受動喫煙に関する法律および条約 …………………198

　　　　　1　わが国の法律（198）

　　　　　2　国 際 条 約（200）

　　　　　3　健康増進法と施行後の動向（203）

　　　　　4　海外における受動喫煙防止対策（205）

　　　　第3項　受動喫煙に関する判例 ………………………………207

　　　　　1　在監者喫煙権訴訟
　　　　　　　──最大判昭和45年9月16日民集24巻10号1410頁（207）

　　　　　2　旧国鉄禁煙車両設置等請求訴訟
　　　　　　　──東京地判昭和62年3月27日判時1226号33頁（209）

　　　　　3　江戸川区（受動喫煙）訴訟
　　　　　　　──東京地判平成16年7月12日判時1884号81頁（210）

　　　　　4　東京マンション喫煙訴訟
　　　　　　　──東京地判平成24年3月28日LEX/DB文献番号25493352（211）

xiv

目　次

第4項　喫煙の自由と嫌煙権 ……………………………………212
　　1　喫煙の憲法上の位置づけ（212）
　　2　たばこによる健康への影響と人権（214）
第5項　神奈川県および兵庫県の受動喫煙防止条例 …………216
　　1　神奈川県公共的施設における受動喫煙防止条例（217）
　　2　兵庫県条例（218）
　　3　【素案】兵庫県受動喫煙防止条例（220）
　　4　神奈川県条例および兵庫県条例，兵庫県条例素案の比較（221）
第6項　小括（地方公共団体による受動喫煙防止条例制定の限界）……221
　　1　憲法と受動喫煙防止条例（222）
　　2　規制のあり方（225）

第2節　路上喫煙防止条例による規制——横浜市路上喫煙訴訟—— …227
第1項　問題の所在 ………………………………………………227
第2項　横浜市路上喫煙訴訟の概要 ……………………………228
　　1　横浜市条例の概要（228）
　　2　横浜市路上喫煙訴訟の概要（229）
第3項　裁判所の判断 ……………………………………………230
　　1　横浜地判平成26年1月22日判時2223号20頁（230）
　　　a　争点①過料処分と故意・過失（231）
　　　b　争点②過失の有無（232）
　　　c　争点③神奈川県知事の裁決（233）
　　2　東京高判平成26年6月26日判時2233号103頁（233）
　　　a　争点①過料処分の故意・過失（233）
　　　b　争点②過失の有無（234）
第4項　路上喫煙防止条例における規制のあり方 ……………235
　　1　地方公共団体の制定する路上喫煙防止条例の目的（235）
　　2　路上喫煙防止条例における規制の内容（237）
　　3　路上喫煙防止条例における規制としての過料（238）
　　4　過料を科す場合の過失の認定基準（242）
第5項　小括（都市の美観確保とたばこによる住民への健康被害
　　　防止のための条例制定権）………………………………244
第3節　わが国における近時の受動喫煙防止対策 ……………246
　　1　東京都における条例制定（246）

xv

目　次

 2　国の取組み（*247*）

 3　今後の受動喫煙防止対策の目指すべき方向（*249*）

第5章　地方自治の課題 ————————————— *251*

第1節　神戸市外郭団体第2次訴訟 ……………… *251*

第1項　問題の所在 ……………………………… *251*

第2項　事案の概要および判旨 ………………… *252*

 1　事案の概要（地裁・高裁判決まで）（*252*）

  a　訴訟前の概要（*252*）

  b　地裁の判断：神戸地判平成20年4月24日民集66巻6号
   2631頁（*253*）

  c　高裁の判断：大阪高判平成21年11月27日民集66巻6号
   2738頁（*255*）

  (1)　補助金等の違法性（*255*）

  (2)　条例改正による権利放棄の効果（*256*）

  (3)　神戸市長の故意または過失の有無（*256*）

 2　最高裁判決（破棄自判）最二小判平成24年4月20日民集66巻6号
  2583頁（*257*）

  (1)　神戸市長の過失（*257*）

  (2)　議決による権利放棄の有効性（*257*）

第3項　本件の整理と主な争点 ………………………… *260*

 1　本件の整理（*260*）

 2　本件における争点（*261*）

  a　争点①職員の派遣と補助金（*261*）

  b　争点②住民訴訟（*264*）

  c　争点③議会の議決（*265*）

第4項　検　　討 ……………………………………… *267*

 1　本件に関連する判例（*267*）

  a　①職員の派遣と補助金（*267*）

  b　②住民訴訟，③議会の議決（*269*）

  c　住民訴訟の意義についての判例（*273*）

 2　本件最高裁判決の評価（*274*）

  a　①職員の派遣と補助金（*274*）

目　次

　　　　b　争点②住民訴訟（*275*）

　　　　c　争点③議会の議決（権利放棄の議決）（*278*）

　　　　d　議会の議決と権利放棄の効力（*280*）

　第5項　小　　括 …………………………………………………*281*

　　　1　職員の派遣と補助金（*281*）

　　　2　住民訴訟と議会による権利放棄の議決（*283*）

第2節　企業税条例の法律適合性 ………………………………*287*

　第1項　問題の所在 ………………………………………………*287*

　第2項　事案の概要 ………………………………………………*287*

　　　1　企業税条例制定の経緯（*287*）

　　　2　企業税の内容（*290*）

　　　3　地裁，高裁の判断（*291*）

　　　　a　地裁判決：横浜地判平成20年3月19日判時2020号29頁（*291*）

　　　　b　高裁判決：東京高判平成22年2月25日判時2074号32頁（*293*）

　第3項　最高裁判決（破棄自判）最一小判平成25年3月21日

　　　　　民集67巻3号438頁 ……………………………………*297*

　　　1　地方公共団体の条例制定と課税権（*297*）

　　　2　臨時特例企業税条例による課税と法律の規定（*298*）

　第4項　本件の整理 ………………………………………………*300*

　　　1　地方公共団体の条例制定と課税権（*300*）

　　　2　地方税法と条例による課税（*301*）

　第5項　検　　討 …………………………………………………*304*

　　　1　憲法上の地方公共団体の課税権（*304*）

　　　2　地方税法と地方公共団体の課税権（*306*）

　第6項　最高裁判決の意義 ………………………………………*308*

　　　1　地方公共団体の課税権（*308*）

　　　2　徳島市公安条例事件最高裁判決との関係（*309*）

　　　3　地方税条例と地方税法の関係（*311*）

　　　4　金築補足意見（*313*）

　第7項　小　　括 …………………………………………………*314*

第6章　今日の条例制定の限界と地方自治の本旨————*317*

　第1節　今日の条例制定の限界と地方自治の本旨 ……………*317*

xvii

目　次

第1項　条例制定と法令等の関係 ……………………………… *317*
　　1　罪刑法定主義（*319*）
　　2　財　産　権（*321*）
　　3　租税法律主義（*322*）
　　4　条例規定の地域間差異（*324*）
第2項　条例制定の限界 ………………………………………… *325*
第3項　地方公共団体の運営と地方自治の本旨 ……………… *334*

第2節　地方自治とは何か，地方自治の本旨とは何か ………… *336*
第1項　地方自治の意味するところ …………………………… *336*
第2項　地方自治の本旨の意味するところ …………………… *338*
第3項　地方自治の本旨の構成要素としての補完性の原理の
　　　　妥当性 …………………………………………………… *343*
第4項　地方自治の本旨の理解とアメリカの地方自治 ……… *346*
第5項　地方自治の本旨の理解 ………………………………… *348*

第3節　日本国憲法における地方自治の保障の再考 …………… *352*
第1項　地方自治の保障に関する考えの整理 ………………… *352*
第2項　固有権説の理解 ………………………………………… *354*
第3項　伝来説の理解 …………………………………………… *357*
第4項　制度的保障説の理解 …………………………………… *359*
第5項　二層制の保障 …………………………………………… *362*
第6項　地方自治の保障の再考 ………………………………… *365*

第4節　条例制定権 ………………………………………………… *368*
第1項　従来の条例制定権 ……………………………………… *368*
第2項　条例制定権の再考 ……………………………………… *369*
第3項　最高裁判決から導く条例制定権 ……………………… *373*
第4項　条例制定の専占 ………………………………………… *376*

第5節　アメリカの制度の導入可能性 …………………………… *378*

本書を通じて（*385*）
事 項 索 引（*387*）

xviii

条例制定の公法論

第1章　アメリカにおける地方自治

第1節　アメリカの地方自治制度

　わが国の地方制度がどこの国をモデルとして設計されているのかは決して明確ではない。むしろ，地方制度という国家の中のコミュニティーのあり方については諸外国との比較が適当であるとはいえないだろう。ここでは，日本国憲法の制定に関与したアメリカがどのような地方自治制度を採用し，どのように運用されているのか，アメリカにおける地方制度の研究から，日本国憲法における地方自治の研究へとつなげたい。

　アメリカの地方制度の成り立ちは，わが国のそれとは大きく異なる。それは，わが国が単一国家であるのに対して，アメリカが連邦制国家であることからも明らかであるが，アメリカの州，地方自治体[1]の位置づけは，わが国の都道府県・市町村の位置づけとは異なっており，地方議会制度もわが国とは異なる。以下，アメリカの地方自治制度について概観し，わが国の制度との比較についての考察を行う。

第1項　アメリカの地方自治の歴史

1　アメリカ地方自治の誕生

　アメリカは，元来イギリスをはじめとする欧州諸国の植民地として存在しており，独立する前の植民地としてのアメリカは，形式的にはイギリス本国の権力機構の一環として組み込まれていたが，イギリス本国の政府，植民地政府と地方自治体の3層構造をなしており，植民地政府は実質的にかなりの独立性を有していたものとされる[2]。

---

(1)　本書において，断りがない限り，市町村等の地方団体について，アメリカのそれを地方自治体，日本国憲法下のそれを地方公共団体として表記している。

(2)　小滝敏之『米国自治史Ⅰ——建国期アメリカ地方自治の歴史と伝統——』（公人社，2011年）278頁。植民地時代について，「イギリス帝国は当時のスペインやフランスのような帝国としての権力機構を整備していなかったし，機構が存在していたにせよそれは十分には機能していなかった。通商規制についての諸問機関としては，商務院

第1章　アメリカにおける地方自治

　アダム・スミスは『国富論』の中で,「イギリス人植民地 (English colonists) は, 外国貿易を除くあらゆる事項について, 彼ら自身の事柄 (their own affairs) を彼ら自身のやり方で (their own way) 処理する完全な自由をもっている」と述べており[3], ここでは広汎な自治が認められていたことが示唆される[4]。

　植民地も, 4種類に分けられ[5], 時代やその性質によってそれぞれ植民地自治の内容も異なるがアメリカの独立直前の18世紀中頃における植民地の統治機構は, 主に①総督[6], ②参議会または顧問会[7], ③議会下院[8], ④裁判所[9]

　　が1696年以来存在し, 副次的に植民地行政を取り扱っていたが, それは統治機関ではなかった。1768年, ようやく植民地長官職が設けられ, 植民地統治専管の機関が設置されることになった」と述べているものもある(斎藤眞『アメリカ革命史研究——自由と統合』(東京大学出版会, 1992年) 72頁)。

(3)　Adam Smith, *An Inquiry into the Nature and Cause of the Wealth of Nations*, 1776; New Edition Edited by Edwin Cannan, The Modern Library, New York, 1937, 551.

(4)　小滝・前注(2) 279頁。

(5)　社会契約による植民地, 自治植民地 (chartered colony), 領主植民地 (proprietary colony), 王領植民地 (royal colony)。

(6)　総督は本国における国王に当たる地位であり, 行政権を持ち, 軍隊を統括, 植民地議会の召集, 停会, 解散の権限を有し, 立法に対する拒否権を有した。

(7)　Council (参議会) または Court of Assistants (顧問会) は, 元来はイギリスの枢密院的な総督の諮問機関であったが, 次第に, イギリス貴族院のような, 議会の上院的性格を有するようになった。このような中, ペンシルヴァニア, デラウェア以外の植民地においては両院制が成立する。「参議會は總督の諮問と補助の機關であって, 内政, 財務等を擔當する行政長官を含み, 普通十名余から成り行政部を組織した。参議員は多くの場合總督の推薦に基き國王によって任命されたが, 一般に植民地の名門又は富豪の間より出て, 保守的勢力を代表し, 國王と總督の支持者たる人々であった」とされ(アメリカ学会(訳編)『原典アメリカ史(第1巻)——植民地時代』(岩波書店, 1950年) 40-41頁), 参議会(カウンスル)は, 本国における枢密院と貴族院との折衷機関のようなものであって, 執行・司法・立法の機能を担ったもので, これは総督の推薦するおよそ12名の参議 (councillors) から構成され, 大法官 (Chancellor) を兼職した総督とともに, 植民地最高裁判所 (highest provincial court of appeal) としての機能も果たし, 土地の譲与, 議会の召集, 役人の任命, 戦時軍事法の制定, その他植民地の業務運営全般にわたって総督を補佐するとともに, 総督の職責遂行に際して同意を与え, 執行府(行政府)としての責任を負った(小滝・前注(2) 286頁)。

(8)　議会下院は民選の議員によって構成されたが, ここでの選挙権は白人に限られ, またすべての植民地において一定の財産を有することも選挙権の要件とされた。選挙権の要件については,「ニューイングランドでは40シリングの自由土地保有権 (freehold) ないし若干の土地所有者であることが要件とされた。ペンシルヴァニア, メリーランド, デラウェアおよびノースカロライナでは, 50エーカーの土地所有あるいは一定額の財産の所有者とされ, ニュージャージーでは自由土地保有権と50ポンドの価値あ

から構成されていた[10]。ここでの植民地自治においては，その下部の地方自治体の制度も植民地によって異なっていたわけであるが，これについて，田中英夫先生は，「ニュー・イングランドの諸植民地では，それぞれの入植地ごとに作られたタウンが中心になる。タウンの有権者—— freeman ——が全員集まって town meeting を開き，タウンに関する事項を決定し，タウンの運営のための税金の額を定め，行政と治安維持にあたる官吏を選出した。この township の制度が『自治の最良の学校』となった。これに対し，中部と南部では，タウンよりもずっと面積の大きい county が地方制度の中心となり，総督の命令する sheriff と justice of the peace が地方行政の中心となった。若干の市が charter で設立され，自治権を与えられているというような例はあったが，一般に，ニュー・イングランドほどには地方自治的色彩は強くはなかった」[11]として，植民地ごとの地方制度の違いについて言及している。こうした，地方制度の違いについて小滝敏之先生は，北部（ニュー・イングランド——ニューハンプシャー，マサチューセッツ，ロードアイランド，コネチカット），中部（ニューヨーク，ニュージャーシー，ペンシルヴァニア），南部（デラウェア，メリーランド，ヴァージニア，ノース・キャロライナ，サウス・キャロライナ，ジョージア）に分類して，その地方制度の違いについて次のように言及している[12]。

　　る財産とされた。ニューヨークでは 1699 年以降 40 ポンドの自由土地保有権とされ，サウスカロライナでは 300 エーカーの土地もしくは 60 ポンド相当の不動産とされていたが，1759 年に 100 エーカーの土地所有もしくは 10 シリングの納税という要件に改められた」（小滝・前注(2) 288 頁）。

(9) 植民地時代の初期においては多くの植民地において総督と Council が裁判にあたったが，後に事件数が増加し下級裁判所が設立されてからも，総督と Council が上訴管轄権を有し，一部の事件についての第一審管轄権を有していた。中世イングランド以来，裁判官（judges）は国王の役人（officers of the king）であって，国王の意のままに解任できたが，1701 年の「王位継承法（Act of Settlement)」以降は，下院（House of Commons）における弾劾（impeachment）によらなければ解任されないこととなり，この「失行なき限り終身在職する権利（tenure during good behavior)」の授与は裁判官の独立を保障し，政府執行部門による権限の濫用を抑止する効果をもったもの，植民地裁判官（colonial judiciary）についてはこの「終身在職権」は認められず，国王の意のままに解任される可能性があったものとされる（Richard Middleton, *Colonial America: A History, 1607-1760*, Blackwell Publishing Ltd., Oxford, 1992, 316-319.）。

(10) 田中英夫『英米法総論（上)』（東京大学出版会，1980 年）189-191 頁。

(11) 田中・前注(10) 191-192 頁。

(12) 小滝・前注(2) 335 頁以下。

第1章 アメリカにおける地方自治

　北部においては，タウン（town）が地方自治体の単位として主たるものであり，ここで，地方自治体としてのタウンの有権者が集まって行われる town meeting に参加できる者は，当初，教会員に限られていたが，17世紀末以降は，有権者たる要件について教会員資格に代わり財産要件（property qualification）が導入された。北部のタウンにおいては「タウンがカウンティより公共生活の中心（center of public life）となった。一定の決まりの下で一緒に暮らすため，人びとの集団が任意に盟約（meetinghouse）した。この共同体は教会典礼とタウン・ミーティングを催す集会所（meetinghouse）を建て，村の政府を形成し，農業の慣行を規制する条例（bylaws）を定め，地域の規制（local ordinances）に従わない人びとを退去させた」と説かれ[13]，そこではタウンが地方自治体の単位として機能し，住民総参加の town meeting で地域の問題が議論，決定されていたとされる。北部において，有権者たる住民はそのタウンにおいて各種行政を担う役員を選挙により選出し，この中でも理事（selectmen）は，タウン全体の行政の責務を担い，税決定，法執行を行った。

　中部においては，北部，南部とも異なる地方自治体の仕組みとして，「中部（の地方制度）は，タウン制度とカウンティ制度の両面を結合し，その混合物（blend）に自己特有の環境から生じた独自の要素を追加した」もので，そうした「中部の内部的な多様さ（internal diversity）は各植民地における地方自治体の複雑さ（complexity ——異なった制度）を良く表して」おり，「タウン，カウンティ，マナー，バラーとシティのすべてが隣り合い存在したニューヨークとペンシルヴァニアでは，典型的タウンでもなければ典型的カウンティでもない」として中部の地方自治体がそれぞれの植民地，地域によって異なっていることを示している[14]。それぞれの植民地，地域によって制度的にも様々な違いがみられるが，「いずれの植民地においても，地方自治体は（植民地政府によって）創設された（crested）ものではなく，初期入植者2～3世代の実際の体験に基づく要求に応え，かなりの期間をかけて徐々に発展してきた（evolved）ものであることは明白である」として，地方自治体の性質について自治権が創設的なものではなく，自治の発展の中で成立してきたものとされている[15]。

---

(13)　Robert A. Divine, T. H. Breen, George M. Frederickson and R. H. Williams, *America Past and Present*, 4th ed., Harper Collins College Publishers, New York, 1995, 48.

(14)　Bruce C. Daniels (ed.), *Town and County*, Wesleyan University Press, Middletown, Connecticut, 1978, 5-6.

第1節 アメリカの地方自治制度

南部においては，カウンティが主要な地方自治体の単位となったほかにも，その下位に教区（パリッシュ）が設けられ，カウンティの行わない末端，基礎的な行政を行っていた。「カウンティは，すべての民事事件ならびに重罪事件を除く刑事事件の第一審裁判所たるカウンティ裁判所（County Court）の管轄区域であり，また植民地政府の下部機構たる行政管轄区域でもあったが，道路・橋梁の建設・修繕，河川航行の管理，水車小屋の建設・管理，タバコ保管倉庫の設置，渡し舟の営業許可等がカウンティを通じて行われた」[16]。北部と異なり南部はタウンが少なかったために，タウンよりも大きな地方自治体であるカウンティに依存することになったものと考えられ，イギリスにおける地方自治制度として存在したパリッシュの制度が，そのカウンティの下に基礎的行政主体としての教区（パリッシュ）として置かれる基礎となった。

こうした地方自治体としてのタウンについて小滝敏之先生は，「このような自主性・自律性をもったニューイングランドのタウンは，これまでいくつもの刺激的な仮説（provocative hypotheses）を生み出し，さまざまな比喩的名称で呼ばれてきた。たとえば，『辺境の民主政体（frontier democracies）』，『閉鎖的・法人的・理想郷的・農民的地域共同体（closed, corporate, utopian, peasant communities）』，『平和な神の国（peaceable kingdoms）』，『東方の英国教会寡頭制（East Anglican oligarchies）』，『盟約的共同体（covenanted communities）』などである。また，タウンは『領主なき荘園（manor without a lord)』ともいわれてきたが，『タウンの活動はイングランドの荘園の活動のみならず教区の政治的活動その他多くの事柄を含んでいた』。植民地政府の承認を得て形成されたニューイングランドのタウンは，植民地政府に対して租税の割当て分を納付し，また戦時には兵士と軍事物資を提供している限り，自己の管轄区域においてはほとんど『小国家』のごとく，自ら必要として自ら欲するすべての政治的支配権限を行使していたのである。重大な民事・刑事事件は植民地政府の上級裁判所の管轄とされていたが，『日常的生活問題』に関する限りはタウン政府が『驚くほど包括的な権限』を行使していた。タウン権限について争われた『ステットソン対ケンプトン事件』の判決（1816年）の中で，『タウンは，かつてほとんどすべての主権的権限を行使していた』と言及されているのは，そのためであり，ウッドロー・ウィルソンが『各タウンは，一種の小国家（a sort

---

(15) *Id.*, at 6.

(16) 小滝・前注(2) 339頁。

7

第1章　アメリカにおける地方自治

of little commonwealth）であった』比喩的に述べているのも，そのような実態を反映したものといえよう」[17]と述べて，タウン（特に北部ニュー・イングランド）の性質については，自治が広く認められる小国家的なものであると言及している。

　このように植民地時代においても，各州，各地域によって地方自治体・地方自治の制度は異なっていた。

　1763年に7年戦争（フレンチ・アンド・インディアン戦争―1756－1763年）が終了した後，イギリスは植民地統治政策を見直し，重商主義的政策によって植民地の支配をすることになる[18]。このことは，それまで「民選の議院の発言権の拡大によってかなりの自治を獲得し，国王による法律の拒絶の実行を減殺するような方途を案出して実際上本国からの制約に対してもある程度の自由を持っていた・植民地の人々にとっては，耐え難いものであった。植民地時代を通じて高まりつつあった自治への要求は，急激に膨張し」[19]，こうしたことが，結果的にアメリカの独立に結びついたとされる。

　それぞれの植民地（Colony or Province）は，独立戦争を経て，それまでのイギリスによる支配から自主・独立国家たる邦（State or commonwealth）[20]となって自治を獲得することになり，植民地政府が邦政府（State Government）へと変わることとなったが，それまで国王や領主の任命していた総督は住民の選挙する知事（Governor）に代わり，また参議会が上院として住民の選挙する議員から構成されるようになった。ここで，邦は，1776年から1780年の間に独自の成文憲法を制定することとなった。

　そして，「邦（州）憲法において，邦（州）政府自体の枠組みが定められ参政権や自由権が規定されるとともに，それぞれの邦（州）が自ら中央政府（central government）として域内の地方政府（local government）の基本的枠組みや権

---

(17)　小滝・前注(2) 453頁。

(18)　もともと植民地は国王の所有物（王領植民地）であったため，植民地政策そのものには関与せず，もっぱら本国の統治に関心を集中させており，これが「有益な怠慢（salutary neglect）」と称され，植民地創設時から独立戦争直前の1760年頃まで，イギリス本国の議会は国家の保護と干渉によって商業貿易の利益を獲得し，国富の増大を図るいわゆる重商主義的枠組（mercantilist framework）を確保することに専念し，細かな植民地の運営に関心を払うことなどほとんどなかった（小滝・前注(2) 278頁）。

(19)　田中・前注(10) 199頁。

(20)　この時代のstateはそれぞれが一個の主権国家とされていたため，州ではなく邦と訳される（田中・前注(10) 209頁）。

利についても定めるようになったが，他方，邦（州）政府が連合して『連合政府（confederal government）』や『連邦政府（federal government）』を形成するというイギリスでは見られなかった新たな取り組みもなされた。すでに人口増大とともに，イギリス伝来のカウンティ（county）やタウン（town）といった地方政府が着実に発展していく一方，都市部では独自の自治権を保有する自治体法人（municipality）が発展し，アメリカ全体を牽引してゆく役割も果たすようになって」[21]おり，アメリカの地方自治体は，このアメリカ独立期において，邦の形成を担う母体としての役割を担っていた。

　現在アメリカは50の州と州に属さない地域とから構成され，州に属さない地域とは，首都ワシントンのあるコロンビア特別区（District of Columbia, DC），プエルトリコ，南太平洋諸島などである。アメリカの連邦制においては，各州は合衆国の構成メンバーとして平等に扱われ，合衆国憲法修正10条において，「この憲法によって連邦政府に委ねられていない権限，または憲法によって諸州に委譲することを禁止されていない権限は，それぞれ州または国民に留保される」[22]と規定され，連邦政府は憲法によって与えられた権限のみを行使することとされる。そして，合衆国憲法には地方自治に関する規定が存在しないため，地方自治に関する事項は州の権限とされるのである[23]。

2　アメリカにおける地方自治権

　アメリカにおいては地方自治権に関して固有権説に相当するような理論が主張されたことがあり，そこでは，地方自治体は，「基本的に地方的な問題（purely or basically local matters）について自ら統治する自治権的または固有権的な自治権（natural or inherent right of local matters）を有しており，それが不文の州憲法原理として州議会の権限を制約する」として，地方的事務に関する問題については，地方自治体の条例が州法に優先すると解されていた[24]。

　これは，地方自治体が憲法や法律による明示的な規定がない場合であっても

---

(21)　小滝敏之『米国自治史Ⅱ——建国期アメリカ地方自治の歴史と思想——』（公人社，2012年）8-9頁。

(22)　The powers not delegated to the United States by the Constitution, nor prohibited by it to the States, are reserved to the States respectively, or to the people.

(23)　合衆国憲法1条8節において連邦議会の立法権の列挙がなされているが，ここにおいても地方自治に関する事項に関する連邦の立法権は規定されていない。

(24)　南川諦弘『「地方自治の本旨」と条例制定権』（法律文化社，2012年）27頁。

第1章　アメリカにおける地方自治

固有の権能を有する（地方自治固有権の原則）というものであり，このような立場は 1871 年の People ex rel. Le Roy v. Hurlbut, 24 Mich. 44（1871）（ハールバット事件）において，ミシガン州最高裁が，「地方自治体の自治権は州によっても奪うことのできない絶対的な権利である。州が地方自治体の形態を決定されるだけでなく，行政運営に係る行政官を地方自治体に派遣することは，地方自治体の有する自由権（自治権）を表すものであるとすること，または，憲法的自由の下で地方に関する事項についてすべてを地方自治体の権限とすることも，すべての権限を奪うことをも人民に認められているとすることは，不適当なものである」[25]として，地方自治権について固有権的な立場を表明したことに始まり[26]，他の諸州（インディアナ，ケンタッキー，アイオワ，ネブラスカ，テキサス，モンタナ，カリフォルニア，ノース・キャロライナ，オクラホマ）の裁判所においてもこのような立場が示されたことにより広がりを見せた。

　植民地時代のアメリカにおいて，地方自治体が自治を拡大し，小国家ともいうべき存在といわれた時代もあったことから，アメリカにおいては，地方自治について固有権的な理解をすることは自然に受け入れられることであったのかもしれない。しかしながら，その後連邦最高裁は，Barnes v. District of Columbia, 91 U. S. 540（1875）（バーネス事件）において，「州議会は，地方自治体に対して許容しうるすべての権限を付与し，地方自治体を州内における小国家とすることもできれば，地方自治体からあらゆる権限を奪い，地方自治体を名目のものとすることもできる」として，地方自治に関する州議会の権限を絶対的なものとし，他の連邦最高裁判決においてもアメリカにおける地方自治体は，法的には，州によって創造されたもの（creature of the State）であり，その設立後に権限を制限し，拡大し，取り上げることも可能であるとされている[27]。

---

(25)　"[L]ocal government is a matter of absolute right; and the state cannot take it away. It would be boldest mockery to speak of a city as possessing municipal liberty where the state not only shaped its government, but at discretion sent in its own agents to administer it; or to call the system one of constitutional freedom under which it should be equally admissible to allow the people full control in their local affairs, or no control at all."

(26)　People ex rel. Le Roy v. Hurlbut において，判事を務めた Tomas M. cooley は，この判決の中で，合衆国における地方自治体の歴史についての考察を行い，ここで地方自治体には「地方を統治する者を何らかの形で選定する権限」があり，こうした独立的権限が伝統的に認められてきたことを示した上で，「地方自治固有権の原則」について論じた。

第1節　アメリカの地方自治制度

　こうした地方自治の権限を合衆国は州に付与しているため，自州内にいかなる地方制度を導入することも州の自由であり，合衆国政府による制約を加えられることはない。州を含めた州・地方自治体制度にとっての法的な枠組みとなっているのは，合衆国憲法や連邦法による連邦レベルの法制ではなく，各州の州憲法，判例，州法からなる州レベルの法制度であって，州憲法の規定する事項や内容は州ごとに異なるが，ここで州の統治機構の組織や権限，州の司法制度，地方自治体の設置や州との関係，税財政などを規定している点では共通する。

　現在のアメリカにおいて地方自治を語る上で州と地方の関係を規定するものとして，Dillon's Rule がある。これは，ディロンの原則（法則・ルール）ともいわれるもので，1868 年当時のアイオワ州最高裁長官であったディロン（John F. Dillon）によって示された City of Clinton v. Cedar Rapids and Missouri River Railroad Company, 24 Iowa 455（1868）における判決[28]，そして，その後に彼の著書の中において示された一節をもって，今日においてものなお，アメリカにおける地方自治の権限についての法理として用いられてきている。

　著書（John F. Dillon, *Commentaries on the Law of Municipal Corporations*, 5th ed.）の中においてディロンは，「地方自治体が次のような権限を有し，また行使できること，そしてそれ以外の権限を有しないということは一般的で争いのない命題である。すなわち第一に文言上明白に認められた権限，第二に必然的，

---

(27)　Atkin v. Kansas, 191 U. S. 207（1903），City of Trenton v. State of New Jersey, 262 U. S. 182（1923）.

(28)　"Municipal corporations owe their origin to, and derive their powers and rights wholly from the legislature. It breathes into them the breath of life, without which they cannot exist. As it creates, so may it destroy. If it may destroy, it may abridge and control. Unless there is some constitutional limitation on the right, the legislature might, by a single act, if we can suppose it capable of so great a folly and so great a wrong, sweep from existence all municipal corporations of the state, and the corporations could not prevent it. ……They are, so to phrase it, the mere tenants at will of the legislature." 「地方自治体の起源は州議会によるものであり，そのすべての権限は州議会によって導かれるものである。地方自治体は州議会により生命を与えられ（生み出され），それなしには存在し得ない。州議会によって創造される地方自治体は，それによって破壊することもできる。破壊できるのであれば，権限の縮小や統制も可能である。もし，憲法上何ら制約がないのであれば，州議会は1つ法律によって，極めて愚かで間違っていると推測できたとしても，それにより地方自治体を州内から排除することもできる権限があり，地方自治体はそれを止める術をもたない。……いわば地方自治体は，単なる州議会の意のままとなる存在である。」

第1章　アメリカにおける地方自治

正当なものとして明確に認められた権限に包含され，または附随する権限，第三に単に都合が良い（便利である）というものでなく，地方自治体の宣言された目的の達成のために不可欠な権限である。権限の存在に関して，何らかの明白で客観的合理的な疑いがある場合には，裁判所によって地方自治体にとって不利な決定がなされ，その権限は否定されることになる。」(29)と述べ，ここでは，あらゆる地方自治体が制定法などにより設置されることになるが，この際，地方自治体自身も，その制定法等もしくはその他の地方自治体に適用される法律によって認められていない行為は，いかなる場合であってもこれを行うことはできず，いかなる契約を結ぶこと，いかなる責任を負うこともできず，認められていない範囲の行為についてはすべて無効となることとされる(30)。

　また，ディロンは，この著書の中におけるような地方自治の権限について，City of Clinton v. Cedar Rapids and Missouri River Railroad Company 判決の後，Merriam v. Moody's Executors, 25 Iowa 163, 170 (1868) 判決の中で次のように述べている。

　　「こうした問題を解決するためには，地方自治体が次のような権限を有し，また行使できること，そしてそれ以外の権限を有しないということを，確立された法則とみなさなければならない。すなわち第一に文言上明白に認められた権限，第二に明確に認められた権限に必然的に包含され，またはそれに必然的に附随する権限，第三に単に都合が良い（便利である）というものでなく，地方自治体の宣言された目的の達成のために絶対不可欠な権限，そして第四に権限の存在に関して，何らかの明白な疑いがある場合には，裁判所によって地方自治体にとって不利な決定がなされる」。

　この判決における文言がディロンの著書，そしてディロンの原則の基となったと思われるが，これは，州優位の理論であり，これによれば，州議会は地方自治体の権限を奪うこと，権限を与えること，権限について変更を行うことも可能なのであって，地方の自治権をわが国における伝来説的に捉えているものであろう。このようなディロンの原則に基づく州優位の地方自治制度は，今日においてもアメリカの地方自治についての基本的法則として広く知られているものである。

───────────────

(29)　John F. Dillon, *Commentaries on the Law of Municipal Corporations*, 5th ed. Vol. 1, Little Brown and Company, Boston, 1911, 448-450.

(30)　*Id.*, at 450.

第 1 節　アメリカの地方自治制度

　ただし，このディロンの原則の真意がいかなるものであるかについては，
「ディロンが地方に対する州の絶対主義に満足していたわけではない」との評
価もある[31]。それでもなお，ディロンの原則は，今日のアメリカの地方自治
の基礎をなすものとされており，アメリカ地方自治の研究において欠かすこと
のできないものとされる[32]。

3　アメリカにおけるホーム・ルール

　ディロンの原則とその後の連邦最高裁判決（アトキンス事件，トレントン事件
など）によって，地方自治体の権限は州に由来することとされ，地方自治体に
対して州があらゆる権限を行使しうることからも，州による地方自治体への干
渉が濫用的に行われ，ここでは各地方自治体に対する特別法が制定され，地方
自治体の活動の細部に至るまで干渉を受けていた[33]。このような地方自体に
対する州の干渉への市民の反抗として登場したのがホーム・ルール運動（home
rule movement）である。ここでホーム・ルールとは，「地方的な問題を処理す
る州の権限に憲法上の制限を課す手段──すなわち地方自治体を完全に州の立
法部の創造物，それゆえ州立法部に追従するものとするコモン・ロー理論に反
抗しようとする努力──として」[34]登場したものであり，このため，ホーム・

---

(31)　Anwar Syed, *The Political Theory of American Local Government*, Random House, New York, 1966, 70.

(32)　ディロンの原則の真意については，小滝敏之『米国地方自治論──アメリカ地方自治の法理と政府間関係──』（公人社，2014 年）38 頁以下も参照。

(33)　高田敏＝村上義弘編『地方自治法』（青林書院新社，1976 年）20 頁。同著の中において特別法を適用して地方自治体行政に干渉したことについて次のように述べられている。「1857 年のニューヨーク首都警察法は，市民の同意なしに，ニューヨーク市およびその周辺地区を含む首都警察築地区を創設（西部劇をみてもわかるように警察作用は米国においては自治事務の中でも最も重要なものの一つである）知事および上院の任命する委員会を置いた例があり（1865 年メヘーニー事件），またペンシルヴェニア州議会はフィラデルフィア市役所の建設が必要と議決，この目的のための法律を制定（1878 年パーキンス対スラック事件），また 1889 年フロリダ州では知事がジャクソンビル市議会議員を任命することを定め，この議会が市長その他の役員を選任することを定めた法律を制定した例などがある。そしてこれらの州議会の市に対する全権的権能の濫用は往々にして州議会における市部と農村部の選出議員の数の不均衡により，立法部そのものが都市問題に全く知識と関心を有しない農村部の代表者によって構成されている場合とか，州立法部支配の政党と市を支配する政党が異なるときにおこった」（同書，21 頁）。

(34)　高田ほか・前注(33) 21 頁。

13

第1章 アメリカにおける地方自治

ルール運動は、「第一には地方的な問題に関しては州立法部によるコントロールもしくは干渉から独立して自由に完全な立法的自治とイニシアーティブを地方自治体に（時にはカウンティ・ガヴァメントにも）与えることを求めた。すなわちより具体的にいえば、特定の市に対する特別立法の禁止と、その反面自治憲章の採択である。第二に、ディロンズ・ルールに象徴される地方自治体に対する不信と、それにより生ずる不自由を排除し、州立法の法律によってカヴァーされていない事項に関して、地方の計画と政策を行うべき広い権限を地方自治体に」[35]認めるものであるとされる。

　ホーム・ルール運動に至る前に、州に対する地方自治体の抵抗の手段としては、合衆国憲法1条10節1項と、同修正14条の規定する適正手続、平等条項等が用いられたが、こうした条項は、いずれについても州議会に対する地方自治体の権利として主張され得ないか、主張されうるとしても、極めて限定的にしか地方自治体にとっての保護としては適用できないものとされた[36]。

　こうしてホーム・ルール運動は、特別立法の禁止や自治憲章の制定権の地方自治体への付与といった形で決着していくことになるが、特別法の禁止規定という内容を嚆矢とし、1875年のミズーリ州の憲法において、人口10万人以上の地方自治体（当時セント・ルイスのみ適用）に対して、州憲法、州法に違反しないことを条件として自治憲章の制定権を付与したことから、その後1879年のカリフォルニア州、1889年のワシントン州、1896年のミネソタ州で、採用されて以降も、1966年のマサチューセッツ州とノース・ダコタ州、1968年のフロリダ州とペンシルヴァニア州、アイオワ州、1970年のイリノイ州、モンタナ州において、憲法上ホーム・ルールが認められることとなった。今日のアメリカにおいて、憲法上ホーム・ルールは約40州において認められるものとされる[37]。

(35)　村上義弘「アメリカの条例」公法研究35号（1973年）223頁。

(36)　阿部照哉＝佐藤幸治＝園部逸夫＝畑博行＝村上義弘編『地方自治大系（第1巻）』（嵯峨野書院、1989年）298頁。

(37)　阿部ほか・前注(36) 300-301頁、稲生信男「米国ホーム・ルールの法的機能と今日的意義」国際地域学研究6巻（2003年）78頁、南川・前注(24) 29頁。U. S. Advisory Commission on Intergovernmental Relations, "State Laws Governing Local Government Structure and Administration" においては、1990年現在シティに対して、ホーム・ルールを認めている州として、アラバマ州、ヴァーモント州を除く48州を挙げており、そのうち37州では、憲法上のホーム・ルール規定、34州では、州法（一般法）においてのホーム・ルール規定が設けられている（同書21頁）。

14

第1節　アメリカの地方自治制度

　ホーム・ルールは，その規定内容が州によって様々であり，特別法禁止規
定については，「1. あらゆる種類の特別法を禁止するもの，2. 一定の事項に
ついて特別法を禁止するもの，3. 特別法の制定について一定の手続き（例え
ば，公示手続）を要求するもの，あるいは 4. 一定の事項について停止的拒否
権（suspensory veto）を認めるもの」などがあり，このうち，多くの州におい
ては 2（一定の事項について特別法を禁止するもの）のタイプが憲法上規定され
ており，そこでは，地方自治体に対する法人格の付与，地方自治体の憲章の変
更・改正，地方自治体の権能・特権の付与や創設，地方自治体の内部的な事務
に関する規則等について特別法制定が禁止されている(38)。

　特別法禁止規定と同様に，ホーム・ルール運動によって得られた自治憲章の
制定権の地方自治体への付与は，今日，ホーム・ルール・チャーター（home
rule charter）ともいわれ，地方自治体の権限にとって最も重要な項目の一つと
なっている。この自治憲章制定権については，その保障の形態が，憲法上に
自治憲章制定権を保障するもの（constitution home rule），憲法上は規定されて
おらず，法律によってのみ規定（保障）されているもの（legislative home rule）
に分けられるものの，法律によって自治憲章制定権の規定を設けている場合は，
他の法律によって否定することも可能である。しかし，憲法上に自治憲章制定
権の保障を規定している場合でも，自治憲章制定権の付与について，州議会の
認可等，裁量によることとしている場合もあり，この点では，憲法によって規
定する場合と法律によって規定する場合とで地方自治の保障という意味におい
ては大きな差はないものと考えられる。

　1870 年に制定された憲法においては地方自治体の権限を厳格に制限する
ディロンの原則が適用されながら，1970 年の新憲法制定に際して憲法上に
ホーム・ルールを規定したイリノイ州では，その憲法（7 章 6 条― POWER OF
HOME RULE UNITS）においてホーム・ルールについて次のように規定してい
る。

　　「住民によって選挙により選出された最高執行官（行政官）を有するカウン
　　ティと 25,000 人以上の人口を有する地方自治体は，ホーム・ルール（地方自治）
　　の単位となる。その他の地方自治体については住民投票によってホーム・ルー
　　ル（地方自治）の単位となることができる。本条において制限されない限りに

————————————
(38)　阿部ほか・前注(36) 299 頁。

第 1 章　アメリカにおける地方自治

おいて，ホーム・ルール（地方自治）の単位となる団体は，その統治に関する事務，その他，公衆衛生，治安，公序良俗，福祉に関する規制に加えて，免許，課税または起債に関する事務について，これらに限ることなく，あらゆる権限について執行し，あらゆる機能の効果をもたらすことができる」。

　ここでは，ホーム・ルールの基本理念として地方自治体に幅広い権限を認めていることがわかる。イリノイ州の憲法においては上記のようにホーム・ルールについて具体的事項について規定し，このことから自治憲章においてどのような事項を規定することが出来るのかが，ある程度明確であるものの，一般には，州憲法，州法において，local affairs and government, local and municipal matters, municipal affairs というような地方的事務という文言が用いられ，自治憲章の制定事項の範囲については抽象的な表現のものが多い。例えば，コロラド州においては，コロラド州憲法 20 章 6 条（Home rule for cities and towns）において「本州の地方自治体（アメリカ合衆国政府下において行われた最新の国勢調査において 2,000 人以上の人口がある本州内の地方自治体）の住民は，組織法において認められまたは地方的事務の及ぶ範囲について，自治憲章を，制定し，修正条項を加えること，条項を取り除く修正を加えることについての権限を有する。　地方的事項について制定（規定）された自治憲章または条例は，その地方自治体の区域内または管轄内において，これと抵触するいかなる州法よりも優先される。」⁽³⁹⁾とあるように，「地方的事項 local and municipal matters」と規定され，その制定範囲については抽象的なものである。

　各州におけるこうした規定について，カリフォルニア州最高裁においてMcFarland 裁判官は，「問題となる憲法的事項は，『地方的事項』という曖昧で，定義の難しい乱暴な文言を用いているが，これは，その地方的事項の意味するところを解明するという不可能に近いことについて裁判所に義務を課し

---

(39)　The people of each city or town of this state, having a population of two thousand inhabitants as determined by the last preceding census taken under the authority of the United States, the state of Colorado or said city or town, are hereby vested with, and they shall always have, power to make, amend, add to or replace the charter of said city or town, which shall be its organic law and extend to all its local and municipal matters.

　　Such charter and the ordinances made pursuant thereto in such matters shall supersede within the territorial limits and other jurisdiction of said city or town any law of the state in conflict therewith.

16

ている」[40]として，裁判所がその「地方的事項」についての判断を行うことを示している。このことから，ホーム・ルールの権限によっていかなる事項について定める自治憲章が制定可能であるのかは，裁判所の判断によっては，州ごとに差が生じることはいうまでもないが，一般には，「法人化される当該地方自治体の区域と境界の画定，地方自治体の組織・形態，地方自治体の職員の任命・選挙，課税・予算・財産取得・資産評価・財務管理等の財務的事項とその組織・手続，メリット・システムと人事管理，憲章の改廃，経過措置，イニシアティブ・レファレンダム・リコール，都市計画，ゾーニング・住宅・都市開発・公益事業規制と経営等，当該地方自治体において処理する事務等」がそうした自治憲章によって規定される事項とされる[41]。

コロラド州憲法についてみると（20章6条），「地方自治体の行政官，行政機関の職務設置や任期等に関する事項，警察裁判所の設置に関する事項，自治体裁判所の設置に関する事項，地方自治体の選挙，憲章，条例に基づく提案への住民投票に関する事項，地方自治体の債権の発行，返済等に関する事項，地方自治体の公園区，水道区の運営等に関する事項，地方税を課すことについての地方自治体内の財産評価を行うこととこの課税，徴税に関する事項，憲章または憲章を実行するための条例違反に対する刑罰の執行等に関する事項」を列挙しており，ニューヨーク州憲法においては（9章2条— Local Governments, Powers and duties of legislature; home rule powers of local governments; statute of local governments），「幹部公務員たちの権限，定数，任免方法，任期，給与，勤務時間，保護等に関する事項，立法機関の定員，構成に関する事項，地方自治体の事務処理に関する事項，地方自治体の起債・財源調達に関する事項，地方自治体に対する請求の開示等に関する事項，地方自治体の道路の管理，土地取得等に関する事項，地方自治体内の輸送関係施設の所有，管理運営等に関する事項，議会によって認められた地方税等に関する課税，徴収等に関する事項，公共事業に従事する労働者の賃金，労働時間，福祉等に関する事項，地方自治体の住民に関する治安，健康，福祉等に関する事項」が列挙されている。

ホーム・ルールによって認められる事項として，イリノイ州の憲法（7章6条(f)）においては，「ホーム・ルールの単位となる地方自治体は，……住民投票による承認を得ることによって，法の定める地方自治体の形態を採用し改廃

---

(40)　Ex Parte Braun, 141 Cal. 204, 209（1903）.

(41)　阿部ほか・前注(36) 303 頁。

第1章　アメリカにおける地方自治

する権限を有する。」と規定しているが，このように地方自治体の組織・形態に関する事項については，全米自治体連盟（National Civic League）によるモデルチャーターにおいても，「地方自治体は，直接的にまたは自治憲章を通じて，地方自治体の形態，組織構造を設計する自由を有するべきであることを再確認する」[42]として，地方自治体の組織・形態に関する事項については，自治憲章によって定めることが出来る事項にあたるものとされよう。

　また，土地利用・土地区画に関するゾーニングについても，「ゾーニング権——現在，地方自治体が有するホーム・ルールの本質的な権限として考えられている」[43]，「土地利用と土地の開発行為に関する規制は，ホーム・ルール的側面として重要な事項として議会の権限とされ，これにより，地方自治体は地域の成長（開発・発展）を管理すること，地域の生活の質を向上させることができる」[44]などとされ，地域の土地利用といったゾーニングの権限は，ホーム・ルールの側面として，自治憲章においても認められるべき事項にあるとされる[45]。

----

(42) National Civic League, Model City Charter Eighth Edition (2003), xiii.

(43) David J. Barron, *Reclaiming Home Rule, 116 Harv. L. Rev.* (2003), 2318.

(44) National Civic League, Model City Charter Eighth Edition (2003), 29.

(45) 　自治憲章（ホーム・ルール）で定める，行使することが認められる事項については，州の法律に優先するものとされるが，州との競合的事務（matters of mutual concern and interest）に関しては，州の法律が優先するものとされることから，コロラド州憲法などで列挙されるように地方的事項について明確にすることが必要である。ただし，自治憲章（またはそれに基づく条例）と州法が衝突する場合においてどちらが優先するのかという点の問題もある（わが国における法律と条例の議論と同じ様態の議論である）。判例では，「地方自治体の条例が，州の一般法により先占されている事項について追加的な項目を課すことは無効となる。州議会が，すべての地方自治体の条例を排除して特定の事項を占める目的かどうかを判断するに当たっては，州の法律の目的や適用範囲を考慮し，この法律において用いられている文言によってのみ州議会の目的を判断してはならない。性行為の犯罪的側面について規定する刑法典の諸条項は，その範囲が極めて広範であり，したがって州議会がこの規制に関する一般的計画を採用する目的であることは明らかである。……単なる私的な性行為については，州において犯罪とされておらず，そのことからこうした行為を州においての犯罪としてはしないことを黙示的に決定していることとされ，婚姻関係にない者同士の性行為を犯罪とする条例については州の法律に抵触し無効である」（Lancaster v. Municipal Court for Beverly Hills Judicial Dist., 6 Cal. 3d 805, 1972）として，黙示的先占を採用し，ここでは，一般法に抵触しない限りは条例を制定できるが，一般法に抵触するような場合として，条例と一般法が重複するとき，一般法により禁止されている事項について条例で認めるとき，一般法により許可されている事項について条例で禁止するとき，一般法によって条例が定めようとする事項について包括的立法計画が存在する

18

第1節 アメリカの地方自治制度

ただし，こうした自治憲章に規定できる，または規定されるべき事項に対して，一般にはホーム・ルールに関して，その範囲に属さない例外的事項もあるとされる。全米自治体協議会（National Municipal Association）が，ホーム・ルールを規定するにあたってのモデル憲法規定として提示したものには，「この権限移譲には，独立した地方自治体の権限行使に含まれるものを除き，民事関係において適用される私的，民事的法規範制定の権限，重罪に対する刑罰創設の権限は含まない」[46]として，このような権限（民事法の制定と重大に対する刑罰の創設）は，地方自治体の権限として扱われるものではないとされ，イリノイ州憲法においては，「7章6条(d)ホーム・ルールの単位となる地方自治体は，償還期間40年以上の資産税を財源とする起債，および重罪の定義をなし，その罰則を定める権限については，これを有しない。(e)ホーム・ルールの単位となる地方自治体は，州議会が法律によって認める場合は，6か月以上の禁固刑の刑罰を設定し，財源のために所得，収益，事業（職業）に対してまたはこれらを基準として課税することができる」として，刑罰については州議会によって制定される法律による許可を前提とし，一定の範囲では認められている。

民事的立法については，一般に純粋な私法制定権はホーム・ルールに含まれないとされるが[47]，ここでいう，純粋な私法というものが何か，地方自治体の権限の行使に含まれるものについて，民事的立法が可能であるかどうかについて，地方自治体の土地利用規制としてのゾーニング条例について家賃統制を含む場合に，これが適法かどうか争われた Town of Telluride v. Lot Thirty-Four Venture, L. L. C. において，コロラド州最高裁は，「この条例は不動産の利用方法の許可を定めたものではなく，むしろ，許可された利用方法によって利用される不動産の価値を示すものである。このため，これは経済的立法の特色を有するものである」[48]として，ゾーニングという，地方自治体の権限内に属する事項に関連した条例制定についても，その内容が私的領域に関するものである場合には，民事的立法として認められない可能性があることを示唆している[49]。

　　ときとされる（阿部ほか・前注(36) 309-313 頁）。
(46)　American Municipal Association, Model Constitutional Provisions for Municipal Home Rule (1953), 19.
(47)　Sho Sato, Arvo V. Alstyne, *State and Local Government*, 2nd ed., Little Brown & Company, Boston, 1977, 151.
(48)　Town of Telluride v. Lot Thirty-Four Venture, L. L. C., 3 P. 3d 30 (2000).

第1章　アメリカにおける地方自治

このように，一般に地方自治体の自治憲章制定権（ホーム・ルール）の権限
として認められる事項（組織，形態，ゾーニング）と，認められない事項（純粋
な私的領域に関する民事立法，重罪への刑罰の設定）があることがわかるが，そ
の中間に位置する事項，すなわち，州と地方自治体の双方が権限を有するよう
な事項や，一定の制約の下で地方自治体に認められうるとする事項等がある(50)。

先に述べたイリノイ州憲法（7章6条）において示されるように，ホーム・
ルールの権限として，一般には地方自治体に，統治形態以外にも，警察権
(police power) や，財政に関する権限も認められることになろう。

例えば，財政に関する権限について，イリノイ州憲法7章6条(e)において，
「(e)ホーム・ルールの単位となる地方自治体は，州議会が法律によって認める
場合は，……財源のために所得，収益，事業（職業）に対してまたはこれらを
基準として課税することができる」として，財政に関する権限を地方自治体が
有することを確認した上で，7章6条(g)〜(l)において，財政に関する権限につ
いての制約・制限等について定めている。

ここでは，「(g)州議会は，両院によって選出された議員による投票によって
5分の3以上の賛成をもって，本条において規定される権限，機能を除き，州
によって行使されないホーム・ルールの単位となる自治体の課税権及びその他
の権限，機能について，これを否定又は制限することができる」，「(h)州議会は，
特別に制定される法律によって，ホーム・ルールの単位となる自治体の課税権
および本条において規定される権限，機能を除き，ホーム・ルールの単位とな
る自治体のいかなる権限，機能に関して，州の排他的執行を定めることができ
る」，「(i)ホーム・ルールの単位となる自治体は，州議会が法律によって特別に
同時執行を制限し，または州の執行の排他性についての宣言を行わない限りに
おいて，州の執行と同時に行われるホーム・ルールの単位となる自治体のいか
なる権限，機能の行使についてもこれを行うことができる」，「(j)州議会は，法

(49)　Barron, *supra* note 43, at 2361.

(50)　南川諦弘先生は，「公共の安全，健康，道徳，または一般的福祉を保護するために
　行われる行為（ポリス・パワーの行使）に関する事項は，伝統的に全州的な問題であ
　る，と考えられてき」ており，犯罪行為を定義することや罰則を定めて市民を守る州
　法は，地方自治体の法に優先するものであり，公衆衛生の問題もこれに同じく，課税
　と徴収を含む財政的問題については，「何らかの全州的な統一性と監視が必要なであ
　ると考えられ」，課税権については，ポリス・パワーと同じく元来州に専属し，地方
　自治体は州に委任された権限を行使するものであると考えられてきたとする（南川・
　前注(24) 31頁）。

律により，カウンティ（ホーム・ルール・カウンティ）が行うことのできる起債に制限ができ，また州議会両院によって選出された議員による投票によって5分の3以上の賛成をもって制定される法律により，ホーム・ルール自治体の行うことができる起債のうち，資産税の収入により償還される起債を除いた額についての制限できる」，「(k)州議会は，ホーム・ルール自治体の資産税の収入により償還される起債については，課税対象となる資産の評価額の割合が次の割合を超えるものについては，住民投票による承認を経て，法律によりこれを制限することが出来る。ただし，この憲法の施行日までに行われた，もしくはその後に行われた住民投票によって承認された，または他の地方自治体から承継された債務については，ここでの割合の対象となる額に含まれないものとする。(1)人口か50万人以上の場合，3％，(2)人口が2万5千人以上の場合，1％，(3)人口が2万5千人に満たない場合，0.5％」，「(l)州議会は，ホーム・ルールの単位となる自治体の権限において次のものについては否定，制限することができない。(1)特別の判定（評価）に基づいて行われる地域的の改善，他の単位自治体との共同（カウンティ，タウン，シティ等の単位の異なる自治体）を含む，地方自治体との共同によりこの権限行使を行うこと（権限について他の単位自治体に対して法律で否定されない限りにおいて憲法施行日においてこの権限を有する），(2)ホーム・ルールの単位となる自治体における特別な事業を行うために生じる債権の支払いについて法律に基づき，当該自治体において追加の課税の特別執行についての条項を定める権限」というように州議会によって地方自治体の財政に関する権限の制約等を規定している。ホーム・ルールとして自治憲章制定の権限が認められるとしても，一定の制約の下に認められる事項もあることから，この点で，地方自治の本質的な保障事項が自治憲章制定権として認められるかどうか問題となり，それは自治憲章制定権の法的性質の議論となろう。

　ここでは，地方自治体が州憲法によらずして，その存在時から固有権を有していると解することが一つの考えとしてある[51]。このような考えは，一時は，1871年のPeople ex rel. Le Roy v. Hurlbut（1871）において，「地方自治体の自治権は州によっても奪うことのできない絶対的な権利である。州が地方自治

---

(51)「地方自治体が州憲法や州法に依拠しない固有の地方自治権（inherent right to local self-government）を有しており，それは，アメリカ法が由来するアングロ・サクソンの諸国において適用されたルールに根拠を有し，それが不文の州憲法原理として州議会の権限を制約する」というもの（阿部ほか・前注(36) 303-304頁）。

第1章　アメリカにおける地方自治

体の形態を決定されるだけでなく，行政運営に係る行政官を地方自治体に派遣することは，地方自治体の有する自由権（自治権）を表すものであるとすること，または，憲法的自由の下で地方に関する事項についてすべてを地方自治体の権限とすることも，すべての権限を奪うことをも人民に認められているとすることは，不適当なものである」として，認められ，その後一部の州においてそのような考えが広まったことに起因する。

しかしながら，連邦最高裁は前述のBarnes v. District of Columbia（1875）において，「州議会は，地方自治体に対して許容しうるすべての権限を付与し，地方自治体を州内における小国家とすることもできれば，地方自治体からあらゆる権限を奪い，地方自治体を名目のものとすることもでき」，地方自治体を「州の一部門」として捉え，Atkin v. Kansas（1903）においては，「地方自治体は州の立法府の意のままに創造され，もしくは設立後，その権限を制限し，拡大し，取り上げることもできる」とし，City of Trenton v. State of New Jersey（1923）において「地方自治体は，その活動範囲の大小にかかわらず，それは主権的意思の下で権限を行使する州による創造物にすぎない」とするように，地方自治体の固有的権利については，ほとんど認められていない。

このようなことから，「自治憲章制定権は，地方自治体の固有の地方自治権を実定法化したものではなく，アメリカの政治における地方自治の伝統と……州議会の干渉に対する都市住民の抵抗運動を基に，いわば地方自治の制度的保障として州憲法によって（ある州によっては州法によって）地方自治体に認められた権能である」（符点部筆者）とされる(52)。

そして，地方自治体の自治憲章についての法的性格については，第1に，自治憲章制定権が地方自治体の存立を保障するということ，つまり，自治憲章制定権を有する地方自治体（ホーム・ルール・シティ）は，住民の起草・採択する自治憲章によって設立（法人化）され，州議会はこれによって設立された地方自治体を州の法律により廃止することができない(53)。第2に，自治憲章制定権は，地方的な事務について地方自治体に全権的権限を与えること（地方的事項について自治憲章に規定することができることを含む）と，その権限が州の法律によって奪われることがないこと，第3に，地方自治体の組織について自

----

(52)　阿部ほか・前注(36) 305頁。
(53)　他方で自治憲章制定権の認められていない（住民による憲章制定によって法人化されていない）地方自治体においては，州による設立，廃止が可能となる。

第1節 アメリカの地方自治制度

らが決定できること，ここでは，アメリカの地方自治体の組織が，「市長・議会型（mayor-council form）」，「理事会型（commission form）」，「議会・支配人型（council-manager form）」といったそれぞれ異なった形態によって組織運営されていることについて，このような組織を含め，どのような組織形態によって運営するかを決定する権限を有することとされる[54]。

このように地方自治体の自治憲章制定権の法的性格が位置づけられたとしても，この制定領域の範囲や，州と競合する事務については州の法律が優先され，アメリカの地方自治は，ディロンの原則に基づく地方自治制度となっている。次項では，アメリカの地方自治制度について概観する。

第2項 アメリカの現行地方自治制度

1 アメリカの地方自治制度——行政

アメリカの地方自治体は，一般自治体[55]（日本でいうところの普通地方公共団体にあたるもの）として州の下にカウンティ（County），タウンシップ（Township），ミュニシパリティ—シティ（Municipality（City を含む）），バーラー（Borough），タウン（Town），ヴィレッジ（Village）といった自治体の名称があり，名称は各州で異なっている[56]。また，特別自治体[57]（日本でいうところの特別地方公共団体に近いもの）として，州の下にスペシャルディストリクト——特別（行政）区（Special district），スクールディストリクト——学校区（School district）がおかれ，特定の事務に関しての業務を行っている。州の下の地方自治体については，各州によって州憲法・州法で定めが置かれているが，共通して言えることは，地方自治体の空白地帯が存在するということである。

アメリカでは地方自治体が法人として住民らによって法人設定されなけれ

---

(54) 阿部ほか・前注(36) 305-308 頁。

(55) General local government. 特別自治体とは区別され，特定の事業以外の一般的な事務のすべてを行うものとされる。ここでは，通常，カウンティ（郡）とタウン（町村），シティ（市）といった二層制によって構成されている（小滝敏之『アメリカの地方自治』（第一法規，2004 年）129 頁以下）。

(56) ここでは，一般自治体として並列的に述べているが，カウンティやタウンシップは準地方自治体（quasi municipal corporation or local self-government）とも呼ばれ，他の地方自治体と異なるものとして述べられることもあるが，州によってもそのありようは異なるため，詳細については，それぞれの項目において述べることとする。

(57) Special local government. 道路区，下水区，消防区なども含まれ，特定の事業のみを行うものとされる。

23

ば地方自治体としての性格を有しないのであって，地方自治体は，わが国の
ように全国のすべての地域に割り振られているものではない。このため，地方
自治体が存在しない空白地帯が存在する。ただし，ここでは，本来地方自治
体が行う事務に関しては，その地方自治体の広域団体であるカウンティ（郡）
が行い，最低限のサービスは保障される。現在アメリカには89,004のLocal
governmentsが存在し，このうち，38,917がGeneral purpose（一般自治体，
地方自治体）とされる[58]。このうち，カウンティは3,031あり，これらが自治
体の空白地帯における行政機関ということになる[59]。アメリカには全体で8
万以上ものLocal governmentsが存在しており，また，特別自治体として一
部の事務を行う団体等を除いた一般自治体として4万近くの地方団体が存在し，
わが国の地方公共団体の数よりもはるかに多い。以下においてアメリカの地方
自治制度として地方自治体の種類とその行政，アメリカの地方議会制度につい
て述べる。

　アメリカのGeneral local governments（一般自治体）には州の下にカウン
ティ[60]がある（アラスカ州ではバーラー（borough），ルイジアナ州ではパリッシュ
（parish）と呼ばれる）。カウンティは，他の地方自治体とは異なり，これが州
の下部機関としての性格を有する地方自治体であることからも，準地方自治体
（quasi municipal corporation or local self-government）と称されることがある[61]。

---

(58) U. S. Census Bureau, 2012 Census of Governments: Organization Component
　　 Preliminary Estimates. Local Governments by Type and State: 2012.
(59) *Id.* このカウンティは，都市部においては都市圏と称され，例えばロサンゼルス都
　　 市圏においては，一つのカウンティに9,519,338人の人口があり，347の自治体が
　　 含まれる（一般自治体は88）。このロサンゼルス都市圏を代表する都市（city）と
　　 してロサンゼルス市があり，人口は約380万人である）。U. S. Census Bureau, 2002
　　 Census of Government, Volume I Government Organization, 2002　統計データより。
(60)　カウンティという言葉の語源は，フランス語に由来し，ノルマン人によるイギリ
　　 ス統治において，イギリス各地がカウント（count）と呼ばれる伯爵によって支配さ
　　 れていたことによるものとされる（栗本雅和「アメリカの準地方自治体」南山法学
　　 20巻1号（1996年）2頁）。カウンティ制度の歴史については，阿部ほか・前注(36)
　　 321頁以下参照。
(61)　州の行政単位であるカウンティについては，「カウンティ・タウンシップのような
　　 準自治法人は地方機構にすぎないもので，一般法人により，住民の同意に拠らず，行
　　 政上の目的のもとに創設されるものであり，法人としての特徴は希薄である。換言す
　　 れば，州の主権的意思のもとに創設された州内の地方区画であるにすぎず，住民の意
　　 向には関わりを持たないのである。これに対し自治法人は元来住民の利益と便益のた
　　 めに創設されるものである」Cook County v. City of Chicago, 142 N. E. 512 (1924)

（カウンティよりも単位の小さい基礎的自治体としての）地方自治体が存在しない空白地域であるときは，カウンティが，州およびシティなどの地方自治体に代わって最低限の公共サービスの提供を行う。そのため，各州全土が数十のカウンティに分割され，その中に市町村といった地方自治体が形成され，カウンティは名目上ほとんどすべての州に存在している。

しかし，このカウンティも州によって設置されるもののため，基準が一律でなく，例えば，カウンティの存在しないものとしてワシントン D. C. があり，コネチカット州，ロードアイランド州，においては，カウンティは地理的名称としての存在でしかなく，カウンティが 254 あるテキサス州から 3 つのカウンティのみのハワイ州，デラウェア州までその大きさや人口も多様なものである[62]。また，ルイジアナ州ではカウンティに代わってパリッシュ（イギリスにおいて自治体の名称として用いられるものであるが，そこは一般に，「ヴィレッジ（village）と呼ばれている地域のコミュニティーのことで」，17，8 世紀から自治体としての機能を備えていたものである[63]。）という行政単位があり，アラスカ州では，他州でまれに自治体の別名として登場するバーラーがカウンティと同じ役割のものとして，アメリカ国勢調査局の統計では同種であるとして取扱われている。また，シティとカウンティが合併しシティとして位置づけられているものもある[64]。

カウンティにシティやタウンなどの地方自治体と同様にホーム・ルール（自治憲章制定権を含む）を認める州（1911 年のカリフォルニア州が最初）もあり，カウンティにホーム・ルールを認める州は 1990 年現在では，37 州にまで至っている（そのうち 23 州は憲法上にカウンティのホーム・ルール規定を有する）[65]。

（中川剛「アメリカの地方自治体に対する州および連邦の規制 (1)」政経論叢 17 巻 3 号（1967 年）19 頁，注 3）。

(62) カウンティの人口に関しても，平均が 67,002 人で，その中には 67 人のラヴィング・カウンティ（Loving County，テキサス州）もあれば，9,519,338 人のロサンゼルス・カウンティ（Los Angeles County，カリフォルニア州）もある（U. S. Census Bureau, 2002 Census of Government, Volume I Government Organization, 2002 統計データより）。

(63) 竹下譲『パリッシュにみる自治の機能──イギリス地方自治の基礎』（イマジン出版，2000 年）3 頁。

(64) City and County of San Francisco（サンフランシスコ市）等。

(65) U. S. Advisory Commission on Intergovernmental Relations, State Laws Governing Local Government Structure and Administration, 21.

第1章　アメリカにおける地方自治

こうした憲章による憲章カウンティ（charter county）と非憲章カウンティ・通常のカウンティ（non charter county・general（law）county）は，組織的な面において違いがみられ，憲章カウンティでは，カウンティによる各種公務員の任命が行われる（公務員の任命権をカウンティが有する）一方で，非憲章カウンティにおいては，州が公選とする公務員については公選によってしか選ぶことはできず，また，州法による制約を憲章カウンティよりも受けることになる[66]。

　カウンティが担当している事務としては，警察その他の公共の安全，裁判，検察，刑務所，社会福祉，医療扶助，保険，道路など州の下部機関として担当する各種事務と，空港・港湾，街路や公園，競技場，図書館・博物館，医療施設，環境保護などの自治的な事務として行われるものがある。基礎的な地方自治体において行われてきた事務についても最近では消防，救急，下水道，廃棄物処理などについてカウンティが行う地域もみられる（わが国における一部事務組合のような広域的事務の作用を有しているものと思われる）。そして，このカウンティは一般に，委員会（board of commissioners）または理事会（board of supervisors）という公的（公選の委員・理事等によって構成される）組織よって運営されている。

　カウンティの区域の中に住民により法人化の決定がなされ設置（法人たる地方自治体を設立するには，住民の署名，請願，関係者への告知，州の機関による承認，勧告，さらに住民投票といった手続きを経るものが一般であるとされる。）されているのが基礎的な地方自治体である（統計においてはSubcountyと表記される）。アメリカにはこうした地方自治体が35,886[67]あり，これがわが国でいうところの市町村にあたるものとされよう。

　アメリカ国勢調査局は地方自治体を，（一般）地方自治体（Municipal Governments）19,522[68]とタウンまたはタウンシップ（Town or Township Governments）16,364[69]に分類し，（一般）地方自治体は，州法下で自治体法

---

(66)　栗本・前注(60) 6頁。公選される公務員について，カリフォルニア州では，「出納官（treasurer），総務官（county clerk），会計検査官（auditor），保安官（sheriff），税徴収官（tax collector），地方法務官（district attorney），登録官（recorder），課税評価官（assessor），遺産管理官（public administrator），および検死官（coroner）」が規定されている（同稿5-6頁）。

(67)　U. S. Census Bureau, 2012 Census of Governments: Organization Component Preliminary Estimates. Table 2. "Local Governments by Type and State: 2012".

(68)　Id.

(69)　Id.

人として結成される近代的な都市型地方政府であり，わが国の市町村近いもの
であって，シティ，バーラー，ヴィレッジなどが含まれる。タウン，タウン
シップは，20州に存在する古い形の自治体であり，タウンシップは歴史的に
は郡の下部機関であって，州がカウンティに分割され，カウンティがタウン
シップに分割される。

　タウンまたはタウンシップもカウンティと同様に準地方自治体に分類される
ものであるが，タウン（ニュー・イングランド諸州における準地方自治体としての
タウン）とタウンシップは，タウンが都市型の政府ではなく，もっぱら農村型
の政府をめざしたものであるのに対して，タウンシップはその区域内において
都市型政府と農村型政府の双方を含む場合にはどちらに対しても統治を行うこ
と，タウンシップはタウンと異なり（例外を除いて）直接民主主義が要請され
ないこと，タウンがコミュニティーを囲むように形成されるのに対してタウ
ンシップは専断的に区切られるように設置されることといった違いがある(70)。
インディアナ州がタウンシップの設置されている州の典型であるが(71)，
マサチューセッツ州など6州は，（一般）地方自治体の結成されていない地
域，つまり自治体の空白地帯だけをタウンまたはタウンシップに分割している
（タウンはメイン州，コネチカット州，マサチューセッツ州，ニューハンプシャー州，
ロードアイランド州，ヴァーモント州の6州にのみ存在する）。

　タウンまたはタウンシップの主たる事務は道路の建設と補修であり，その他，
教育，福祉，消防，公園，公衆衛生，墓地，上下水道，都市計画をも行う主体
となっている。しかしながら，こうした事務については，タウンまたはタウン
シップを包含する広域な自治体としてのカウンティが行っているために，タウ
ンまたはタウンシップの役割は，カウンティの下部に設置される（一般）地方
自治体と同様のものである。

　他方で，（一般）地方自治体には，シティ，ヴィレッジなどがあるが，こう
した地方自治体には，ホーム・ルール，自治憲章制定権などが憲法によって保
障されるホーム・ルール自治体，ホーム・ルール・シティ，チャーター・シ
ティなどとして幅広く自治権が認められる傾向にある(72)。アメリカでは，こ

---

(70)　栗本・前注(60) 9-10頁。
(71)　インディアナ州の場合は，州全土がTownshipに分割されるので，その中に（また
　　はその同一区域に）地方自治体（Municipal）が結成されている。
(72)　憲章制定によって地方自治体の設立が認められる場合においては，その憲章の種類

27

第1章 アメリカにおける地方自治

うした（一般）地方自治体が存在しない地域の事務をカウンティなどが担うため，わが国のように国土のすべてが（一般）地方自治体の管轄区域に区割りされておらず，特定の地域の住民らが，自分たちに対する公共サービスを確保する上で必要な場合において，行政主体としての地方自治体を設立することになる。そしてこれが，教育など特定の行政機能にだけ特化した特別区ではなく，より総合的な行政サービスを求める場合に法人化が行われ，自治体法人（incorporated municipality）が設立されることになる[73]。地方自治体の事務については，シティなどの都市部については，都市生活上の行政需要に応じるため，農村部に比較して専門化し高度化した事務を処理している。一般には，教育，警察，保険衛生，福祉，道路，消防などが主たる事務として扱われ，上下水道，交通事業などの公営事業も行い，裁判所の設置も含まれる。

上記のような地方自治体（General local governments）と区別される形で特別自治体（special local government）という形態の地方組織が存在する。ここには，スペシャルディストリクト——特別（行政）区とスクールディストリクト——学校区があるが，国勢調査局の政府統計によればこれらは合わせて 50,087[74] 存在し，スペシャルディストリクトが 37,203[75]，スクールディストリクトが

によって以下のように分類される。「①個別的（又は特別）憲章（special charter） 個々の自治体法人を設立するごとに，州議会によって個別に制定される標準的な憲章。

②画一的（または一般）憲章（general charter） 州内すべての自治体法人に共通な事項を規定するために制定される法律に相当する憲章。

③分類別憲章（classified charter） 州内の自治体を人口規模別に分類し，その分類ごとに法人としての準則を設定する憲章。

④選択的憲章（optional charter） 州法で数種類の憲章を定め，各自治体が住民投票によって選択する方式での憲章。

⑤ホーム・ルール憲章（home rule charter） 各自治体が，自治機構，事務，課税，起債など，自治体法人として機能するために必要な事項を，一定の制約の下に，自己の判断で決定することを認めるもの。これは憲章に関する考え方を基本的に転換させ，地方レベルの問題は自治体自身の責任で処理させるという認識の下に生み出された方式で，次第に多くの州で導入されてきた。州内のどの自治単位にホーム・ルールを認めるか，またその程度如何は，各州の政策判断により決められる問題である。」そして，今日ではここでの④，⑤が多く採用されている（山下茂『体系比較地方自治』（ぎょうせい，2010 年）182-183 頁）。

(73) こうした，アメリカの地方自治体の（設立）法人化については，O. W. ポーター（東洋大学 PPP 研究センター訳）『自治体を民間が運営する都市』（時事通信社，2009 年）が詳しい。

(74) U. S. Census Bureau, 2012 Census of Governments: Organization Component Preliminary Estimates. Table 2. "Local Governments by Type and State: 2012".

第1節　アメリカの地方自治制度

12,884[76]である。2002年の統計によればスクールディストリクトに公立学校システムを含めると，15,014存在している[77]。しかし公立学校システムには，わが国の教育委員会のように市町村の下部機関となっているものが含まれ，これは，地方自治体の「従属機関」とされ，それ自体が行政機関とされるスクールディストリクトと区別されている。

　スクールディストリクトについては，その設置運営は各州に委ねられており，州教育省・教育委員会の下に郡教育局，その下にスクールディストリクトがおかれている。スクールディストリクトは，日本語では，学区，学校区と訳されるが，わが国の場合の学区は1つの学校の管轄する地域であるのに対して，アメリカのそれは，わが国の教育委員会のように地域内のすべての公立学校を管理する行政組織として存在し，始業日，休日，学期，カリキュラムまで決定することができ，幅広い決定権を有している。スペシャルディストリクトは，特定の事業を行うために設置されている地方機関であって，多くの場合，代表が公選され，独自の議決機関を持ち，区域も（一般）地方自治体と無関係に引かれている場合もあり，独立行政組織の性格が強い[78]。そしてこのスペシャル

---

(75)　*Id.*

(76)　*Id.*

(77)　U. S. Census Bureau, 2002 Census of Government, Volume I Government Organization, 2002, p 3 Local Governments and Public School Systems by Type and State: 2002.

(78)　国勢調査局はスペシャルディストリクトを次のものに分類している。
　　　航空−空港施設の建設，維持，運営。墓地−墓地の開発，維持。教育施設−学校施設の建設，資金集め。実際の教育を担う学校区とは別区分。消防−消防活動。ボランティアの消防団コーディネイトを含む。ガス事業−一般への天然ガスなどの供給事業。保健−外来，研究，教育を含む保健活動。環境汚染対策，蚊駆除，救急医療などを含む場合もある。道路−道路，トンネル，橋，街灯などの建設，維持。病院−病院の建設，取得，維持，運営。住宅・地域開発−住宅の建設，維持，再開発事業。図書館−公立図書館の建設，維持，運営，私立図書館の支援。自然資源−水資源，土壌，森林，鉱産物，野生動物などの保全，開発。灌漑，排水，防水，山火事防止なども含む。駐車施設−駐車場の建設，取得，維持，運営。商業ベースのことが多い。公園リクリエーション−運動場，遊び場，ゴルフコース，公共ビーチ，プール，テニスコート，公園，会館，スタジアム，キャンプ場，リクリエーション波止場，ヨットハーバー，美術館，博物館，動物園，コンベンションセンター，展示場などの提供と支援。下水−下水，排水網，下水処理の整備。廃棄物処理−道路掃除，固形廃棄物の収集，処理。交通−バス，電車，ライトレール，地下鉄など公共交通システムの建設，維持，運営。水道−一般および産業向けの上水道システムの運営と維持。水上交通−運河，港湾，波止場などの建設，維持，運営。

29

第1章 アメリカにおける地方自治

ディストリクトは，単一の事務を所管するのがほとんどであり，地方自治体の空白地帯に設置されていることが多いが，地方自治体と重複している地域もある。

スペシャルディストリクトの位置づけは，単純に広域自治体というわけでもなく，地方自治体の関係者が議員になっている場合もあるが，わが国の広域連合とも異なる完全に独立した行政機関である。例えば，カリフォルニア州においてはスペシャルディストリクトに分類されるものとして，大気汚染コントロール区，空港区，地域サービス区（CSD），排水区，消防区，水保全区，地盤事故防止区，地下水管理区，ハイウェイ区，病院区，灌漑区，図書館区，害虫防護区，地域改善区（MID），警察保護区，港湾区，公共墓地区，埋め立て区，公園区，リゾート改善区，資源保全区，球場建設区，下水区，公益事業区（電力区，電話区，その他）など様々な種類の行政機関があり，スペシャルディストリクトをどのように位置づけるか議論のあるところである[79]。

2　アメリカの州

アメリカの州を人口で見ると，4,000万人程度の人口を有するカリフォルニア州から，50万人程度の人口のワイオミング州まで様々であり，人口は平均で580万人程度である。面積でもわが国の佐賀県程度のロードアイランド州，栃木県程度のデラウェア州もあり，人口でも，ワイオミング州のほかヴァーモント州，ノース・ダコタ州，アラスカ州など100万人に満たない人口の州も数州あり，アメリカの州はわが国における都道府県単位のものに近いものといえる。その州の権限は，基本的に州の区域内におけるすべての事項に及ぶものではあるが，これについても合衆国憲法により制限を受ける事項がある。合衆国憲法1条10節において，次のような制限を規定している。

　「第1項——いかなる州も，条約を締結し，同盟を結び，もしくは連合を結成すること，拿捕及び報復の特許状を発すること，貨幣を鋳造すること，信用証券を発すること，金銀以外の物を債務支払いの弁済となし，私権剥奪法，事後法，あるいは契約上の債権債務関係を侵害するような法律を制定すること，貴族の称号を授与することはできない。第2項——いかなる州も，連邦議会の同意なくして，輸入品または輸出品に賦課金または関税を課すことはできない。ただし，みずからの検査法を執行するのに絶対必要であるものは除く。輸入品ま

---

(79)　California Government Code Section 25000.

30

たは輸出品に対し州が課した関税及び賦課金の純収入は，合衆国の国庫の用途に充当される。ここに述べたすべての州法は，連邦議会の修正と統制に服する。第3項——いかなる州も，連邦議会の同意なくして，トン税を課し，平時に軍隊または戦艦を持ち，他の州または外国の力と協定または規約を結び，現実に侵略されているときまたは猶予を許さないような急迫した危険がある場合を除いて，戦争行動を行ってはならない」[80]。

　1項においては，州議会による禁止事項を定め，2項，3項において連邦議会による制約を規定している。このような禁止・制約事項などを除くと，合衆国の州は，連邦の権限の枠外において自由な「留保権限」を有するものとされるが，合衆国憲法6条2節「この憲法及びそれにしたがって制定された合衆国の諸法律，合衆国の権限のもとで締結され，将来締結されるすべての条約は，国の最高法規である。そして各州の裁判官は，それぞれ州の憲法または法律にそれに反する定めがあったとしても，それによって拘束される」[81]と規定し，連邦の下に州が存在する構図を示し，合衆国憲法4条1節において，他州の尊重[72]，同条3節において，州区域に関する制約[83]などを設けている。
　しかしながら，合衆国憲法修正10条においては，「この憲法によって合衆国に委ねられておらず，また憲法によって州に禁じられていない権限は，それぞれの州または人民に留保されている」[84]として，連邦の権限については憲法に規定されたものに限られ，合衆国憲法が地方自治に関する規定を設けておらず，連邦政府が州より下位の地方自治に関しての権限を有することが明記されてい

---

(80)　松井茂記『アメリカ憲法入門〔第7版〕』（有斐閣，2012年）437頁。

(81)　松井・前注(80) 441頁。

(82)　合衆国憲法4条1節　それぞれの州においては，すべての他州の公の法律，記録及び司法手続に対して，十分な信頼と信用が与えられなければならない。連邦議会は，一般的な法律でもって，それらの法律，記録及び司法手続を証明する方法及びその効力について定めることができる。（松井・前注(80) 440頁）。

(83)　合衆国憲法4条3節　①新しい州は，連邦議会によってこの連邦への加入を認められることができる。ただし，ある州の管轄権の範囲内に新しい州を形成し創設すること，もしくは2つ以上の州または州の一部の合併によって州を形成することは，関係する州の議会並びに連邦議会の同意なくしてはできない。
　　②連邦議会は，合衆国に属する領地もしくは他の財産を処分する権限，及びそれに関係する必要なすべての準則を規則を制定する権限を有する。この憲法中のいかなる規定も，画集国または特定の州の見地を損なうように解釈されてはならない。（松井・前注(80) 440頁）。

(84)　松井・前注(80) 443頁。

第1章 アメリカにおける地方自治

ないことから，地方自治に関しての権限はもっぱら各州によるものとされる。

アメリカのような連邦国家においては，州は連邦内の支分国家という存在として強い権限を持つことから，単一国家における「地方」という位置づけとは異なるものと理解されることもあろう[85]。他方で，上級・下級政府（国と地方の関係のあり方）の関係について，「連邦憲法における州の高い独立性にもかかわらず連邦の州に対する優越はしだいに既定の事実と化している反面，法的地位における地方自治体の州への従属性にもかかわらず地方自治体の自律性は尊重されている。しかし一般的には，ないし外国人であるわれわれが外から視察する限りでは，3段階の政府間に上級下級の別を認めてよいのではないかと思う」[86]として，州をある意味においては，連邦国家内の地方政府の一端というような位置づけができるものと捉えるものもある。

アメリカの各州は，州知事（Governor）を中心とする行政府と州議会を中心とする立法府で構成されており（ここでは司法部門は除く），知事は，独立当初は州議会による任命制が一般的であったものの，今日ではすべての州で州民の直接選挙によって選ばれており，知事以下の各行政官とともに州の行政を担う主体となっている。州議会（State Legislature, General Assembly など）は上院（Senate）と下院（House of Representatives など）の二院制によって構成されており（ネブラスカ州のみは一院制），州議会において決すべきことやその権限は州によって異なるものの，州における行政的権限を含めた多くの権限が州議会によってまたは州議会の認可の下に行使されるものである。

3 アメリカの地方自治制度——議会

前述のような地方制度のための規定を州政府が定めているのであるが，その方法は，州によって異なり，37州が「一般法」により「選択的政府形態[87]」を地方自治体に対して認めている。この内最多の7種類認めている州が1州（ニュージャージー），6種類が2州（アイオワ，マサチューセッツ），5種類が6

---

(85) 栗本和雅「アメリカの地方自治制度」法律時報66巻12号（1994年）63頁。

(86) 中川・前注(61) 18-19頁注3。

(87) 「弱市長・議会型」，「強市長・議会型」，「議会・支配人型」及び「理事会型」の4つの形態にまとめることができ，更には「弱市長・議会型」と「強市長・議会型」を一括した「市長・議会型（Mayor-Council Form）」，及び「理事会型（Commission Form）」並びに「議会・支配人型（Council-Manager Form）」の3つの形態にまとめることができる。（小滝・前注(55) 213-259頁）。

32

州（コネチカット，ミシシッピー，ニューハンプシャー，ノース・ダコタ，ペンシルヴァニア，ウェスト・ヴァージニア）である。

　そして，地方議会（地方政府の立法機関）については，council, board of aldermen, board of selectmen, board of commissioners などの名称で呼ばれ，市民・住民の日常生活に関する重大な意思決定を行っている。しかし，地方議会といっても，その内実はわが国のように統一的な形態ではなく，地方自治体の形態が各州において多様性をみせるように，地方議会についても，地域社会の多様なニーズを反映し，議会の構造，議員の選出方法，成員構成等の面でも大幅な多様性がある。

　議会の組織としては，州議会においては，「二院制（Bicameral System, Two Houses）」が一般的で「一院制（Unicameral System, One House）」はネブラスカ州で採用されているだけであるが，州議会以下の地方議会では「一院制」が一般的で，「二院制」が例外となっている。19世紀末から20世紀の初め頃までは，大都市の多くは「二院制」を採用していたが[88]，その後次第に廃止され，1950年代半ばまでにはほとんど消滅したといわれている。今日では小規模自治体から大都市に至るまで「一院制」となったが，現在でも，マサチューセッツ州エヴェレット（Everett）市のように，例外的に「二院制」議会をもつ自治体もある[89]。

　カウンティでは，任期2〜4年の「理事（supervisors）」や「委員（commissioners）」などの公選職による「理事会（Board of Supervisors）」ないし「委員会（Board of Commissioners）」と称する「統治機関（governing body）」によって管理運営されている。カウンティにおいて，この統治機関は「立法機能」と「行政機能」の両者を執行する機関であり，「自治体法人」の「理事会型」の原型ともいうべきものであるが，最近は，①純粋の「理事会型（supervisor form, commission form, board form）」のほかに，②理事会が管理者（支配人）を任命する「理事会・管理者型（commission-administrator form）」，③立法府と執行府（行政府）が分立する「理事会・公選首長型（commission-elected executive form）」も存在している[90]。

---

(88)　William B. Munro, *The Government of American Cities*, New and Revised Edition, Macmillan, New York, 1916, 185-186.

(89)　小滝敏之「アメリカの地方議会」『平成16年度比較地方自治研究会調査研究報告書　欧米における地方議会の運用と制度』（自治体国際化協会，2004年）68頁。

33

第1章　アメリカにおける地方自治

　シティなどの地方自治体においては，その組織構造は，それぞれ異なる内容のものであるが，「弱市長・議会型」，「強市長・議会型」，「議会・支配人型」および「理事会型」の4つの形態にまとめられるほか，「弱市長・議会型」と「強市長・議会型」を一括した「市長・議会型」など様々な分類がある[91]。

　「弱市長・議会型」，いわゆる議会優位の形態では，議会に対して行政に関することの決定のみならず，議会が行政官の任免や，行政執行にも関与するものもあり，市長は名目上の責任者とされ，限定的な権限しか持たないというものもある。イギリスにおける自治の伝統を受け継いだもので，最も古い体系とされるものの，近年減少してきている。

　「強市長・議会型」，いわゆる市長優位の形態では，市長は自治行政に関する実質的な最高責任者とされ，市長が行政に関するすべての責任を負い，議会との関係で，勧告による立法過程への関与と拒否権が認められることもある。

　「議会・支配人型」，この形態では政策決定と行政執行とが分離されるものであるが，議会は政策決定の権限を有しており，行政に対する統制を行うものとして，行政を担う支配人（行政官）を任命する。この支配人は，行政全般に関する指揮監督やその他の行政官の任免，予算編成などの権限を有し，行政執行を行うものとされる。ここでの議会は議員数5～7人程度（平均6人）で，支配人の任命と解任の権限を持ち，条例制定権，調査権，財政上の権限等を行使することで行政を統制する。支配人は，行政運営全般にわたる指示監督のほか，部局長の任免，予算編成，議会への勧告等の権限を持ち，議会のすべての会議への出席を義務づけられている。全米市民連盟（National Civic League）の定めるモデル憲章（Model City Charter）では，この形態が推奨されているものの，行政全般にわたって執行権限を有する支配人が，公選でないことへの批判がなされる。

　「理事会型」，この形態では，数人の公選の理事によって構成される理事会が立法機関として機能するとともに，各理事が各行政部門の長としての任務を負うこととされる。ここで地方自治体を代表する首長を選出する際には，理事の中から住民が選挙で選出する場合と，理事の互選で選出する場合とがあり，首

---

(90)　County の議会（理事会，管理者会）は，1人で構成されるものから，100人以上で構成されるものまである（Susan W. Torrence, *Grass Roots Government: The County in American Politics*, Robert B. Lice, Inc., Washington, D. C., 1974, 8)。

(91)　小滝・前注(55) 213-259 頁。

34

長は行政全体に対しての責任を負うものとされる。

このような地方自治体の組織の中で，議会（議員）の役割としては，①市民・住民の利益のため発言し，決定する「代表任務（representation role）」，②議論し，条例を制定し，決議等を採択する「立法任務（legislative role）」，③行政部局を監督する「執行監視任務（executive oversight role）」があるが，④「準司法的機能」を果たす場合もある[92]。そして，議員による議会は地域住民の為に様々な決定等を行うが，「市長・議会型」，「理事会型」，「議会・支配人型」といった自治体形態によってその権限は異なっている。

アメリカの地方議会の特徴としてあげられるのが，議員報酬の少なさや，少ない議員数，そして，住民と一体となった議会運営であろう。議員報酬について，ICMA[93]の調査によれば，全米の地方自治体のうち，無報酬（完全無給）が15.4％となっており，残り84.6％の自治体で何らかの「報酬（salary）」または「手当（stipend）」が支給されているが，全体平均で，常勤議員が年収4,659ドル，非常勤議員が年収4,201ドルであり，日本円にして年収で40万円程度のものである。これは，ボランティアのような形態で活動している議員がほとんどであるためである。例えば，カリフォルニア州の州法では，市長・市議の給料を規定しているが[94]，月数万円程度の名目的報酬である。これは生活のための賃金ではなく，当然のことながら，市長・市議はボランティア活動的にその業務を行っていることになる。昼は自分の仕事を持っており，夜になると市議会や各種会合に出てくる。市民集会型（public comment）の市議会では，市民の参加のために，より夜間の議会開催が必要となっている。

また，これに関連して，大多数の議員は「非常勤（part-time）」であり，週に1回ないしそれ以下の頻度で会合出席するにとどまり，「常勤（full-time）」に近い専門職（professional）議員は，ニューヨークやシカゴその他いくつかの

---

(92) James H. Svara, *Official Leadership in the City: Patterns of Conflict and Cooperation*, Oxford University Press, New York, 1990, 122.

(93) International City/ County Management Association.

(94) California Government Code Section 36516 より。

人口 35,000 人以下の市	月 $300 以下。
人口 35,000 ～ 50,000 人の市	月 $400 以下。
人口 50,000 ～ 75,000 人の市	月 $500 以下。
人口 75,000 ～ 150,000 人の市	月 $600 以下。
人口 150,000 ～ 250,000 人の市	月 $800 以下。
人口 250,000 人以上の市	月 $1,000 以下。

第1章 アメリカにおける地方自治

大都市にのみにみられる[95]。この点に関して，わが国でも，議会議員の日当制などが一部でみられるが，全体的な流れとしては，まだアメリカの議会制度のような報酬形態になるものではない[96]。

議員数については，アメリカでは，地方議会の議員数がわが国に比べて格段に少ない。Facts About the City, Municipal Form of Government, 2001 の調査結果を見る限り，自治体の議会の議員数は平均で6人（男5人，女1人）となっており，大都市においても議員数は少ない。例えばロサンゼルスで15人，ヒューストンで14人，フィラデルフィアで17人，サンディエゴで8人となっている[97]。シカゴの50人，ニューヨークの51人，インディアナポリスの29人等，（アメリカ国内としての）例外的地域もあるが，基本的には少数の議員によって構成される諮問機関的（審議会的）な議会といえる。

そして議会運営については，「public comment」などのように住民と一体となった運営がみられるようになった。「public comment」は，アメリカでは，議会などの場において市民が自由に発言することをいい，この言葉は，わが国では個々の施策に対する意見書の提出の制度などとして知られている。カリフォルニア州を例にとると，例えば，サンフランシスコ市議会は通常，毎週月曜の午後，市庁舎内の会議場で開かれるが，月に一度は市内の地域において出張市議会を開く。この際はより多くの市民が参加できるよう，時間帯も夜に設定されることが多く，参加者は誰でも質問ができる。各州，各地方自治体には「公開会議法」と呼ばれる法律があり（Open Meeting Act, Sunshine Act），こうした会議への市民参加を保障している。

カリフォルニア州では，州政府機関の会議の公開を規定した Bangley-

---

(95) また，議会事務局職員についてみると，まったく置いていない自治体が約3分の1あるが，置いているところでも平均して，「常勤」スタッフ2名，「非常勤」スタッフ1名程度である。ただし，人口100万人以上では平均156名（すべて常勤），50万〜100万人では32名（うち常勤28名），25万〜50万では17名（うち常勤12名），10万〜25万では5名（うち常勤3名）というように，人口規模が多くなるほど，スタッフの数が多くなっており，大都市では議員の数に比べてスタッフの数が多く，補助機関の充実が注目される。

(96) アメリカでは州議会においても日当制が導入されている州がある。Alabama (10), Kansas (76), Kentucky (164), Montana (55), New Mexico (136), North Dakota (125), Utah (120), Wyoming (125) 以上8州が，日当制を導入している州である。( ) 内が日当手当額（単位 US ドル）。https://www.infoplease.com/us/states/tabulated-data-on-state-governments, 最終閲覧令和元年5月5日。

(97) Census 2000 Population Data, U. S. Bureau of the Census, May 2001.

36

第1節　アメリカの地方自治制度

Keene Act[98]，自治体など地方機関の会議公開を規定した Brown Act[99]などがある。これらはそれぞれ，会議の原則公開を義務づけるとともに，市民が発言する権利，会議テープ，写真などをとる権利，10日以上前に会議のお知らせと議題を公開・周知させること，その他市民参加の内容を規定している。

　例えば自治体などの会議公開を規定した Brown Act（1953年成立）は「定例会議の議題ごとに，市民が関心を寄せるあらゆる問題について，当該立法機関が審議する時，またはそれ以前，市民が当該立法機関に対して直接に発言する機会を与えなければならない。」[100]と明記し，市議会，委員会，審議会など立法機能を持つあらゆる公的会議の中で必ず市民に発言させる機会を与えることを義務づけている。各州において議会の公開が規定されており，議会日程も市民に対して公開されており，市民の自由参加が議会のあり方の一つとなっている。

　地方自治体の権限の一つとしての条例制定権についてみてみると，アメリカでは，条例制定権は，各州によってその州憲法ないし州法によって規定されている[101]。また，条例の定めるべき事項や条例の範囲といったものは，州の定めによるものであるとされ，地方自治体において定める条例には当然限界があるものとされる。ただし，合衆国憲法の権利章典については，州や地方自治体に及ばず，法や条例に直接の規制が及ぶことはないとされてきた。しかし，修正1条については，1931年の表現の自由の州への適用以降，憲法自体が州法や都市法，条例を規制することができるとされた[102]。従来，合衆国憲法の権利章典に関しては，それを基にした各州の規定によって本来拘束されるものであって，州憲法・州法上問題がなければ，地方自治体の条例によって規制することは可能なはずであった[103]。現在のアメリカの地方自治体の条例制定に関しては基本的には州による規定で規制され，憲章市，一般法人市によって若干の違いはあるものの[104]，各州による規定で条例制定権を認めているものであ

(98)　California Government Code section. 11120-11132.

(99)　*Id.*, Sec. 54950-54960. 5.

(100)　*Id.*, Sec. 11125. 7 (a).

(101)　カリフォルニア州の地方自治体の条例は，合衆国，州の憲法および法律に適合する限り成立する（California Government Code section. 37100.）。

(102)　Chaplinsky v. New Hampshire, 315 U. S. 568 (1942), R. A. V. v. City of St. Paul, 505 U. S. 377 (1992) など。

(103)　地方自治体に関することは州憲法・州法によってのみ規制される旨のトレントン対ニュージャージー判決がある。Trenton v. New Jersey, 262 U. S. 182 (1923).

37

第1章　アメリカにおける地方自治

る。後述する判例においても触れるが，アメリカの地方自治については，州が
定めることとされ，州法と地方自治体の条例の衝突もあれば，州（地方自治体）
の権限の及ぶ範囲（州と地方自治体の事務配分）といった問題がある。州法と地
方自治体の条例との関係についても，必ずしも州法が優先されるものでもなく，
事例に応じた判断がなされることになる。

第2節　アメリカにおける地方自治関連判決

第1項　トレントン対ニュージャージー判決

City of Trenton v. State of New Jersey, 262 U. S. 182 (1923)

前審 ── State v. Trenton, 97 N. J. L. 241, New Jersey Court of Errors and
　　　　 Appeals[105] (1922)

　この事件は，トレントン市とニュージャージー州が水道事業に関する権限を
争う形となった事件である。1804年に水道事業会社であるトレントンウォー
ターワークスが設立され，トレントン市内に水を供給するような形で水道事
業を行っていたが，トレントン市の人口増加に伴い供給が不足することとなっ
たために，トレントン市は，その権限としてデラウェア川からの取水を（制
限なく）行うことのできる権限を州によって与えられているとして，1852年
に，水道事業会社であるトレントンウォーターワークスの株式資本の一部また
は全部を購入することを前提として，供給不足のための対応としての取水を許
可した。1855年にトレントン市は，トレントンウォーターワークスの株式を
買い取るための許可条例を制定し，株式のすべてを購入し，1859年に，トレ
ントンウォーターワークスとトレントン市は，トレントン市内への水道供給等
に関する契約を結んだ。これに対して，ニュージャージー州は，1907年州法
chapter 252の規定「ニュージャージー州水道委員会の設立とその権限，義務
の規定，いかなる状況下において州の飲料水転用，水域転用が可能であるかを
定めた法」に基づき，水の供給に関する事項，水源等に関する事項等について
は，トレントン市の権限ではなく，州の権限によって行うことである旨を主張
した。

---

(104)　Charter制定により成立する市と，それ以外の通常の自治体法人設立によって成立
　　する市を分けて，条例の制定に関して若干の違いがある。

(105)　1844–1947年の間のニュージャージー州における最高裁判所。

第2節　アメリカにおける地方自治関連判決

　1907 年州法においては，1905 年国勢調査人口に基づき，州は，いかなる地方自治体であっても住民一人当たり一日につき 100 ガロン（gallon - 100 ガロンは約 380 リットル）の総量を超える給水について州の財務長官に対してライセンス料の支払いを求めており，トレントン市は，この 1907 年法施行の後に，トレントンウォーターワークスを通じて，法の定めるライセンス料の必要でない量を超えて（ライセンス料の発生する総量の）給水を行ったために，州によってライセンス料の支払いを求められることが，州の権限を逸脱した行為であり，水道事業については市の行使する一般的管轄権に含まれるものであり，州がこれを制約することが合衆国憲法の契約条項，修正 14 条に違反することを主張し，ニュージャージー州下級裁判所に提訴した。

　合衆国連邦最高裁は，トレントン市の主張を退けた前審ニュージャージー州（最高）裁判所判決を支持する判決を下した。ここでは，州は，そのすべての住民に対して水源による利益を確保し，水道事業を行い，このような水道事業に関する制限等の権限と義務を有するものとされ，水を供給するにあたっての水道管設置は，州の合法的な作用の一つであり，水道事業に関する民間企業への規制に関しては，州が目的達成のために直接に規制を行うか，州内の地方自治体に委任され行われるものとされるとして，水道事業が州の権限の範囲であることから，トレントン市との関係においても，州の権限が優先され，トレントン市は州法による規制を受けるものとされた。

　そして，この判決においては，州と地方自治体の関係について Barnes v. District of Columbia, 91 U. S. 540（1875）を引用しながら，「州議会は，地方自治体に対して許容しうるすべての権限を付与し，地方自治体を州内における小国家とすることもできれば，地方自治体からあらゆる権限を奪い，地方自治体を名目のものとすることもできる」として州議会の絶対的権限を認め，そして，「地方自治を州議会から独立させる州憲法上の規定がない場合，地方自治体は州の立法統制の及ばないような地方自治固有の自治権を有するものではない」として，地方自治に関する固有権を否定し，州憲法上の規定がないような地方自治体の自治権は認められず，また地方自治体の権限はあくまでも州憲法上の権限にとどまるものとされ，ディロンの原則を継承する判断を示した。

39

第1章　アメリカにおける地方自治

第2項　アトキンス対カンザス判決

Atkin v. Kansas, 191 U. S. 207 (1903)

前審 ── State v. Atkin, 64 Kan. 174, Kansas Supreme Court (1902)

　この事件は，カンザス州1891年法一般条項によって，労働者の労働時間について一日当たり8時間以上とならないようにすることが求められていたところ，この規定が合衆国憲法の契約条項，修正14条に違反するものとして，カンザス州が被告として訴えられたものである。カンザス州1891年法においては，カンザス州内において契約された労働契約において，戦争の場合や緊急事態などの異常事態の場合を除いて，労働者が一日当たり8時間以上の労働を行うことを禁止していた。ここでは，カンザス州や，州内の各地方自治体（カウンティ，シティ，タウン）において行われる事業によって採用された労働者についても適用されることとされていた。本件においては，カンザス州カンザスシティにおいて，市内中心部を通るQuindaro通りを煉瓦で舗装する工事において，カンザスシティの許可を得ることにより，一日当たり8時間を超えての労働を行ったことが，1891年州法に定める，労働時間規制に違反することとされたため，この1891年州法が合衆国憲法の契約条項，修正14条によって保障されている契約の自由を侵害するものとして，道路舗装工事を請け負ったAtkinsにより主張された。

　労働時間規制の問題であったことから，カンザス州最高裁，連邦最高裁においても，労働関係の審議がなされた。ここでは，労働時間規制を行うことが許されるのは，特に危険な業務等であり健康に影響がある業務や公衆，大衆の安全確保のために必要なものとして認められる場合に限られ，また，州や地方自治体の発注する公共事業において労働時間規制を設けることについての契約の自由の侵害については，州法が定める労働時間規制について，このような公共事業においてそのような規制（規制解除）が，契約の自由の保障範囲であるとはいえないとして，一般的規制権限を有する州議会の本件のような労働時間規制を合憲とした。

　そして，本件においては，カンザスシティが発注した公共事業において，シティの許可をもって，一日当たり8時間以上の労働を行ったことの関係から，シティと州の関係において，このような公共事業契約の権限等についても，連邦最高裁は判断している。まず，カンザス州最高裁は，地方自治体は州による創造物であって，その地方自治体たる性格や権限は州議会によって与えられて

40

いるものであり，州議会によって明確に与えられていない道路舗装に関する公共事業契約の権限は，地方自治体に属するものではなく，そして，道路の舗装や建設といった事業は州の権限により行われるものであるとした。

連邦最高裁は，州と地方自治体の関係について，アイオワ州最高裁の City of Clinton v. Cedar Rapids and Missouri River Railroad Company 判決を引用し，「地方自治体の起源は州議会によるものであり，そのすべての権限は州議会によって導かれるものである。地方自治体は州議会により生命を与えられ（生み出され），それなしには存在し得ない。州議会によって創造される地方自治体は，それによって破壊することもできる。破壊できるのであれば，権限の縮小や統制も可能である。もし，憲法上何ら制約がないのであれば，州議会は1つ法律によって，極めて愚かで間違っていると推測できたとしても，それにより地方自治体を州内から排除することもできる権限があり，地方自治体はそれを止める術をもたない。……いわば地方自治体は，単なる州議会の意のままとなる存在である。」(106)とし，「地方自治体は，州の権限行使にあたって州によって創造されたものであり，州の政治的な下部区画でしかない。そのような地方自治体は，明文化され認められた権限，またはそれに当然に包含される権限しか行使できない。そのような地方自治体が法的に公共的性質をもって行うことは，州の承認の下に行われるものである。このような地方自治体の権限は，州議会の意思により，新たに創造されるかもしれないし，現行のまま存続されるかもしれず，制限され，拡大され，あるいは剥奪されるかもしれない。すなわち，州議会の権限は，こうした地方自治体の権限の制限や剥奪に際して，地方自治体の住民の集団的および個人的な権利を侵害しない限りにおいて有効とされる。」(107)として，連邦最高裁として地方自治体が州の創造物であること，

---

(106) City of Clinton v. Cedar Rapids and Missouri River Railroad Company, 24 Iowa 455, 457.

(107) Such corporations are the creatures, mere political subdivisions of the state for the purpose of exercising a part of its powers. They may exert only such powers as are expressly granted to them, or such as may be necessarily implied from those granted. What they lawfully do of a public character is done under the sanction of the state. They may be created, or, having been created, their powers may be restricted or enlarged, or altogether withdrawn at the will of the legislature; the authority of the legislature, when restricting or withdrawing such powers, being subject only to the fundamental condition that the collective and individual rights of the people of the municipality shall not be destroyed. Atkin v. Kansas, 191 U. S. 207,

そして，州によって創設された地方自治体については，その権限の制約も拡大も剥奪も，州の意向により行うことができるものとした。

連邦最高裁において，地方自治に関して判断された上記2例において，いずれもディロンの原則を中心とした地方自治の考え方，すなわち，地方自治体は州の創造物であって，州により権限を与えられている主体に過ぎず，その権限は州の意向によって変動するものであることを軸として今日のアメリカの地方自治を形成している。このような地方自治に関する州の絶対的権限ゆえに，今日のアメリカの地方自治において，ホーム・ルールをはじめとする地方自治体の権限を広げることも可能とされているものと考えられる。

第3項　マクドナルド対シカゴ判決

McDonald v. City of Chicago, 561 U. S. 742 (2010)

この事件マクドナルド対シカゴ判決は，シカゴ市の銃規制条例に関して，銃の規制は，合衆国憲法修正2条[108]に違反するものであるとして訴訟になったものである。そもそも，シカゴの銃規制条例は，1982年の成立から20年以上にわたって，シカゴ市とその郊外のオークパーク村において銃の所持の規制をしていた。その規制内容は，自分の寝室においても銃の所持をしてはならないなどの厳格な規制であって，合衆国憲法修正2条の規定の趣旨が，市民の武装権の保障にあるとするのであれば，これとの関係が問題になる事例であった。しかしながら，判決の中で，スカリア判事が言及したように，本来権利章典に関しては州以下に適用されないとされてきたことから，長年訴訟問題とはなっていなかった。

同じく合衆国憲法修正2条に関連するものとしては，2008年6月28日のDistrict of Columbia v. Heller（以下，「ヘラー判決」という。）判決がある[109]。この判決は，1976年のコロンビア特別区の銃規制法に関して，規制が違憲と判断したものである。規制内容は，拳銃の所持の原則禁止，登録のない拳銃の携行を犯罪とし，合法的に銃の所持が認められた者に対しても，拳銃が装填さ

220-221.

(108)（合衆国憲法修正2条）A well regulated militia, being necessary to the security of a free state, the right of the people to keep and bear arms, shall not be infringed.

(109)　District of Columbia v. Heller, 554 U. S. 570, 128, S. Ct. 2783 (2008), 富井幸雄「第2修正：個人の武器所持権」樋口範雄＝柿嶋美子＝浅香吉幹＝岩田太編『アメリカ法判例百選』（有斐閣，2012年）106頁以下参照。

第2節　アメリカにおける地方自治関連判決

れていない状態で，弾と分離または安全に錠のかかった保管場所に保管しなければならないとしていた。これに対して，一審は訴えを退けたものの[110]，D.C.合衆国控訴裁判所は[111]，本件が自己防衛のためのみに拳銃の所持を求めており，修正2条は個人の自己防衛のための銃の所持を保障しているとして，銃規制法が違憲であるとした。最高裁判所はこの判決を支持して，上告棄却したものである。

　このヘラー判決を受けてのマクドナルド対シカゴ判決であるが，本件銃規制条例もコロンビア特別区の銃規制法にならぶ厳格な規制であったことから，修正2条の「武装権」は，合衆国市民の安全のための武装を保障しており，銃の所持，携行を原則として禁止しているシカゴ市銃規制条例は違憲であるとNRA[112]が訴えた。2009年6月2日，連邦控訴裁判所（第七巡回区）では，シカゴ市の銃規制条例を支持した[113]。このため，NRA側は，合衆国憲法修正14条のデュープロセス条項を用いて，合衆国憲法修正2条は州へ適用され，シカゴ市銃規制条例は違憲であるとして上告した。連邦最高裁判所は，修正2条に関しては，2008年のヘラー判決を引用し，憲法で銃の所持を認めている州があり，歴史的にみても武装する権利が個人に認められ，銃の所持を禁止することは合衆国憲法修正2条に違反するとした。

　本来権利章典は州へ適用されてこなかったが，ヘラー判決，そして今回のマクドナルド対シカゴ判決により，修正2条の一応の解釈と，修正2条の州への適用が決定づけられた形となる。しかし，下級審においては，修正2条が州政府には及ばないとする，Maloney v. Rice 判決[114]（第二巡回区）もあったが，連邦最高裁は，マクドナルド対シカゴ判決を前提として修正2条が州へ及ぶことを前提に審理を差し戻した。ハーバード大学のサンスタイン教授は，最高裁は今後，極端な銃の所持の権利を制限する法律の非合理的な制限は無効であるとするだろうが，それ以外の制限は非常にゆるやかな基準を設定するであろうと推測している[115]。

---

(110)　Parker v. District of Columbia, 311 F. Supp. 2d 103 (2004).

(111)　Parker v. District of Columbia, 478 F. 3d 370 (2007).

(112)　National Rifle Association. ニューヨーク州法に基づいて設立された非営利団体で，全米に400万人以上の会員を擁する。全米ライフル協会。

(113)　National Rifle Association v. City of Chicago (Circuit docket 08-4241), (Supreme Court docket 08-1497).

(114)　Maloney v. Rice (Circuit docket 07-0581).

第 1 章　アメリカにおける地方自治

　アメリカの地方自治制度や，地方自治体の条例制定権等は各州の憲法，法律によって規定されている事項であるため，合衆国憲法の本来の射程ではないとも考えられるが，地方自治体を規定している州政府に対して合衆国憲法の規定（制限規定）が適用される場合は，当然に地方自治体も規制されることになろう。マクドナルド対シカゴ判決によってシカゴ市の銃規制条例は違憲とされ，その効力は無効とされることとなったが，この判決が出るまでの20年以上は規制が有効であったことは事実である。わが国の場合は，条例制定時に法律その他との抵触する事項があれば監督官庁等からの指示によって無効とされることもあろうが，ここでのアメリカにおける地方自治体の規制を有効として裁判上の判断によって否定されなければ効力を有するという，自治体法優位ともとれる考え方が認められる場合には，わが国の地方自治のあり方を考える際の参考になろう。

　マクドナルド対シカゴ判決後，シカゴ市議会は2010年7月2日，銃所持者が銃を携帯して自宅家屋から外に出ることを禁じる新たな条例を45対0で可決した。自宅での銃所持を事実上禁じる市の法令を違憲とした最高裁判決（マクドナルド対シカゴ判決）に対抗するための措置である。

　新条例（銃所持管理条例）は，2010年7月12日に施行され，シカゴ市内での銃器店営業を禁止。銃の所持は1人1丁に限られ，自宅内での所持に限定し，銃所持者が自宅家屋の外の庭や車庫などに銃を持って出ることをも禁じている。銃を1丁登録する度に15ドル（約1,600円），3年ごとの免許更新に100ドル（約10,700円）の支払いも義務づけた[116]。

　規制としては，旧条例時よりもはるかに緩和されたこの新条例までもが違憲とされるかどうかは，動向を見守らなければならないが，サンスタイン教授の言葉を借りれば，自宅内での自己の防衛のための銃の所持を認めているのであるから，「非常にゆるやかな基準」によって合憲・違憲の判断を行うであろうとすることからすると，合憲とされる可能性が高いといえるだろう[117]。

---

(115)　Cass R. Sunstein, *Second Amendment Minimalism: Heller as Griwold, 122 Harv. L. Rev.* (2008), 246.

(116)　リチャード・デイリー，シカゴ市長は「この条例は自衛のために，誰がピストルを所持すべきで誰がすべきでないのかを適切に規制する」と述べた上で，「自己防衛として自宅で銃の所持を希望する人々を支持し，同時にギャングやドラッグディラーなど，一般市民を脅かす犯罪者たちを銃から遠ざけていくのが目的だ」と条例の正当性を語っている。

44

第2節　アメリカにおける地方自治関連判決

第4項　ワトソン対シアトル判決

Watson v. City of Seattle, 189 Wn. 2d 149 (2017)

　この事件は，条例による銃器等への課税が合衆国憲法修正2条に対する規制の効果を持つもので違憲であるなどとして訴訟となったものである。ワシントン州シアトル市議会は，2015年8月10日に「銃器および弾丸の販売に関する課税条例」（以下「銃器・弾丸税条例」という。）を可決し，同月21日にシアトル市長（Ed Murray）は，この条例を承認，署名し，同年9月20日に条例は施行され，2016年1月1日から条例に基づき課税がなされることとなった。

　条例は，近年「銃による暴力（gun violence）」による被害が発生していることから，gun safety program に関連する公衆衛生研究のための予算を確保する目的で，銃器等に課税することとし，1つの銃器あたり25ドルの銃器税を，22口径以下の弾薬1発につき0.02ドル，それ以外の弾丸1発につき0.05ドルの弾丸税を銃器等の販売者に課すこととされた[118]。

　なお，銃器および危険な武器に関するワシントン州法では，「ワシントン州は，銃器の登録，ライセンスの付与，所有，購入，販売，取得，譲渡，放棄，輸送，および銃器の輸送に関するその他の要素を含む，州内における銃規制に関する全ての権限を有し，先占し，この権限は，銃器およびその部品とともに弾丸およびその部品にも適用される」と規定され，また，「シティ，タウン，カウンティ，その他の自治体は，RCW 9. 41. 300 に列挙されるように州法によって特別の承認がある場合のみ銃器に関する法令を制定することができる」とされており，州法の規定と抵触する（シティ等の）法令は，制定することができないと規定している（RCW 9. 41. 290[119]）。

---

(117)　シカゴ市法務部は，この判決が，連邦最高裁判所はシカゴ市の住民の銃器所持権を著しく拡張しようとしているが，連邦最高裁判所の裁定は，本来，自宅で自衛のためにピストルを所持する権利を認めるものであるから，自宅内での銃の所持を認めた新条例は問題ないとしている。

(118)　ここでの課税は，他の事業税と同様に，シアトル市内において銃器等の販売を行う者全てを対象とすることとされている。

　　ただし，アンティーク銃器の販売，ワシントン州以外の購入者への販売，政府機関への販売については，課税されず，また，シアトル市内において1四半期につき1つ以上の銃器を販売していない者は銃器税が免除され，シアトル市内において1四半期につき100発未満の弾丸を販売する者は弾丸税が免除される。

(119)　http://app.leg.wa.gov/RCW/default.aspx?cite=9.41.290 参照，最終閲覧令和元年5月5日。

45

第1章　アメリカにおける地方自治

　原告ワトソン（Philip Watson）は，ワシントン州レイクウッド[120]に住む個人で，少なくとも6年間，シアトルにある（原告に名を連ねている）Farwest Sports, Inc. dba Outdoor Emporium という銃器販売店から，弾丸を購入している。このほか同じ銃器販売店から銃器，弾丸を購入している西シアトル在住の個人であるカーター（Ray Carter）やSAF[121]，NRA，NSSF[122]等の銃器規制への反対組織も原告に含まれている[123][124]。

　2015年8月24日，原告らは，シアトル市の銃器・弾丸税条例が，ワシントン州法に違反する銃器規制に関する条例であるなどとして，シアトル市を管轄するキングカウンティ上位裁判所に訴訟を提起したがこれを退けられたため[125]，第一管区控訴裁判所に上訴した。

　訴訟の主たる争点は，①銃器・弾丸税条例によって原告らが負担すべき費用が，「税金」であるか「規制目的の費用」であるか，②その費用が「税金」であるとされる場合に，シアトル市はその課税権限を有するか，③州法による先占との関係であった。

　控訴裁判所は，銃器の規制について州の先占を規定する州法（RCW 9. 41. 290）では，州に銃器課税に関する権限がするとの文言はなく，銃器規制に関するもののみ（銃器の規制を目的とする費用を課すものを含む）が対象とされ，シアトル市の銃器・弾丸税条例によって課される費用は，判例[126]に照らすと

（120）　シアトルから50キロほど南にある都市。

（121）　（The Second Amendment Foundation, Inc.）ワシントン州法に基づいて設立された非営利団体で，全米に60万人以上の会員と支持者を擁する。第2修正に関する教育，研究等を目的に活動。

（122）　（National Shooting Sports Foundation）銃器，狩猟，レクリエーションシューティングスポーツ産業のための非営利団体。

（123）　なお，最高裁上訴時には，ワトソンは原告（上訴人）から外れたものの，訴訟名の簡易さから，Watson v. City of Seattle が用いられている。

（124）　原告らの訴えの中では，課される費用について，特に弾丸に関するものを消費者（購入者）の負担（転嫁），販売者の負担いずれにおいても，負担が重く，実質的に銃器の規制となると主張する（22口径銃の最も人気ある弾丸は1発あたり＄0.05〜＄0.1，その次に人気ある弾丸（9mm弾）は，1発あたり＄0.2〜＄0.3の価格であり，これに＄0.02（弾の種類によっては＄0.05）の費用が課されると州内での弾丸の販売が困難であると主張する。：ワトソンら（個人）は，そうした費用が消費者に転嫁されると，費用負担が重く，継続して購入できないと主張する）。

（125）　銃器・弾薬税条例によって課される費用は「税金」であるとして，原告人らの主張を退ける略式判決。

（126）　Covell v. Seattle, 127 Wn. 2d 874（1995）。

「税金」にあたるものであるから，条例が，銃器規制に関する州法と抵触することはなく，ここでの課税も市に認められた課税権限の範囲内にとどまるとして，原告らの訴えを退けた。これに対して原告らは，州最高裁に上訴，州最高裁判所においても，控訴裁判所と同様の判断をし，訴えを退けた。

　州法による条例の先占については，先占との矛盾が起こる場合とは，「条例が，州法が禁じるものを認めるか，あるいは州法が認めることを禁じる場合」に起こりうるものであって，ここで，条例が直ちに州法と抵触しこれらが両立しえない場合には，条例は憲法に抵触することとなるとの基準を示したが，シアトル市の条例が，州によって与えられている課税権限の範囲内での条例制定であることから，これを合法なものとした。

第3節　アメリカにおける条例
──腰パン条例を事例として──

第1項　アメリカにおける腰パン条例

　近時，アメリカにおいて，いわゆる腰パン・腰履き[127]（以下「腰パン」という）を禁止する条例が制定され，このことが日本のマスメディアにおいても報じられているところである[128]。そもそも腰パンは，アメリカを発祥として囚人たちに武器として使用させないため，または自殺に使用させないためにベルトを着用させないことにより自然にズボンが下がった状態として始まったとされており[129]，"saggy pants"（saggy は，垂れ下がったという意味）や "sagging" と表記される。また，囚人の間で用いられた腰パンの起源については，ベルトを武器として使用することの危険性だけではなく，一部の囚人たちの間で同性愛者であることを主張する表現として用いられたことに始まるとする見解もある[130]。こうした腰パンは，ギャング文化や黒人文化，ヒップホップ文化等により一般に浸透し今日に至っているものである。

　このような起源を有する腰パンはわが国の若者の間でもファッションの一形

---

(127)　下着を露出させるようにズボンを腰（骨）の位置よりも下げた状態で履く行為。

(128)　東京新聞平成25年9月7日朝刊「本音のコラム」など。

(129)　Onika K. Williams, *The Suppression of a Saggin' Expression: Exploring the "Saggy Pants" Style Within a First Amendment Context*, 85 *Indiana L. J.* 1169, 1170-1171 (2010).

(130)　*Id.*

態として用いられることもある。本節では，アメリカでの条例による腰パン禁止の事例について検討し，日本国憲法21条において保障される表現の自由との関係から，わが国におけるファッション規制のあり方を検討することとする。

2014年7月には，フロリダ州オカラ（Ocala）市において，腰パン禁止条例が可決成立されたものの[131]，制定2ヶ月で廃止される事例もあった[132]。ここでは，合衆国憲法に定める表現の自由として認められるとされる腰パンを禁止することへの批判から，条例を廃止したものである[133]。合衆国憲法による表現の自由の保障という観点も踏まえ，腰パン禁止条例について検討する。

第2項　アメリカにおける表現の自由

アメリカにおける表現の自由は，合衆国憲法修正1条において「連邦議会は，国教の樹立をもたらす法律，もしくは自由な宗教活動を禁止する法律あるいは，言論または出版の自由，平和的に集会し，苦情の救済を求めて政府に請願する人民の権利を縮減する法律を制定してはならない。」[134]と規定されている。この修正1条の後段において，言論・出版の自由，結社の自由が明記され，「これらは一括して表現の自由（freedom of expression）を保障する最も基本的な条項とされる」[135]ものである。

合衆国憲法修正1条については，条文上は「連邦議会（Congress）」だけが修正1条による規制の対象とされるが，他の連邦政府の部門も修正1条において拘束されるものであると一般に理解され，修正1条による表現の自由の保障

---

(131) Sarah Ferris, *Florida town cracks down on sagging pants problem*, The Washington Post, July 20, 2014, https://www.washingtonpost.com/blogs/govbeat/wp/2014/07/20/florida-town-cracks-down-on-sagging-pants-problem/?noredirect=on&utm_term=.f1dbbf06aeed, 最終閲覧令和元年5月5日。

(132) Benjamin Fearnow, *Florida City Repeals Saggy Pants Ordinance After Legal Threats From NAACP*, CBS Tampa Bay, September 17, 2014, https://tampa.cbslocal.com/2014/09/17/florida-city-repeals-saggy-pants-ordinance-after-legal-threats-from-naacp/, 最終閲覧令和元年5月5日。

(133) *Id.*

(134) 松井・前注(80) 441頁。

　　Congress shall make no law respecting an establishment of religion, or prohibiting the free exercise thereof; or abridging the freedom of speech, or of the press; or the right of the people peaceably to assemble, and to petition the government for a redress of grievances.

(135) 樋口範雄『アメリカ憲法』（弘文堂，2011年）314頁。

は，修正 14 条のデュー・プロセス条項を通して州にも適用されるものとされており[136]，このことから修正 1 条による表現の自由の保障は，連邦政府，州政府，市町村といったあらゆる政府機関に対して適用されるものである[137]。

　表現の自由は，ルネサンス期の歴史の中に深い淵源をもって誕生してきたもので，そこから自己実現を含むものに進化してきたとされるように[138]，表現の自由には，自己実現を含む四つの意義が示されている[139]。ここでは，①個人の自己実現（individual self-fulfillment），②真理の発見・追及の促進（discovery of truth），③人々の社会における政策決定への参加確保という民主主義への貢献（participation in decision-making），④社会におけるコンセンサスと意見の差異の妥協による社会の安定化が示されるところである[140]。

　つまり，表現の自由の意義とは，「自由な言論の下で，あらゆる権威を検証し議論を積み重ねることで真理に到達する可能性を見いだすことが肝要であり，その民主主義的過程を保障すること，さらには個人が自由にその考えを表現しまさに個性を主張すること」[141]にあるといえる。こうした意義を有する表現の自由は，経済的自由に比べて優越的地位（preferred position）にあることが示されてきているが，これが絶対的に保障される（修正 1 条により言論を制約するような法律が絶対的に禁止される）ものであるかは，議論があろう[142]。

　そしてアメリカにおいて，表現の自由が保障される対象は，修正 1 条の条文上の「言論」に限定されるものでないことは，連邦最高裁判決において示されるところである[143]。合衆国憲法の条文上の「言論の自由」とは，言語，身振り，記号，絵画，音楽などを媒介として表現する自由のことであり，言論・出版は演説や書籍の出版に限定されるものではなく，インターネットや電子映像メディアを含めた報道機関の広範な表現の自由を意味するものとされる[144]。

---

(136)　Gitlow v. New York, 268 U. S. 652 (1925).

(137)　松井・前注(80) 225 頁，樋口・前注(135) 318 頁。

(138)　Thomas I. Emerson, *Toward a General Theory of the First Amendment*, 72 YALE L. J. 877, 878 (1963).

(139)　*Id.*, 877-886, 樋口・前注(135) 322 頁。

(140)　*Id.*, Williams, *supra* note 129, at 1173-1174, 樋口・前注(135) 322 頁，Ｔ・Ｉ・エマスン（木下毅訳）『現代アメリカ憲法』（東京大学出版会，1978 年）86-87 頁。

(141)　樋口・前注(135) 322-323 頁。

(142)　樋口・前注(135) 324 頁。

(143)　Texas v. Johnson, 491 U. S. 397 (1989).

(144)　阿部竹松『アメリカ憲法〔第 3 版〕』（成文堂，2013 年）509 頁，樋口・前注(135)

第1章　アメリカにおける地方自治

　ただし，表現の自由もいかなる場合においても認められるわけではなく，表現の内容や表現の方法によって制約される場合がある。表現内容に基づく規制については厳格審査が適用され，違憲とされることが原則ではあるが，例外的に憲法上の保護が薄いとされてきた類型がある。それは，①政府転覆などの違法な行為を煽動し促す言論，②挑発的言辞（fighting words）——暴力行為を引き起こす言葉，③名誉毀損となるような言論，④宣伝広告など商業的言論，⑤性に関する表現，⑥政治献金の規制・選挙運動の規制である[145]。また，表現内容に基づかない内容中立規制とは，表現内容の如何に関わらず一律に規制をすることであり，一般には，表現活動の時間・場所・態様についてだけ規制を行うものである[146]。

　本節では，合衆国憲法修正1条における表現の自由について詳細な検討は行わないが，腰パンが表現であるとする場合，それは言論・出版のような直接的な表現行為ではなく腰パンによって何らかの思想を表現するものであると考えられることから，ここでは腰パン禁止条例と関連して表現内容中立規制の一類型ともされる象徴的表現（symbolic speech）について触れておく。

1　象徴的表現

　象徴的表現とは，「言論」によらず「非言論」ないし「行為」によって思想や見解を表明し，伝達することである。象徴的表現の法理を確立した Spence v. Washington[147]においては，ある行為が象徴的表現とされるかどうかの判断について，「象徴的表現が問題になる場合，まず，争われている行為が第1修正の射程に入る『コミュニケーションの形態』となるほど，コミュニケーションとしての要素が十分に存在しているかどうかを決定する。行為の性質，前後関係，事実状況から，その行為にはある特定のメッセージを表現する（主観的）意図があり，さらにそのメッセージが視聴者に理解される蓋然性が非常に高ければ，行為を用いて思想を表現していると判断することができる」[148]と示している。こうした象徴的表現についても，合衆国憲法修正1条が修正

　　325-326 頁。

(145)　樋口・前注(135)　338-339 頁。

(146)　樋口・前注(135)　398 頁。

(147)　Spence v. Washington, 418 U. S. 405 (1974).

(148)　紙谷雅子「象徴的表現としての星条旗の焼却　Texas v. Johnson, 491 U. S. 397 (1989)」憲法訴訟研究会＝芦部信喜編『アメリカ憲法判例』（有斐閣，1998 年）141 頁。

14条を通し州法の合憲性審査に適用されるものである[149]。

ここで，象徴的表現に関する事例として，United States v. O'Brien, 391 U. S. 367（1968），Spence v. Washington, 418 U. S. 405（1974）を参照する。

2　United States v. O'Brien

オブライエン事件は，ベトナム戦争への反対の意思表示として，裁判所前で徴兵カードを焼却した行為によって起訴されたものである。連邦徴兵法においては，徴兵カードを故意に破棄する行為を罰することとしており，徴兵カードの破棄が修正1条によって保障される象徴的表現に当たるかどうかが問題となった。第一巡回区控訴裁は，「徴兵カードを故意に破棄する行為を処罰する連邦徴兵法が，象徴的表現を保障する合衆国憲法修正1条に違反する」として違憲判決を出した。他方，連邦最高裁は，徴兵制度のための連邦徴兵法には連邦政府の合法的利益があり，同法が反戦運動をする者の言論の自由を侵害する意図をもって制定されたものではないとして合憲判決を出した。

このオブライエン事件において示された法理について，象徴的表現に対する合憲性審査基準としてのオブライエン・テストが腰パン禁止条例問題との関係においても用いられることになる。

オブライエン・テストとは，(1)制約が，憲法によって与えられた政府権限の範囲内のものであること，(2)重要なまたは実質的な政府利益を促進するものであること，(3)その利益が言論抑圧とは無関係であること，(4)修正1条によって保護される自由に対して付随的に制約がかかる場合であっても，規制の手段が政府利益の促進にとって必要不可欠とされる制限を越えないこと，という四基準を満たせば，政府による付随的な修正1条の自由の制約が正当化されるとするものである[150]。

ただし，この四基準については，(1)の制約が憲法上の政府権限内ということを前提として，象徴的表現を規制する立法の合憲性について，「①立法目的が，重要な（substantial or important）公共的利益を促進するものであり，②表現の

---

(149)　Stromberg v. California, 283 U. S. 359（1931）.

(150)　松井・前注(80) 280-281 頁，鈴木康彦『アメリカ憲法概説』（冬至書房，2012 年）209 頁，徳永達哉「『表現の自由』と言葉以外の態度による思想の伝達── Symbolic speech と Speech plus の比較を通じて──」九州国際大学法学論集 16 巻 3 号（2010 年）140-141 頁，岡田信弘「ヌード・ダンスに対する州の規制と第一修正　Barnes v. Glen Theatre, Inc., 501 U. S. 560（1991）」憲法訴訟研究会・前注(148) 35 頁。

第1章　アメリカにおける地方自治

自由の抑圧と直接関係がないこと，③規制手段の表現の自由に及ぼす付随的効果（間接的影響）は，立法目的を促進するのに是非とも必要（essential）という限度を超えるものでないこと」[151]，という三基準を満たす場合は政府の立法を合憲とすると説明するものもある[152]。

　オブライエン事件において示されたオブライエン・テストであるが，これが象徴的表現に関する特有の法理であるとする理解に対して，表現内容に関わらない内容中立規制に関する「時・場所・態様」による制約の一種であり，憲法上の審査基準としては中間審査を意味するものであるとの見解もある[153]。いずれにしてもオブライエン・テストは，一般には緩やかな審査方法であると解されるもので，腰パン禁止条例との関係において腰パンが象徴的表現とされるからといってオブライエン・テストによって合憲性審査がなされることについては，表現の自由の保障の観点からの批判があろう[154]。

3　Spence v. Washington

　スペンス事件は，1970年ベトナム戦争時において米軍がカンボジア空爆を行ったことに対して抗議する意図で当時大学生であったスペンスが，国旗に平和のシンボル（三叉矛［いわゆるトライデント］を囲むように円が描かれているもの）を付けて自宅の窓から垂らした行為について，加工した国旗等を掲示すること（不正使用）を禁止しているワシントン州法[155]に違反したとして起訴されたものである。

　連邦最高裁は，スペンスは戦争と暴力に反対するメッセージを伝える意図をもって加工された国旗を掲げたものの，自己の所有する国旗を自宅に掲げたものであり治安紊乱行為にあたるものとはされず，また，本件において加工された国旗を確認した人物は，取締りに当たった警察官3名のみ確認されているのであり，加工された国旗が掲げられていることによる通行人の感情を保護しなければならない理由もないとして，州政府に国旗を保護する利益が認められ

---

(151)　芦部信喜（高橋和之補訂）『憲法〔第7版〕』（有斐閣，2019年）206頁。

(152)　芦部・前注(151) 206頁，樋口・前注(135) 327頁同旨。

(153)　樋口・前注(135) 327-328頁。他方，連邦最高裁がオブライエン・テストを用いる事例をみるに，オブライエン・テストは中間審査基準ではなく合理性審査基準と解するものもある（紙谷・前注(148) 146頁注27，芦部・前注(151) 206頁同旨）。

(154)　*See*, Williams, *supra* note 129.

(155)　Wash. Rev. Code（Revised Code of Washington）§9. 86. 020.

52

るとしても，本件では国旗保護による処罰が必要な危険は存在しなかったと判断した。結局のところ連邦最高裁は，ワシントン州法それ自体は合憲であるが，スペンスの行為に対して適用される限りにおいて，象徴的表現を保護する修正1条に反するとして違憲とした。

　他方，同じく国旗を用いた象徴的表現（国旗焼却行為）に対しての Texas v. Johnson, 491 U. S. 397 (1989) においては，州の定める国旗冒涜 (flag desecration) を禁止する州法[156]を，それ自体が象徴的表現を保護する修正1条に反するとして違憲の判断を出した[157]。

第3項　アメリカにおける腰パン禁止条例

　本項では，アメリカにおいて制定された腰パン禁止条例の一部について紹介し，そうした条例の問題点を次項で検討することとする。腰パンの規制は，従来ギャングのマネをする若者に対して校内暴力の禁止とともに校内におけるまたは生徒らに対する服装規定として登場したことに始まり[158][159]，2004年にはルイジアナ州議会，2005年にはヴァージニア州議会において腰パン禁止法の制定が検討され，結果的に両州において腰パン禁止法の制定には至らなかったものの，メディアを通じてこの話題は全米に広がり，各地で腰パン禁止条例の制定がなされた[160]。

　また前述のとおり，2014年にはフロリダ州オカラ市において，腰パン禁止

---

(156)　Texas Penal Code Annotated §42. 90 (1989).

　　　ここでは，意図的に州旗，国旗の外観を汚損，損傷する行為やその他行為を目撃した者の感情を害することを知りながら誤った取扱をすることが禁止された。

(157)　Texas v. Johnson については，紙谷・前注(148) 138頁以下，紙谷雅子「Texas v. Johnson 491 U. S. 397, 109 S. Ct. 2533, 105 L. Ed. 2d 342 (1989) 象徴的表現」藤倉皓一郎＝木下毅＝高橋一修＝樋口範雄編『英米判例百選〔第3版〕』（有斐閣，1996年）52頁以下参照。

(158)　William C. Vandivort, *I See London, I See France: THE CONSTITUTIONAL CHALLENGE TO "SAGGY" PANTS LAWS, 75 Brooklyn L. Rev.* 667, 669-671 (2009).

(159)　腰パンというアメリカにおけるギャングファッションについては，ヒップホップ文化が浸透する前から問題が指摘されている。Bob Baker, *Dressing for Death : Officers Help Parents Understand What Gangs Are All About, Los Angeles Times,* May 11, 1988, https://www.latimes.com/archives/la-xpm-1988-05-11-me-2379-story. html, 最終閲覧令和元年5月5日。

(160)　Vandivort, *supra* note 158, at 671-672.

第1章　アメリカにおける地方自治

条例が制定された。オカラ市は，2014年7月15日に腰パンを規制する条例として公共の場における服装規定を定めた条例を制定した[161]。しかしながらオカラ市条例は，制定から2ヶ月後の2014年9月16日には，全米有色人種地位向上協議会（NAACP[152]）の反対等もあり廃止されている[163]。

オカラ市条例は，市の公共の場（市の有する財産上），特に都市公園またはレクレーション施設といった子どもや家族の利用する場所[164]において服装規定を設けて不適当な衣類の着用等を禁止することによって，市民の健康，安全，福祉の保護・増進を図ることを目的とするとともに，モラルの向上をも目的としており[165]，公共の場のすべての利用者に対して最低限の服装の基準を定めることとされた[166]。

ここでの腰パンの規制は，人が故意に自分の下着や裸の臀部を露出するようにNatural Waistline[167]の下でズボンを履くことを禁止するものであり，下着

---

(161) Ocala Code of Ordinances Chapter 15 - PUBLIC HEALTH AND SAFETY. ARTICLE IV. - PUBLIC PROPERTY CLOTHING REQUIREMENTS §15-91.-15-94.

(162) National Association for the Advancement of Colored People の略。

(163) Fearnow, *supra* note 132.

(164) 条例においては，公共の場等として，市の保有または貸し出しているあらゆる公園，レクレーション施設，競技場，プール，駐車場，集会場，道路や交通機関，ターミナル，空港，水道関係施設が条例によって規制される公共の場と位置づけられる。Ocala Code of Ordinances Chapter 15 §15-93.

(165) Ocala Code of Ordinances Chapter 15 §15-91.
    It is the purpose of this article to promote, protect and improve the health, safety and welfare of the citizens of the city by prohibiting insufficient clothing and manner of dress on all city owned property, especially city parks or recreation facilities frequented by children and families. In particular, it is the purpose of this article is to promote good morals, public health and hygiene by providing clothing standards which ensure that the buttocks of any person on city owned property (e. g., park and recreational facilities) is sufficiently covered.

(166) Ocala Code of Ordinances Chapter 15 §15-92.
    The intent of this article is to provide specific minimal clothing standards which can be consistently applied to all persons that use or come on to city owned property.

(167) Natural Waistline は，人の臀部のすぐ上の部分を指すものとされる。Ocala Code of Ordinances Chapter 15 §15-93.
    (1) City owned property means any park, recreation facility, sports field, swimming pool, parking lot, municipal building, public square or gathering area, roadway, sidewalk, bike path or like transportation facility, terminal, airport, water or sewer facility owned or leased by the City of Ocala.

を2インチ（5.08センチメートル）以上露出している状態，または人の臀間裂（臀裂）が見える状態であれば，「露出行為」として禁止されるものであるとした[168]。そして，この禁止行為に反した場合には，500ドル以下の罰金または60日以下の禁固または罰金と禁固の併科が科されることとされていた[169]。

このオカラ市のように条例で腰パンを禁止する事例が各地に見られ，例えばサウスカロライナ州ジャスパーカウンティ（Jasper County）は，2008年12月15日に腰パン禁止の条例を成立させ，親が未成年の子どもに腰パンを許可することも禁止され，違反者に対しては25ドルから500ドルの罰金が科せられることとされている[170]。そのほか，ルイジアナ州デルキャンブル（Delcambre）

　⑵ Natural waistline means that area immediately above a person's hips.

　⑶ Underwear means an article of personal wear that is worn between the skin and an outer layer of clothing. "Underwear" includes, but is not limited to, boxer shorts, jockey shorts and thongs.

(168)　Ocala Code of Ordinances Chapter 15 § 15-94⒜.

　It is unlawful for any person, while on city owned property, to knowingly or intentionally wear pants below the person's natural waistline in a manner that leaves the person's underwear or bare buttocks exposed. A person's underwear is "exposed" if, when measured vertically, more than two inches of it is visible. A person's bare buttock[s] are "exposed" if any portion of the person's intergluteal cleft is visible.

(169)　Ocala Code of Ordinances Chapter 1 – GENERAL PROVISIONS. § 1-9 – General penalty.

　Whenever in this Code or in any ordinance of the city any act is prohibited or is made or declared to be unlawful or an offense, or whenever in such Code or ordinance the doing of any act is required or the failure to do any act is declared to be unlawful, where no specific penalty is provided therefor, the violation of any such provision of this Code or any ordinance shall be punished by a fine not exceeding $500.00 or imprisonment for a term not exceeding 60 days, or by both such fine and imprisonment. Each day any violation of any provision of this Code or of any ordinance shall continue shall constitute a separate offense.

(170)　Williams, *supra* note 129, at 1187-1188, note 172.

　Ordinance 08-15 in Jasper County, South Carolina 3. PROHIBITION OF CERTAIN ATTIRE; DUTIES OF PARENTS ANDGUARDIANS.

　A. It shall be prohibited for any person to appear in a public place wearing his or her pants more than three ⑶ inches below his or her hips (crest of the ilium) and thereby exposing his or her skin or intimate clothing.

　B. It shall be prohibited for any custodial parent or guardian to willfully allow their minor to appear in a public place wearing his or her pants more than three ⑶ inches below his or her hips (crest of the ilium) and thereby exposing his or her skin or intimate clothing.

第1章 アメリカにおける地方自治

においても 2007 年 6 月に条例が制定されている[171]。このデルキャンブルの条例では，腰パンファッションや臀部，下着等の露出を公然わいせつ行為として禁止し，違反した者に対しては，500 ドル以下の罰金または 6 ヶ月以下の禁固が科せられるものとされた[172]。ルイジアナ州では，デルキャンブル以外の都市においても，腰パンを禁止するような条例が制定されているが，これは下着の露出等を公然わいせつと位置づけて規制するもので，明示的に腰パンファッションを規制対象とするものではない。デルキャンブル以外でルイジアナ州において下着の露出を公然わいせつとして規制している都市には，ゴンザレス（Gonzales）[173]，アベヴィール（Abbeville）[174]などがあり，罰金や禁固が

......

5. VIOLATIONS AND PENALTIES.

A. A person who violates a provision of Section 3 of this ordinance shall be guilty of an infraction, punishable by a fine of not less than twenty-five（$ 25. 00）dollars, nor more than five hundred（$ 500. 00）dollars.

B. Violation of this ordinance is hereby declared to be a public nuisance, which may be abated by the County by restraining order, preliminary and permanent injunction, or other means provided for by law and the County may take action to recover the cost of the nuisance abatement.

C. Each day of a continuing violation of this ordinance shall be considered a separate and distinct infraction.

(171) *Id.*, at 1187.

(172) *Id.*

(173) GONZALES, LA., CODE OF ORDINANCES §8-145 (2007), See, https://library.municode.com/la/gonzales/codes/code_of_ordinances?nodeId=COOR_CH8CRCO_ARTVOFAGPUMO_DIV1GE_S8-145INEXBE, 最終閲覧令和元年 5 月 5 日。

It shall be unlawful for any person in any public place or in view of the public, to intentionally expose his or her genitalia or undergarments, or be guilty of any indecent or lewd behavior.

(1) Any person convicted of violating the provisions of this section shall be punished by a fine not to exceed fifty dollars（$ 50. 00）.

(2) Any person convicted of a second offense of violating the provisions of this section shall be punished by a fine not to exceed one hundred fifty dollars（$ 150. 00）.

(3) Any person convicted of a third offense of violating the provisions shall be punished by a fine not to exceed five hundred dollars（$ 500. 00）and up to two (2) eight-hour days of community service or trash abatement.

(174) ABBEVILLE, LA., CODE OF ORDINANCES §13-25 (2007), See, https://www.municode.com/library/la/abbeville/codes/code_of_ordinances?nodeId=PTIITHCOOR_CH13OFIS_ARTIIOFAGPU_S13-25EXUNWOUNPASKPR, 最終閲覧令和元年 5 月 5 日。

第3節　アメリカにおける条例

科せられることが規定されている[175]。

　また，ジョージア州アトランタ市では，下着の露出を禁止する条例制定が検討されていたが[176]，制定には至っていない[177]。このアトランタ市で検討されていた腰パン禁止条例については，ペンシルヴァニア州エリー市（Erie）において可決された公然わいせつ条例の内容に類似しているとの意見がある[178]。

　エリー市の条例においては，あらゆる公共の場におけるあらゆるヌードを禁止するものであり，アトランタ市条例においてはあらゆる下着を見せるような服装を禁止することを検討しているものであった。ここでエリー市条例に対しては，ヌード・エンターテイメントの提供をしていた「Pap's A. M.」が，ヌード・エンターテイメントの提供を妨げることとなる条例の差止めを求めて訴えたが，連邦最高裁は条例を肯定した[179]。エロチックなメッセージを伝達しようとするダンスではなく，公開の場所でのヌードを害悪として規制する[180]というインディアナ州法（Indiana Public Indecency Statute）によるヌード・ダンスに対する規制と合衆国憲法修正1条に関するバーンズ事件（Barnes v. Glen Theatre, Inc., 501 U. S. 560 (1991)）とエリー市の事例の類似点も見られ，こうした事例はオブライエン・テストによって審査されるものとされよう[181]。

　フロリダ州においては，前出のオカラ市の腰パン禁止条例のほかにも都市における条例制定がなされており，裁判において腰パン禁止条例が違憲とされたリビエラビーチ（Riviera Beach）の事例がある。

---

(1) It shall be unlawful for any person in a public place or in view of the public to wear pants or a skirt in such a manner as to expose their underlying garments.

(2) Any person violating this section shall, upon conviction thereof, be fined not more than three hundred dollars ($ 300. 00) or imprisoned for not more than six (6) months, or both.

(175) Vandivort, *supra* note 158, at 672-673.

(176) See, Angelica M. Sinopole, *"No Saggy Pants" : A Review of the First Amendment Issues Presented by the State's Regulation of Fashion in Public Streets, 113 PENN STATE L. Rev.* 329, V. CONSTITUTIONALITY OF ATLANTA'S PROPOSED ANTI-SAG ORDINANCE (2008).

(177) See, Atlanta, Georgia – Code of Ordinances §116-13. https://www.municode. com/library/ga/atlanta/codes/code_of_ordinances, 最終閲覧令和元年5月5日。

(178) Sinopole, *supra* note 176, at 368.

(179) City of Erie v. Pap's A. M., 529 U. S. 277 (2000).

(180) 岡田・前注(150) 35頁。

(181) バーンズ事件については，岡田・前注(150) 34頁以下参照。
　　　エリー市の事例については，Sinopole, *supra* note 176, at 359-360参照。

第1章 アメリカにおける地方自治

フロリダ州リビエラビーチにおいては，2008年3月11日に住民投票による72％を超える支持によって，腰パンを禁止する条例を制定した。リビエラビーチ条例は，初犯の者は150ドルの罰金，2回目以上の者は300ドルの罰金または社会奉仕活動，常習の違反者に対しては，60日以下の禁固を科すというものであった[182]。このリビエラビーチにおける腰パン禁止条例は，訴訟において憲法違反とされたことから合衆国内においても注目を集めたものである[183]。この事件では大麻所持で執行猶予中であった17歳の少年が，警察官に腰パンで自転車に乗る姿を発見され条例違反で告発され，刑務所に入ることになったものであったがパームビーチ巡回裁判所，カウンティ裁判所において，合衆国憲法に違反するとの判断がなされた[184]。カウンティ裁判所においては，「政府が腰パンをどれほど品がないもので不快なものであるかを認めたとしても，修正14条における選択の自由を広範に認めなければならない」とされた[185]。

第4項　腰パン禁止条例は表現の自由の侵害にあたるか

ここまで見てきたようにアメリカにおける腰パン禁止条例の内容は，服装規定として公然わいせつにあたるような下着の露出等の禁止として腰パンを規制するもの，腰パンというファッションを下品なものとして社会秩序の観点から規制をするものなどがある。

こうした腰パン禁止は，合衆国憲法修正1条における表現の自由の保障の観点から違憲の可能性もあろう。本項では，アメリカにおける腰パン禁止条例や

---

(182)　Williams, supra note 129, at 1188-1189.

　　　See, Id., at 1188, note 174.

　　　Riviera Beach, Fla., Ordinance 3043 (Mar. 11, 2008). The ordinance, entitled "Wearing of Pants Below the Waist in Public," specifies:

　(a) It shall be unlawful for any person to appear in public or in view of the public, wearing pants below the waist which expose the skin or undergarments.

　(b) Any person convicted of violating the provisions of this section shall be punished by a fine of $150.00 or shall be given community service to perform.

　(c) Any person convicted of a second or subsequent offense of violating the provisions of this section shall be punished by a fine of $300.00.

　(d) Any person who fails to pay a fine or complete community service as set forth herein may be imprisoned for a term not exceeding sixty (60) days.

(183)　*Id.,* at 1188.

(184)　*Id.,* at 1189.

(185)　*Id.*

判例から合衆国憲法修正 1 条における表現の自由と腰パンの関係について検討する。

日本国憲法 21 条で保障される表現の自由は，非言論ないし行為を保護するものではないとされる[186]。しかしながら，アメリカにおいて合衆国憲法修正 1 条に規定される表現の自由は，言論に限定されるものではなく，様々な行為等をもその保護対象としていることは前述してきたとおりである。

アメリカにおける腰パンの規制は，従来ギャングのマネをする若者に対する校内暴力の禁止と服装規定があったものを，ギャングの服装を禁止するものとして条例が制定されるなどして規制されてきたものであるが[187]，そもそも腰パンは刑務所内における服装が広まったものとして認知されており，アフリカ系アメリカ人である服役後の元囚人とギャングが同一視され，後にギャングの服装としてヒップホップにより広く浸透してきたものである[188]。そうしたことから腰パンは，サブカルチャーとしてのヒップホップ音楽や都市のギャング文化，またはその両方と関連づけられるものであるとされる[189]。はたしてこのような経緯を持つ腰パンは，象徴的表現として保護されうる表現行為とされるだろうか。

前提として，腰パンという行為に表現性があるかということが問題となる。腰パンがファッションの一つの形態であるとしても，そうした腰パンファッションそれ自体が何らかのメッセージ性を有していない限り，象徴的表現行為として保護されるものではないとされるだろう。すなわち，メッセージ性がない場合には，一般的なファッションの自由，服装の自由は，その選択の自由の問題であると考えられる[190]。しかしながら，スペンス事件において象徴的表現を認めた連邦最高裁判決を厳格に読み解けば，服装と容姿はコミュニケーション媒体として多数の人間に無言で個々人のアイデンティティを伝えるもの

---

(186)　森脇敦史「象徴的言論——象徴への態度が示すもの」駒村圭吾＝鈴木秀美編『表現の自由 I ——状況へ』（尚学社，2011 年）221 頁。

(187)　*See,* City of Harvard v. Gaut, 660 N. E. 2d 259.

(188)　Vandivort, *supra* note 158, at 687.

(189)　*Id.*

(190)　リビエラビーチの事例においてカウンティ裁判所の判事が「政府が腰パンをどれほど品がないもので不快なものであるかを認めたとしても修正 14 条における選択の自由を広範に認めなければならない」（Williams, *supra* note 129, at 1189）とした立場もそのような趣旨であるとも解される。

第1章　アメリカにおける地方自治

であると考えることもできる[191]。そうしたことから，容姿は一種のパフォーマンスであり[192]，服装は一種の言語であって[193]，服装を通じてアイデンティティやカテゴリー，サブカルチャー，性別などを表しているとして，服装における表現の重要性を指摘するものもある[194]。ただし，City of Dallas v. Stanglin, 490 U. S. 19 (1989) において，人が行うあらゆる行動・行為について若干の表現の趣旨を認識することは可能であるが，たとえば通りに沿って歩くことやショッピングセンターで友人に会うことまでもが合衆国憲法修正1条の保障の範囲にある行動とはいえないとされている[195]。

　腰パンのメッセージ性については，腰パン誕生の背景や腰パンの広がった経緯を踏まえると，腰パンというファッションには，「アフリカ系アメリカ人である」，「ヒップホップファンである」といったことを表現するメッセージ性があると解することもできるだろう[196]。そうすると，このようなメッセージ性を有する行為は，ベトナム戦争に対する反対の意思としての平和表現としてのピースマークの表現（スペンス事件）や信仰による表現（キリスト教徒であることの表明など[197]）と同じく象徴的表現としての保護されるものとされよう[198]。

　ここで，腰パンという表現行為が明確なメッセージ性を有さないとしても，その行為が何らかのメッセージ性を有することを前提として象徴的表現としてのオブライエン・テストによる審査を用いて検討してみたい。すなわち(1)制約が，憲法によって与えられた政府権限の範囲内のものであること，(2)重要なまたは実質的な政府利益を促進するものであること，(3)その利益が言論抑圧とは無関係であること，(4)修正1条によって保護される自由に対して付随的に制約がかかる場合であっても，規制の手段が政府利益の促進にとって必要不可欠とされる制限を越えないこと，という4つの基準を腰パン禁止条例が満たすかどうかである。

---

(191)　Gowri Ramachandran, *Freedom of Dress: State and Private Regulation of Clothing, Hairstyle, Jewelry, Makeup, Tattoos, and Piercing,* 66 *Maryland L. Rev.* 11 (2006).

(192)　*Id.,* at 18-26.

(193)　*Id.,* at 46.

(194)　*Id.,* at 19, 41.

(195)　City of Dallas v. Stanglin, 490 U. S. 19 (1989).

(196)　Vandivort, *supra* note 158, at 686-688.

(197)　Chalifoux v. New Caney Independent School District, 976 F. Supp. 659 (1997).

(198)　Vandivort, *supra* note 158, at 686-688.

第3節　アメリカにおける条例

オブライエン・テストの審査について，リビエラビーチの事例から検討してみると，(1)制約を行う権限がリビエラビーチの権限内のものであるかどうかについては，州憲法によって地方自治体の権限の範囲において条例を制定することが可能であるとされており，都市の有する警察権（ポリスパワー）により，市民の健康，安全，福祉を保護し，公衆衛生等の問題に対処することが可能であるとされていることから，この点について問題はない。

(2)重要な，または実質的な（リビエラビーチ）政府利益の促進のための条例であるかどうかは，条例の詳細な記録を参照しなければ確認できないが，一般的には，条例制定過程の検討からは道徳，社会秩序の維持を目的としているとされるだろう[199]。そうした道徳や社会秩序の維持については，ヌード等の問題との関係においても立法目的の基礎となりうることが認められてきていることから[200]，重要なまたは実質的な政府利益の促進の観点を導くことができるかもしれない。しかしながら，裁判所が認める傾向にある道徳や社会秩序の維持とは，わいせつまたは一般的なヌードを含む事例によるものであって，下着の露出をもこの範囲に含めて非合法なものとすることに政府利益を正当化することには疑問の声もある[201]。すなわち，腰パン禁止条例は，他の一般的なヌード規制法とは異なり，衣類としての下着の露出を禁止するものであって，ここでは下着自体を若干にも不快または下品なものとして扱うものである[202]。

下着は，衣類の中でもアウターウェアとは異なり表面上露わにして着用するものではないが，水着に近いものである。それでも，腰パン禁止条例は下着を規制し水着を規制しないこととしており，腰パン禁止条例の中には，下着の露出と性器の露出を同一視するものもある[203]。こうした腰パンの規制は公衆の前での特定のファッション規制にほかならないものであるとすれば，ここに重要または実質的な政府利益が存在するかどうかは疑わしいとされるだろう。

(3)リビエラビーチの規制は，腰パンがメッセージ性を有するものであるかどうかは明確にせず，腰パンという行為そのものを不快なものとして禁止をする

---

(199)　腰パン禁止条例の制定過程については，Williams, *supra* note 129, Sinopole, *supra* note 176 を参照。

(200)　Paris Adult Theatre I v. Slaton, 413 U. S. 49 (1973), Bowers v. Hardwick, 478 U. S. 186 (1986).

(201)　Sinopole, *supra* note 176, at 371-372.

(202)　*Id.*

(203)　*Id.,* at 372.

61

第1章　アメリカにおける地方自治

こととしている。そのような意味において，一見すると腰パンのメッセージ性に着目するものではなく，表現を抑圧するものではないとも考えられる。しかしながら，リビエラビーチの条例はアトランタ市で検討された条例にようにすべてのヌードを規制することによるヌードと同義的な下着の露出を伴う腰パンをも禁止するもの（あらゆる下着の露出の禁止）とは異なり，下着の露出を伴う服装の着用の仕方について規制をするもので腰パンを標的とした規制と解することも可能であって，腰パンが表現性のあるものであることを前提とすると，これに対する極めて深刻な抑圧といえるだろう。腰パンのメッセージ性が認められるとすると，そのメッセージ性を有する腰パンに着目した規制，すなわち，一般的なヌードや水着，不快，下品と思われるような服装を規制することなく，実質的に腰パンのみを規制するような条例であれば，腰パンによる表現の抑圧に他ならないというべきであり，そのような意味においてリビエラビーチの条例については，(3)についての疑義があろう。

　(4)規制の手段が適切であるかどうかについては，公の場所において腰パンが禁止されることは，腰パンによる表現，腰パンのメッセージ性を完全に遮断してしまう恐れがある。そうすると，そのような腰パンの規制が，政府利益の促進にとって必要不可欠である限度を超えてはならない，換言すれば必要最小限度の規制でなければならないとする点については，基準を満たすものとはいえないだろう。少なくともアメリカにおける腰パンは，アフリカ系アメリカ人やヒップホップ文化の中において表現がなされ[204]，黒人文化として拡大し表現されてきたものでもある[205]。一般にそのような認識がなされるものについて規制を行うことは，そのメッセージ性を否定することに他ならず，政府利益が極めて重要なものであったとしても，必要最小限度の規制（腰パン規制であれば，場所や時間帯の規制を厳密に行うなど）に留められなければならない。

　ここでいう政府利益は，都市における道徳や社会秩序の維持という点であり，このことに対して腰パンの禁止が必要最小限度の規制であるかどうかという点が問題となるのである。腰パンファッションそれ自体が表現的な行為であるとされる時，そのような表現的意義を有する以上，腰パンが都市における道徳や社会秩序の維持との関係において完全なる禁止によらない方法によって政府利益の促進を図るべきである。若者のファッション文化や服装の着用の仕方

---

(204)　Vandivort, *supra* note 158, at 686-688.
(205)　Williams, *supra* note 129, at 1172.

62

第3節　アメリカにおける条例

が一種の風紀を乱す行為としての面があるとされたとしても，今日までのその
ような文化は完全なる禁止によることなく社会に浸透し新たな文化を育む要素
となってきた面もあろう。腰パンについても完全なる禁止ではなく，必要最小
限度の規制（特定の場所のみでの規制など）による方法によらなければならない
というべきであり，腰パンの禁止（これが定義上，腰から何インチ以内であれば
良いという次元の問題ではなく，「腰パン」という行為を規制すること自体）につい
ては，政府利益の促進との関係での正当性が認められうるものではない[206]。

　以上のようにオブライエン・テストの4つの基準からリビエラビーチの腰パ
ン禁止条例を検討すると，オブライエン・テストの基準の(2)重要な，または実
質的な政府利益を促進するものであること，(3)その利益が言論抑圧とは無関係
であること，について疑義があり，(4)修正1条によって保護される自由に対し
て付随的に制約がかかる場合であっても，規制の手段が政府利益の促進にとっ
て必要不可欠とされる制限を越えないことについては都市の道徳，社会秩序の
維持を促進するという目的を達成するために腰パンの禁止という手段を採るこ
とは，必要最小限度のものということはできないため，この点については基準
を満たすことはできない。このことから，オブライエン・テストの審査によれ
ば，リビエラビーチの腰パン禁止条例は，合衆国憲法修正1条に反するもので
あるとされるだろう[207]。

　また，副次的効果，第二の影響・弊害の考慮について言及できる可能性もあ
る。これは，バーンズ事件においてスーター判事が示しているもので[208]，直

――――――――――――

[206]　政府利益の促進との関係における必要最小限度の規制と腰パン規制について，腰
　　パンという行為が公然わいせつ行為として位置づけられる，すわなち，下着の露出に
　　よって公衆の場におけるにヌードの規制と同じように性的影響を与える行為と位置づ
　　けられるものではなく，腰パンを単に一部の人が不快に思うものであるとすれば，そ
　　れによって合衆国憲法修正1条の表現を規制する根拠とはなり得ないとの見解ものも
　　ある。Sinopole, *supra* note 176, at 375-376.
[207]　オブライエン・テストの腰パン禁止条例へのあてはめについて，①腰パンが表現
　　行為と考えられるものであるかどうかにかかわらず，②腰パンの禁止についての明確
　　な政府利益が表現の抑圧に関連するかどうか，③正当化根拠となるほどの政府利益の
　　重要性があるかどうかについて検討し，腰パンが表現であるならば条例が内容規制に
　　当たるかどうかを検討し（内容規制であれば厳格審査による），内容中立規制として
　　のオブライエン・テストにおいて中間審査によるものとされるが，個人が服を着るこ
　　とは，着用者のアイデンティティを表明するもので，一般市民のファッション選択の
　　管理，制限に対する政府利益の正当性はなく，腰パン禁止条例は合衆国憲法修正1条
　　に反するものであるとする見解もある。Vandivort, *supra* note 158, at 680.

63

第 1 章　アメリカにおける地方自治

接的な法の目的と関係するものではなく法による副次的な効果を考慮するものである。バーンズ事件においては，ヌード・ダンスを提供する施設を規制することは，そうした施設のもたらす売春や性的暴力等の弊害を根拠として法の規制を検討するというものである[209]。腰パン禁止条例に関しての副次的な効果の考慮について，都市の美しく清潔な空間を確保することへの政府利益から腰パン禁止条例の正当化を図ることの意義も指摘されるところである[210]。これは，腰パンが都市における主要な懸念問題として特に黒人の若者の間での犯罪行為，失業，高校の中退者の増加，人種的差別といった問題と関連することの指摘から問題解決を図ろうとするものである[211]。

　副次的効果の検討は，腰パンの規制を行う上で，腰パンと都市における道徳，社会秩序だけではなく，他の副次的効果によって政府利益の正当化の根拠となりうる可能性はあろうが，腰パンによる副次的効果としての負の影響が明示されなければならず，そのような効果が快適な都市空間と関連するとしても，これは都市の一部の住民の腰パンを不快，下品なものと思う人々の感性によるものに他ならず，都市の道徳，社会秩序の維持と同一の結論を導くことになるだろう。バーンズ事件で示されたような売春や性的暴力等といった副次的効果のように，都市において腰パンが蔓延することによる何らかの副次的効果があるとすれば，副次的効果の検討によって腰パン禁止を正当化する都市の利益が認められるかもしれない。

　ここまで見てきたアメリカにおける腰パン条例と表現の自由の関係であるが，腰パンを象徴的表現として，オブライエン・テストによって審査することへの批判もあるかもしれない。これはつまり，腰パンが表現としてのメッセージ性を有するとすれば，表現の自由の意義として自己実現を含む４つの意義[212]，①個人の自己実現（individual self-fulfillment），②真理の発見・追及の促進（discovery of truth），③人々の社会における政策決定への参加確保という民主主義への貢献（participation in decision-making），④社会におけるコンセンサスと意見の差異の妥協による社会の安定化[213]の中でも，①自己実現や③民

---

(208)　Barnes v. Glen Theatre, Inc., 501 U. S. 560 (1991).

(209)　岡田・前注(150) 36-37 頁。

(210)　Sinopole, *supra* note 176, at 372-373.

(211)　*Id.*, at 373.

(212)　Emerson, *supra* note 138, at 877-886, 樋口・前注(135) 322 頁。

(213)　*Id.*, Williams, *supra* note 129, at 1173-1174, 樋口・前注(135) 322 頁，Ｔ・Ｉ・エマ

64

主主義との関係性が指摘されることとも関連するところである[214]。

腰パンの表現としての重要性を考慮し，アメリカにおける腰パンが黒人文化の一端を表しているものであるとすると，日本人には理解できないメッセージ性が腰パンにはあるのかもしれない。そうすると，オブライエン・テストのような実質的には合理性審査と解されるような基準によって[215]，合憲性審査を行うことには疑問が残るだろう。

アメリカの専門家の中でも，腰パン条例と表現の自由との関係を指摘するものがみられ，ここでは，「学校における服装規定を州法で定める地域があることについては，子ども達の学校における管理権として認められる傾向にあるものの，公共の場において大人の服装を管理することについては，問題がある」とし，「腰パンを規制する（ファッションを州等の管理下に置く）ことは，個人の感性に対する主観的な判断での規制となり，公共の場において市民が不快であるもの（腰パンかどうか）を最終的には市民が判断することになる」などとして，ファッションについては州等が管理するものではないと指摘しているもの[216]，「腰パン条例が対象としている有害性とは『あの青年の服装が気に入らない（不快である）』というものを非行行為として規制しようとするものであり，そうした腰パンを目にする人々の感情を保護するというような目的については，合衆国憲法修正1条との関係で十分ではないとされる傾向にある。特に腰パン条例は，特定のファッションを狙い撃ちするような規制であって，深刻な憲法問題となる恐れがある。ファッションは，我々が自分自身とアイデンティティを世間に表すための最も重要な方法の一つである」としてファッションが表現としての重要性を有することを指摘するものもある[217]。

以上のようなことから，条例の内容によって異なるがアメリカにおける腰パン禁止条例については，オブライエン・テストによる審査による場合において

スン・前注(140) 86-87 頁。

(214) Williams, *supra* note 129, at 1173-1177.

(215) 紙谷・前注(148) 146 頁注 27。

(216) Susan Latham Carr, *Local reaction to droopy drawers ordinance*, OCALA. com Jul. 17 2014 https://www.ocala.com/news/20140717/local-reaction-to-droopy-drawers-ordinance, 最終閲覧令和元年 5 月 5 日。

(217) Jessica Martin, *Saggy pants laws: First Amendment expert available for comment*, Washington University in St. Louis Newsroom Sep. 21 2007 https://source.wustl. edu/2007/09/saggy-pants-laws-first-amendment-expert-available-for-comment/, 最終閲覧令和元年 5 月 5 日。

第1章　アメリカにおける地方自治

も違憲とされる可能性が高く，また腰パンのファッションとしての自己の表現の観点やヒップホップ文化・黒人文化等としての表現性，メッセージ性の観点から，オブライエン・テストよりも，より厳格な合憲性審査によって腰パン条例の合憲性の判断がなされるべきであろう。

第5項　小　　括

　腰パンは，わが国においても若者の間でファッションとして用いられることがあるものの，その印象は決して良いものではなく，腰パンファッションが悪い意味で世間の注目を浴びたこともあった[218]。しかしながら，最近ではわが国における昔ながらの腰パンというファッションはあまり見られず，アメリカにおける腰パンとは少々異なった形式で腰パンが位置づけられているようである[219]。ここで，わが国において，伝統的な（ギャング文化の表れとしての）アメリカの腰パンまたはわが国において用いられるファッションとしての腰パンが表現の自由の観点から保護されうるのであろうか。

　わが国において表現の自由は日本国憲法 21 条において保障されるものではあるが，アメリカにおける象徴的表現のような言論と切り離された思想等の表現をある種のメッセージ性を有することとして何らかの行為等により表すことについては保護されるものではないとされる[220]。そうすると腰パンという行為が表現の自由の観点から保護の対象になる可能性は低いかもしれない。しかしながら，日本国憲法 13 条において，一般的自由や自己決定権としてのファッションの選択の自由として保障される道を妨げられるものではないだろう。ただし，表現の自由の意義としての自己実現等の観点から，腰パンを含めたファッションについては表現の自由により保護される性質を有するものと解するべきであろう。

　他方，表現の自由の保障の範囲にファッションが含まれるとしても，そのファッションのメッセージ性の存否が問題となるところ，わが国において腰パンのメッセージ性が明確であり，かつ，一般大衆に認識されうるものであるか

---

(218)「腰パン：五輪代表・国母選手で注目　若者支持，なぜ？」毎日新聞平成 22 年 2 月 21 日朝刊。

(219)　朝日新聞平成 25 年 8 月 29 日朝刊。ここでは，わが国でも流行していた腰パンではなく，「ちょい下げ」が最近の流行りだとされる。

(220)　森脇・前注(186) 221 頁。

は疑問である。しかしながら，わが国においてもファッションのメッセージ性があるもの，例えば○○色の和装＝反戦主義や○○民族の服装＝差別反対などとして一般大衆にも認知できるかたちでの表現としてのファッションがあるとするならば，これについては表現の自由の保護を受けるものであるとされよう。

　近時，コスプレ[221]によって，周囲に迷惑をかけるなどとして，コスプレファッションをしている者については，公共施設の利用をさせないといった措置をとる地方公共団体が出てきている[222]。コスプレがメッセージ性をもったファッションであれば日本国憲法 21 条による保護を尊重しなければならず，またそうでなくとも 13 条によるファッションの自由が尊重されるべきであろう。公共施設等の利用禁止といった措置は，アメリカにおける腰パン禁止条例の規制と類似点（都市の財産上——道路，公園，レクレーション施設等——での腰パンの禁止）もある。コスプレ＝迷惑行為というような解釈により個人の自由を侵害することは許されず，公共施設等の利用禁止等の措置が一部の利用者の主観的不快感から行われるものであってはならない[223]。アメリカの事例等も参照しつつ，多様なファッションとの共存が求められる現代においての規制を検討しなければならないだろう。

第 4 節　アメリカの地方自治——まとめ

　ここでは，近時のアメリカの判決を参照した上で，アメリカの地方自治制度を考えるとともに，次章以降でわが国との比較につなげたい。

---

[221]　コスプレは，"costume play"（コスチューム・プレー）を略した和製英語で，アニメやゲームの登場人物の格好などを真似る等をすること（読売新聞平成 25 年 12 月 17 日夕刊）。コスチューム・プレーとは，俳優の衣装の視覚的効果をねらった劇のことで，特に歴史劇や歴史映画のことをいう（新村出編『広辞苑〔第 5 版〕』（岩波書店，1998 年）968 頁）。

[222]　読売新聞・前注[221]。

[223]　迷惑行為を行うものが高齢者らであれば高齢者のファッションでの利用を，小中学生等の子どもであれば学校の制服での利用を禁止するということとコスプレでの利用を禁止することは，服装規制をするという観点からは同義のものであろう。

第1章　アメリカにおける地方自治

第1項　ジェニングス判決── Jennings v. Board of Supervisors of Northumberland County, 281 Va. 511（2011）[224]

1　事件の概要

本件において原告ジェニングス（Jennings）は，ヴァージニア州ノーザンバーランドカウンティ（Northumberland County）に 12.4（acre）エーカー（約50,180㎡）のチェサピーク湾（the Chesapeake Bay）の感潮域（満潮干潮の差が大きい河口付近の河川域）にあるクックレル（Cockrell's）入り江に面した土地を所有しており，ここの土地において「ジェニングス・ボートヤードマリーナ（Jennings Boatyard Marina）」という 45 の係留設備とそれに附属する埠頭を有する商業用マリーナを経営し，2005 年 3 月に，クックレル入り江およそ 300～400 フィート（100 メートル前後）にわたる感潮域に面した平均低水位線よりも下位の土地に設置されるヨットのための水深を備えた 46 の係留設備とそれに附属する埠頭を追加設置することに必要な許可申請状の提出とマリーナ設計会社に対して建設計画の作成依頼をした。

マリーナ設計会社は，ジェニングスの事業に必要な特別例外許可の申請をノーザンバーランド州カウンティ理事会に対して行い，理事会はジェニングスの河川敷土地所有特権の審査を行い，この間，ジェニングスは，河川敷に沿って設置される係留施設を 46 から 31 に減らしたものの，カウンティ理事会は，ジェニングスの申請に係る公聴会の後に特別例外許可に関しては，「現在，この（ノーザンバーランドカウンティのクックレル入り江近辺）地域には，ジェニングスのマリーナを含めて，3 つの船舶停泊用係留設備の備わったマリーナが存在し，こうしたことからマリーナの拡張許可を正当することはできない」とする都市計画（土地区画）担当者の回答を理由として，ジェニングスの申請を認めなかった。

これに対してジェニングスは，ノーザンバーランドカウンティ理事会に対してこの決定に対しての不服申立を行ったが，ジェニングスの「感潮域に面した平均低水位よりも下位の土地に埠頭を設置することの許可の権限は，ヴァージニア州海洋資源委員会（the Virginia Marine Resources Commission）にのみ存在し，特別例外許可申請の過程において，今回のジェニングスの係留設備，埠頭

---

(224)　判決の詳細や解説については，村中洋介「ジェニングス判決（Jennings v. Board of Supervisors of Northumberland County, 281 Va. 511, 516, 708 S. E. 2d 841, 844 (2011)) とアメリカの地方自治」近畿大學法學 61 巻 2・3 号 369 頁以下参照。

の拡張といった事業についてのカウンティの管轄権限が存在しない」とする主張に対して，カウンティの理事会は，カウンティ内に存在している川，入り江について，その感潮域に面した平均低水位よりも下位の土地についての規制の権限が当該カウンティに存在するとして，ジェニングスの不服申立を認めなかった。ジェニングスは，ノーザンバーランドカウンティの土地区画（Zoning：ゾーニングと表記されることも多いが，ここでは原則として土地区画と表記する）条例（Northumberland Zoning Ordinance）がマリーナの拡張についての特別例外許可を要求していることについて，これが不適法で無効なものであると主張し，即時抗告した。

　この訴えについて，巡回裁判所は，感潮域に面した平均低水位よりも下位の土地に対する権限は，州にあり，ヴァージニア州海洋資源委員会には，そのような土地の利用に関しての許可状公布に係る排他的権限を有するものであるとしながらも（この意味においては，ジェニングスの主張のように，カウンティの土地区画条例に基づいて特別例外許可が必要とならない），州法の規定（Code of Virginia §28. 2-1203(A)(5)）に基づき，感潮域に面した平均低水位よりも下位の土地への非営利の埠頭建設については，ヴァージニア州海洋資源委員会の許可なしに行うことができるが，ヴァージニア州海洋資源委員会の区分けによらない干潮時航行可能な河川領域の土地（感潮域に面した平均低水位よりも下位の土地と同意）については，ヴァージニア州海洋資源委員会は土地の利用に関しての許可状公布に係る排他的管轄権限を持たず，地方（カウンティを含む地方自治体）が独占的に土地区画の権限を有するものであるとした。そして，「マリーナ利用に必要な係留設備と埠頭について，そうしたマリーナ・ボートヤードを感潮域に面した平均低水位よりも高い土地に建設させるような土地区画，規制，許可の権限については，必要かつ公正なカウンティの一般的土地利用権限の中に含まれる」として，巡回裁判所は，「係留設備・埠頭建設に伴う許可申請については，ヴァージニア州海洋資源委員会の許可だけでなく，ノーザンバーランドカウンティ土地区画条例に基づく許可を条件とする」として，ジェニングスの訴えを認めなかった。

　巡回裁判所は，ジェニングスの特別例外許可をノーザンバーランドカウンティ理事会が認めなかったことについての適法性について，ジェニングスの当初の特別例外許可に関する申請については，カウンティの特別例外許可に関する条例たるノーザンバーランド土地区画条例の「明確な目的の基準」を欠いて

第1章　アメリカにおける地方自治

おり，無効なものであるとし，ジェニングスが行おうとしていた係留設備等拡張の事業について，これが感潮域の平均低水位よりも下位の土地において行われるものである以上，カウンティ理事会がこの土地に関する土地区画権限を有さないとする主張に対して，カウンティの土地区画条例の適法性とともに，「特別例外許可申請に基づいて行われる許可状の発布が州によって履行されないために，一般的・実効的にカウンティ理事会によって発布されることとなり，争点となる条例については，無効とはならない」と結論づけた。この巡回裁判所の決定に対して，ジェニングスは上告した。

2　最高裁の判断

　ヴァージニア州最高裁は，巡回裁判所の判断に誤りがないものとして，その判断を支持し上告を棄却した。ここでは，過去の判例によれば，「土地区画（Zoning）の権限は，州またはその委任によって与えられる立法的権限（legislative power）であり，地方自治体（local governments：地方政府）によって，数々の多様な土地区画条例が制定されている」[225]。

　そして，地方自治体の土地区画権限は，一定の規則と明確かつ必然的な規制を含んでおり[226]，州法により（Code of Virginia §15. 2-2286 (A) (3)）地方自治体は，保護規定，適法な規制の下での特例を認めるような規制条項を含む土地区画条例について権限を委任されているものであり，地方自治体は，本章の他の条項にかかわらず，特別例外許可状の発布権限について，自ら制限することの権限も与えられているものであり，州議会は，地方自治体の管轄区域における土地区画の権限について，これをその地方自治体に対して明確に認めており[227]，ここでは，「建築物の設置と同様に，建設，農業用工作物，農業用物件，商業，工業，住居用，氾濫原，その他特定の使用に供するための地域内の土地利用に関しては，規制，制限，許可，禁止，決定の権限がおよぶ」ものとされる。

---

(225)　Byrum v. Board of Supervisors, 217 Va. 37, 39, 225 S. E. 2d 369, 371 (1976); accord National Mar. Union v. City of Norfolk, 202 Va. 672, 680, 119 S. E. 2d 307, 312 (1961).

(226)　Board of Supervisors v. Countryside Inv. Co., 258 Va. 497, 503, 522 S. E. 2d 610, 613 (1999) (quoting Board of Supervisors v. Horne, 216 Va. 113, 117, 215 S. E. 2d 453, 455 (1975)).

(227)　Code of Virginia §15. 2-2280.

70

第4節　アメリカの地方自治

　しかしながらジェニングスは，通常の土地区画に関する権限に対しては，カウンティの管轄にあたるとされるものもある（カウンティ理事会はカウンティ内のすべての自治体に編入されていない土地に対する権限を有し，自治体の行政は自治体に編入・統合された土地に対する管轄権を有する）が[228]，「チェサピーク湾，エリザベス川やその他の河川，大西洋に接するような感潮域に面した平均低水位より下位の土地やそこに建設される波止場，埠頭，船着き場などについては，カウンティの管轄権に属するものではない」とするものの，ヴァージニア州海洋資源委員会の感潮域に面した平均低水位より下位の土地についての土地区画に関する排他的権限を認めることから，カウンティを含む地方自治体に対して，埠頭等を州の川沿い低地上や海岸の土地に沿って建設することに関して（感潮域に面した平均低水位より下位の土地を含む沿岸部の土地への建設），カウンティとヴァージニア州海洋資源委員会とが州内の低地について建築事業を行う者に対して共同で取締まる権限を有することとされ，ノーザンバーランドカウンティ管轄下の感潮域に面した平均低水位より下位の土地であるクックレル入り江の低地に対して，ノーザンバーランド土地区画条例に基づき，ジェニングスの行おうとするマリーナの拡張に伴う係留設備，埠頭の建設についての許可の必要条件を定める権限がカウンティに認められる。

　これは，州法においては，感潮域に面した平均低水位より下位の土地については，州の財産であることが明記され[229]，そしてジェニングスの土地のように入り江に面してあるような不動産物件やその権利については，感潮域の平均低水位線よりも下位にまで拡張するようなことには限界があり，カウンティの土地区画権限は，本来その事務とされないカウンティの管轄権を超えて感潮域に面したジェニングスの土地に対する権限をも含むものである。

　州議会によってヴァージニア州海洋資源委員会には，感潮域に面した平均低水位よりも下位の土地に対する規則を定める権限が認められているが，こうした土地に海岸線に沿って埠頭が建設されるような場合においても，その権限はヴァージニア州海洋資源委員会と同時にカウンティなどの地方自治体にも認められているものである[230]。そして，ここでの権限は，ヴァージニア州海洋資源委員会によって，感潮域に面した平均低水位よりも下位の土地に対する

---

(228)　Code of Virginia § 15. 2-2281.
(229)　Code of Virginia § 28. 2-1200.
(230)　Code of Virginia § 15. 2-3105 15. 2-3105.

建築物の建設に際しては，それがそのような土地所有者による私的な非営利目的の埠頭建設であったとしても，条例によって法適合性を審査するための申請を申し出ることを規定することもできる。そして，ジェニングスの提案していたチェサピーク湾の感潮域に面した平均低水位よりも下位の土地での係留設備，埠頭の拡張建設はこのカウンティの権限の範囲に含まれるものである。

そして，州やヴァージニア州海洋資源委員会によって与えられまたは委任されたことによって条例によって規制が可能であるノーザンバーランドカウンティの場合，ノーザンバーランド土地区画条例に基づき，感潮域に面した平均低水位よりも下位の土地におけるマリーナの建設，拡張に際しては特別例外許可の申請を必要とし，これは商業用，非営利な私的なものとを問わず，特別例外許可によるマリーナの建設，拡張についての特別例外許可申請と特別例外許可状の発布が必要となり，ノーザンバーランド土地区画条例（Northumberland Zoning Ordinance §148-138 (A)[231]）により，「特別例外許可申請に基づいて行われる許可状の発布については，これが州によって履行されないために，一般的・実効的にカウンティ理事会によって発布されること」は，適法であるとした。

3 検 討

本件においてヴァージニア州最高裁は，ジェニングスのマリーナの拡張建設については，ヴァージニア州海洋資源員会の許可のみならず，条例によって求められる，ノーザンバーランドカウンティの理事会の許可が必要とされるとし，また，ジェニングスがこのカウンティ理事会による許可に際して，基準を満たさなかったとして，ジェニングスの訴えについては全面的に否認した。

ここでの争点となったものが，土地区画，ゾーニングの権限の所在である。特に，本件では，チェサピーク湾の感潮域に面したクックレル入り江の平均低水位よりも下位の土地という特殊な土地における土地区画の権限であることから，ジェニングスは，これはカウンティの権限ではなく州の権限によるもので

---

(231) Where permitted by this chapter, the location of permitted special exception uses shall require, in addition to the zoning permit and certificate of zoning compliance, a special exceptions permit issued by the governing body. These permits shall be subject to such conditions as the governing body deems necessary to carry out the intent of this chapter.

あり，ヴァージニア州海洋資源委員会の許可さえあれば良いという趣旨の主張をしたものである。

　本件のような海岸線の土地（感潮域や海水面下の土地）利用については，わが国においてもいくつかの先例がある。

　ヴァージニア州憲法はその7章において「地方自治」について定めている。ここでは，カウンティ，シティ，タウンというヴァージニア州内の地方自治体の要件を定め（1条），カウンティ，シティ，タウンの他に，地域政府（regional government）は，州議会によって決定される境界線内において法律により規定される組織単位とされ，これら地方自治体は，州議会によって制定される一般法によって，その組織，権限，境界の変更，統廃合，解散といったことがなされるものとされており（2条），州議会に大きな権限を認めている。そして，3条には，州議会が一般法または特別法によって地方自治体に対して，州内の政府組織や州と共同で各種権限を行使することや，あらゆる地域サービスに関する事項について移譲することを認めている。こうしたことから，ヴァージニア州憲法による地方自治の規定は，州議会や州議会によって制定される法律への留保があり，憲法上は具体的権利が保障されているものではない。

　アメリカの地方自治は前述してきたとおり，地方自治体が州の創造物であるといったことや，地方自治体の権限を制限することも奪うこともできるということが大前提として存在し，その上で，ホーム・ルールによって，各地方自治体が自治権を行使することも認められるものの，基本的には州によって認められている場合に限られるとされるものであろう。他方で州が地方自治体に対してあらゆる権限を与え，移譲することも認められることから，今日の地方自治体については，決して，地方自治が全く存在しない，つまり，州の下部組織としての地方自治体としての性質だけを認められているわけではない。

　本件においては，ジェニングスの主張するように，チェサピーク湾の感潮域に面したクックレル入り江の平均低水位よりも下位の土地という特殊な土地における土地区画の権限であることから，この権限の所在については，州法による定めにおいて，感潮域水域の平均低水位より下位の土地については，州の財産であるとされる規定から，州の権限が及ぶ範囲であるということがいえるだろう。このような平均低水位より下位の土地，つまり海面下の土地の管理権の問題について，わが国の制度についてみると，そのような土地をそもそも「土地」として所有権の客体と位置づけているか否かについて議論のあるところで

73

第1章 アメリカにおける地方自治

ある。一般的に「海」は、海水と海底の地盤によるとされ(232)、ここで、従来、海底の地盤、海底の土地については、それを原則として所有権の客体と位置づけてこなかった(233)。このような土地については、その所有権を認める最高裁判例が出てくるものの(234)、このような従来から所有権の客体とされなかった海面下の土地についてジェニングス判決におけるノーザンバーランドカウンティ土地区画条例のように、地方自治体が海面下の土地の土地区画を定め、ここへの工作物設置の許可権を有することについては、わが国においては、一般公共海岸区域の占用の許可の問題などを除き、馴染みのないものである(235)。

上記のとおり、わが国においては、海面下の土地について、原則として私人の土地所有を認めていないことから、このような土地の使用・利用にあたっては、その土地の管理者による許可等を必要とすることになる。そしてここで、「海」が如何なるものであるかも、決して明確に法定されているものでもないが、海岸法等を含む関連諸法によって、例えば上記の「一般公共海岸区域」について海岸法による管理としたように(236)、法律によって国や地方公共団体の管理とされるものもある。

そして、ジェニングス判決のような、感潮域にあたる入り江については、わが国においては河川と海との境界として、河川法の適用される範囲とされるかもしれない。わが国の河川法においては、その流水は所有権の客体たることはできないものとされるが(河川法2条2項)、こうした河川流水下の土地についての所有権については、一概にすべて認められないとするものではなく（原則として継続して河川流水下にある土地について所有権の客体とはならない）、このような河川流水下の土地を含む河川区域の管理権については、国、地方公共団体が有することを法律によって規定されているものである。高知市普通河川管理条例事件(237)において、「河川の管理について一般的な定めをした法律として

(232) 建設省財産管理研究会編『公共用財産管理の手引〔第2次改訂版〕』（ぎょうせい、1995年）9頁。
(233) 大判大正4年12月28日民録21輯2274頁、行判昭和15年6月29日行録51輯323頁など。
(234) 最一小判昭和52年12月12日判時878号65、最三小判昭和61年12月16日民集40巻7号1236頁。
(235) 一般公共海岸区域の占用の許可権については、最二小判平成19年12月7日民集61巻9号3290頁を参照。
(236) 成田頼明「新たな海岸管理のあり方」自治研究75巻6号（1999年）3頁。
(237) 最一小判昭和53年12月21日民集32巻9号1723頁。

74

第4節　アメリカの地方自治

河川法が存在すること，しかも……普通河川であつても……いつでも適用河川又は準用河川として指定することにより同法の適用又は準用の対象とする途が開かれていることにかんがみると，河川法は，普通河川については，適用河川又は準用河川に対する管理以上に強力な河川管理は施さない趣旨であると解されるから，普通地方公共団体が条例をもつて普通河川の管理に関する定めをするについても……河川法が適用河川等について定めるところ以上に強力な河川管理の定めをすることは，同法に違反し，許されない」として，普通河川管理条例の制定（横出し条例制定）に関しては可能であるとしながらも，条例と河川法とを比べた際に，条例が河川法よりも強力な河川管理を定めたこと（上乗せ条例）が違反するものされた。ここで，河川管理について法律の規定する趣旨等を考慮することとされるように，海，海面下の土地については，その性質等が明確に法律によって定められていない点については，ここでの管理権について，海，海面下の土地に関連する諸法律の趣旨等を考慮しなければならず，海については，海面下の土地の所有権の所在等についても法律によって明確に規定されているわけではない。実務上の歴史的経緯等があるとしても，海，海面下の土地の性質等が明確でない以上は，ここでの管理について条例によって制定しようとする場合には，法律による委任を必要とすると解されるものであろう。

　ジェニングス判決においても，州が地方自治体の一般的管轄権の範囲の事務権限として，海面下の土地の土地区画権限を地方自治体に委任しているものであると解されるように，このような土地の管理権については，本来権限を有する州と地方の間において権限の委任が必要とされるとするものであろう。

　本件においては，ジェニングスの主張するように，チェサピーク湾の感潮域に面したクックレル入り江の平均低水位よりも下位の土地という特殊な土地における土地区画の権限であることから，この権限の所在については，州法による定めにおいて，感潮域水域の土地については，州の財産であるとされる規定から，州の権限がおよぶ範囲であるということがいえるだろう。このような意味において，特殊な感潮域の土地については，州がその土地の土地区画に関する権限を有しているものと考えられる。ヴァージニア州最高裁の判決は，この点を否定してはいない。すなわち，こうした土地が州の財産とされる規定から明らかなように，ヴァージニア州海洋資源委員会にその権限があることを認めている。しかしながら，これに関してのノーザンバーランドカウンティの土地

75

第1章　アメリカにおける地方自治

区画条例において特別例外許可状の申請を行うことが明記され，この許可を受けなければならないとされる事項について，これをヴァージニア州海洋資源委員会とともに許可を受けるべき機関としてカウンティを認定している。

　つまり，カウンティが州に代わって行う各種事務については，カウンティが実効的に行うことが可能であると判示されたように，州法において，州の事務としてその権限が州に属する事項についても，州によって州全域を網羅的に管轄できないような場合に，カウンティがこれに代わり，実効的にその事務を行うことを認めるのである。こうした点から，アメリカの地方自治が，ディロンの原則等を前提とし，州の権限を重視し，州による地方自治体の指揮・監督権を極めて強大に認めながらも，その内容については柔軟な姿勢を見せているものと捉えることができるのではないだろうか。もちろん，本件におけるカウンティは，州の下部組織として，準地方自治体という性質を持つものであるにせよ，近時，ホーム・ルール権としての自治憲章制定権を認められたカウンティが多く存在し，その性質は，むしろ地方自治的要素を備えた団体へと変わってきている。その意味で，この判決は，地方自治体たるカウンティに対して，州法の規定する事項を緩やかに解し，カウンティ条例の有効性を認めた点で今日の地方分権的アメリカ地方自治を表したものといえるだろう。

第2項　アリゾナ州判決──Arizona v. United States, 567 U. S. 387 (2012) と連邦の専占[238]

　アメリカにおいて連邦政府が不法移民に対しての取締まりを行っているものの，アリゾナ州等のメキシコとの国境を接している州においては，連邦政府による不法移民取締まりが不十分であるとされてきた。2010年アリゾナ州は，そのような連邦政府の取締まり（連邦法の規制）に対して上乗せ規制（強化）する州法[239]を制定しようとするものについて，連邦政府が連邦法の専占を理由として，この州法の暫定的差止を求めたものである。アリゾナ連邦地裁は，州法の条項が連邦法の専占に違反するとして仮の差止命令を下し，第九巡回控訴裁もこれを支持した。

---

(238)　判決の詳細や解説については，宮川成雄「不法移民を規制するアリゾナ州法と連邦法による専占── Arizona v. United States, 132 S. Ct. 2492 (2012)──」比較法学46巻3号（2013年）318頁以下参照。

(239)　Support Our Law Enforcement and Safe Neighborhoods Act.

76

ここでは，州法の条項が連邦法の専占に違反するものかどうかが争点となった。州法の2節(B)において，州の法執行官が，外国人らしき者で不法在留の合理的疑いのある者について，連邦移民法上の地位の確認を職務上の義務とすること，3節において，連邦外国人登録法違反を州法によって軽罪として処罰すること，5節(C)において，外国人の不法就労を州法によって軽罪として処罰すること，6節において，強制送還事由となる犯罪を犯したことを疑う相当の理由がある場合，州の法執行官が令状無しに逮捕できることを規定している。

連邦最高裁は，これらの規定のうち，3節，5節(C)，6節について連邦法の専占に違反するとし，2節(B)については違反しないものとした（連邦地裁，第九巡回控訴裁は，4条項とも違法としていた）。

連邦議会は，連邦議会の有する州法を専占する立法権については，合衆国憲法6条2項において「この憲法及びそれにしたがって制定された合衆国の諸法律，合衆国の権限のもとで締結され，将来締結されるすべての条約は，国の最高法規である。そして各州の裁判官は，それぞれの州の憲法または法律にそれに反する定めがあったとしても，それによって拘束される」[240]と規定し，連邦法と州法の抵触の際には，連邦法が優越することを規定している。これによって，連邦議会は，特定の権限を州から除外することができ，また，連邦議会がその権限内において活動するときに，その一定領域内について排他的に規律することを決定した場合，連邦法と州法の抵触がある場合には，州法は連邦法に譲歩しなければならないとして，連邦法の専占の法理について示した上で，4条項について連邦法の専占に反するものかどうかについて判断した。

違法とされなかった2節(B)については，不法在留の合理的疑いのある者について，連邦移民法上の在留資格の確認義務を法執行官に課すものであるが，外国人への差別的法執行を排除するために，アリゾナ州の自動車運転免許証またはこれと同等の身分証明証があれば，合理的在留が推定されること，法執行官は「合衆国憲法またはアリゾナ州憲法が許容している場合以外での，人種，肌の色，出身国の考慮を行ってはいけない」こと，在留資格の確認については「連邦移民法の規制に合致し，市民の権利および合衆国市民の特権免除を尊重し」行うものとすることが規定されている。州の法執行官による在留確認義務を定めることが連邦移民法への介入かが問題となるものの，そのような問題は

---

(240) 松井・前注(80) 441頁。

第1章　アメリカにおける地方自治

解消可能であるとして，連邦法の専占に違反する条項とはされなかった。

　3節については，外国人登録の領域は，連邦法によって専占されているのであって，先例（Hines v. Davidowitz, 312 U. S. 52（1941））において，ペンシルヴァニア州が独自に外国人登録制度を設けたことについて，連邦の外国人登録制度は，一つの統合的な制度として連邦議会によって設定されたものであって，州がこれに対して連邦の制度を制限，補充することは認められないとされており，本件のように，連邦外国人登録法違反を州法によって軽罪として処罰することを州法によって定めた場合に，連邦法による処罰規定と州による処罰規定が並行して存在することとなり，仮に連邦政府による訴追が控えられた場合においても，州政府が訴追を行うような連邦の統合的な外国人登録制度のバランスを崩すものとなりうるものであり，連邦法の専占に違反するものである。

　5節(C)については，外国人の不法就労を州法によって軽罪として処罰することを規定しているが，連邦移民法は，外国人の不法就労について雇用主の処罰のみを規定しており，連邦移民法による雇用主処罰の規定は，連邦法と州法との関係における明示的専占規定を設けている[241]。そして，この雇用主処罰に関する明示的専占の規定については，州法が不法就労を行った外国人を処罰することが可能かどうかについては言及していないものの，1986年の連邦移民法改正時において，雇用主処罰を採用し，不法就労外国人については処罰の対象としていない連邦移民法の趣旨目的に対して，本件州法の不法就労外国人の処罰規定は障害となるものであって，連邦議会が不法就労外国人の処罰を規定しないにも関わらず，州がこれに関する処罰規定を設けることは，連邦移民法の制度の障害となり，連邦法の専占に違反するものである。

　6節については，連邦移民法において強制送還事由となる犯罪を犯したことを疑う相当の理由がある場合，その外国人を州の法執行官が令状無しに逮捕できることを規定しているものであるが，連邦移民法は，外国人の身柄拘束については，逃亡の恐れがある場合と強制送還の執行に必要な場合に限っている。このため，州法が連邦移民法に基づき強制送還事由に該当することを理由として，法執行官による逮捕を行うことは，連邦法の強制送還権の妨げとなり，連邦法の専占に違反するものであるとして，3条項が連邦法の専占に違反すると判断した。なお，ここでは，スカリア，トーマス，アリトー裁判官の一部同意

---

(241)　8 U. S. C. § 1324a (h)(2).

78

一部反対意見が付されている[(242)]。

　本件では，アメリカにおいて合衆国憲法6条2項に規定されるような，合衆国憲法や連邦法の優位性，いわゆる最高法規条項についての専占の法理が問題となっている。アメリカは連邦制を採用しており，連邦の法律（合衆国憲法，条約を含む）と州の法律（州憲法を含む）が衝突するような場合において，最高法規条項により最高法規性が認められている合衆国憲法や連邦法について，これに反するような州憲法等に従うことなく，最高法規たる連邦の法律に従うものとされる。そして，このような衝突の際に，州の法律が無効とされ連邦の法律が適用されることを「専占（preemption）」という。

　この専占は，主として「明示的専占（express preemption）」と「黙示的専占（implied preemption）」とに分類される。明示的専占は，連邦法が州法の排除について明示的に規定しているような場合であるが，連邦法の規定する専占の事項がどの範囲に適応されるのかが問題となり，専占条項があるからといって直ちに州法が連邦法の専占に違反するというものではない[(243)]。

---

(242)　スカリア裁判官は，2節(B)についての判断は妥当であるとしながらも，3節については，連邦外国人登録法違反について州法上の犯罪として規定できない理由はなく，州政府が連邦法より厳格な麻薬取引規制を行うことが許されるように，外国人の流入から自州を守るために，連邦外国人登録法よりも厳格な州法による処罰を規定することができないとすることに理由がないとして，連邦法の専占を認めず，5節(C)，6節についても，連邦移民法が不法就労者自身の処罰規定を設けず，雇用主処罰を規定していることは，州政府が不法就労外国人を処罰してはならないことを意味するのではなく，雇用主処罰について連邦移民法が明示的に専占を定めることは，雇用主処罰についての州政府による規定を禁止するのであって，不法就労外国人に対する処罰を含むものでないこと，連邦移民法が不法在留を犯罪としないことは，州法がそれを犯罪として規定することを禁止するものではなく，アリゾナ州法が連邦移民法に規定されていない逮捕権限を州の法執行官に与えることは，アリゾナ州が連邦移民法の対応が不十分であるとして，より厳格な移民政策を行うために規定したに過ぎないとして，連邦法の専占に違反するものではないとした。

　トーマス裁判官は，外国人登録の分野が領域専占されているとの法廷意見について，領域専占の近時の傾向は，連邦議会の意図が明確でなければ認められないというものであり，本件はこれには該当せず，連邦移民法が不法就労についての雇用主処罰を規定することは，これによって不法就労外国人の処罰自体を禁止するものではないなどとして，いずれも連邦移民法に抵触する規定ではないとした。

　アリトー裁判官は，2節(B)，3節については法廷意見に同意したが，5節(C)については，雇用問題は州の伝統的関心事であり，州のポリスパワーによって不法在留外国人の雇用問題を規制することができるとし，6節については，この規定によって州の法執行官に与えられる逮捕権限は，連邦移民法における身柄拘束権限に多くの追加をもたらすものではないことから，連邦法の専占に違反しないものとした。

第 1 章　アメリカにおける地方自治

　黙示的専占においては，分野に関する専占が認められるものがある[244]。これは，ある一定領域，分野については，連邦の専占領域であることとされる場合がこれにあたる。ここでの連邦の専占を認める場合の判断基準として，Rice v. Sanata Fe Elevator Corp., 331 U. S. 218 (1947) において，①伝統的に州の領域とされてきた分野については，専占がないことの推定が働き，それでも連邦の専占を認める場合には，それが連邦議会による明白な意図のもとにあることを必要とする。②連邦議会による明白な意図は，いくつかの方法によって立証することができ，a 連邦政府の規制が詳細かつ広範であること，b 連邦政府による規制領域とされる分野について連邦政府としての関心が支配的であり，この分野についての州による規制を排除する趣旨であること，c 連邦法による規制目的やそれにより課される義務に性質が州法と同じであること，d 州法による規制が連邦法の規制目的と矛盾するものであることが示され，この基準が満たされる場合には，明示的な専占の規定がなくとも，黙示的専占としての分野に関する専占が認められる[245]。

　黙示的専占において認められるもののもう一つが，抵触による専占である。これは，州法の規制と連邦法の規制が抵触する場合において認められるもので，その抵触の程度によって，①州法と連邦法が矛盾し，その両方を遵守することが不可能である場合（不可能による専占 impossibility preemption），②州法と連邦法をどちらも遵守することが不可能とまではいえないが，州法の規制が連邦法の規制の妨げとなるような場合（障害による専占 obstacle preemption），とに分けられる。

　①については，明らかに連邦法と矛盾するような州の立法が多くないために，あまり例は見られないが，Florida Lime &Avocado Grower, Inc. v. Paul, 373 U. S. 132 (1963) においては，連邦最高裁は，不可能による専占を認める場合には，「直接的な抵触（direct conflict）」が必要であるとして，このケースのような州法による要件追加の場合は，直接的な抵触がある，つまり，両者を遵守することが不可能であるとはいえないとした。

　②の障害による専占については，Crosby v. National Foreign Trade

---

(243)　樋口・前注(135) 177 頁。
(244)　明示的専占として，連邦の法律が明示的にある分野の州による規制を排除するような場合もある。樋口・前注(135) 177 頁。
(245)　樋口・前注(135) 180 頁。

80

Council, 530 U. S. 363（2000）などにより認められている。ここでは，マサチューセッツ州が民主化運動弾圧を行うミャンマー（ビルマ）との取引を行う会社から州やその機関が商品等を購入することを禁止する州法の制定をしたが，その後に制定されたミャンマーに対する経済制裁に関する連邦法との関係において，このマサチューセッツ州法が連邦法の専占に違反するものとして訴えられたもので，連邦最高裁は，「①本件連邦法がビルマに対する経済的制裁を規律する実効的な裁量を大統領に与えた点，②制裁対象を合衆国市民と新規投資に限定した点，③大統領に対してビルマに多角的な総合戦略を講じて外交的に対処する指示を与えた点の３点について，本件州法は本件連邦法の立法目的と立法の当然の効果を害している」[246]として，障害による専占によって，州法が無効であるとした。

本件では，この専占について，連邦法における移民対策としての連邦移民法等の規制と州法の関係が問題となったものである。合衆国憲法において，外国人の出入国管理や在留許可の移民権限は，連邦政府の権限とされるものの，これは，憲法上の文言として明示的に示されているものではなく，「明示的権限の解釈から導かれる黙示的権限」とされる[247]。この根拠とされる明示的権限とは，合衆国憲法１条８節３項の外交通商条約[248]，１条８節４項の帰化規則条項[249]，１条８節11項の戦争権限条項[250]に加えて，移民権限が外交に係わるものであることから，連邦政府の外交権限もこの根拠とされる[251]。

しかしながら，移民権限についてはこれが合衆国憲法において明示的に規定された権限ではないことから，移民権限が合衆国憲法における黙示的権限とされることについても議論のあるところであるようであるが[252]，これが，連邦

---

(246) 中村民雄「最高法規条項による州法に対する専占 Crosby v. National Foreign Trade Council, 530 U. S. 363, 120 S. Ct. 2288, 147 L. Ed. 2d 352（2000）」樋口ほか・前注(109) 36頁。

(247) 宮川・前注(238) 323頁。

(248) 合衆国憲法１条８節３項——外国との通商及び州際間の通商，及びインディアン部族との通商を規制すること。（松井・前注(80) 436頁）。

(249) 合衆国憲法１条８節４項——合衆国を通して統一的な帰化の規則，及び統一的な破産の事項に関する統一的な法律を確立すること。（松井・前注(80) 436頁）。

(250) 合衆国憲法１条８節11項——戦争を宣言し，拿捕及び報復の特許状を発し，陸上及び海上の捕獲に関する規定を定めること。（松井・前注(80) 436頁）。

(251) 宮川・前注(238) 323頁。

(252) 宮川・前注(238) 323頁。

第1章　アメリカにおける地方自治

政府の権限であったとしても，州政府もまた自州内への立ち入りや在留に関する権限を有しており，州政府のポリス・パワーとしての統治権と連邦政府の移民権限について，専占の法理により解決されることとなるものである。

　アメリカにおける専占の法理は，それが全国的に統一的に行われるべきか，地域，州による個別的に行われるべきかという判断によるものであり[253]，このような意味において，わが国における地方自治体の条例によって地域ごとに個別的に行うべき政策か，全国的に統一的に法律によって行うべきかという判断という点で，わが国の法律と条例の関係性に類似的な面があるが，アメリカにおいてのこれはわが国の法律の先占とは異なり，州法との関係において連邦法の専占として，もっぱら連邦的事項とされるものであり，この意味において，わが国の法律と条例の関係とは異なる。しかしながら，専占として，専有事項として取扱われることに関して，この専占の法理を，わが国の地方自治について，国と地方の関係において，または地方自治体の本来的に専有する事項の判断について，もっぱら地方的事項の判断基準としての適用する余地があるかもしれない。つまり憲法上，黙示的専占として，もっぱら国が有する権限が一定程度あり，その一方でもっぱら地方が有する権限が存在ことをも，専占の法理として地方の権限の明確化に役立てる解釈が可能な側面もあるかもしれない。

第3項　アメリカの地方自治における地方自治体と州の関係

　ここまで見てきたように，アメリカの地方自治においては，地方自治体の権限は，元来明示的に保障され，または従来から固有的自治権を有するものとされるわけではない。本章でも紹介してきたように，アメリカの地方自治の歴史は，1871年のハールバット事件[254]において，ミシガン州最高裁が，「地方自治体の自治権は州によっても奪うことのできない絶対的な権利である。」としたように，地方自治体の権限を固有権的に絶対的な奪うことのできないものであると解釈される時期があったものの，今日においてもアメリカにおいて用いられ，また基礎づけられている地方自治に関するものとしては，ディロンの原則にほかならない。連邦最高裁は，1875年のバーネス事件[255]において「州議

---

[253]　樋口・前注(135) 190頁。

[254]　People ex rel. Le Roy v. Hurlbut, 24 Mich. 44 (1871).

[255]　Barnes v. District of Columbia, 91 U. S. 540 (1875). バーンズ事件 (1991) との関係で，バーネス事件と標記している。

82

会は，地方自治体に対して許容しうるすべての権限を付与し，地方自治体を州内における小国家とすることもできれば，地方自治体からあらゆる権限を奪い，地方自治体を名目のものとすることもできる」として，地方自治に関する州の権限の絶対性を認めるものとし，アトキンス事件，トレントン事件において連邦最高裁は，地方自治体が，州の創造物であることや，州の権限の絶対性，地方の（固有の）自治権の否定する判断を示してきた。

　そして，アメリカの地方自治の中心をなすディロンの原則は，「地方自治体が次のような権限を有しまた行使できること，そしてそれ以外の権限を有しないということは一般的で争いのない命題である。すなわち第一に文言上明白に認められた権限，第二に必然的，正当なものとして明確に認められた権限に包含され，または附随する権限，第三に単に都合が良い（便利である）というものでなく，地方自治体の宣言された目的の達成のために不可欠な権限である。権限の存在に関して，何らかの明白で客観的合理的な疑いがある場合には，裁判所によって地方自治体にとって不利な決定がなされ，その権限は否定されることになる。」[256]として，地方自治体が有する権限が制限されていることが示されてきた。このディロンの原則は，アトキンス事件，トレントン事件といった連邦最高裁の判例によって補強されることとなり，地方自治体が州の創造物として，州の権限によって地方自治体の権限を奪うことも可能であるとされている。

　他方で，このような州の権限は，地方自治体に対して，一定の権限を与えることも可能とされたため，今日においてアメリカの地方自治体には，州憲法や州法上認められる一定の地方自治の権限が与えられており，ホーム・ルール，自治憲章制定権といった権限は，こうしたものの一つである。

　しかし，このように地方自治の権限が一定程度与えられた今日のアメリカの地方自治体においても，州や連邦の権限，法律との衝突によって，その権限が認められないということもある。明示的に地方自治体の権限とされるものについては，地方自治体がこれを行い，これに関する条例を制定することができるが，明示的に州の権限とされるものについては，州がこれを行い，これに関する州法を制定するものとされる。この場合，どちらの権限であるかが明確でない場合に，これに関する条例，法律の衝突といったことが考えられる。

---

(256)　Dillon, *supra* note 29, at 448-450.

第1章　アメリカにおける地方自治

　しかし，アメリカにおいて，州が地方自治体を創設する，州の地方自治体に対する絶対的権限を有するものであるからといって，条例と州法の衝突に際して，無条件に条例を無効とすることなく，条例を有効とする事例もあり[257]，ここでは，条例と州法の関係を具体的に審理して判断がなされるものである[258]。ただし，アメリカの州には地方自治に関しての州法の先占（occupancy）が認められている。これは，「州は，一定の領域について，立法により，明示的（expressly）または黙示的（impliedly）に，特定の活動領域または規制領域を先占または占領（occupied）することができ，州がこれをなした場合，ホーム・ルール・シティの法であるか，非ホーム・ルール・シティの法であるかを問わず，当該問題について地方自治体の法を制定する余地が存在しなくなる」[259]とされるもので，地方自治体の条例と州法が，明示的な州法領域，明示的な地方自治領域に関係なく，地方自治体の条例が州法と衝突する可能性があり，ここでの州法の制定については，これが地方自治体の条例に衝突する限度においてではなく，この州法の制定によって州の領域とされた分野から地方自治体の条例を一切排除することまでも優先されるものである[260]。

　この州法による先占も，地方自治に関して州が絶対的権限を有しているものであるからといって，すべての領域に対して，またいかなる状況においても州法による先占が認められるものではない。特に，州憲法によって，ホーム・ルール，自治憲章制定権が規定されている場合において，地方自治体は，この自治憲章によって州が州の権限領域として定めていないものについて定めることができるものであり，州法によってこれをすべて排除することがいかなる場合にも認めるわけにはいかないだろう。ここで，州法の先占については，州法による規制の包括性や普及性，つまりここでは州法による規制が問題の範囲内に含まれるすべての活動等に関するものかなどの全州的取扱いの必要性が求められるとされる[261]。

　連邦最高裁の判決が，ディロンの原則を中心とした地方自治の考え方，すなわち，地方自治体は州の創造物であって，州により権限を与えられている主体

---

(257)　村上・前注(35) 225頁。
(258)　南川・前注(24) 34頁。
(259)　南川・前注(24) 34頁。
(260)　南川・前注(24) 34頁。
(261)　南川・前注(24) 35頁。この全州的取扱いについては，例外的に，一部，部分的に適用されることもあるとされる（同書，35頁）。

第4節　アメリカの地方自治

に過ぎず，その権限は州の意向によって変動するものであることを軸としており，これにより今日のアメリカの地方自治が形成され，このような地方自治に関する州の絶対的権限ゆえに，今日のアメリカの地方自治において，ホーム・ルールをはじめとする地方自治体の権限を拡大することも可能となっているものであるが，地方自治についての決定は各州の権限として位置づけられているものの，その地方自治の大系について，すべてが判例理論によって明らかにされるものでもない。各州によって，また同一州内においても，事例ごとに地方自治に対する認識が異なることもありうる。

　こうしたことから，条例に関する問題が「判例から単純明解な理論を帰結することは極めてむつかしい」[262]とされてきたのかもしれない。しかし，ディロンの原則を中心とするアメリカの地方自治の考え方の中において，地方自治体に関する絶対的権限が州に存することを判例大系によりそれを補強し，または，地方自治体に一定の権限を付与することを認めてきていることが，今日のアメリカの地方自治を形成していることはいうまでもない。連邦と州の間に適用される連邦法の専占なども含めて，わが国の地方自治のあり方を検討する上で，参考とされ，また採り入れられるべき考えもあろう。

---

(262)　村上・前注(35) 227頁。

第2章　わが国における地方自治制度と憲法

第1節　わが国における地方自治の沿革

第1項　戦前の地方自治制度

1　戦前地方自治制度の確立

　わが国において地方自治に関して憲法上保障されたのは日本国憲法制定後のことであり，日本国憲法制定以前は憲法上に地方自治に関する規定は存在しなかった。江戸時代には，江戸，京都，大坂[1]は徳川氏を中心とする幕府の支配，他の地域における大名の支配が行われてきたため，幕府が大名家を支配する体制[2]を敷き，江戸，京都，大坂は直轄領（直轄自治体とでもいうことができるか），それ以外は幕府による間接支配（現在の地方公共団体ともいえる存在か）という体制になっていた。しかしながら，この時代の地方ともいえる地域，すなわち大名が支配している地域（藩）では，現在の地方公共団体と比べても自治権が広範に認められていたことがうかがえ，藩は幕府による支配制限[3]がある一方で，原則的に，内政については自らの判断で行うことができたものとされる[4]。

　明治時代の廃藩置県を経て，日本全土に中央集権的地方自治制度が敷かれ，現在の地方自治制度の前身としての府県や市区町村の設置がなされることとなるが，明治22年[5]に公布された大日本帝国憲法において地方自治についての

---

(1)　江戸，甲府，駿府，大坂，京都，日光，佐渡，長崎，新潟，函館が幕府の主な直轄領である。これ以外にも，特定の藩を減封に処した時の藩と藩の間の土地等が天領として直轄領とされていた。

(2)　幕藩体制：1615年に武家諸法度が定められ，諸藩がこれに反した場合は，幕府から減封，転封等の処分に処せられた。参勤交代や，妻，子女を人質として江戸に住まわせたことも，武家諸法度の定めるところである。

(3)　武家諸法度によれば，各藩の城の改修，新築を禁ずることや，参勤交代を行うことが義務づけられていた（1615年元和令より幕末まで）。1635年以降，幕府の定めた法を各藩においても適用すること，各藩主らの婚姻・養子に関する項目も追加された。

(4)　幕藩体制や，この時代の考察については，藤野保『幕藩制国家と明治維新』（清文堂，2009年），伊東多三郎『幕藩体制』（清水弘文堂書房，1969年），大谷瑞郎『幕藩体制と明治維新』（亜紀書房，1973年）などを参照。

(5)　明治時代初期以前において西暦と年号が完全に一致していないため，本章では特に

第 2 章　わが国における地方自治制度と憲法

規定は設けられなかった[6]。明治時代における地方自治制度の確立は，行政事務遂行のための地方の組織化という中央集権的な地方自治制度の整備がなされており[7]，そのような中央集権的地方自治制度に関する法整備であったことから，地方の自治権の保障については今日の地方自治制度のように，広く地方に自治権を与えるようなものではなかった[8]。つまり，明治時代における地方自治制度は，憲法の保障の下に存在する国の構造（constitution）の一端としての地方自治制度ではなく，国の下部組織として立法政策によって設置される行政機関と位置づけられていたものと考えられる[9]。

　大日本帝国憲法に地方自治条項はなかったものの，大日本帝国憲法起草過程においては地方自治制度に関する規定も検討され，最終的にそれらの規定は削除され大日本帝国憲法が成立した。その理由としては，地方自治を憲法事項と捉える感覚が希薄であったこと，町村に自治を認めることには関係者の間で異論が無かったが，府県のあり方について意見の不一致が存在したことが指摘されている[10]。そのように，憲法では規定されなかったものの，地方自治制度の整備は大日本帝国憲法が成立した明治時代から行われてきた。

　明治政府は，それまでの幕藩体制から新しい地方制度の下での統治を行うにあたり，府藩県三治制の下で，新たに幕府直轄領に設置された府県と旧来の藩による地方の統治がなされていたところ，明治 2 年 6 月 17 日に版籍奉還を断行し，新たな地方の統治体制を敷いた[11]。版籍奉還の断行とともに，中央官制の整備を図るために「職員令」を制定し，また中央官制の整備の一環として按察使の設置，飛地の整理や，藩が外国と直接貿易することを禁じるなどして一

　　　表記をしない限り，元号による年号の表記で記している。

(6)　小林武 = 渡名喜庸安『憲法と地方自治』（法律文化社，2007 年）16 頁。

(7)　大石嘉一郎『近代日本の地方自治』（東京大学出版会，1990 年）11-12 頁。

(8)　小林ほか・前注(6) 16 頁，ここでは「憲法典における地方自治保障規定の不存在は，憲法制定者が，地方自治を憲法によって保障すべき対象とは解さず，立法政策に一任することとしたことを意味する」とされる（同書 16 頁）。

(9)　明治時代初期には私擬憲法が多くみられ，ここでは地方自治制度を憲法に保障する趣旨を有するものもみられた。（江村栄一編『自由民権と明治憲法』（吉川弘文館，1995 年）95 頁）。

(10)　樋口陽一 = 佐藤幸治 = 中村睦男 = 浦部法穂『憲法 Ⅳ』（青林書院，2004 年）233 頁，小嶋和司「明治憲法起草における地方自治」宮沢俊義古希記念『憲法の現代的課題』（有斐閣，1972 年）555 頁以下。

(11)　この版籍奉還は，藩を存続させて藩主を知藩事に任命し，藩を治めさせる制度であった（藤野・前注(4) 542 頁）。

第 1 節　わが国における地方自治の沿革

層の中央集権体制を整えていく[12]。明治 4 年 7 月 14 日の廃藩置県によって[13]，藩に代わって県が置かれ，それまでの知藩事（旧来の藩主）に代わって政府の官吏たる地方官が支配する体制となる。

この廃藩置県によって地方は中央政府のもとに統治されることになり，戸籍法の制定と大区小区制の整備がなされた。この後，地方官会議等を経て，明治 11 年に三新法，すなわち，郡区町村編成法（明治 11 年太政官布告第 17 号），府県会規則（明治 11 年太政官布告第 18 号），地方税規則が制定された（明治 11 年太政官布告第 19 号）[14]。

ここで，郡区町村編成法は，それまでの戸籍法における大区，小区という行政区画を廃し，府県の下に郡，または区を置き[15]，この郡区の下に町村を設ける体制として，府県制を補強するものとした。ここで敷かれた郡区町村の体制は，府県と同様に国の地方行政区画としての性質を有するものとして設置される一方で，住民自治の単位ともされ，行政区画としての郡を除く，区町村については地方団体とされており，町村に設置される戸長は原則公選とされた。府県会規則は，府県に公選議員で構成される議会を設置し，府県会に地方税をもって支弁する経費の予算，徴収方法を議定する権限を付与したが，府知事，県令が議案の提案権を独占し，議決執行の許認可といった多くの権限を持

---

(12)　藤野・前注(4) 545 頁。

(13)　明治 4 年 7 月 14 日の廃藩置県の前に廃藩となった藩が 26 藩あり，いずれも財政難などを理由として，知藩事による願い出によって実施された（藤野・前注(4) 549-551 頁）。

(14)　三新法を制定するにつき三新法理由書には次のように記された。
　　「区ヲ置キ区戸長ヲ置ク制置宜キヲ得サルノミナラス数百年慣習ノ郡制ヲ破リ新規ニ奇異ノ区画ヲ設ケタルヲ以テ頗ル人心ニ適セス又便宜ヲ欠キ人間絶テ利益ナキノミナラス只弊害アルノミ云々抑地方ノ区画ノ如キハ如何ナル美法良制モ固有ノ習慣ニ依ラスシテ新規ノ事ヲ起ストキニ其形美ナルモ其実益ナシ寧ロ多少完全ナラサルモ固有ノ習慣ニ依ルニ若カス云々依テ現今ノ区画ヲ変更シ古来ノ郡制ニ復シテ之ヲ行政区ト為シ各郡ノ広狭異同アルモ之ヲ分合セス云々地方ノ制度行政区画タルト住民社会独立ノ区画タルト其主義ヲ混淆セリ之ヲ将来ニ考フルニ理勢此混淆ヲ分タサル可カラス然レトモ今概シテ欧米ノ制ニ倣フトキハ其形美ナルモ其実適セス宜シク我古来ノ慣習ト今人智ノ程度トヲ斟酌シテ適実ノ制ヲ設クヘキナリ依テ前陳ノ主義ニ基キ府県郡市ハ行政区画ト住民独立ノ区ト二種ノ性質ヲ有セシメ町村ハ住民独立ノタル一種ノ性質ヲ有セシメ都市吏員ハ二種ノ性質ノ事務ヲ兼掌セシメ町村ハ其町村内共同ノ公事ヲ行フ者即チ行事人ヲ以テ其独立ノ公事ヲ掌ルモノトス云々」（明治 11 年 7 月 22 日地方体制三大新法理由書「自治民政資料」）。

(15)　東京，大阪などの三区五港といった都市部に区が設置された。

89

第2章　わが国における地方自治制度と憲法

ち，国の行政区画における諮問機関に近い役割として府県会が設置されたもの
とも考えられる。地方税規則はそれまで府県税，民費として徴収されていたも
のを地方税に改め，徴収方法や支弁費目を定めた（地方税規則1条，3条）。

　地方三新法制定後，大日本帝国憲法施行前には市制・町村制（明治21年法律
第1号）が制定され，市および町村は公共の事務については官（国）の監督の
下に存在し[16]，市および町村に独立の法人格を認め「法律上一個人ト均シク
権利ヲ有シ義務ヲ負」[17]と規定された[18]。ここでは，選挙による議員によっ
て構成する議事機関として市会，町村会が設置され[19]，執行機関として市に
は市長および市参事会[20]，町村には町村長が置かれた[21]。しかしながら，こ
の市制町村制の下では，住民を公民とそれ以外の住民に分類し[22]，市会，町
村会議員選挙の選挙権は原則的に公民にのみ与えられていた。市の執行機関で
ある市長と市参事会については，市長が市参事会の議長として市政事務全般を
指揮監督し[23]，市長の任命については内務大臣が市会に候補者3名を推薦さ
せ，上奏裁可を求めるよう規定されていた[24]（ただし，候補者の中に適当なもの
がない時は内務大臣が国の吏員を以って市長に充てることができる[25]）。町村の執
行機関である町村長は，町村会による選挙によって選ばれ[26]，府県知事の認
可を受けることが規定されていた[27]（府県知事は町村長の決定の認可に関して府
県参事会の意見を聞かなければならないが，府県知事が不認可の決定をし，町村長

---

(16)　市制2条，町村制2条。

(17)　市制2条，町村制2条。

(18)　市制町村制のなかでは，条例制定・規則制定の権利が与えられるとともに，住民の
　　　権利義務についても定めを置いていた（「住民の権利及び義務」市制6条以下，町村
　　　制6条以下，「条例制定の権限」市制10条，町村制10条）。

(19)　市制11条以下，町村制11条以下。

(20)　市制49条。市参事会員の定員は東京市12名，大坂，京都両市9名，その他の市6
　　　名で構成され，合議制の執行機関として存在した。

(21)　町村制52条。

(22)　公民とは，①満25歳以上で公権を有し，一戸を構える男子であり，②2年以上当
　　　該市町村の住民であって，その市町村の負担を分任し，③当該市町村内にて地租を納
　　　める，または直接国税2円以上を納める者であることの3要件をすべて満たしている
　　　者（市制8条，町村制7条）。住民とは，公民の要件を満たしていない者のことをいう。

(23)　市制67条。

(24)　市制50条。

(25)　市制50条後文。

(26)　町村制53条。

(27)　町村制59条。

第1節　わが国における地方自治の沿革

または町村会が不服の時は内務大臣に具申し認可を得ることができる[(28)]）。

　大日本帝国憲法施行後には府県制（明治23年法律第35号），郡制（明治23年法律第36号）が制定され，府県と郡は，府県知事，郡長の所管する行政区画の一つであり[(29)]，同時に地方公共団体としての区域とされ，その執行機関として府県知事と郡長が置かれる形であった[(30)]。府県は，その後の明治32年府県制改正に伴い，市町村同様に明文でもって法人格を認められたが，府県の行政は官吏である知事によってなされ，議会の議決事項は法律に列挙され，市町村のような条例制定権は認められなかった[(31)]。

　郡制については，地方公共団体として存続させる意義が薄くなったことから，大正10年4月12日に法律[(32)]によって廃止決定がなされ，大正12年4月1日に廃止された。市制・町村制は，明治44年の改正により，市制（明治44年法律第68号）と町村制（明治44年法律第69号）が別の法律で定められ，市の執行機関を参事会から独任制の市長にする等の改正が行われた。大正15年には，市制，町村制，府県制の改正により，昭和4年には地方制度全般にわたる改正により，それぞれ市町村および府県の自治権の拡張が図られた[(33)]。しかしながら，こうした自治の拡大が図られる一方で，わが国が戦時体制に突入していくことにより急速に地方自治の縮小，中央集権化の体制へと移行していくこととなった[(34)]。

2　戦前地方議会制度の確立

　江戸時代の議会は幕藩体制の下での各藩の制度として存在したものであって，多くの形式のものがある[(35)]。また，幕府の直轄地であった江戸において

---

(28)　町村制59条後段。

(29)　府県制2条，郡制2条。

(30)　府県制78条，郡制66条。

(31)　ただし，昭和4年の改正により府県にも条例制定権を認める。

(32)　大正10年法律63号。1条「郡制ハ之ヲ廃止ス」。

(33)　樋口ほか・前注(10) 235頁。

(34)　昭和18年には市制町村制，府県制の改正，東京都制の制定が行われ，ここでは，従来市町村会が選挙によって選んでいた市町村長を，市長については，市会が推薦したものを内務大臣が任命するものとし，町村長については，町村会において選挙し府県知事の認可を受けるものとしたほか，市町村会が中心となって行われてきた市町村行政を，市町村会の権限を制限し，市町村長に新たに総合的な指示権が与えられたことによって，市町村長主体による市町村行政が行われることとなった。

(35)　福島県の事例においても，村会という言葉が江戸時代の寄合の中に存在し，村役人

91

第2章 わが国における地方自治制度と憲法

も，町奉行の下に名主[36]がおかれ，これによる各地域の支配と，名主を中心とする寄合による地域の意思決定が行われていた。これらの江戸時代の制度はあくまでも，意思決定としての集合体で，選挙で選ばれるわけではないが，寄合制度は明治時代の民会の開設に大きく影響しているものだろう。

明治元年4月の府藩県三治制による知事の設置の後，明治元年10月の藩治職制（明治元年10月28日行政官布告）により各藩[37]に公議人による議事機関として藩議会を置くことを規定した。藩治職制には，議事機関たる議会を構成する公議人の設置と藩における重要事項の決定については，議会を設置して決議を行うことが求められた。これにより藩議会を設置する藩があらわれ，明治3年9月の藩制（明治3年9月10日太政官布告）を受けて，藩においての独自の議会制度の設計を考える地域も現れた。

大政奉還直後，江戸においては，幕府の解体により町奉行所が解体され，町奉行から名主を通しての支配体制が崩壊したために，地方支配制度の確立が急がれたが，町奉行支配の地域がそのまま，東京府（江戸府[38]）の支配地域と重なったため，旧来の名主支配地域についても新制度による支配への移行は，混乱なく行われたと考えられる。しかしながら，明治元年11月に至り，周辺地域（武蔵知県事の管轄地）を編入し，翌明治2年2月に新たに朱引[39]が定められたことから，新しく地域の支配制度を作る必要性が生じた。これを受けて，東京府下の一部地域においては，1区1万人を標準とした50区の地域設定をし，統治を行うことになる[40]。50区の地域以外においては，190町89村が存在し，これらの地域を5つに分割し，統治を行った。これらの地域区分けが，

会議，長百姓会議などの集落の代表者による意思決定の場が設けられていた（渡辺隆善『明治国家形成と地方自治』（吉川弘文館，2001年）29頁）。

(36) 名主の起源は，名田（みょうでん）を支配した名主（みょうぬし）に由来する。名田は，田地の領有者の名をもって，田地の名としたもので，班田収授法後の墾田永年私財法から起こったといわれ，王朝時代末期から鎌倉時代にかけて多くあらわれた。大名は，この名（名田）を多く所有したことから，そういわれるものであった。江戸時代の名主の誕生は，天保13（1842）年の名主の代表者の記録に，天正年中（1580年ごろ）以前より代々続くものと記されている。

(37) 明治4年6月，廃藩置県直前の藩は261，府3，県45であった（市町村要覧編集委員会編『全国市町村要覧（平成24年版）』（第一法規，2012年）1頁）。

(38) 明治元年5月12日に江戸府が設置され（明治元年太政官布告第387号），その後，同年7月17日に東京府へと改称された（明治元年太政官布告第517号）。

(39) 市街地と郷村地との境界線。

(40) この50区の地域が後の東京市にあたる。

第1節　わが国における地方自治の沿革

後の戸籍編製法に基づく戸籍の編製に役立つことになった。こうした地域には，地域を代表する年寄職が置かれ，各町村や地域の意見の取りまとめを行ったが，住民の代表による議会は，存在しなかった。

　明治4年7月14日の廃藩置県後，地方自治制度は発展する時期を迎え，議会制度についても確立されていくこととなる。明治11年の新三法の成立，明治21年の市制・町村制，明治23年の府県制の成立と，地方制度そのものは法整備に沿って発展してきたが，廃藩置県後の地方議会の発展は，各府県においてその時期が異なる。例えば，最も早いものでは，町村長ないし百姓の会議として「農事会」が組織された福島県や，県会・町村会に関する規定が明治6年に制定された兵庫県などがある。このように明治11年の府県会規則の制定前に，議会を有する府県が存在した。これらは，地方民会と称され，明治8年6月地方官会議において木戸孝允は，地方民会[41]の設立状況について，「今全国府県ノ民会ヲ開クモノ7県，区戸長会ヲ開クモノ1府22県，其議会ナキモノ2府17県，其余未夕明ナラス」[42]と説明した。当時の府県数は，3府59県であり，指摘の通りの民会および区戸長会開設府県であれば，府県内会議を開くものは48％となる[43]。また，政府調査の「地方民会表[44]」によれば，明治9年6月時点における地方民会の開設において，全体の約8割の府県で開設されたことが分かる。

　これら地方民会の時期における議員の選び方は，まず各町村で選挙人を公選し，彼らが府県会議員を公選する複選制を採用していた。法律に基づかない形での議会の成立が数多くみられるものの，府県会（地方議会）の公的な成立は，三新法の「府県会規則」による明治12年3月1日の山形県議会開設が最初とされている[45]。明治11年の府県会規則は，公選の議員をもって構成すること，地方税を財源として議会の運営を図ることなどを条文に盛り込んでいた。この時の府県会の権限は，府県の歳出に関してのチェック機能と府県の事業の興廃

---

(41)　府県会の議事の項目として次の11項目を掲げていた。租税ノ諸費用検査ノ事，民費増減ノ事，墾田拓地及水利堤防ノ事，道路橋梁ノ事，水陸運輸ノ事，小学校ノ事，区会村会設施ノ事，商社ノ事，救貧防火警査ノ事，産物及工場開設ノ事，区長以下ノ給料ノ事。

(42)　「地方官会議日誌」『明治文化全集（第1巻　憲政編）』（日本評論社，1967年）313頁。

(43)　渡辺・前注(35)　60頁。

(44)　『明治前期産業発達史資料』別冊26巻1号（明治文献資料刊行会，1967年）61頁。

(45)　渡辺・前注(35)　127頁。

第 2 章　わが国における地方自治制度と憲法

に関する審議ではあるが，この事業の興廃に関しても最終的な決定権は知事に
あり，また予算に関しては支出総額の決定のみに限られていたため，事実上機
能していないのも同然であった。このため，明治 14 年に府県会規則の改正が
行われ，ここでは，知事が府県会の議定に反した場合は，もう一度府県会にお
いて議定を行う規定に改正し，府県会と知事が法律解釈等をめぐり争った場合
は，国に裁定を仰ぐ規定が新設された。翌明治 15 年には，会期制度が導入さ
れる改正が行われ，通常会においての審議が規定されることとなった。しかし，
この後は府県会規則の改正は行われず，明治 23 年府県制へと制度が移ること
となった。

　廃藩置県後の町村会については，明治 11 年の郡区町村編制法の制定に伴い，
府県の下に郡区町村が設置され，その議事機関としての議会の設置が一部の団
体において始まることによる。名主らによる旧来の寄合によって意思決定は行
われていたものの，公選議員による議会といった構成はしておらず，また，明
治 8 年の地方官会議において木戸孝允は，町村会優先[46]（国会，府県会よりも
まず町村会の整備を行うべき旨）の発言をしていたが，町村会の整備は，府県会
規則の制定時には行われなかった。しかし，一部の団体で議会開設が行われた
こと，町村においては日本国憲法における町村総会のような，直接民主制的に
意思決定がなされる形をとっていたものの，町村の人口増，規模の拡大に伴い，
現実的にそれらが不可能になったことから，町村会の設置に関して，明治 13
年，区町村会法[47]が制定された。この区町村会法は，区町村会の権限[48]を明
確にし，郡区長や府県令の町村会等に対する権限[49]を明確に規定した。区町
村会法には，当初，議員の公選に関する規定は存在しなかったが，明治 17 年
の改正（明治 17 年太政官布告第 17 号）によって，その要件が定められた[50]。

　明治 21 年 4 月 17 日，市制・町村制が公布され，ここでは，地方議会に係る
ものについて，選挙権・被選挙権の要件[51]（条文中には公民と住民を区別してい

---

(46)　明治 8 年 7 月，地方官会議以後の町村会優先論『木戸孝允文書 (8)』，「町村会の速
　　　行に国会開設に関する意見書」165 頁。
(47)　明治 13 年太政官布告第 18 号。
(48)　当該区町村の公共に関する議決権，経費の支出徴収方法の議決権。
(49)　郡区長の町村会に対する評決中止権，県令らの区町村会，連合会に対する議事中止
　　　権・議会解散権。
(50)　ここでは，選挙権については満 20 歳以上の男子であり，その区町村に居住しその
　　　区町村に地租を納めている者，被選挙権については選挙権を有する満 25 歳以上の年
　　　齢の条件であった。

94

第1節　わが国における地方自治の沿革

る）を細かく規定しているほか，市町村会の権限に関して①議決権[52]，②争
議決定権[53]，③選挙を行う権限[54]，④監査権[55]，⑤意見提出の権限[56]を規
定した。また，招集や会期に関する会議規則[57]，町村に関しては，町村会に代
わる町村総会に関する規定[58]，市に関しては，副議決機関としての市参事会

---

(51)　市制町村制における公民については，前注(22) 参照。
　　　①禁治産者，準禁治産者，②破産者であって復権しない者，③貧困により生活のた
め公私の扶助を受け又は受けている者，④一定の住居を有しない者，⑤6年の懲役又
は禁固以上の刑に処せられた者，⑥皇室に対する罪，外患に関する罪，破廉恥罪に相
当する罪を犯して6年未満の刑に処せられその刑の執行終わり又は執行を受けずに
至った後，その刑期の2倍に相当する期間を経過していない者，⑦6年未満の禁固の
刑に処せられ又は⑥の罪以外の罪を犯し6年未満の懲役に処せられその執行を終わら
ない者又は執行を受けることのない状態に至らない者。

(52)　市町村会は，市町村に関する事件および法律勅令によりその権限に属する事件につ
いて議決することができる（市制41条，町村制39条）。ここでは，市町村会は自ら
がその地方団体の意思決定を行うものである（この意思を外部に表明することは理事
機関の役割とされる）。市町村会の議決は市長の専決，市参事会への委任によること
を除けば，法律の概目として掲げられている事項については，一切の議決権を有する。

(53)　市町村は，特定の事項につき生じた争議を決定する権限を有しているものである。
例えば，選挙人名簿に関する異議の決定（市制21条の3，町村制18条の3），議員の
被選挙権の有の決定（市制38条，町村制35条）などである。

(54)　市町村は，「法律勅令ニ依リ其ノ権限ニ属スル選挙」を行う権限を有する（市制44
条，町村制41条）。市町村会による選挙は，当該市町村長の選挙（市制73条2項，
町村制63条2項），市町村長欠員の場合の市町村助役，収入約，副収入役の選挙（市
制75条2項，79条2項，町村制63条2項，67条2項），市名誉職参事会員の選挙
（市制65条2項）である。この選挙の方法は，無記名投票により有効投票の過半数を
得た者を当選者とするものであり（市制55条，町村制51条），過半数に達しない場
合は，上位2名による決選投票を行うこととしている。

(55)　市町村会は，一定の場合には市町村行政に対して監査する権限を有する。①市町村
の事務に関する書類・計算書を検閲すること，②市町村長の報告を請求して事務の管
理，議決の執行，出納の検査を行うこと，③委員を設けて，市町村長がその吏員の立
会の下での実地検査を行うこと（以上3項目，市制45条，町村制42条），④決算の
審査を行うこと（市制142条，町村制122条）の4項目である。

(56)　市町村はその首長または監督官庁に意見を提出することができ，これには2つの体
様がある。1つは市町村の公益に関する事件に限り，自発的に意見を提出することが
できる（市制46条，町村制43条——ただし，市民側からの建議，請願書を受理し意
見とすることはできない——行判明治27年5月5日）。もう一つは，行政庁の諮問に
対して意見を答申する場合である（市制47条，町村制44条）（明治44年改正後）。

(57)　市町村会の会議規則として，市町村会の開閉については，市町村長がこれを招集し
行う（ただし，議員定数の3分の1以上の請求のあるときは，市町村長はこれを招集
する——市制51条，町村制47条）。会期については，府県会とは異なり，特に定めは
なく，議事規則として，定足数や，議決方法，会議公開の原則といった定めがある。

95

第2章　わが国における地方自治制度と憲法

の設置に関する規定(59)が盛り込まれた。

　明治23年には，府県制が制定され，府県会のあり方について，府県会規則
から引き継がれることになった。府県会の権限については，市町村会と比べて，
監査権がないほかに，議決権等の範囲が国の法律により制限されていた。ここ
では，会期等は府県会規則と同様に定められていたが，副議決機関として府県
参事会の設置に関する規定が盛り込まれた。この府県参事会は，副議決機関と
はいえ市町村に対しての権限等(60)幅広い権限を有しており，権限的には，府
県に2つの議事機関（2院制ともいうことができるか）が置かれていたと解する
こともできよう。

第2項　戦後の地方自治制度

1　戦後地方自治制度の発展

　戦後最初の地方自治制度改革は，昭和21年9月，日本国憲法の制定に先
立って行われた東京都制，府県制，市制，町村制の改正である。その主な内容
は，住民自治の実現に関するものとして，従来の名誉職等の廃止と地方議会に
おける議員の選挙権・被選挙権の範囲の拡大であり，それまで官吏として存在
していた東京都長官，北海道長官，府県知事(61)および議会によって選挙また
は推薦されてきた市町村長を住民の直接選挙によるものとしたこと，そして団
体自治の強化に関するものとして，東京都の区に自主立法権，自主財政権を認
め，市町村の許認可に関する事項を整理し国の監督権を限定した。また，従来
は地方長官や市町村長が行ってきた選挙事務全般について選挙管理委員会を設

---

(58)　町村制38条に基づき，公民の選挙した議員をもって組織する町村会を置かず，選
　　挙権を有する公民の総会をもってこれに代えることができる。町村総会の設置は府県
　　知事が決定し，町村会の規定が準用される。

(59)　市においては，議員が多く決定に時間がかかること，専門的知識を有する者が必要
　　であることから，市参事会が設置された。市参事会では，市会より委任を受けた事件
　　につき議決を行い，市会を開けない場合や，緊急を要し市会招集の暇がない時などに
　　市会に代わり議決を行う。

(60)　府県参事会の市町村に対する権限は，市町村会，市参事会の違法な行動に対して，
　　市町村長の申請により裁決し，または，これらの機関に代わり議決すること（市制90
　　条ほか），市町村の機関のなした行動に対する訴願の裁決（市制36条ほか），といっ
　　たものが，上級機関としての権限として主なものとして掲げられている。

(61)　この時，知事と長官は引き続き官吏としての身分を有するとされていたために，批
　　判があり，結果として地方自治法制定においての「官吏」の表現が「公吏」へと変化
　　した。

96

け，行政事務全般の監督にあたるものとして監査委員会を設けた[62]。

　日本国憲法制定前に，地方自治に関する4法の改正が行われたが，この4法と地方官官制を廃止，統合する形で，地方自治法（昭和22年法律第67号）が制定され，憲法付属法として昭和22年5月3日に施行されることとなった。地方自治法による変化は，第一に，今まで都道府県長官と府県知事が国の地方機関として行ってきた事務については，戦前から国と市町村で行われてきた機関委任事務の処理方式を用いて，都道府県に行わせることとし，機関委任事務に関する一般規定が置かれたこと[63]。第二に，地方公共団体の種類として，普通地方公共団体たる都道府県，市町村を置き，特別地方公共団体たる特別区，組合，財産区等を置いたこと。また，従来の都道府県および市の参事会を廃止し，議会について意見陳述権，調査権を認め権限強化を計るとともに，委員会制度を採用し議会活動の促進を計ったことである。

　このような地方自治法の制定に対して，GHQは，昭和22年7月に改正意見を示し[64]，これを踏まえて，改正法案が国会に提出され，昭和22年12月7日成立，同月12日改正法[65]が公布された。この内容は，市および町の要件として，市については法律で定め[66]，町については都道府県条例で定めることとしたこと。また，地方公共団体が定める条例について，法令に反しない限りにおいて，その事務に関して条例を定めることができ，条例に違反した者に刑罰を科すことができる旨の規定が置かれた。

　その後，今日まで地方自治法は地方制度に関する基本法として幾度もの全面改正を経てきたが，その中でも注目すべき改正は，平成12年の地方分権一括法[67]施行に伴う改正である。これは，平成5年6月に衆参両院において「地

---

(62) 小林ほか・前注(6) 37頁。
(63) 地方自治法旧150条。
(64) 主な内容として，地方出先機関に関して設置の際の国会の承認等や，市町村の配置分合についての住民投票，副知事および出納長の公選等があった。詳細については，自治大学校編『戦後自治史 IV』（自治大学校，1961年）1頁以下参照。
(65) 地方自治法の一部を改正する（法律昭和22年法律第169号）。
(66) 市の要件について，昭和22年改正地方自治法8条には次のように規定されていた。①人口3万人以上を有すること。②当該地方公共団体の中心の市街地を形成している区域内に在る戸数が，全戸数の6割以上であること。③商工業その他の都市的産業に従事する者及びその者と同一世帯に属する者の数が，全人口の6割以上であること。④前各号で定めるものの外，当該都道府県の条例で定める都市的施設その他の都市としての要件を備えていること。
(67) 平成11年法律第87号「地方分権の推進を図るための関係法律の整備に関する法律」。

第2章　わが国における地方自治制度と憲法

方分権の推進に関する決議」に伴う国家的地方分権の推進による結果であるといえる。

平成7年地方分権推進法（平成7年法律第96号）の制定，地方分権推進委員会の設置と委員会による4次におよぶ勧告を経て，平成11年に地方分権一括法が成立した。この法律による，地方自治法の改正の主なものは，①国は「国際社会における国家としての存立にかかわる事務，全国的に統一して定めることが望ましい……基本的な準則に関する事務……その他の国が本来果たすべき役割を重点的に担い，住民に身近な行政はできる限り地方公共団体にゆだね……地方公共団体の自主性及び自立性が十分に発揮されるように」することを定めたこと（1条の2第2項），②機関委任事務を廃止し，従来，公共事務，団体委任事務，行政事務に分けられていたものを，自治事務と法定受託事務に分けたこと（2条8項），③国と地方の関係について，国の関与に関しては法定主義，必要最小限を明文化し（245条の2，245条の3第1項），手続の規定（246条−250条の6）と国地方係争処理委員会が設置（250条の7−252条）されたことがある。この改正によって，地方分権の推進が図られるとともに，その後の地方制度改革にも大きく影響している。

地方分権一括法による改正の後，平成14年の地方自治法改正により，議会改革，住民自治の拡充が計られ，第27次地方制度調査会，第28次地方制度調査会をとおして，さらなる住民自治の拡充について検討されるとともに，今後の地方自治のあり方，すなわち，地方分権後の地方自治制度のあり方が検討されてきた。第29次地方制度調査会においては，議会制度，基礎的自治体のあり方の検討が行われ，議会改革に関する地方自治法改正が行われ，第30次地方制度調査会においては，大都市制度の改革に関して議論が行われ，ここでの議論および答申[68]に基づき平成26年の地方自治法改正が行われたところである。

また，第31次地方制度調査会においては，人口減少社会におけう地方自治のあり方が検討されてきた。人口減少が進む地域においては，議会の存続が難しくなっている地域もあり，こうした地域は町村総会の設置を検討するに至っている[69]。

---

(68)　第30次地方制度調査会「大都市制度の改革及び基礎自治体の行政サービス提供体制に関する答申」（平成25年6月25日）www.soumu.go.jp/main_content/000403632.pdf，最終閲覧令和元年5月5日。

第1節　わが国における地方自治の沿革

地方制度調査会における議論を経ながら，地方自治法はその時々の社会情勢や社会問題，地方自治に関する問題点を考慮して改正されてきている。

2　戦後地方議会制度の発展

地方議会については，地方自治法によって規定されている。ここでの議会の位置づけは，各地方公共団体の議事機関たるものとされ，この意味においては，戦前と変わりはない。むしろ憲法それ自体に地方自治に関する条項を規定し，地方議会に関しても憲法によって規定していることに大きな意義があろう。

憲法上の地方議会の位置づけとして，議会の必置を定め，議会の議員は住民により直接選挙されることが定められている（憲法93条）。これらは，戦前の地方自治制度の内容と大きく変わるものではないが，憲法上にこれらの規定を置くことにより，地方議会制度を憲法上保障し，これ以外の制度，つまり，これに反する地方議会制度を禁止しているものである。

憲法上の議会の位置づけの第一として，議会の必置に関しては，町村総会の位置づけがある。町村総会は戦前の町村制において制度化されていたものであるが，憲法上，議会を設置しなければならないとしているため，地方自治法が定める町村総会設置に関する規定が，議会に代わって町村総会を設置することができるか問題となる。通説的な見解においては，この町村総会の設置は憲法に抵触しないとしている[70]。

地方自治の本旨から住民自治が導かれるとすれば，住民による政治を実現するための方法として，憲法は必ずしも町村総会を否定してはいないとされよう。

---

(69)　高知県大川村は，人口減少の中で村議会の維持が困難であるとして，町村総会の検討をすることを表明し，県や国においても議論が重ねられている（高知県 HP〔http://www.pref.kochi.lg.jp/soshiki/111701/2017061600399.html，最終閲覧令和元年5月5日〕，総務省 HP〔http://www.soumu.go.jp/menu_news/s-news/01gyosei01_02000123.html，最終閲覧令和元年5月5日〕）。

(70)　『註解日本国憲法』では「憲法は，地方公共団体の意思決定は，住民自治の本旨に従い，住民の代議会によるべきことを最小限度の必要として，議会の設置を要求しているのであるから，議会の代わりに議会よりも一層住民の意思を端的に表現しうる町村総会を設けることが，憲法に抵触するものと解すべき」ではないとしている（法学協会編『註解日本国憲法（下巻）』（有斐閣，1954年）1390頁）。また，長野士郎『逐条地方自治法〔第12次改定新版〕』（学陽書房，1995年）では，「町村総会は，それ自体が当該町村の議事機関であり，とりもなおさず，憲法にいうところの議会に他ならない」とされている（同書281頁，松本英昭『新版　逐条地方自治法〔第9次改訂版〕』（学陽書房，2017年）364頁同旨）。

99

第2章　わが国における地方自治制度と憲法

町村総会は，戦前の町村総会同様，町村において公選の議員による議会を構成することが不適当な小規模町村に限って直接民主制の制度として取り入れられてきたものである。議会の役割は，平時のみでなく，緊急を要する際にもあることから，緊急時に住民を全員招集することが現実的でないことや仮に町村総会が設置されていても，その規模の関係からも議会の機能に疑問が残る。平時において住民にとって重要な問題，例えば，教育・産業・福祉に関することに特化した住民総会を設置することは，憲法上問題はなく議会の機能を果たすものとしてこれが認められるとしても，戦前の市参事会のような機関（ただし，議会としての役割を果たすものとして公選の議員による合議体），つまり緊急時の即応体制の為や住民総会を開く暇のない時に対応できる機関を設置することの方が，憲法の要求に対してより忠実かもしれない。そのような意味においては，憲法上，意思決定をなす合議体としての議会の必置が求められていると解することが適当であるともいえる。

　憲法上の議会の位置づけの第二として，議会議員の直接選挙制に関しては，議会議員の直接選挙は，首長の直接選挙とともに，憲法93条2項に規定されている。ここでは，議会の議員の選出について，住民が直接選挙するべきことを要求している。すなわち，議会議員のすべてが直接選挙により選ばれなければならず，直接選挙以外（推薦制，複選制など）での議員の選出を禁止しているものとされる[71]。

　これに関して，宮澤俊義先生は，「地方公共団体の場合においては，地域もせまく，地方公共団体の事務も住民にとって特に緊密な関係にあるから，直接選挙を必要とすると考えたから」直接選挙制が規定されたのだろうと述べている[72]。しかしながら，憲法の要請によると，議決機関としての議会の議員は直接選挙によるが，仮に，副議決機関として戦前の市参事会，府県参事会のような機関が設置されたとしても，この参事会員の選出についての直接選挙は，憲法上の要請はないものとされるであろう。つまり，議会議員や首長の（場合によっては，その他の吏員も）選出は直接選挙によるが，定めを置かない場合は，二次的合議体の議員の選任について，住民の直接選挙は要求されないことになる。議会改革の中で，複雑な業務に関して判断できる専門的な議会議員の選任にあっては，二次的合議体として専門家を議員に充てることも検討されるべき

(71)　八木欣之介＝小笠原春夫編『地方自治講座　5・議会』（ぎょうせい，1990年）10頁。
(72)　宮沢俊義（芦部信喜補訂）『全訂　日本国憲法』（日本評論社，1978年）767頁。

100

課題とされるだろう。ただし，この点，憲法上の議会と同視しうる機関とみなされる場合には，直接選挙が必要とされる可能性もある。

　憲法上の議会の位置づけの第三として，首長（行政機関）と議会（立法機関）の関係について，憲法は地方公共団体の首長に関しても，議会議員と同様，住民の直接選挙によることを規定している。このことから，一般的に首長と議会は独立・対等の立場であり，相互に均衡・抑制の関係にあるとされており，これは，いわゆる Presidential system（首長制，大統領制）である。これに関して，憲法は「大統領制」を文言上規定しておらず，それを要求しているとは言えないとする見解もある[73]。ここでは，議事機関たる議会が同時に地方公共団体の執行機関を兼ねること，首長が議会議長を兼ねることを禁止しておらず，イギリスの「委員会制度」やアメリカの「シティーマネージャー（市支配人）制度」も禁止していないとしている[74]。

　憲法上の議会の位置づけの第四として，地方議会の一院制，二院制その他の議会の構成の要請があるか否かに関して，つまり，憲法が地方議会に対して，現行制度である地方議会の一院制を要求しているか否かについてである。通説では，憲法上必ずしも二院制を否定しているわけではないが，地方議会の性質上，必ずしも二院制を必要としているとまでは言い難いとしており，一院制を予定しているとしている。

　これに関して法学協会編『註解日本国憲法』では，例として，教育予算や教育税の議決権を有する教育議会ともいうべきものを想定し，「地方公共団体の予算とか課税とかは，その性質上，全体として総合性をもつことが要請され，それではじめて均衡と公正とが保障されることを考えると，その点について，2つ以上の議会に分かれて議決されることになることは，政策的見地からいって，決して妥当ではない」[75]としているほか，「現行制度上，地方公共団体の長および議会の議員がともに住民の公選とされていることおよび地方政治の能率性から，地方議会は一院制であることが当然予定されている」[76]として，一院制が主張される。憲法学上，二院制を禁止しているものではないとする立場に立つとする場合，議会の構成に関しては，「地方自治の本旨」の下に法律に

---

(73)　八木ほか・前注(71) 10 頁。
(74)　八木ほか・前注(71) 11 頁。
(75)　法学協会・前注(70) 1390 頁。
(76)　南博方＝原田尚彦＝田村悦一編『行政法 (3)〔第 3 版〕』（有斐閣，1996 年）153 頁。

第2章　わが国における地方自治制度と憲法

よって定められる事項となり，立法裁量に委ねられることになる。二院制という枠組みではないが，分権改革の中で，地方の行うべき事務の拡大にともない，議会改革が必要となっており，一部事務組合としての「学区連合」のような特別地方公共団体により教育事務の統合を図り，これに議会を設置することは現在でも可能であり，一部事務組合や広域連合の議会のあり方と市町村の議会のあり方が今後の地方自治の中でどのようにあるべきか検討すべき課題となるであろう。

第2節　現行地方自治制度と憲法

第1項　憲法が規定する地方自治制度の内容

1　地方自治条項が規定された背景

　日本国憲法制定に際して，日本国憲法第8章は地方自治に関して4か条の規定を設けているが，これは，大日本帝国憲法下においては規定されていなかった地方自治に関する規定であり，地方自治を憲法上保障するものとして明示されたものである。

　日本国憲法は，92条から95条までの4か条において地方自治を保障し，ここでは，「地方公共団体の組織及び運営に関する事項は，地方自治の本旨に基いて，法律でこれを定める」（92条）こととして，地方自治の本旨に基づく地方自治制度の基本原則を定め，「地方公共団体には，法律の定めるところにより，その議事機関として議会を設置する」（93条1項）こと，「地方公共団体の長，その議会の議員及び法律の定めるその他の吏員は，その地方公共団体の住民が，直接これを選挙する」（93条2項）ことにより，議事機関たる議会の必置と，その議会議員と執行機関の長たる地方公共団体の首長の直接選挙により，二元代表制の実現を図るとともに，「地方公共団体は，その財産を管理し，事務を処理し，及び行政を執行する権能を有し，法律の範囲内で条例を制定することができる」（94条）として，行政権能の保障とともに，自主立法権を保障し，「一の地方公共団体のみに適用される特別法は，法律の定めるところにより，その地方公共団体の住民の投票においてその過半数の同意を得なければ，国会は，これを制定することができない」（95条）ことを定め，国会の恣意による自治権の侵害を防止することとしている。

　大日本帝国憲法には地方自治条項が存在しなかったものの，日本国憲法にお

いて地方自治条項が取り入れられたことについて，宮沢俊義先生は，「明治憲法には，地方自治に関する規定は，含まれていなかった。もっとも，その頃は，地方自治について関心が払われなかったといっては，まちがいになる。当時のわが国の指導者たちは，むしろ国会を設けるより前に，いわば議会政治の先行段階として，地方議会の制度を確立すべきものと考えて，人の知るように，既に明治11年（1878年）ないし同13年（1880年）に府県会ないし区町村会という民選議会を設けたのであった。また明治憲法とほとんど同時に，市制町村制（1888年）および府県制・郡制（1890年）が設けられたことも，明治憲法の制定者が決して地方自治に無関心でなかったことを示すものである。とくに市制町村制が自治制と呼ばれたのは，それが，当時としては最大限に，地方自治を実現したと考えられたからである」[77]として，明治時代においても地方自治の重要性が認識されていたとしており，日本国憲法に地方自治条項が置かれた背景にそのような認識が存在したものといえよう。

　日本国憲法の下での地方自治制度は，憲法制定直後のままの制度が維持されているわけではなく，幾度もの法改正を経て形作られている。その制度の内容について，日本国憲法の条文に照らしてみると次のようになろう。

2　92条の内容

　92条では，地方自治に関する基本原則規定を置き，「地方自治の本旨」という文言により，地方自治に関する法律が制定されるにあたって制約を設け，憲法の予定する地方自治を保障するものである。そして，92条から95条，いずれの条文においても地方公共団体の存立が前提となっている。この2点については次項に述べる。

3　93条の内容

　93条では，首長制と議会の設置，そして首長，議会を構成する議員とその他の吏員については住民が直接選挙する直接民主制の制度を保障している。首長制は，presidential systemと訳され，アメリカの大統領制のようにも思われるが，ここでは，地方政治に関しては，首長と議会を対立させ，相互間の均衡と調和を図るというものであるとされ[78]，首長制を基本としながらも，議

---

(77)　宮沢俊義『公法の原理』（有斐閣，1967年）277頁。
(78)　田中二郎『新版行政法（中）〔全訂第2版〕』（弘文堂，1976年）140-141頁。

第2章　わが国における地方自治制度と憲法

院内閣制の要素を盛り込んだ二元代表制を採っている[79]。

　議会の設置については，1項において，議事機関としての議会の設置が求められており，これは，議会が地方公共団体の意思を決定する機関たることを意味するが，議会が住民の代表機関であり，議決機関であるものの，執行権からの独立対等の関係上，議院内閣制における国会とは異なり，国会が国権の最高機関である一方で，地方公共団体の議会が自治権の最高機関であるものではない[80]。最高裁も「憲法上，国権の最高機関たる国会について，広範な議院自律権を認め，ことに，議員の発言について，憲法51条に，いわゆる免責特権を与えているからといって，その理をそのまま直ちに地方議会にあてはめ，地方議会についても，国会と同様の議会自治・議会自律の原則を認め，さらに，地方議会議員の発言についても，いわゆる免責特権を憲法上保障しているものと解すべき根拠はない」と判示して，地方議会が国会と同様に最高機関たる性質を有するものではないとしている[81]。

　議会の議員の定数は，その地方公共団体の人口に応じて定められることとされている。これは戦前の府県制，市制町村制の制定時からの法律または勅令による人口に応じた定めが，戦後の地方自治法の制定後も「法定定数制度」として維持され，都道府県，市町村の形態，人口規模に応じて定数を定めていたことにある。市町村については，地方自治法の昭和22年11月改正に伴い，都道府県については，昭和27年の改正に伴って，法定定数について，当該地方公共団体の条例により減少することが可能となった。この法改正に伴い，条例の規定により，議員定数を減少させることが可能となり[82]，議員定数を減らすことが各地方公共団体の姿勢として現れた[83][84]。

---

(79)　ここでいう議院内閣制の要素については，議会が首長に対する不信任決議の権限を持ち，首長が議会の解散権を有すること（地方自治法178条）があるが，ここでの首長の解散権は，内閣の衆議院に対する解散権に比べると幾分か重い制約がある。

(80)　俵静夫『地方自治法』（有斐閣，1969年）137頁。

(81)　最大判昭和42年5月24日刑集21巻4号505頁。

(82)　平成11年改正前地方自治法90条3項，91条3項。

(83)　地方公共団体の議員定数削減の方向性と，今後の議員定数のあり方について，「行政改革に関する第3次答申（昭和57年7月30日第2次臨時行政調査会）」において，「地方議会の議員定数については，現在，かなりの地方公共団体が，その自主的な判断によって減数条例を制定し，議員定数を減少させており，この努力は正当に評価されるべきであるが，なお一層の簡素化を図るべきである。また，これと関連して，地方議会の議員の法定定数については，各地方公共団体における減数条例の制定状況を勘案し，地方自治の本旨と議会の機能に留意しつつ，その見直しを検討する。」とされた。

104

第2節　現行地方自治制度と憲法

この「法定定数制度」に対して，地方公共団体の自己決定権の拡大の観点から，地方分権一括法による平成12年の地方自治法の改正によって，「条例定数制度」が導入された[85]。しかし，条例定数制度は，従前の「法定定数制度」という明治以来の制度の歴史的経緯を踏まえて，従前の制度下での議員定数を勘案した上で定数上限を定めた[86]。これによって，従来は原則として法律の規定（法律による定数）に従い，条例で減員のみ認められたものが，法律では上限の規定のみとなり，具体的な定数は必ず条例による規定（条例による定数）を必要とされることとされた。本来，「条例定数制度」の下では法律による上限の設定なく，条例により定数を設定することが可能であるはずであり，「法定定数制度」の名残から，上限が設定されたままの状態であったものが，平成23年の改正によって，条例によって定めることとされた[87]。

議員の定数に関して，各選挙区への議員定数の配分は，人口に比例して条例で定めることとされるが，特別の事情のあるときは，人口を基準として，地域間の均衡を考慮して定めることが出来るとされている[88]。東京都議会議員定数不均衡事件上告審判決（昭和59年判決）[89]では，「地方公共団体の議会の議

---

(84) 他方で議員定数の増員の条例は制定できないものとされる（行判大正11年5月10日行録33輯199頁）。

(85) 条例定数制度導入についての改正条項の施行は平成15年1月1日。

(86) 都道府県議会の議員定数は，人口75万人未満の道府県においては40人，人口70万人を超える数か5万人増えるごとに1人を40人に加えた数，人口100万人以上の道府県においては，人口93万人を超える数が7万人増えるごとに1人を45人に加えた数（その数が120人を超えるときは120人），都については，特別区の存する区域の人口を100万人で除した数を，他の道府県の定めに加えた数（その数が130人を超えるときは130人）を超えない範囲で，条例によって定めなければならないとされていた（地方自治法旧90条2項）。

　市町村の議員定数は，都道府県よりも細かく細分化された規定となっている。地方自治法上の定めとしては，町村に関しては，人口2,000人未満は12人，人口2,000人以上5,000人未満は14人，人口5,000人以上1万人未満は18人，人口1万人以上2万人未満は22人，人口2万人以上は26人と規定されている。市に関しては，人口5万人未満は26人，人口5万人以上10万人未満は30人，人口10万人以上20万人未満は34人，人口20万人以上30万人未満は38人，人口30万人以上50万人未満は46人，人口50万人以上90万人未満は56人，人口90万人以上は人口50万人を超える数が40万人増えるごとに8人を56人に加えた数（その数が96人を超えるときは96人）と規定されていた（地方自治法旧91条2項）。

(87) 地方自治法90条1項および91条1項。

(88) 公職選挙法15条8項。

(89) 最一小判昭和59年5月17日民集38巻7号721頁。

第2章　わが国における地方自治制度と憲法

員の選挙に関し，当該地方公共団体の住民が選挙権行使の資格において平等に取り扱われるべきであるにとどまらず，その選挙権の内容，すなわち投票価値においても平等に取り扱われるべきであることは，憲法の要求するところであると解すべきであり，このことは当裁判所の判例（前掲昭和51年4月14日大法廷判決）の趣旨とするところである。そして，公選法15条7項は，憲法の右要請を受け，地方公共団体の議会の議員の定数配分につき，人口比例を最も重要かつ基本的な基準とし，各選挙人の投票価値が平等であるべきことを強く要求していることが明らかである」として，地方議会議員選挙における最大較差が1対7.45に達する投票価値の不平等について公職選挙法15条8項に違反するものとした。なお，最一小判平成27年1月15日集民249号1頁東京都議会や最三小判平成28年10月18日集民254号1頁千葉県議会の定数不均衡事件においては，公職選挙法，憲法14条違反にはあたらないとしている[90]。

　議会の議員とともに住民によって直接選挙される主体となる，首長については地方公共団体の長として，都道府県には知事，市町村には市町村長が置かれる[91]。特別区の区長が地方公共団体の長にあたり，憲法93条の適用を受けるかどうかについては，最高裁は，「憲法は，93条2項において『地方公共団体の長，その議会の議員及び法律の定めるその他の吏員は，その地方公共団体の住民が直接これを選挙する。』と規定している。何がここにいう地方公共団体であるかについては，何ら明示するところはないが，憲法が特に一章を設けて

---

(90)　千葉県議会についての判決の解説では，次のような判断基準を示しているとされる。「最一小判昭和59・5・17民集38巻7号721頁（以下「昭和59年最判」という）以降，都道府県議会の議員の定数の各選挙区に対する配分に当たり同項ただし書を適用して人口比例原則に修正を加えるかどうか及びどの程度の修正を加えるかについては，当該都道府県議会にその決定に係る裁量権が与えられており，条例の定める定数配分が同項の規定に適合するかどうかについては，都道府県議会の具体的に定めるところが，裁量権の合理的な行使として是認されるかどうかによって決せられるべきものであると解した上で，同項ただし書を適用してされた条例の制定又はその改正により具体的に決定された定数配分の下における選挙人の投票の有する価値に較差が生じ，あるいはその後の人口の変動によりその較差が拡大した場合において，その較差が都道府県議会において地域間の均衡を図るため通常考慮し得る諸般の要素をしんしゃくしてもなお一般的に合理性を有するものとは考えられない程度に達しており，これを正当化すべき特段の理由が示されないときは，当該定数配分は，裁量権の合理的な行使とはいえないとの判断枠組みを採用している。」（中島崇「判批」ジュリ1509号（2017年）88頁）。

(91)　地方自治法139条。

地方自治を保障するにいたつた所以のものは，新憲法の基調とする政治民主化の一環として，住民の日常生活に密接な関連をもつ公共的事務は，その地方の住民の手でその住民の団体が主体となつて処理する政治形態を保障せんとする趣旨に出たものである」とし，「この趣旨に徴するときは，右の地方公共団体といい得るためには，単に法律で地方公共団体として取り扱われているということだけでは足らず，事実上住民が経済的文化的に密接な共同生活を営み，共同体意識をもつているという社会的基盤が存在し，沿革的にみても，また現実の行政の上においても，相当程度の自主立法権，自主行政権，自主財政権等地方自治の基本的権能を附与された地域団体であることを必要とするものというべきである」と判示し⁽⁹²⁾，地方公共団体に当たるかどうかの基準を示した上で，「特別区は，昭和21年9月都制の一部改正によつてその自治権の拡充強化が図られたが，翌22年4月制定の地方自治法をはじめその他の法律によつてその自治権に重大な制約が加えられているのは，東京都の戦後における急速な経済の発展，文化の興隆と，住民の日常生活が，特別区の範囲を超えて他の地域に及ぶもの多く，都心と郊外の昼夜の人口差は次第に甚だしく，区の財源の偏在化も益々著しくなり，23区の存する地域全体にわたり統一と均衡と計画性のある大都市行政を実現せんとする要請に基づくものであつて，所詮，特別区が，東京都という市の性格をも併有した独立地方公共団体の一部を形成していることに基因するものというべきであ」るが，「特別区の実体が右のごときものである以上，特別区は，その長の公選制が法律によつて認められていたとはいえ，憲法制定当時においてもまた昭和27年8月地方自治法改正当時においても，憲法93条2項の地方公共団体と認めることはできない」として，特別区が憲法上の地方公共団体には当たらないと判断し，このことから，特別区の区長は憲法93条にいう地方公共団体の長には当たらないものとした⁽⁹³⁾。

　地方公共団体の長は，平成12年の地方分権一括法による地方自治法の改正前は，地方公共団体の執行機関であると同時に，国の機関委任事務を担当する国の機関たる性格を有していた⁽⁹⁴⁾。しかしながら，法改正により機関委任事

---

(92)　ここでは，「かかる実体を備えた団体である以上，その実体を無視して，憲法で保障した地方自治の権能を法律を以て奪うことは，許されないものと解するを相当とする」として，実態に照らして地方公共団体とされるものについては，憲法上の地方公共団体としての保障が与えられることをも判示している。

(93)　最大判昭和38年3月27日刑集17巻2号121頁。

(94)　地方自治法旧148条1項。

第 2 章　わが国における地方自治制度と憲法

務が廃止され，現在では地方公共団体の長は，普通地方公共団体の事務を管理
し，執行する地方公共団体における執行機関としての性格を有するのみとなっ
ている[95]。

　議会の議員，首長と同様に，憲法 93 条 2 項において住民による直接選挙の
対象となる「法律の定めるその他の吏員」について，これは，住民による直接
選挙の主体となる公務員を，法律によって議会の議員，首長以外にも設けるこ
とができることを定めたものであって，必ずしもそのような公務員を設置しな
ければならないものではないとされる[96]。その他の吏員については，かつて
教育委員会法（昭和 23 年法律第 170 号）において，都道府県と市町村に設置さ
れる教育委員会の教育委員について住民が直接選挙するものとされていた[97]。
しかしながら，現在その他の吏員として住民の直接選挙によって選ばれるもの
はない。

　憲法 93 条は，地方自治の本旨の住民自治的側面について，首長，議会の議
員の住民による直接選挙を規定しているものであるが，地方自治法は，住民の
直接請求に関して，条例の制定改廃請求権，監査請求，議会の解散請求，議会
議員・首長等の解職請求を規定している。このような直接請求については，憲
法 92 条や 93 条から直ちに憲法上の要請があるということはできないが，直接
請求のような直接民主的制度を地方自治法が取り入れていることと憲法の関係
について「代表民主主義に伴う欠陥を補い且つ代表民主主義そのものの健全な
発展を図るため，リコール制その他の直接民主主義制度をとり入れているのは，
本条と牴触するものでないことはもちろん，前条にいう『地方自治の本旨』を
実現するゆえんである」[98]として，直接請求権は，「地方自治の本旨」特に住
民自治の実現のために必要なものと解されている。そして，このような直接民
主的制度を地方自治の本旨，住民自治の実現のためにどのように導入するかと
いった点は，立法府の裁量に委ねられていることであるが，「直接請求制度を
実質的に骨抜きにするような立法措置は，立法権の裁量の限界を超えるものと
して違憲になるもの」と解される[99]。

（95）　地方自治法 148 条。
（96）　樋口ほか・前注(10) 258 頁。
（97）　教育委員会法 7 条 2 項。教育委員会法は昭和 31 年の地方教育行政の組織及び運営
　　　に関する法律（昭和 31 年法律第 162 号）によって廃止された。
（98）　法学協会・前注(70) 1387 頁。
（99）　樋口ほか・前注(10) 261 頁。直接請求制度の廃止等が憲法違反となるかについては，

第2節　現行地方自治制度と憲法

4　94条の内容

94条では地方公共団体の権能と条例制定権について定めている。ここで地方公共団体の権能については，「その財産を管理し，事務を処理し，及び行政を執行する」こととしており，抽象的に定めているに過ぎない。地方分権一括法による改正前地方自治法は，普通地方公共団体の事務について，「公共事務」と「法律又はこれに基く政令により普通地方公共団体に属するもの」とされる「委任事務」，「その区域内におけるその他の行政事務で国の事務に属さないもの」とされる「行政事務」が規定されていた[100]。旧来の3種の事務が平成12年の地方自治法改正により，「自治事務」，「法定受託事務」に分類されることになり，ここで自治事務とは「地方公共団体が処理する事務のうち，法定受託事務以外のものをいう」として，法定受託事務以外をすべて自治事務として地方公共団体固有の事務と位置づけている。

法定受託事務は，「法律又はこれに基づく政令により都道府県，市町村又は特別区が処理することとされる事務のうち，国が本来果たすべき役割に係るものであつて，国においてその適正な処理を特に確保する必要があるものとして法律又はこれに基づく政令に特に定めるもの」（1号法定受託事務），「法律又はこれに基づく政令により市町村又は特別区が処理することとされる事務のうち，都道府県が本来果たすべき役割に係るものであつて，都道府県においてその適正な処理を特に確保する必要があるものとして法律又はこれに基づく政令に特に定めるもの」（2号法定受託事務）と定められた。

従来の機関委任事務との違いとして，機関委任事務が国の事務について知事，市町村長等を国の下級行政機関とみなし，法律，政令によって委任するものであったのに対して，法定受託事務は，地方公共団体の機関へ委任するのではなく，法律，政令により地方公共団体自体に委任するものである。また，機関委任事務において認められていた，上級行政機関と下級行政機関の間における無制限で包括的な主務大臣や知事の指揮監督権については，法定受託事務の下では一定の制限が置かれている。

憲法上の要請でないことから廃止することも違憲とはならないとするもの，直接請求が認められてきた歴史から，そのような制度が現在定着しており，これを法改正によって廃止することは直ちに憲法違反になるとまでは言えないまでも，憲法の精神に反するものとする見解もある。

(100)　地方自治法旧2条2項。この他個別に列挙される事務があった（同法旧2条3項）。

109

第2章　わが国における地方自治制度と憲法

　94条に定められた条例制定権は，地方自治法14条1項において，「普通地方公共団体は，法令に違反しない限りにおいて第2条第2項の事務に関し，条例を制定することができる」と規定されている。この条例制定権については，その根拠や，条例制定権の範囲，限界が問題となるところである。

5　95条の内容

　95条では地方自治特別法の制定と，その制定際に住民投票を実施し住民の意思を反映することについて定めている。この立法趣旨について金森国務大臣は，「第95条の考えて居ります所は，結局個性の尊重と云う考えの延長でありまして，公共団体が色々あるが，併し或特殊な公共団体が個性を尊重せられずに，一般の力に依ってこれに代わった状況に置かれると云うことは余程注意しなければならぬ」として，95条の趣旨を地方公共団体の個性の尊重であるとしている(101)。この地方自治特別法の例は，昭和24年から昭和26年にかけて，戦後復興のために特定の地方公共団体について適用する法律を制定したものがあり，広島平和記念都市建設法（昭和24年法律第219号），長崎国際文化都市建設法（昭和24年法律第220号），首都建設法（昭和25年法律第219号）などがある。

　この地方自治特別法制定に当たって行われる住民投票は，憲法上の要請とされる。他方，地方自治特別法に係るものを除く住民投票は，地方自治法にその根拠規定が存在するわけではなく，過去には旧警察法において，自治体警察を維持すべきかどうか町村における住民投票によって決めることが出来る旨を定めていた(102)ほか，昭和38年の改正前地方自治法においては，重要な財産や営造物の独占的利益を与えるような処分等について住民投票を行う規定があった(103)。現在は，条例によって住民投票を制度化している地方公共団体が多く存在する(104)。地方自治特別法に係る住民投票は，国会法67条において「一の地方公共団体のみに適用される特別法については，国会において最後の可決があつた場合は，別に法律で定めるところにより，その地方公共団体の住民の投票に付し，その過半数の同意を得たときに，さきの国会の議決が，確定して

---

(101)　清水伸編『逐条日本国憲法審議録（第3巻）』（有斐閣，1962年）727頁。
(102)　旧警察法（昭和22年法律第196号）40条3項。
(103)　地方自治法旧213条3項。
(104)　原発設置の可否や市町村合併に際して住民投票が行われる事例が多くあった。

110

法律となる」として，住民投票が国会の議決の後になされ，住民投票による同意を得て法律となるものとされる。

第2項　憲法による地方自治の保障

1　地方自治権の性質

憲法は4か条を設け地方自治を保障しているわけであるが，地方自治の憲法上の保障については，地方自治（地方自治権）の性質について，これまでも学説上の議論が展開されてきた[105]。この議論は，大きく3つの説に分けることができ，a固有権説，b伝来説，c制度的保障説，がある。

a　固　有　権　説

固有権説は，地方公共団体が一定の固有の自治権を有するとするものとして論じられ，これは，元来フランス革命時にみられた地方権（pouvoir municipal）思想を淵源としてドイツなどで展開したものとされる[106]。ここでは，地方自治権を自然権として，地方公共団体を一定の固有の権利を有する主体として捉えるもの，地方公共団体が国家成立以前に存在し，その地方公共団体が自治権の維持等の地方公共団体の利益のために国家形成をしたというものがあり[107]，この説においては，地方公共団体の組織，運営等について法律によって規定することにも限界が存在することにもなる。

固有権説については，憲法における地方自治条項の「背後には地方公共団体の固有の自治権の思想がうかがわれる。奪うことのできない固有の平等の自治権として，これを保障しようとする見地が察知される」[108]として，この説を受け入れる考えも少なからずあったものと思われるが，少数説にとどまっていたものとされる[109]。大日本帝国憲法には地方自治を保障する規定が存在しなかったために，戦前のわが国においては，地方自治権の拡大を図るために固有

---

(105)　高田敏＝村上義弘編『地方自治法』（青林書院新社，1976年）6頁。

(106)　フランス革命時のトゥーレによる「地方権」（pouvoir municipal）の思想を淵源として展開されてきた後，フランスにおいてこの説は力を失ったものの，1830年のベルギー憲法における理解やドイツ公法学説における支持をみてきたものとされる（小林ほか・前注(6) 109頁）。

(107)　杉原泰雄『地方自治の憲法論——『充実した地方自治』を求めて〔補訂版〕』（勁草書房，2008年）148頁。

(108)　法学協会・前注(70) 1362頁。

(109)　小林ほか・前注(6) 110頁。

第 2 章　わが国における地方自治制度と憲法

権説は実践的意義を有していたものの少数説にとどまり，日本国憲法下においても，初期に「地方自治の本旨」について固有権説が唱えられたことがあるものの，広い支持を得ているものとはいえない[110]。

b　伝　来　説

伝来説は，地方公共団体の有する自治権は，国の承認，許容や国の委任に基づくものである。ここでは，地方公共団体の存在は国より伝来し，その権能は国の委任によるものであり，地方公共団体が国の委任に基づき国家の事務を行うものとされるもの，地方公共団体の存在は国より伝来し，その権能は国の委任によるものではあるが，自らの利益のための地方公共事務を行い，国家的利益と矛盾しない限りにおいて地方公共団体の利益になるような事務が認められるものとがあり，後者は，わが国の大日本帝国憲法下における地方自治に関する通説であるとされる[111]。この説においては，沿革的に国家の成立前に地域住民の共同体が成立したという事実があったとしても，近代国家の統治権はすべて国家に帰属し，地方公共団体も国家の統治機構の一環をなすものであって，その自治権も国家統治権に由来するものとされる[112]。

c　制度的保障説

制度的保障説は，地方自治制度を憲法の規定によって特別の保護を与えられたものとするもので，ここでは，通常の立法手続によってその制度の廃止や，本質的内容の侵害がなされることがないというものである。これは，ワイマール憲法（127 条）の地方自治の規定を制度的保障と解することによって成立し，ここでの通説的地位を占め，ボン基本法（28 条 2 項）下においても通説とされ[113]，日本国憲法においても通説的見解であるとされる[114]。最高裁においても，日本国憲法の地方自治に関する規定は，「住民の日常生活に密接な関連を有する公共的事務は，その地方の住民の意思に基づきその区域の地方公共団体が処理するという政治的形態を憲法上の制度として保障しようとする趣旨に出たものと解される」と判示している[115]。ここでは，地方自治制度は，憲法

---

(110)　宇賀克也『地方自治法概説〔第 8 版〕』（有斐閣，2019 年）5 頁。

(111)　高田ほか・前注(105) 7 頁。

(112)　宇賀・前注(110) 6 頁。

(113)　高田ほか・前注(105) 8 頁。

(114)　杉原・前注(107) 149 頁。

(115)　最三小判平成 7 年 2 月 28 日民集 49 巻 2 号 639 頁。

によって保障されたものであって，憲法以前に自然権として存在するものでは
ないことから，固有権説を否定し，憲法改正によって地方自治制度を廃止する
ことも可能となる。他方で，地方自治制度が憲法上の保障を受けていることか
ら，法律によって地方自治の本質的内容を否定するようなことは許されないも
のとされる[116]。

　d　その他の説

　これら3説のほかに，固有権説に対して公害問題に対する地方公共団体独自
の規制の成功等を背景として，新固有権説がみられるようになる。新固有権説
は，憲法15条3項，前文1項，13条後段が住民自治の前国家性の根拠となり，
団体にも人権享有主体性が認められることから，憲法における人権保障に関す
る諸規定が，団体自治の前国家性の根拠になりうるとしている。また，自治権
を自然権になぞらえて説明するのではなく，憲法の統治原理から説明する人民
主権説がある。この人民主権説では，憲法の主権原理を直接民主制または市民
に身近でその法的拘束を受けるものの決定を中核とする人民主権として，地方
自治地における直接民主制，地方優先の事務配分をも憲法上の義務と位置づけ
る[117]。

　こうした地方自治（地方自治権）の憲法上の保障に関して，裁判所は前述し
たもののほか，大牟田市電気税訴訟判決[118]において，「92条によって認めら
れる自治権がいかなる内容を有するかについては，憲法自体から窺い知ること
はできない。そもそも憲法は地方自治の制度を制度として保障しているので
あって，現に採られているあるいは採られるべき地方自治制を具体的に保障し
ているものではなく，……その具体化は憲法全体の精神に照らしたうえでの立
法者の決定に委ねられているものと考えざるをえない」として，制度的保障の
立場を採っているものと考えられる。この制度的保障について，佐藤幸治先
生は，「議会は，憲法の定める制度を創設・維持すべき義務を課され，その制
度の本質的内容を侵害することが禁止される」[119]ものであり，「憲法上その組
織・運営は法律で定められることになっているとはいえ，地方自治制度の本質
的内容を侵すことは許されない」[120]としていることから，この立場によれば，

(116)　宇賀・前注(110) 7頁。
(117)　大石眞・石川健治編『憲法の争点』（有斐閣，2008年）275頁。
(118)　福岡地判昭和55年6月5日判時966号3頁。
(119)　佐藤幸治『憲法〔第3版〕』（青林書院，1995年）397頁。

第2章　わが国における地方自治制度と憲法

「地方自治の本旨」という地方自治制度の本質領域についてこれを侵害するような法律は許されないということになろう。

　そして，憲法により保障される地方自治については，憲法92条における「地方自治の本旨」の趣旨がしばしば問題となる。以下では特に憲法上の地方自治の保障の先行研究としての「地方自治の本旨」の位置づけについて触れておくこととする。

2　地方自治の本旨の位置づけ

　憲法92条は「地方公共団体の組織及び運営に関する事項は，地方自治の本旨に基いて，法律でこれを定める。」と規定しているが，これは憲法の制定過程において日本側が提案したものとされる[121]。ここでいう「地方自治の本旨」は，「地方自治の憲法的保障の趣旨を，集約的ないし象徴的に表現しようとした言葉」であって，「『本旨』という言葉は，国語的には，本来の趣旨・基本精神・指導原理・理想といった意味でしかなく，規範用語としても，それ自体では不確定なもの」であるため，「その規範的意味内容は，憲法の構造全体，とりわけ92条のあとの三カ条から明らかにすることが求められ」，93条の住民自治，94条の団体自治などからも，住民自治，団体自治が「地方自治の本旨」を構成する要素であるとされる[122]。

　これについて宮沢俊義先生は，「地方自治という言葉は，二つの意味に用いられる。一つは，国の領土内の一定の地域を基礎とする団体が，多かれ少なかれ国から独立な人格を有し，その公共事務をもっぱら自己の意思にもとづいて行なわれることであり，他は，国の領土内の一定の地域における公共事務が，主としてその地域の住民の意思にもとづいて行なわれることである。前者は，団体自治または法律的自治と呼ばれ，後者は，住民自治または政治的自治と呼ばれる。……憲法の規定にいう地方自治は，後の意味であり，ある地域の公共事務がその地域の住民の意思にもとづいてなされるべきものだとする原理をいう。その原理を実現するためには，しかし，その地域における公共事務が国から独立な事務となされることが合目的的であるから，ここにいう地方自治

---

(120)　佐藤・前注(119) 267頁。

(121)　天川晃＝小田中聰樹『地方自治・司法改革（日本国憲法・検証 1945-2000 資料と論点 第6巻）』（小学館，2001年）36-38頁。

(122)　小林武『地方自治の憲法学』（晃洋書房，2001年）3頁。

114

第2節　現行地方自治制度と憲法

を実現する手段として団体自治も当然要請される」[123]としている。

　また田中二郎先生は，「地方自治行政というためには，普通，住民自治と団体自治の二つの要素がそなわっていることが必要であるとされる。住民自治（人民自治ともいう）というのは，地域の住民が地域的な行政需要を自己の意思に基づき自己の責任において充足することであり，団体自治というのは，国から独立した団体（地方公共団体等）を設け，この団体が自己の事務を自己の機関により自己の責任において処理することをいう。住民自治の思想は，つとに，主としてイギリスにおいて発達し，団体自治の思想は，主としてドイツにおいて発達したといわれる。いずれにしても，この二つの要素を兼ねそなえてはじめて地方自治行政の名に値するものということができる。ところが実際上には，右の意味での団体自治の要素をそなえながら，住民自治の要素に欠けるところの制度がつくられることもある（戦前の外地の地方制度は，住民自治の要素を欠いたものであり，戦前の都道府県の制度においても，住民自治の要素は希薄であったといってよい）。このような制度も，法律上の意義においては，地方自治の制度にされ，地方自治行政と呼ばれてきた。しかし，住民自治の要素に欠けるところのある制度は，真の『地方自治』又は『地方自治行政』の名に値しないものといわなければならぬ。日本国憲法の保障する『地方自治』は団体自治の要素と住民自治の要素とを兼ねそなえたものであることを要し，そのいずれを欠いても憲法上の要件を充たすものとはいえないと解すべきである」[124]としているように，住民自治，団体自治が「地方自治の本旨」ないし，地方自治の構成要素であるとの見解が示されてきた。

　この住民自治，団体自治という要素については，もっぱらドイツ公法学に由来し，名誉職的要素が決定的な方法によって行政に参画するという公民，国民による自治行政という政治的意味における自治（Die Selbstverwaltung im politischen Sinne）と，公共団体がその固有機関により国家監督のもとに，その任務を自己の責任において果たすという法律的意味における自治（Die Selbstverwaltung im juristischen Sinne）の区別が，住民自治，団体自治の区別の起源であるとされる[125]。

---

(123)　宮沢俊義『憲法』（有斐閣，1958年）373-374頁。

(124)　田中・前注(78) 73頁。

(125)　成田頼明「地方自治総論」雄川一郎＝塩野宏＝園部逸夫編『現代行政法大系 (8)』
　　　　（有斐閣，1984年）3頁。

第 2 章　わが国における地方自治制度と憲法

このように，地方自治の本旨は，従来，住民自治，団体自治という構成要素から成るとされてきた。しかしながら，渋谷秀樹先生は，「地方自治の本旨」についてその構成要素を地方統治権（従来の団体自治），地方参政権（従来の住民自治），対中央政府独立性，地域内最高性によって構成されるとし[126]，杉原泰雄先生は，「地方自治の本旨」の具体的内容として，①人権保障の目的性，②住民自治と団体自治，③地方公共団体優先の事務配分の原則と全権限性の原則，④自主財源の配分の原則を挙げている[127]。また，戦後直後の議論として，小林與三次氏は，「『地方自治の本旨』とは，地方自治の根本趣旨，根本精神，本義，眞髓等と，言い代え得るのであろうが，私は，これを分析すると，次のような，假に名づけた四つの原理の上に成り立つているものと思う。第一に，住民自治の原理，第二に團體自治の原理，第三に現地綜合行政の原理，第四に自主責任の原理，これである。そのいわんとするところは後述する通りであるが，この四つの原理の渾然とした融合統一の上にのみ，地方自治の本旨が實現する。而してこの四つの原理は，必ずしも別個獨立の原則ではなく，相互に深い牽連を有しており，或は同一物の二面であり，三面であり，四面であるかも知れず，特に實際の制度のうえに現われるに當つては，必ずしもこれを區別することができない」[128]として，必ずしも，住民自治，団体自治という要素によって構成されるとするものばかりではない。

3　補完性の原理

そして，近時，「補完性原理（principle of subsidiarity）」[129]についての議論があり，これが「地方自治の本旨」の一概念をなすもの，または団体自治の要素

---

(126)　渋谷秀樹「条例の違憲審査」立教法学 85 号（2012 年）4 頁，渋谷秀樹「憲法と条例——人権保障と地方自治」ジュリ 1396 号（2010 年）128 頁など。

(127)　杉原・前注(107) 153-180 頁。

(128)　小林與三次「地方自治の本旨 (1)」自治研究 25 巻 2 号（1949 年）44 頁。

(129)　補完性原理の思想自体は，古代・中世の哲学者であるアリストテレス，トマス・アキナスなどに遡ることができるものではあるが，補完性原理という名称を用いて，論じたものとしては，ローマ教皇ピウス 11 世が 1931 年に出した社会回勅『クアドラジェジモ・アンノ（QuadragesimoAnno）』が最初であると言われる（澤田昭夫「補完性原理 The Principle of Subsidiarity: 分権主義的原理か集権主義的原理か？」日本EC 学会年報 12 号（1992）33 頁）こうしたことから，補完性の原理については，キリスト教社会倫理に由来する考え方で，政策決定は，それにより影響を受ける市民，コミュニティにより近いレベルで行われるべきだという原則であるとも考えられている（山内直人『NPO の時代』（大阪大学出版会，2002 年）46 頁）。社会回勅『クアド

第2節　現行地方自治制度と憲法

の一つであるなどとされるが，この原理は，一般的に①より狭義の団体の自由意志に基づく活動の自由を，その団体よりも広域の団体が制限すべきではないという介入の限定と，②より狭義の団体の判断と活動に限界がある場合に限り，その団体よりも広域の団体がその活動等について補完するという介入の肯定，という二つの考え方が含まれるものであるとされてきている(130)。

　これが，EU統合深化のプロセスにおけるマーストリヒト条約において「主権国家である加盟各国の権限に制限を加えることなしに，EUレベル政策の実効性を高める離れ業を成し遂げるために〈補完性の原理〉が持ち出され」マーストリヒト条約3条bにおいて，「共同体が排他的権限を持たない分野においては，補完性の原理に基づき，提案された行動の目的が加盟国によっては十分な成果が得られず，共同体が行動したほうが規模と効果のためによりよく達成される場合に限って，共同体は行動する」と規定し，「〈補完性の原理〉は，EUに対する加盟各国の優位を規定するだけでなく，国以下にも〈補完性の原理〉を援用することにより，国に対する地域・地方の優位におよぶ」ものとされ(131)，このことから，補完性の原理は，わが国における国，地方の事務配分等においての地方優位を主張するものとされる。

　補完性の原理は，国と地方公共団体との間における事務の配分等に関して，まず基礎的な自治体（市町村などの地方公共団体）を優先し，そこで処理できない事務がある場合には，より広域的な自治体（都道府県などの広域な地方公共団体—広域連合や事務組合もここに含まれるか(132)），さらには，国へと配分する考

ラジェジモ・アンノ』の内容を要約すると，「第1に，あらゆる意思決定は，できる限り個人，個々の市民に近いところで行われるべきである，つまり下位にある社会単位ほど優先されるべきである。第2に，上位にある社会単位は，下位の社会単位がある機能を行使する能力に欠ける場合，下位の社会単位を『補助』，『補完』する立場に立つ。この場合，この『補助』『補完』する機能は，上位の社会単位の，下位の社会単位に対する義務として位置づけられる。第3に，上位の社会単位が下位の社会単位を「補助」する場合であっても，足らざる部分を『補助』ないし『補完』する限度にとどめるべきである。」という3点が挙げられる（矢部明宏「地方分権の指導理念としての『補完性の原理』」レファレンス62巻9号（2012年）7頁）。

(130)　遠藤乾「ポスト主権の政治思想——ヨーロッパ連合における補完性原理の可能性」思想945号（2003年）210頁。

(131)　岡部明子「EU・国・地域の三角形による欧州ガバナンス——多元的に〈補完性の原理〉を適用することのダイナミズム」公共研究4巻1号（2007年）110-112頁。

(132)　広域な地方公共団体について，平成30年7月1日現在：総務省「地方公共団体間の事務の共同処理の状況調」によれば，一部事務組合1,466件（ごみ処理，消防・

117

第 2 章　わが国における地方自治制度と憲法

え方である。この原理は，大まかに捉えれば，より下位にある社会単位を優先する原理であるということができ，国と地方公共団体との関係に適用されれば，事務の配分等で地方公共団体を優先するという考え方になりうる。

「地方自治の本旨」の内容として住民自治，団体自治と同じく構成要素として補完性の原理が含まれうるかについては見解が分かれる。成田頼明先生のように「憲法の規定からどのような種類の事務を必要最小限度地方公共団体に固有の事務として留保すべきであるかは，一義的に明確になるわけではな」く，「どのような事務を地方公共団体に配分し，どのような事務を国と地方公共団体の公共事務にするかは，基本的には，事務の性質，効果，影響範囲，責任の所在，時代の要求などを考慮して立法政策により定めるべきものであ」るとして(133)，国が立法政策によって地方公共団体の事務の配分等について決定する権限を有することから，より身近な地方公共団体に対して事務の配分をするという趣旨での補完性の原理を「地方自治の本旨」の構成要素とすることはできないと解するものがある。

他方，補完性の原理を「地方自治の本旨」の構成要素として捉えられると解するものとして，磯部力先生のように「『地方自治の本旨』とは，そもそも時代を超えて内容が固定しているものではなく，また住民自治と団体自治という決まり文句に尽きるものでもないはずである。したがって時代の要請に対応しつつその内容を発展させていくことは当然なのであって，今日の時点で，あるべき地方自治の本旨の中に，国と地方公共団体の役割分担の明確化原則を読み込んでいくことは，憲法規範のきわめて正当な解釈であり，また妥当な立法政策と言うことができるであろう」(134)とする見解や，廣田全男先生のように「地方公共団体に必要最小限度留保すべき事務，あるいは『固有の自治事務領域』の内容・範囲を憲法解釈により抽象的・一義的に導き出すことが仮に不可能であるとしても，そのことが憲法原理としての『地方公共団体優先の事務配分の原則』を否認する理由にはなるとは思われない」(135)とする見解がある。

　　　救急など），広域連合 116 件（後期高齢者医療，介護保険など），機関等の共同設置
　　　446 件（公平委員会など）の設置件数がある（http://www.soumu.go.jp/menu_news/
　　　s-news/01gyosei03_02000046.html, 最終閲覧令和元年 5 月 5 日）。
(133)　成田頼明『地方自治の法理と改革』（第一法規，1988 年）25-28 頁。
(134)　磯部力「国と自治体の新たな役割分担の原則」西尾勝編『地方分権と地方自治』
　　　（ぎょうせい，1998 年）87-90 頁。
(135)　廣田全男「補完性原理と『地方自治の本旨』」白藤博行＝山田公平＝加茂利男編『地

　　　　　　　　　　　　　　　　　　　　第2節　現行地方自治制度と憲法

　また，佐藤幸治先生は，ヨーロッパ地方自治憲章が，市民に身近な地方が優
先的に行政を担うことを求めていること等から，「まず国民の最も身近な自治
体のレベルから出発して，そこで処理し切れないものが中間的な自治体レベル
において対処され，最後に残った事柄が国レベルで扱われる，といういわゆる
『補完性の原理』に基づいて，『国のかたち』が構想されなければならないこと
を，以上の動向は示唆していると解される」[136] としており，補完性の原理が
そのような国際的な動向の中で憲法上の「地方自治の本旨」の構成要素となら
ないまでも，考慮すべき一つの要素として捉えるべきものと解しているものと
思われる。

　ヨーロッパ地方自治憲章などの国際条約等における補完性の原理については，
「①市民に最も身近な行政主体が優先的に行政を担うこと，②上位の行政主体
は，下位の行政主体の権限行使を補助すること，③上位の行政主体が補完して
権限行使する場合の基準が示されていること，④上位の行政主体から下位の行
政主体への介入は必要最小限でなければならないこと」の4点が要素として考
えられるものとされる[137]。

　補完性の原理は，日本国憲法には明記されておらず，住民自治，団体自治の
ように憲法93条以下の地方自治に関する具体的規定からも明確に読みとるこ
とはできない。しかしながら，地方自治法には，分権改革の中における改正に
よって，この補完性の原理と関連，もしくは補完性の原理を象徴するような条
文が誕生している。

　地方自治法1条の2第2項は，「国は，前項の規定の趣旨を達成するため，
国においては国際社会における国家としての存立にかかわる事務，全国的に統
一して定めることが望ましい国民の諸活動若しくは地方自治に関する基本的な
準則に関する事務又は全国的な規模若しくは全国的な視点に立って行われなけ
ればならない施策及び事業の実施その他の国が本来果たすべき役割を重点的に
担い，住民に身近な行政はできる限り地方公共団体にゆだねることを基本とし
て，地方公共団体との間で適切に役割を分担するとともに，地方公共団体に関
する制度の策定及び施策の実施に当たって，地方公共団体の自主性及び自立性
が充分に発揮されるようにしなければならない」（下線部筆者）と規定し，国は

────────────

　　方自治制度改革論──自治体再編と自治権保障』（自治体研究社，2004年）121-122頁。
　(136)　佐藤幸治『日本国憲法論』（成文堂，2011年）546頁。
　(137)　矢部・前注(129) 11頁。

第2章　わが国における地方自治制度と憲法

国本来の事務を行うことを基本として，より身近な地方公共団体に身近な行政主体としての役割を担わせることを基本としており，また，地方公共団体のそのような役割，制度に関して国等の介入が出来る限り排除されること（自主性，自律性の確立）とされることから，国際条約等における補完性の原理の4要素における①，④の要素を読みとることができる可能性はある。

　ただし，①については，最も身近な行政主体としての市町村に行政が分担されるのではなく，あくまでも地方公共団体としている点に疑問が残る。そして，上位の団体による補完的な行政については明確でないこと，また，都道府県といった広域自治体と市町村といった基礎的自治体の間での役割分担についてはこの条文から必ずしも明確ではなく，都道府県集中型地方自治について否定されるわけはないため，この条文から直ちに補完性の原理が導き出せるとするのは尚早である。しかしながら，地方自治法において国と地方の役割分担のあり方という趣旨において，補完性の原理に近い考え方が「意識」されていることは確かであろう。

4　住民自治と団体自治

a　これまでの議論

「地方自治の本旨」の構成要素たるか議論のある補完性の原理に対して，通説的にその要素として捉えられているのが，住民自治と団体自治である。ここでは住民自治を，「地域団体の政治や行政が地域団体の住民の意思に基づいて行われるという原則」[138]，「その（地方団体の）支配意思の形成に住民が参画すること」[139]，「地方自治が住民の意思に基づいて行われるという民主主義的要素」[140]，「団体自治とともに地方自治の観念を形成する基本的要素であり，地方における政治行政を，中央政府の官僚によってではなく，その地方の住民又はその代表者の意思に基づいて行うことをいう」[141]などと捉え，団体自治を，「国から独立した法人格をもった地域団体の設立を認め，この地域団体の機関によって地方の公共的事務を自主的に処理するという原則」[142]，「地

---

(138)　大須賀明＝栗城壽夫＝樋口陽一＝吉田善明編『憲法辞典』（三省堂，2001年）237頁。

(139)　佐藤・前注(136) 550頁。

(140)　芦部信喜（高橋和之補訂）『憲法〔第7版〕』（岩波書店，2019年）378頁。

(141)　新自治用語辞典編纂会編『新自治用語辞典』（ぎょうせい，2000年）419頁。

(142)　大須賀ほか・前注(138) 328，329頁。

方団体が自律権を有すること」[143]，「地方自治が国から独立した団体に委ねられ，団体自らの意思と責任の下でなされるという自由主義的・地方分権的要素」[144]，「地方自治の観念を形成する二つの基本要素の一つであり，国の一定の地域を基礎とする独立の団体が設けられ，団体の事務を国の支配から離れて自主的に，団体自らの機関により，その責任において処理することをいう」[145]などと捉えている。

　この住民自治，団体自治という文言についても憲法に明文化されているわけではないものの[146]，憲法92条が地方自治に関する総則的規定として「地方自治の本旨」を規定し，住民自治の原則は，地方公共団体の機関とその直接選挙を定める93条で，団体自治の原則は，地方公共団体の権能を定める94条でそれぞれ具体化され，地方自治特別法に関する95条においては地方自治の自主性という観点からの団体自治，住民投票による承認という観点からの住民自治の双方の具体化されたものと考えられている。

　それでもなお，「地方自治の本旨」の内容が明確になったわけでもなければ，具体化された「地方自治の本旨」とされる住民自治，団体自治の内容が明瞭に理解できるというものでもない。このため，「地方自治の本旨」の内容を含め，憲法第8章地方自治において保障する地方自治とはいかなるものであるのかが

---

(143)　佐藤・前注(136)　550頁。

(144)　芦部・前注(140)　378-379頁。

(145)　新自治用語辞典編纂会・前注(141)　576頁。

(146)　住民自治と団体自治について，小林與三次氏は，「住民自治とは，團體自治が，法律上の意味における，自治であるに對して，政治上の意味における自治であると解せられているようである。それは正しく，住民による政治という，政治的原理の地方行政への適用に外ならないからである。しかしながら，抑も地方自治を，政治上におけるそれと，法律上におけるそれとに劃然として区別をすることに，問題がある。地方自治は，政治的のものであれば，法律的のものでもある。寧ろ政治的な要請が，國の制度として，法律化されたところに，現實の地方自治がある。政治的な意味内容を無視しては，法律制度としての地方自治は，意味をなさない。又法律化されない，政治的理念乃至主張は，これを現實の制度として論ずることができない。殊に，住民自治と團體自治との別は，又，英米系の自治と大陸系の自治との別ともされているが，かくの如きことは，地方自治の世界史的な沿革發達を論ずる場合には，必要かも知れないが，わが國の地方自治には，この種の沿革もなければ歴史もなく，從つてこれを論ずるには，その区別は，必要でもなければ，又正しくもない。少くともわが國の地方自治においては，住民自治の原理と，團體自治の原理とは，両つながら，地方自治の基本的な要素である。その両つながらの，圓満な發達，不可分の綜合の上のみ，地方自治の存在があり，正しい把握がある」と捉えており，わが国におけるその意義を示している（小林・前注(128)　46-47頁）。

第 2 章　わが国における地方自治制度と憲法

問題となり，「地方自治の本旨」の内容として住民自治，団体自治を含めたい
かなる原理・原則が含まれるのかという議論がなされてきたものである。

　b　住民自治に関する議論

　住民自治とは，一般に，団体自治あっての住民自治として捉えられている。
このことは，団体自治の保障された団体において，その団体の意思形成に住民
が参加することが認められるような場合に住民自治が保障されているというこ
とに由来する[147]。これは，住民の意思を反映する地方自治（地方政治）を行
うことを保障するものであり，憲法上，住民代表による議会の設置（93条1項），
議会議員や首長の直接選挙（93条2項），議会による条例制定（94条），地方自
治特別法に係る住民投票（95条）が憲法上明記されており，これが住民自治の
保障と関わってくるものとされよう[148]。また，憲法15条の公務員の罷免に
関して，住民の代表としての議会は，住民の意思表明の場とならなければなら
ず，住民の意思を正確に反映するよう構成される必要があり，その議会によっ
て制定される条例は，住民の意思，利益を表明するものである必要があり，住
民が首長，議会の議員を罷免することが出来るとされることは，こうした住民
自治の憲法上の保障を表すものとされる[149]。

　こうした憲法上の規定に加えて，住民による直接請求，住民投票等もこの
住民自治に含まれるとされる[150]。これらを，地方自治の本旨において保障さ
れる住民自治としての住民の権利等に含まれるものとするものであるが，憲
法93条の住民による直接民主的な制度について，「代表的民主主義に伴う缺陥
を補い且つ代表的民主主義そのものの健全な発展を図るため，リコール制その
他種々の直接的民主主義の制度をとり入れているのは，本条と牴触するもので
ないことはもちろん，前条にいう『地方自治の本旨』を実現するゆえんであ
る」[151]として，地方自治法に直接民主的な制度が導入されていることと憲法
の関係を，「地方自治の本旨」との関係から導き出されるものとする理解もあ
る。

　しかしながら，住民投票，住民発案，住民拒否，住民総会などの直接請求権

─────────

（147）　宇賀・前注(110)　3頁。
（148）　杉原・前注(107)　160頁。
（149）　杉原・前注(107)　160-163頁。
（150）　杉原・前注(107)　161頁。
（151）　法学協会・前注(70)　1387頁。

がすべて住民自治の一端として認められるかどうかについては疑問があり，このような直接請求が立法政策の問題とされるのであれば[152]，直接請求権までもが住民自治の一端をなすものとして，地方自治の本旨の一内容として憲法上保障されると解することはできないものとされよう[153]。

ただし，小林與三次氏は，住民自治について，「住民自治の原理は，地方自治はできるだけ住民の意思に基いて行われることを要求する。少くとも，住民の代表者によつて，行政の最高統制が行われることを要求し，更に可能な限り，住民の行政に對する直接統制の方途を見出し，これを實現しようとする。住民の間接参政を原則としながら，これを合理的な直接賛成の手段を以て補おうとする。即ち，最少限度，住民の代表機關の設置，代表機關による行政の最高統制の實現を要求し，更に，住民の直接統制の途をできるだけ拓こうとする。新憲法は，第九十三條において，地方公共團體には，議事機關として議會を設置し，その議員は住民が直接選擧すべく，なお，地方公共團體の長及び法律で定めるその他の吏員も住民が直接選擧すべきものとし，第九十五條において，一の地方公共團體にのみ適用される特別法の制定には，住民の投票を必要としているのは，この間の事情を明らかに示している」[154]と述べ，直接民主的な制度の導入については，地方自治法が「住民直接參政の途を勇敢に拓いたことは，まことに注目に値する。住民自治の原理の昂揚が，聲高く叫ばれた所以である」[155]として，住民自治に関連するものとして解されている。

また，判例においても[156]，「法（地方自治法）は，憲法の保障する地方自治の根本要素である住民自治の要請に応ずるため，原則として，住民が当該地方公共団体の議会の議員や長の選挙を通して間接に地方行政に参与するいわゆる代表民主制（間接民主制）の方式を採用している。しかし，これらの代表機関による地方行政の運営が時に住民の意思から遊離し又はこれを裏切り，住民の福祉に反する結果をもたらすこともありえないではないので，かような場合に

---

(152) 最大判昭和 34 年 7 月 20 日民集 13 巻 8 号 1103 頁においては，住民訴訟についても，立法政策の問題であって，「地方自治の本旨」の内容として憲法上保障されるものではない（ため，遡及適用しないもの）とされる。

(153) 地方自治法の定める直接民主的な制度は憲法上の要求ではないため，これを廃止することも可能とする説もある（成田頼明「地方自治の保障」宮沢俊義先生還暦記念論文集『日本国憲法体系第 5 巻　統治の機構 II』（有斐閣，1964 年）288 頁など）。

(154) 小林・前注(128) 47-48 頁。

(155) 小林・前注(128) 54 頁。

(156) 東京地判昭和 43 年 6 月 6 日行集 19 巻 6 号 991 頁。

第2章　わが国における地方自治制度と憲法

備えて，住民に直接自己の意思を表明する機会を与え，これによつて民意に反する施政を是正し，代表民主制にともなう弊害を除去する方途を講ずることは，真の住民自治を実現するうえに極めて必要である。法が，代表民主制を地方自治運営の通常の方式としながら，広く直接参政（直接民主制）の方法を併せとりいれ，その一として，法第12条第1項により，住民に対し条例（地方税の賦課徴収並びに分担金，使用料及び手数料の徴収に関するものを除く。）の制定又は改廃を請求する権利を認めたのは右の趣旨によるものである」として，直接民主的な制度については，住民自治の趣旨によるものであるとするものもある。

c　団体自治に関する議論

団体自治とは，中央政府から独立してその事務を処理できることを意味する。憲法において「地方自治の本旨」の内容として団体自治を認める趣旨は，地方公共団体における自治事務，自治作用が，全国民，全国家的に行われるものではなく，地方公共団体それぞれの事情によって異なることを前提として，そのような事務を処理する権利として地方自治権が認められるということになる[157]。そして，94条において，その事務処理等に関する権能を有することと，これに関しての条例を定めることが認められている。

宇賀克也先生は，団体自治とは，「国家の中に国家から独立した団体が存在し，この団体がその事務を自己の意思と責任において処理することをい」い，「法的意味の自治，または対外的自治といわれることもある。わが国の都道府県や市町村は，団体自治を認められた団体である」とし[158]，国家から独立した団体の存在とその事務処理機能を備えることを認めることを団体自治による保障と解していると思われる。

小林與三次氏は，団体自治について，「團體自治の原理は，團體意思の確立と，團體意思による團體内における完全な支配，統制を要請する。そしてそれは，團體の機關構成の純粹性及び合理性と，その權限の自律性及び獨立性とを要求する。それとともに，團體による行政活動の確立を要求する。團體の法人性そのものは，問題をいささかも解決せず，法人格の内容とその活動の實體が問題である。官吏知事を首長とする都道府縣も法人なら，協議機關しか持たなかつた臺腕の廳も，街庄も，朝鮮の面も，法人格は，これを有していた。自ら

---

(157)　杉原・前注(107)　166頁以下。
(158)　宇賀・前注(110)　3頁。

の機關を持つてのみ，自らの意思の確立が可能である。團體の機關が，團體の機關として働いてのみ，團體人格の確立が可能である。團體の活動が，團體内における行政活動を蔽つてのみ，團體活動の確立が可能である」[159]として，ここには団体の意思と，団体の活動が必要であることとされ，この意味での団体意思のための住民自治（の保障），団体活動のための自治事務や国からの独立自主性（の保障）が，団体自治，「地方自治の本旨」の内容として求められるとされるのだろう。

　「地方自治の本旨」の構成要素として語られてきた住民自治，団体自治の内容についても様々であり，これに補完性原理やその他の要素が含まれるとしても，その内容の解釈は様々である。憲法 92 条は，地方自治に関する基本原則規定として，「地方自治の本旨」という文言を置くことで，その地方自治に関する法が制定されるにあたっての制約を設け，これによって，憲法の予定する地方自治を保障しようとしており，この意味において，「地方自治の本旨」の内容を明確にすることは重要であり，「地方自治の本旨」が何を保障し，何を求めているのかを解明することこそ，憲法学上の地方自治の研究における重要な課題といえる。

　しかしながら，「地方自治の本旨」の構成要素が，住民自治，団体自治であれ，補完性の原理やその他の要素を含むものであれ，この「地方自治の本旨」によって今日までの地方自治制度が憲法上保障されてきたことにまずは一定の意義を置くこととしよう。「地方自治の本旨」については，第 6 章において検討することとするが，今日までに学説，判例において確立されてきたような「地方自治の本旨」が一定の基準ないし一定の概念として認められ，国会が地方自治に関する法を定める場合には制約を受けてきた結果として，今日の地方自治制度が形づくられているものであろう。

5　地方公共団体の位置づけ

　「地方自治の本旨」を規定する 92 条があるが，92 条から 95 条のいずれにおいても「地方公共団体」という文言を用いて，地方公共団体の存立が前提となっている（地方公共団体が存在しなければそもそもこうした条項の必要がない）ことから[160]，ここでいう，「地方公共団体」が何を指すのかが問題となる。

---

(159)　小林・前注(128)　15-16 頁。
(160)　小林ほか・前注(6)　131 頁。

第2章　わが国における地方自治制度と憲法

これは，団体自治における「団体」が何を指すのか，どの様な団体に自治権が保障されるのかという問題でもある。憲法の条文からは，地方公共団体がいかなるものであるかは明らかではない[161]。

　一般に地方公共団体とは，「国家の領土の一定の区域をその構成の基礎とし，その区域内の住民をその構成員とし，国家より与えられた自治権に基いて，地方公共の福祉のため，その区域内の行政を行うことを目的とする団体」[162]，「国の領土の一部をその基礎たる区域とし，その区域内において，その区域に関する公共事務を行うことを存立の目的とし，その目的を実行するために，国法の範囲内で財産を管理する能力を有し，また住民に対し，課税権その他の統治権的な支配権を有する団体」[163]とされ，これは，国内において一定の領域・区域を基に構成される団体であって，その自治のための行政を行う主体とされるものといえるだろう。

　このように定義づけられる地方公共団体であるが，地方自治法は，地方公共団体について，1条の3第1項において「地方公共団体は，普通地方公共団体及び特別地方公共団体とする。」とし，「普通地方公共団体は，都道府県及び市町村とする。」（同条2項），「特別地方公共団体は，特別区，地方公共団体の組合及び財産区とする。」（同条3項）と定め，憲法上の地方公共団体の解釈と地方自治法の規定との問題として，都道府県，市町村の二層制の保障と，特別区が憲法上の地方公共団体としての地位を有するか否かという点がある。

　二層制の保障については，憲法上これが保障されうるか否かの点で3説に大別することが出来る。第一に，二層制については立法政策により改変が可能であるとするものであり，地方自治法上に規定される二層制について，憲法上保障されるものではなく単に法律に基づいて規定されたものであって，ここでは，地方自治の本旨に反しない限りは，地方公共団体を市町村のみとする一層制や，

---

(161)　例えば，フランス共和国憲法72条1項は「共和国の地方公共団体は市町村，県，州，特別公共団体および第74条の規律する海外公共団体である。その他のすべての地方公共団体は，場合により本項に掲げる一または数個の公共団体に代わり，法律により設けられる。」と定め，スペイン憲法第137条は「国は，領域上，市町村，県および設置される自治州で，これを組織する。これらの団体は，すべて各々の利益につき，自治権を有する。」として，憲法上何が地方公共団体（地方団体）であるのかが明確であるように規定する憲法もある（阿部照哉・畑博行編『世界憲法集〔第4版〕』（有信堂高文社，2009年））。

(162)　法学協会・前注(70) 1374頁。

(163)　宮沢・前注(72) 758頁。

第2節　現行地方自治制度と憲法

都道府県の上部団体としての州を置く三層制なども許容されることとなる。

　この説では，「憲法はかならずしも現存存するすべての地方公共団体が，そのまま地方公共団体として存続することを要求するわけではなく，地方公共団体は，すべて『地方自治の本旨に基いて』法律で定められるべきことを要求するにとどま」り，「府県から地方公共団体たる性格を奪い，市町村だけを地方公共団体とすることにしても——もちろん，そうすることの立法政策上の当否は別問題として——，ただちに『地方自治の本旨』に反するとして，憲法違反になるとはいえ」ず，「郡が地方公共団体として復活するとか，地方公共団体としての道州が新たに設けられる」ようなものも可能であるとする[164]。また，「制憲当時，市町村と都道府県という明治憲法下ですでに存在した二層制を前提としつつ，憲法上二層制を要求し，一層制または三層制への制憲改革を禁止する予定ではなかった」[165]とし，立法政策上，「地方自治の本旨」に適合すればいかなる地方公共団体の構成による地方制度も可能であるとされるが，この「地方自治の本旨」の適合については，単に国会が「地方自治の本旨」に適合することを立法政策上判断すれば良いというものではなく，道州制等の二層制を変更するような地方公共団体に関する改正については，「地方自治の本旨」に適合することの立証が必要であるとされる[166]。この意味において，地方公共団体の廃止，統合については違憲となる余地を含むものであるとされる[167]。

　第二に，二層制については，現行の都道府県と市町村による制度を保障するというものであり，これは，大日本帝国憲法下からの転換により民主化された都道府県の歴史的経緯を重視するものである。この説では，「都道府県および市町村は，旧憲法下において，仮にその自治権が不完全なものであったにせよ，地方公共団体として認められてきたものであり，また全国を通じて普遍的に存在する基礎的な地方公共団体である」[168]とし，明治憲法下における都道府県についても地方公共団体としての性質を有するものとして位置づけ，「新憲法は，民主政治の一環として，否，その基礎として，地方自治の重要な意義を認め，殊に，過去のわが国の中央集権的官僚性がもった欠陥を排除し，より徹底

---

(164)　宮沢・前注(72) 762-763 頁。

(165)　渋谷秀樹『憲法〔第3版〕』(有斐閣，2017 年) 742 頁。

(166)　中川剛「地方公共団体の意義」雄川ほか・前注(125) 34 頁。

(167)　小林ほか・前注(6) 142 頁。

(168)　佐藤功『ポケット註釈全書・憲法（下）〔新版〕』(有斐閣，1984 年) 1199 頁。

第 2 章　わが国における地方自治制度と憲法

した地方分権と地方行政の民主化を意図したものであ」り，大日本帝国憲法下の不完全自治体であった都道府県を，完全自治体化することにより，地方行政の民主化を図ったもの[169]，として，日本国憲法制定における地方自治条項の歴史的背景と存在意義を重視しているのである。

　第三に，二層制については，地方公共団体に関して二層の制度が保障されているとされる。これは，憲法は地方公共団体に関しての二層制は制度として保障するものの，市町村の他に，広域自治体ないし上級地方公共団体としての都道府県を置くか，道州を置くかといった二層制に関する具体的内容についてまで保障するものではなく，その具体的内容については「地方自治の本旨」に反しない限り，立法政策によるとするものである。この説では，「憲法が地方自治を尊重し，強化しようとする趣旨からいって，市町村や都道府県から地方公共団体としての地位を濫りに奪うことは許されないと解される。しかし，実際上問題とされるような，都道府県を統合して現行より地域的に広いいわゆる『道州制』を設けることとしても，そこに地方公共団体としての諸権能が維持されているならば，直ちに違法ということはできないであろう。地方の行政の広域化に対応した地方公共団体を設けることは，地方自治の本旨を損なわない限り，憲法の趣旨に反しないと思われる。これに対し，都道府県から自治権を奪って国の行政区画としたり，それらを完全に廃止し，市長村のみを地方自治の対象とすることについては違憲の疑いが強くなる」[170]として，憲法制定当時の市町村，都道府県を前提とした地方自治の保障についての歴史的な意義を尊重しながら，「時代の進展に伴う広域行政の必要性による上級地方公共団体の変更の可能性を認めようとするものである」とされる[171]。しかし，時代の進展に伴う広域行政の必要性から上級地方公共団体である都道府県について，道州制等への変更が可能とされるというよりは，むしろ，市町村を都道府県並みの広域的自治体とするような変更も可能であるものと考えられる。

　特別区が憲法上の地方公共団体としての地位を有するか否かについて，憲法93 条において「地方公共団体の長，その議会の議員及び法律の定めるその他の吏員は，その地方公共団体の住民が，直接これを選挙する。」として，地方公共団体の首長等の選挙についての住民による直接選挙が求められるか議論さ

---

(169)　法学協会・前注(70) 1376 頁。
(170)　伊藤正己『憲法〔第 3 版〕』（弘文堂，1995 年）603-604 頁。
(171)　樋口ほか・前注(10) 248 頁。

128

第2節　現行地方自治制度と憲法

れるところである。特別区は，地方自治法の1条の3第3項において特別地方公共団体として位置づけられ，同法281条1項において「都の区は，これを特別区という。」と規定されている。この特別区が憲法上の地方公共団体にあたるかどうかについて学説は，特別区の消極的な説，すなわち，特別区が憲法上の地方公共団体にあたらないとするものと，積極的な説，すなわち，特別区が憲法上の地方公共団体にあたるとするものとに分けられる。

　前者においては，憲法93条にいう地方公共団体について，「普遍的一般的なそれ自身完結した地方公共団体というものであり，特別区は……改正法によりその権能は法律的に制限されたものとなり，それ自身完結した地方公共団体ではなく，むしろ都自体が23特別区の存する地域を基礎として成り立つ基礎的地方公共団体であるから，特別区は憲法上の地方公共団体であるとはいい難く，したがって特別区の区長の公選を廃止することは憲法に違反するものではない」のであって，「いかなる権能と性格を持つ地方公共団体を設けてゆくかはもっぱら自治政策上の問題である」として，昭和27年の地方自治法改正時における特別区区長の公選制廃止に関連して見解が示されており(172)，こうした見解を基に，「地縁団体が，一定の地域の住民の抱く明確な共同体意識の基礎の上に自主的・自律的な地域的共同体としての社会的実体」を備えているような，「共同体意識を基礎として社会的なまとまりのある団体と認められるもの」を憲法上の地方公共団体として位置づけるとするもの(173)，「特別区はもともと，自治体としての機能を果たしたことがなく，むしろ大都市における行政区の実質を有するもので，これに地方自治法上一定の制約の下に市に準ずる取扱を認めたに止まる」(174)として，その歴史的背景から憲法上の地方公共団体にあたる性格を有しないものとする見解がある。

　後者においては，憲法94条における行政執行の権能を有する団体が憲法上の地方公共団体にあたるものと解し，その意味において，特別区は憲法上の地方公共団体たる性質であるとする(175)。

　この特別区が憲法上の地方公共団体にあたるか否かに関しては，裁判所が

---

(172)　宮沢弘＝岸昌「改正地方自治法解説」自治研究28巻9月臨時増刊（1952年）106頁。

(173)　佐藤功『憲法解釈の諸問題』（有斐閣，1953年）278頁。

(174)　田中二郎『地方制度改革の諸問題』（有信堂，1955年）169頁。

(175)　柳瀬良幹『憲法と地方自治』（有信堂，1954年）100-102頁。

第2章　わが国における地方自治制度と憲法

見解を示しており（最大判昭和38年3月27日刑集17巻2号121頁），ここでは，憲法上の「地方公共団体といい得るためには，単に法律で地方公共団体として取り扱われているということだけでは足らず，事実上住民が経済的文化的に密接な共同生活を営み，共同体意識をもつているという社会的基盤が存在し，沿革的にみても，また現実の行政の上においても，相当程度の自主立法権，自主行政権，自主財政権等地方自治の基本的権能を附与された地域団体であることを必要とするものというべきである」が，「特別区は，昭和21年9月都制の一部改正によつてその自治権の拡充強化が図られたが，翌22年4月制定の地方自治法をはじめその他の法律によつてその自治権に重大な制約が加えられているのは，東京都の戦後における急速な経済の発展，文化の興隆と，住民の日常生活が，特別区の範囲を超えて他の地域に及ぶもの多く，都心と郊外の昼夜の人口差は次第に甚だしく，区の財源の偏在化も益々著しくなり，23区の存する地域全体にわたり統一と均衡と計画性のある大都市行政を実現せんとする要請に基づくものであつて，所詮，特別区が，東京都という市の性格をも併有した独立地方公共団体の一部を形成していることに基因するものというべき」として，住民の共同体意識や制度の沿革，行政の実態を基準として考えると，特別区は（少なくとも判決当時），憲法上の地方公共団体とはいえないとした。ただし，特別区に関しては平成12年の地方自治法改正により，「基礎的な地方公共団体」（同法281条の2第2項）と位置づけられており，今日では，市町村に極めて近い，または同格の地方公共団体として扱われるものと解することができよう。

　また近年，憲法上の地方公共団体に関連して道州制の議論がなされている。この道州制の議論の背景としては，「環境問題や地域経済等，既存の都道府県の枠を超えた，広域的対応を要請する問題の存在や，社会的にも経済的にも活動範囲が拡大していることを踏まえての，広域的な行政システムの必要性。次に，地方分権の受け皿の整備の必要性，つまり，中央からの権限・財源移譲の受け皿たりうる広域的な地方公共団体の必要性。さらに，それぞれの規模に応じて指定都市・中核市・特例市に権限が与えられることにより，都道府県の存在意義が揺らいでいるという点。近年の市町村合併の進展もまた，都道府県の存在意義を揺るがしているという点」[176]が挙げられている。

———————————

(176)　那須俊貴「地方自治の論点」シリーズ憲法の論点⑩（2006年）6-7頁。

第2節　現行地方自治制度と憲法

　このような背景の中議論されている道州制ではあるが，その道州制の類型に
ついては，「①連邦制国家を構成する単位国家としての『州』，『邦』，『共和国』
等を想定している構想。②国の直下に位置する，国の第一級地方総合出先機関
を想定している構想。③国の第一級地方総合出先機関としての性格と広域自治
体としての性格とを併せ持つ融合団体を想定している構想。④都道府県よりも
原則として広域の，都道府県と併存する新しいもう一層の広域自治体を想定し
ている構想。⑤都道府県に代わる新しい広域自治体を想定している構想。」[177]
が考えられる。

　ただし，上記「①連邦制国家を構成する単位国家としての『州』，『邦』，『共
和国』等を想定している構想。②国の直下に位置する，国の第一級地方総合
出先機関を想定している構想。」といったものについては，憲法上疑義があり，
「③国の第一級地方総合出先機関としての性格と広域自治体としての性格とを
併せ持つ融合団体を想定している構想。」については，かつての機関委任事務
のような中央のコントロールになる恐れから適切でなく，道州制の導入にあ
たっては，「④都道府県よりも原則として広域の，都道府県と併存する新しい
もう一層の広域自治体を想定している構想。⑤都道府県に代わる新しい広域自
治体を想定している構想。」について検討される余地があるとされている[178]。

　このような二層制，特別区，道州制についての考えも，それぞれ，地方自治
の保障や団体自治の保障について制度的保障説，固有権説など，どのような説
を採用するかによって違いが生じるものである。

---

(177)　西尾勝『地方分権改革』（東京大学出版会，2007年）152頁。
(178)　西尾・前注(177) 152-156頁。佐藤・前注(136) 556頁。

第1節　西宮市震災に強いまちづくり条例

第3章　災害と条例制定

第1節　西宮市震災に強いまちづくり条例

第1項　災害に対する土地利用規制

1　災害と地方公共団体の条例制定

　大災害が発生した場合，その災害発生直後や，災害から当面の間，地方公共団体の行政機能（役所機能）はもちろん，立法機能（議会機能）も十分に機能し得なくなる。これは，地方公共団体の職員等の被災や，役所機能等の損傷・被害が大きく通常の業務を行うことができない状態を意味し[1]，東日本大震災の被災自治体でも，同様に行政・立法の機能が機能不全に陥ったところもある。災害発生後地方公共団体には，議会の立法機能（による条例制定等）よりも被災住民の救助や生活支援といった事柄についての行政機能の迅速な対応が求められ，災害に対応した条例制定を行うことは，後回しの作業になるだろう[2]。東日本震災においては条例制定を行わなければならない事例も存在したが[3]，

---

[1]　東日本大震災においては，岩手，宮城，福島，茨城，栃木，群馬，千葉，埼玉の8県で，合計237の市町村役場本庁舎が被災をし，うち28自治体において役場機能の全部，または一部の移転を必要としている。中央防災会議東北地方太平洋沖地震を教訓とした地震・津波対策に関する専門調査会第1回会合参考資料2「被害に関するデータ等」（http://www.bousai.go.jp/kaigirep/chousakai/tohokukyokun/1/pdf/sub2.pdf，最終閲覧令和元年5月5日）10頁参照。

[2]　市町村は，災対法に基づき，災害時に様々な行政としての対応を行う主体であることが明記されており（同法5条，16条，50条以下の災害発生時の災害応急対策の多くの対策の主体は市町村である），大規模災害ともなれば，その負担は非常に大きなものとなろうことから，大規模災害時には行政が機能不全に陥る可能性は高いと思われる。

　　この点について，役場が機能不全となる事態について災対法の欠陥であるとの指摘もある。また，平成23年12月3日に開催された，中国地方における大規模地震に対する検討委員会（国土交通省中国地方整備局 http://www.cgr.mlit.go.jp/zisin_iinkai/，最終閲覧令和元年5月5日）第3回検討委員会において，東日本大震災において役場や防災拠点が機能しない状態に陥ったことに関して，役場機能や防災拠点の確保のあり方が今後の検討課題であるとして示されている。

[3]　例えば，被災自治体のなかで津波による浸水被害があった地域において，建築基準

133

第3章　災害と条例制定

その事例で最も条例制定が早かったもので，震災から4ヶ月以上後のことであった[4]。

　大規模災害発生直後は，行政機能が十分機能しない中で，議会に求められる役割については，ほとんど検討されてきておらず，災害後一定の期間を経てから各種の条例制定（災害後に必要になる条例について，首長の専決処分によって制定され，その後開会された議会での承認を経るというものが多いだろう。）について審議等を行うことが基本的な活動といえるかもしれない。しかしながら，行政も十分機能しない時にこそ，議会の役割を発揮できる制度設計を検討すべきであろう[5][6]。

2　西宮市条例の概要

　兵庫県西宮市では，阪神淡路大震災における経験を経た後，平成7年3月24日に「震災に強いまちづくり条例」（平成7年西宮市条例第1号。以下「旧西宮市条例」という。）を制定した。この条例は，阪神淡路大震災からの市街地の復興に際して，震災に強いまちづくりを行うために制定されたもので，建築物

　　　　法39条に基づく災害危険区域の指定に関する条例の制定がある。平成23年7月21日福島県相馬市，同年8月23日福島県南相馬市などで災害危険区域の指定に関する条例が制定された。他にも，同法39条適用している地方公共団体もある。宮城県では，仙台市など12市町が災害危険区域の指定を行っている。宮城県HP（https://www.pref.miyagi.jp/soshiki/kentaku/saigaikikenkuiki.html，最終閲覧令和元年5月5日）参照。

(4)　東日本大震災に関する国の法制定も，復興の基本となる法律については，6月24日の東日本大震災復興基本法（平成23年法律第76号）や津波対策の推進に関する法律（平成23年法律第77号）と，震災直後の制定ではない。他方で，建築基準法84条の適用期間延長（最大2ヶ月の適用期間を最大8ヶ月に延長）に関する，東日本大震災により甚大な被害を受けた市街地における建築制限の特例に関する法律（平成23年4月29日法律34号）は比較的早い段階で成立している。

(5)　たとえば，議会に防災に関する特別の委員会の設置を義務づけ，大規模災害によって行政や議会の機能が十分に機能しない場合に，その補助またはそれに代わって各種対応を行えるような制度も考えるべきであろう。兵庫県西宮市では，阪神淡路大震災時，震災後の平成7年1月23日に議会に兵庫県南部地震対策特別委員会（任意の特別委員会）を設置し，意見書の取りまとめ等を行った。今後，こうした防災対策の特別な組織を地方議会内にも設定することを義務づけることも考えるべきではないだろうか。

(6)　第31回自治体学会山梨甲府大会（平成29年8月）研究発表セッションにおける宇佐美報告においても，災害時の地方議会の活用について研究報告がなされた。ここでも近時，地方公共団体において，災害，防災に議会が関与する制度がみられることが紹介されている。

の設置に際して，活断層上，またはその近傍における建築物の建築計画につい
て地震対策に関する指導を行う点，つまり，活断層上の土地利用に関して条例
に基づいて指導を行っているものである。活断層上の土地利用に関しては，法
律上の規定はなく，当時，活断層上の土地利用に関する規定を設ける条例は存
在しなかったことから，独自性の高い条例といえる[7]。旧西宮市条例は，一
定規模以上の開発事業や一定程度以上の建築物について，活断層の影響があ
ると認めるときは，地質調査報告書の添付を義務づけ，また，市側からの活断
層情報の提供がなされるというものであったが[8]，現在は失効（平成14年3月
29日条例廃止）しており，これら地震対策や活断層上の土地利用規制について
は「開発事業等におけるまちづくりに関する条例」（平成12年西宮市条例第74
号。以下「西宮市条例」という。）によって継続されている[9]。

　旧西宮市条例では，条例を根拠としてその施行規則と運用基準において，活
断層に関連する指導を明示しており，その内容は，①敷地面積500平方メート
ル以上または10戸以上の中高層建築物の建築計画が，都市活断層図（国土地
理院）[10]，兵庫の地質[11]・甲陽断層の最新情報[12]（兵庫県），西宮市史第7巻附

---

(7)　活断層の土地利用ではなく，活断層上の建築物について耐震強化を行うことを定め
　　た条例として，「福岡市建築基準法施行条例」がある。ここでは，建築指導によって
　　活断層直上の建築物の耐震強度を上乗せするものとなっている。同条例6条の2（平
　　成20年3月27日改正追加）。
(8)　こうした活断層上の土地利用規制に関するもののほか，3階建て以上の建築物等を建
　　てる場合，事前に建築主に対し建築内容を届け出ることを義務づけ，建築物等の耐震
　　化，不燃化等の措置の指導を行い，2階建て以下の建築物等の建築主に対しては，「開
　　発事業に関する指導要綱」と「小規模住宅等指導要綱」を条例（震災に強いまちづく
　　り条例）施行と同日に改正し，建築物等の耐震化・不燃化に努めるよう指導してきた。
　　また建築審議会（現在の社会資本整備審議会）の答申──「二十一世紀を展望し，経
　　済社会の変化に対応した新たな建築行政の在り方に関する答申」（平成9年3月24日）
　　において，阪神淡路大震災後の建築物の安全性の確保のために「着工前に行われる建
　　築確認のみならず施工時の中間検査や工事完了時の完了検査を着実に実施するととも
　　に，違反建築物に対する是正措置や違反行為を行った者への罰則の適用・処分等を通
　　じて，違反行為に対する抑止効果を発揮することが重要である」と示されたことを受
　　けて，平成10年6月12日に建築基準法の改正により中間検査制度が導入され，西宮
　　市においても，平成11年12月1日より3階建て以上の戸建て建築物等に中間検査制
　　度が導入されている。
(9)　現在の条例については，西宮市HP（https://www.nishi.or.jp/shisei/jorei/yoko/toshi
　　/kaihatsu.html，最終閲覧令和元年5月5日）参照。
(10)　国土地理院技術資料として，西宮市を含む地域については平成8年に発刊されてい
　　る。

第 3 章　災害と条例制定

図(13)に基づき，これらの図に示されている活断層から概ね 100 メートル以内にある場合は，活断層調査を行うこと，および新たな活断層が見つかった場合の対策の指導，②①に示された建築計画のうち，特に活断層の影響を受ける可能性があると市が認めるときは，建築計画に地質調査報告書の添付を義務づけ，③調査については，第三者（学識経験者）の意見書の要求がなされるものである。また活断層以外についても，運用基準により，西宮市作成の液状化危険度評価図(14)等に基づき建築物の耐震化や地質調査の実施を要求・指導していた(15)。

　西宮市条例では，9 条（防災対策）で，「開発事業を行う事業主は，地形，地質その他の地盤条件の調査を十分に行い，地震，火災，浸水その他災害に対する対策を講じるよう努めなければならない」として（耐震構造等の）地震対策を求める指導を行うこととし，活断層調査対象建築物については，条例施行規則 18 条 2 項において「前項の届出は，敷地面積が 500 平方メートル以上であり，かつ，換算戸数が 10 以上である建築計画（西宮撓曲における建築計画を除く。）である場合で，市が作成した地質活断層図又は国土地理院が作成した都市圏活断層図に記載されている活断層線による影響を受けるおそれがあると市長が認めるときは，前項各号の書面及び図書のほか，地質調査報告書を添えて行わなければならない」と規定している。ここでは，旧西宮市条例の活断層から概ね 100 メートル以内等の運用から，活断層直上へと条例の適用範囲を変更し，新たに「2 万 5 千分の 1 西宮市地質・活断層図（施行規則における市が作成した地質活断層図にあたるもの）」(16)を作成して，旧西宮市条例と同様に活断層を考慮する内容となっている(17)。

---

(11)　兵庫県土木地質図編纂委員会監修，初版は平成 8 年 3 月出版。
(12)　断層研究資料センター，平成 9 年出版。
(13)　西宮市及び隣接地域地質図（1967 年）。
(14)　https://www.nishi.or.jp/kurashi/anshin/bosaijoho/kakushumap/jishin-map/ekijoka.html 参照，最終閲覧令和元年 5 月 5 日。
(15)　増田聡＝村山良之「地方自治体における防災対策と都市計画──防災型土地利用規制に向けて──」地学雑誌 110 巻 6 号（2001 年）988 頁。
(16)　西宮市地質・活断層図は国土地理院の都市活断層図等は従来確認されていた活断層を基に作成されていることから，新たに活断層調査を行い，活断層が確認された地点と，活断層の可能性がある地点を記したものとして西宮市が作成したもので，第四紀後半（数十万年前から現在まで）の間に，繰り返し動いたとみなされる断層を活断層と評価して記している。https://www.nishi.or.jp/kurashi/anshin/bosaijoho/kakushumap/chishitsu.files/tisitu.pdf 参照，最終閲覧令和元年 5 月 5 日。
(17)　また，西宮市条例において，活断層の情報を確認する資料としては，条例規則中に

3 国内における活断層を考慮した土地利用

国内において，条例に基づいて活断層上の土地利用に関して一定の制限が規定される事例は，平成24年に新たに条例を制定した徳島県と西宮市以外にみることはできないが，都市計画法上の地区計画の制度を用いて，横須賀市が市内三浦半島断層群上に建築物設置が行われないよう指導，規制をしている事例がある。ここでは，大規模開発事業（事例として京急ニュータウン開発：KNT，横須賀リサーチパーク開発：YRP）については，計画段階での活断層情報の提供と，活断層上への建築物設置を避ける指導が行われた。これらの事例では，市が事業者と協議を行い，最終的に活断層上への建築物の設置を避けるよう事業者が自主ルールを策定し，その後，市が地区計画によってそのルールの担保として活断層上に建築物の設置を規制するよう定めている。ここでは，KNTの場合，活断層から両側25メートル（幅50メートル），YRPの場合，活断層から両側15メートル（幅30メートル）の区域で建築物設置の禁止を規定する地区計画の都市計画決定を行っており，そうした規制区域は公園，駐車場，道路，空地として設定されている[18]。

こうした，取組みがあるものの，国は，発電用原子炉施設に関する耐震設計審査指針等により，原子力発電所とダムについては活断層上の建設が禁止されるよう明記（建設前に詳細な活断層調査を行い，活断層が発見された場合は場所を変更して建設等）されているが，その他の一般の建築物（市役所，病院等の公共施設も含む）については，活断層上の土地利用に関する国の基準は存在しない[19]。

示されている「市が作成した地質活断層図（西宮市地質・活断層図）又は国土地理院が作成した都市圏活断層図」のほかに，「西宮市地域防災計画」（平成30年4月）1編総則1-14には，参考活断層図として上記資料以外に，活断層研究会編『〔新編〕日本の活断層図』（東京大学出版会，1991年）および，岡田篤正＝東郷正美編『近畿の活断層』（東京大学出版会，2000年）が記されている。「西宮市地域防災計画」（平成30年4月）（https://www.nishi.or.jp/kurashi/anshin/bosaijoho/shinotaisaku/bosaikeikaku/chiikibo.html，最終閲覧令和元年5月5日）。

(18) 横須賀市の事例については，増田ほか・前注(15) 988頁，損害保険料率算出機構研究部研究グループ「三浦半島断層群の地震発生可能性と活断層上の土地利用──政府による評価結果と横須賀市の取り組みの紹介──」（http://dl.ndl.go.jp/info:ndljp/pid/9958428，最終閲覧令和元年5月5日）RISK No. 67（2003年），照本清峰＝中林一樹「活断層情報を考慮した防災対策と住民の意識構造」地学雑誌116巻3号（2007年）526頁参照。

(19) 原子力発電所の防災対策として，大塚久哲編『地震防災学』（九州大学出版会，2011年）9章参照。

第 3 章　災害と条例制定

　わが国では通常，建築物は，建築基準法に適合し，その他の法律上の制限（規制）が存在しない場合は，建築基準法 6 条 4 項「建築主事は，第 1 項の申請書を受理した場合においては，同項第 1 号から第 3 号までに係るものにあってはその受理した日から 35 日以内に，同項第 4 号に係るものにあってはその受理した日から 7 日以内に，申請に係る建築物の計画が建築基準関係規定に適合するかどうかを審査し，審査の結果に基づいて建築基準関係規定に適合することを確認したときは，当該申請者に確認済証を<u>交付しなければならない。</u>」（下線部筆者）に基づき建築許可が与えられることとなる。ここでは，法令等での規制（たとえば，都市計画法による用途制限や，同法の特別用途地区での制限等の建築基準法以外のものも含む[20]。）がなければ，原則として，建築許可が与えられることになる。このことから，活断層上の建築物の建設計画等の規制について，これが指導の範囲を超えるような場合には，法律と条例の関係や事業者（建築物設置者）の権利関係からの問題が生じる可能性はあろう[21]。

　東日本大震災後の地方公共団体の取組みとして，活断層上や沿岸部（津波で浸水する可能性がある地域）などの建設禁止や建築制限，その他の災害に直接的または間接的に関係するような条例が制定されようとする時に，国の法令と条例の関係性が問題となることは考えられる。この際，単純に憲法または地方自治法のいう「法律の範囲内（法律に違反しない限り）」という文言に縛られて条例の制定を行い，地域の実情に適応した災害対策のあり方が検討できないことになることは，地方自治のあるべき姿ではないだろう。災害対策等の条例制定について，カリフォルニア州の事例を基に検討したい。

---

(20)　建築基準法施行令において建築基準関連法規として規定されるものは建築基準法以外に，消防法，屋外広告物法，港湾法，高圧ガス保安法，ガス事業法，駐車場法，水道法，下水道法，宅地造成等規制法，流通業務市街地の整備に関する法律，液化石油ガスの保安の確保及び取引の適正化に関する法律，都市計画法，特定空港周辺航空機騒音対策特別措置法，自転車の安全利用の促進及び自転車等の駐車対策の総合的推進に関する法律，浄化槽法，特定都市河川浸水被害対策法，があり，このほか各地方公共団体の条例によって景観法，電波法，建築物における衛生的環境の確保に関する法律，文化財保護法等の法律の中で建築物の構造，敷地，建築設備に関する規定及びこれに係る政省令，条例の規定と適合するか審査を行うこととなる（すべての建築物ではなく，一定規模以上の建築物等に適用される規定もある）。

(21)　条例による規制が行政指導による規制である場合は，その条例が上乗せ・横出し等を定めるものであったとしても，国の法令と正面から抵触するものではないとされる（成田頼明『都市づくり条例の諸問題』（第一法規出版，1992 年）20 頁）。

第2項　カリフォルニア州（アメリカ合衆国）における活断層上の土地利用規制

　旧西宮市条例が，阪神淡路大震災を契機として制定されたように，地震を契機に法律（条例）によって活断層上の土地利用を規制した事例がアメリカの中でも活断層の多い地震地帯であるカリフォルニア州に存在する。カリフォルニア州では，1971年2月6日午前6時1分頃に発生したサンフェルナンド（San Fernando）地震[22]によりロサンゼルス市やその近郊が被害を受けたことから，州議会議員（州上院議員であった，Alfred Alquist（地震に関する両院協議会議長），Paul Priolo 等）が中心となって，サンフェルナンド地震の翌年1972年12月22日に Alquist-Priolo Special Studies Zoning Act（アルキスト・プリオロ特別調査地帯法：1993年に Alquist-Priolo Earthquake Fault Zoning Act（アルキスト・プリオロ地震断層地帯法）に改正，以下「カリフォルニア州活断層法」という。）を制定した。

　カリフォルニア州活断層法は，1973年3月7日に施行され，カリフォルニア州内に存在する活断層上の土地利用規制を定めている。その内容は，①州地質官（State Geologist：州鉱山地質局 -California Division of Mines and Geology-の長官）は活断層図[23]（1/24000）を公表し，ここでの活断層に沿って特別調査地帯を設定する線引きを行うこと[24]，②①において設定された指定地域内に

---

(22)　当初はロサンゼルス地震と称されていたが，サンフェルナンド地区に被害が集中したことから，サンフェルナンド地震と命名された。地震の規模は Mw（モーメントマグニチュード）6.6，震源の深さは13キロメートル（暫定発表では10キロメートル），シェラメドレ断層（サンアンドレアス断層帯）の破断によるものとされる。なお，サンフェルナンド地震と被害の詳細については，諏訪彰「サンフェルナンド地震について」地震予知連絡会会報6巻（1971年），大崎順彦「サンフェルナンド地震と建築の被害」土と基礎（現，地盤工学会誌）19巻8号（1971年），柴田碧＝久保慶三郎「サンフェルナンド地震・概要」生産研究23巻8号（1971年）参照。

　　また，サンフェルナンド地震の詳細については，Carl H. Geschwind, *California Earthquakes*, The Johns Hopkins University Press, Maryland, 2001, at 165-191 "Responses to the San Fernando Earthquake of 1971" も参照。

(23)　カリフォルニア州活断層法において活断層と定義しているのは，完新世（過去11,000年間）において地表変位を起こした断層であり，西宮市が作成した西宮市地質・活断層図において活断層として定義されたもの（第四紀後半～数十万年前から現在まで）とは異なるが，この法律において地帯設定の断層評価のために潜在的に活動的とされる断層として，第四紀（約200万年前から現在まで）に地表変位のあった断層を定義している。

(24)　1973年に設定された活断層（サンアンドレアス，カラベラス，ヘイワード，サン

第3章 災害と条例制定

おいては，一定規模を超える居住用建築物[25]については，自治体が建築を留保させること，③建築前の地質調査[26]で活断層が発見された場合は，その活断層から50フィート（約15メートル）セットバックして建設することである。1993年の改正後には，地震断層地帯の設定については，既知の活断層から50フィート内の地域とされ，その地域では居住用建築物の設置が禁止され，従来の特別調査地帯については，建築物の設置前に地質調査が必要とされている。こうした，土地利用の規制に加えて，特別調査地帯の住宅等の売買に関しては，必ずその建物が特別調査地帯内に位置していることの告知がなされることが義務づけられている[27]。

　カリフォルニア州活断層法のように，活断層上の土地利用規制を厳格に規定する事例は，カリフォルニアにとどまらず，台湾やニュージーランド等でも見ることができる[28]。日本でもこうした活断層上の土地利用規制に関する法律

ジャシント断層）については，その活断層から，両側約200メートル（約660フィート，指定地域の幅としては約400メートル）が，特別調査地帯として線引きされ，1977年1月1日以降の設定については，主要断層，明確な小断層，その他複雑な断層等の線引きについて，この限りではないとされている。

(25) カリフォルニア州活断層法において居住用建築物とは，年間2,000人時間以上（単身者で1日8時間程度）人が滞在するものを指し，原則としてこれに適合する建築物の特別調査地帯内の新規の設置は禁止される。例外として，木造一世帯住宅，および，2階以下の木造一世帯住宅で4棟以上の開発事業の一部でない場合や建築価格の50％を超えない程度での増改築が規定されている。

(26) 断層と直角方向に1.5メートルの溝（トレンチ）を掘って行う地質調査。

(27) Alquist-Priolo Earthquake Fault Zoning Act Sec. 2621. 9. また，1991年には地震ハザードマップ法（Seismic Hazards Mapping Act）が制定され，地表に表れていない断層周辺や液状化・土砂災害の危険性がある地域を設定し，その地域における不動産取引等において告知義務が課されている。日本において，このような災害関連情報の告知義務に関しては，宅地建物の取引に関して，平成12年の土砂災害警戒区域等における土砂災害防止対策の推進に関する法律の制定によって，当該宅地建物が土砂災害警戒区域であるか否かについての告知義務が課されている。カリフォルニア州では，California Civil Code Sec. 1103において，カリフォルニア州活断層法に基づく特別調査地帯内かどうかの告知義務のほか，液状化危険地域，洪水危険地域，山火事等の火災危険地域などの設定されていることに関する告知義務が不動産業者等に求められている。Alquist-Priolo Earthquake Fault Zoning Actについては，https://web.archive.org/web/20090617225053/http://www.leginfo.ca.gov/cgi-bin/displaycode?section=prc&group=02001-03000&file=2621-2630, 最終閲覧令和元年5月5日，California Civil Codeについては，https://leginfo.legislature.ca.gov/faces/codes.xhtml 参照，最終閲覧令和元年5月5日。

(28) 台湾の事例については，太田陽子＝渡辺満久＝鈴木康弘＝澤祥「1999 集集地震によ

（国が主体となって規制をするもの。以下「活断層法」という。）制定するべきであるとする意見もあるが(29)，カリフォルニア州の断層は地表からもその位置の特定がしやすい一方，日本の断層は発見が困難なことや日本では活断層上に居住している住民が多いことから，建築規制を加えることによる影響が大きくなるとして，一般に活断層法などの制定は困難であるとされがちである(30)(31)。

カリフォルニア州においては，液状化や地震による影響を示した独特のハザードマップの作成，公表が Seismic Hazards Mapping Act に規定されており，日本におけるハザードマップの参考にするべきかもしれない(32)。また，カリフォルニア州活断層法の規定（たとえば，特別調査地帯の領域や，地震断層地帯として建築物の設置が原則禁止される領域の範囲等）は，州内における最低限の基準であって，地震の頻度や活断層の状況によって各地方自治体，郡によって州の基準よりも厳しいものを導入することは拒まないとしている(33)。日本に

る地震断層の位置と既存活断層との関係」地学雑誌 112 巻 1 号（2003 年）18 頁以下，ニュージーランドの事例については，関友作＝伊藤孝「地球科学情報の市民への広報に関する事例研究—2　ニュージーランド・ウェリントンにおける活断層・地震情報の広報」茨城大学教育学部紀要（教育科学）60 号（2011 年）21 頁以下，馬場美智子＝増田聡＝村田良之＝牧紀男「ニュージーランドの防災型土地利用規制に関する考察——地方分権と資源管理型環境政策への転換との関わりを踏まえて——」都市計画論文集 39 巻 3 号（2004 年）601 頁以下，馬場美智子「災害リスクマネジメント概念を導入した土地利用規制に関する考察——ニュージーランド・ウェリントン市の事例を通して——」地域安全学会論文集 5 号（2003 年）327 頁以下等を参照。

(29)　中田高「カリフォルニア州の活断層法『アルキストープリオロ特別調査地帯法（Aiqiost-Priolo Special Studies Zones Act）』と地震対策」地學雑誌 99 巻 3 号（1990 年）289 頁以下，中田高＝隈元崇「活断層位置情報からみた土地利用の問題点と『活断層法』について——活断層詳細デジタルマップの活用例 (1) 学校施設と活断層——」活断層研究 23 号（2003 年）13 頁以下などを参照。

(30)　目黒公郎＝大原（吉村）美保「人口減少社会における活断層対策の展望」活断層研究 28 号（2008 年）91 頁。また，活断層上の土地利用が日本においては困難であるとすることから，建築物の耐震・免震の基準を活断層上の建築物について強化するべきとの意見もある（久田嘉章「活断層と建築の減災対策」活断層研究 28 号（2008 年）86 頁。）。

(31)　損害保険料率算定会——地震危険に関するアンケート調査（専門家編）によれば，地球科学，地盤工学，土木工学建築学などの専門家のうち，活断層周辺の土地利用規制が必要かつ現実的と回答したのは約 3 割であって，必要だが現実的でないと回答したのは約 6 割であることが報告されている。「地震保険調査報告 32」（損害保険料率算定会，2000 年）109 頁。

(32)　Seismic Hazards Mapping Act については，https://law.justia.com/codes/california/2005/prc/2690-2699.6.html 参照，最終閲覧令和元年 5 月 5 日。

第3章　災害と条例制定

おいて活断層法を制定する場合でも，このような前提であれば各地域が事情に則して，条例によって基準を定めることができ，断層地帯の土地利用のあり方を考慮できるものとなるであろう[34][35]。

第3項　活断層上の土地利用規制のあり方

地質学等の科学者らが，日本の活断層の状況から，活断層法を制定し活断層上の土地利用規制を行うことが困難であるとの指摘[36]は，住民生活に混乱を生じさせないという趣旨においては，政策的意味において的確な指摘かもしれないが，住民の生命，財産の保護の観点から活断層上の建築物の耐震・免震構造の強化も含めて，一定の土地利用規制を行うことは必要ではないだろうか。活断層上に建築物が存在する場合，建築物への影響は極めて大きく，活断層上またはその近傍に居住する住民は不安を抱くことになる。そうした住民の意識について，活断層の周辺に暮らす住民の多くが何らかの規制を行うべきとの調査もある（表1参照）。

また，市町村の都市計画担当者，防災担当者に対して活断層上の土地利用規制に関するアンケートを行った調査[37]によれば，一定の公共性のある施設については，活断層上に建設させない等の立地規制を行うことについて支持があり，規制方法については，西宮市条例のような，一定の開発事業での地質調査

---

(33) Alquist-Priolo Earthquake Fault Zoning Act Sec. 2624。そもそも，カリフォルニア州活断層法において，市および郡は法律施行のために条例の制定を行い，規制に関する一義的な責任を負うものとされる（同法 Sec. 2621.5）。

(34) カリフォルニア州においても州法よりも厳格に規制している事例として，ロサンゼルス市の事例があり，ここでは，法律上例外とされる建築物についても，活断層から50フィート以内の新築はすべて禁止されている。

(35) カリフォルニア州活断層法については，照本ほか・前注(18)，奥村晃史「アメリカ合衆国の活断層データベースとその応用」活断層研究23号（2003年）5頁以下，長谷川修一＝大野裕記「カリフォルニア州の活断層と地震防災」（四国電力四国総合研究所）研究期報72号（1999年）34頁以下，中田・前注(29)等を参照。また，カリフォルニア州活断層法制定に関する州上下両院協議会（地震対策に関する両院協議会）の取組み等，カリフォルニア州活断層法制定過程のことについては，Geschwind, *supra* note 22, at 173-185 参照。

(36) 目黒ほか・前注(30) 91頁。

(37) 増田聡＝村山良之「特集記事・土地利用規制を利用した防災対策の全体──安全・安心な国土を目指して──4，活断層に関する防災型土地利用規制／土地利用計画──ニュージーランドの『指針』とその意義を日本の実状から考える──」自然災害科学25巻2号（2006年）。

表1　一般住民による土地利用規制への是非

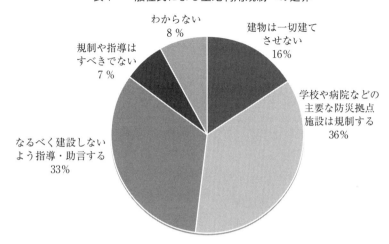

川西勝「活断層近傍に暮らす住民の危機管理意識に関する調査」
第25回日本自然災害学会学術講演会概論集（2006年）より

や活断層情報の提供で一定の支持が得られていることが確認できる。他方，カリフォルニア州活断層法において規制対象とされる居住用建築物については，顕著に支持されている施設には当たらないことが注目される。

　調査の中では，この点の分析はないが，居住用建築物を対象とした土地利用規制について，都市計画，防災両担当者からあまり支持が得られていないのは，居住用建築物を対象とした土地利用規制を行うことが，住民と行政当局との間での紛争の原因となる可能性があることからあまり支持できないとしたと考えることができるほか，居住用建築物に比べて，病院や教育施設に対する活断層上の立地規制支持率が顕著に高いことから，公共性や災害時の避難所としての役割を重視しているようにも考えられる。

　また，全国43,360の学校施設（この研究の中では，小・中・高校，高専，短大，大学と養護学校を含む）と活断層の位置関係についての調査[38]によれば，活断層から200メートル以内に存在する施設が1,005，その中でも活断層から50メートル以内に存在する施設が571，活断層直上に存在する施設も225とされている[39]。このことから，活断層上の学校施設についての耐震基準を活断層

---

(38)　中田ほか・前注(29) 13頁以下。
(39)　中田ほか・前注(29) 15頁，第1表「断層線直上，または200m以内に位置する学

第3章　災害と条例制定

による影響を考慮する必要性や幼稚園，病院，老人ホームといった公共性の高い建物，ガソリンスタンドなどの危険施設が活断層上またはその近傍に多数存在することが指摘される[40]。

　科学的には断層の発見が困難であるにしても，現存する断層や，その存在が疑われるもの，今後の地質調査等により発見されたものに関しては，建築物に対する一定の制限を講じることが，住民の生命，財産等を守る行政や住民代表たる議会にとって検討すべき課題であろう。以下で，西宮市の条例と国の法令との関係性，条例によって活断層上の土地利用規制を行うことの適法性を検討する。

第4項　西宮市条例の適法性

　一般に，法律に反する条例の制定はできないと考えられてきたが[41]，判例において上乗せ条例や横出し条例について認められており[42]，本項では，条例と国の法令との関係の検討にあたって，「まちづくり条例」という性格での国の法令との関係について整理する。

　西宮市における活断層上の土地利用規制に係る条例が制定された背景には，兵庫県南部地震により被害を受けた市街地の再開発・復興等の趣旨が含まれており，この条例によらない制限として，被災市街地復興特別措置法（平成7年2月26日法律第14号）も地震後に制定され，従来の都市計画法，建築基準法の規制と合わせて，被災地の復興のために様々な制限が置かれた。西宮市条例は災害に備えた適切な土地利用を求める点，まちづくりに関する条例と考えられるが，まちづくり条例と国の法令との抵触関係としては以下のようなものが考えられる[43]。

　　①法令による規制対象事項を，法令とは異なる目的の下に条例によって規制できるか。②法令による地域指定とそこでの行為規制に関して，条例によってその指定地域の外の地域において同一目的又は異なる目的の下に規制が行えるか。③法令が一定規模・基準以上の事項を対象としている場合，条例によって

　　校施設の数」。
(40)　中田ほか・前注(29) 17頁。
(41)　雄川一郎 = 塩野宏 = 園部逸夫編『現代行政法大系 (8)』（有斐閣，1984年）202頁など。
(42)　徳島市公安条例事件・最大判昭和50年9月10日刑集29巻8号489頁。
(43)　成田・前注(21) 13頁，三辺夏雄「条例制定をめぐる法的問題点」小林重敬編『地方分権時代のまちづくり条例』（学芸出版社，1999年）14-15頁。

その一定規模・基準未満の同一事項を同一目的で規制できるか。④法令が規制している事項と同一事項について，条例によってさらに厳しい規制をすることができるか。⑤法令が一定の要件又は基準を設けている場合に，法令の要件又は基準に掲げられていない事項を条例によって追加規制できるか。⑥法令が許可等に係らしめている事項について，条例によってその同一事項に対し法令と同一又は異なる目的の下に，要件を加重・追加し，届出・協議・勧告といった形の規制を行うことができるか。

これを西宮市の条例に当てはめると，抵触する可能性としては①法律と条例の目的の差異，⑤法律に定めている要件に関して，法律に掲げられていない事項について追加規制，⑥許可等にあたっての要件の追加等が挙げられよう。

1　旧西宮市条例の抵触

まず旧西宮市条例についてみると，①については，この条例の目的は，「阪神・淡路大震災からの市街地の復興（以下「市街地の復興」という。）に際し，震災に強いまちづくりを推進し，もって<u>安全で活力ある市街地を形成すること</u>」（同条例1条—下線部筆者）としており，建築基準法の目的は，「建築物の敷地，構造，設備及び用途に関する最低の基準を定めて，<u>国民の生命，健康及び財産の保護を図り，もって公共の福祉の増進に資することを目的とする</u>」（同法1条—下線部筆者）と規定されているところ，旧西宮市条例は，「安全で活力ある市街地形成」という，都市機能の充実を目的としている一方で，建築基準法は国民の生命，健康，財産の保護を図り，公共の福祉の増進という，国民の権利・利益保護を目的としていると解される。このことから，目的は必ずしも一致するものではない。ただし，法律と条例の目的の差異については，建築基準法や都市計画法はその目的を広範に定めており，これは時代に左右されず適合するよう包括的・総合的に定めていると解することもでき，条例が独自の目的（防災や景観保護等）を定めるものであったとしても，法律の目的と全く異なるものと断言できるかは疑問があるとの指摘もある[44]。

⑤について，建築基準法には同法6条4項の規定により，建築基準法これに基づく命令等のほか，その他の法律によって規制されていることを除き，建築行為が法令に適合する場合は，監督行政庁は建築行為を許可しなければならな

---

(44)　成田・前注(21) 14-15頁。

第3章 災害と条例制定

い旨が明記されており，条例によって，活断層近傍の土地利用規制がなされることは，活断層法の定めのないわが国においては，一見抵触しているようにも考えられる。しかしながら，条例の内容は，一定規模以上の開発については地質調査を求めることや活断層情報の提供等であるため，活断層近傍の土地利用を禁止するような規制的性格のものでないことから，抵触の可能性は低いと解される。

　⑥要件等の追加に関する点について，旧西宮市条例は施行規則等において，法律における要件（建築主の確認申請・建築主事の確認等）に追加して，追加書類の提出や第三者の意見書の要求その他の活断層に関する要件を追加している。この点，法律と同一目的とはいえない条例によって追加要件を課すことは，徳島市公安条例事件最高裁判旨に照らすと，法律の目的を阻害するような場合には認められない可能性がある。ただし，旧西宮市条例により活断層近傍の土地利用規制を行うことは，当該活断層での地震活動が起こった際の建物，住民への被害を最小限に抑えることであり，建築基準法の目的である国民の生命，健康，財産の保護を図ること親和的で，これを鑑みれば，条例の規制は，最終的に住民の生命，財産の保護に資するものであり，かつ要件の追加は，建築の制限・禁止という厳格な規制を行わないために，十分な検査・審査を行うことの必要性からも，要件が追加されていること自体に法令との抵触はないだろう。

2　西宮市条例の抵触

　西宮市条例については，①法律と条例の目的に関して，建築基準法は，国民の生命，健康，財産の保護を図り，公共の福祉の増進という，国民の権利・利益保護を目的としていると解されるが，西宮市条例では「開発事業及び小規模開発事業の施行に関し，その着手前に必要な手続，事業の施行に伴う公共施設等の整備その他必要な事項を定めることにより，良好な住環境の形成及び保全並びに安全で快適な都市環境を備えた市街地の形成を図ること」（同条例1条）を目的とし，これは旧西宮市条例と同じく都市機能の充実を目的としていると解することができ，この点で目的は必ずしも一致するものではない。

　⑤，⑥については条例自体の規制趣旨が同じものとして旧条例から継続しているため，旧西宮市条例と同様に考えるべきである。なお，条例の規制により，建築基準法の目的に結果的に資するものであるとしても，地権者等，宅地造成やマンション開発その他の施設建設によって利益を享受するはずの者とその施

設を利用または当該地域に居住する住民との間での争いになる可能性があった
が，西宮市条例には付属条例として，開発事業等に係る紛争調整に関する条例
が制定されており，そうした事業者等と住民らの争いについては，条例による
措置が採られている。

　こうしたことから，西宮市の条例が，活断層上の土地利用について規定し，
指導を行うことは，これが行政指導にとどまっている以上，国の法令との関係
においてその抵触の可能性はないとされようが，より厳格に活断層上の土地利
用規制を行う条例の場合，その目的等から国の法令と抵触する可能性はある。

　しかしながら，建築規制等にかかる国の法令の趣旨と活断層上の土地利用に
かかる条例の趣旨を照らした場合に，同趣旨のものであると解され，活断層の
存在する地域において住民の生命，財産の保護や，活断層による被害を最小限
度に抑制するとされる場合には，国民の権利・利益の保護のために活断層上の
土地利用規制は要請されるものといえよう。

第5項　小　　括

1　西宮市の条例の趣旨と法令

　西宮市の条例が震災後の復興としての都市機能の充実，および復興後の安全
な都市の形成という点を目的とし，建築物の設置等の規制について定める建築
基準法の目的に一致するものではないが，最終的に条例が求めているものは，
住民が安心して暮らせるまちづくりにあるといっても過言ではない。このこと
から，西宮市の条例は結局のところ，住民の生命，財産等の保護を図ることを
第一義的な目的としながらも，その手段として安全に暮らせる都市の形成を用
いるもので，ここでの法律と条例の趣旨は，生命，財産という住民（国民）の
権利・利益保護であるといえるだろう。

　西宮市は，六甲・淡路島断層帯の一角に位置し，活断層の存在が明らかな地
域である以上，行政としては活断層近傍の住民等に対して警戒することを呼び
かける必要性があるとともに，活断層近傍に新たに建築物を設置するにあたっ
て地質の調査場，建設禁止の措置を採ることも，住民の意識と照らせば合理
性といえるかもしれない。しかし，六甲・淡路島断層帯の中でも西宮市の含ま
れる六甲山地南縁──淡路島東岸区間の30年以内の地震発生確率はほぼ0％～
1％であり，100年以内の発生確率もほぼ0％～6％であるところ，どこまで
対策を講じるべきか，慎重に検討すべきである。

第3章 災害と条例制定

　活断層評価による確率の高低によって，規制を考えるべきではないかもしれないが，行政が条例によって規制をする際の根拠として示す場合の一つの指標であろう。例えば，建築基準法39条の災害危険区域の指定によって，活断層上の地域について土地利用規制を行うことを考える場合であっても[45]，この規定の適用に関して出された通知（昭和40年建設省住指発193号）において，「①過去における災害発生の頻度。将来における災害発生の確実性。その災害は公共的観点から建築制限によって予防する必要があるかどうか。②建築制限の内容限度等が災害を防止するために必要最小限度のものかどうか。」の2点が災害危険区域の指定条例の必要性・妥当性判断として示されており，①の判断基準からは，地震の発生確率も一つの重要な指標になりうるとされよう。

　建築基準法39条の災害危険区域の指定については，名古屋市が「名古屋市臨海部防災区域建築条例」を制定し，港湾地域が津波高潮出水の被害にあった場合でも被害が最小限度に抑えられるよう，地域内の建築物の1階床高の高さを制限する規制を行っているものがある[46]。現在，災害危険区域は，津波高潮出水や地すべり等の災害の危険性に対して，多くの地方公共団体で条例による区域内の建築制限等が行われている。現行制度の下で活断層上の土地利用規制について，建築基準法39条に基づく規制が一つの導入可能な方法として検討できるだろう[47]。

　この点，滋賀県の事例について次節で述べる。

2　災害についての条例の活用

　震災後に，都市機能の充実のために西宮市のような条例を制定することは，その後の都市形成や防災型都市形成のための効果は大きいものである。住民意識調査結果に示されるように，住民の多くは活断層の存在が明らかである場合は，その近傍に建築物の設置がなされること自体に消極的であると思われる。

---

[45]　活断層上において建築基準法39条の災害危険区域の指定された事例がないため，活断層上に適用され得るかどうかは議論のあるところである。

[46]　ここでは，名古屋港基準面から1メートル〜4メートル以上の範囲で1階床高の高さ制限が設けられているほか，一部地域では住宅などの居住室を有する建築物・病院・児童福祉施設等の原則建築禁止，公共施設や地下鉄駅等の規制も設けられている。

[47]　活断層上の土地利用規制の可能性はもちろん，名古屋市の条例によって床高を通常の建築物よりも高い位置に設定しているような規制については，今後津波被害が予測される沿岸の地方公共団体において検討すべき規制であろう。

第1節　西宮市震災に強いまちづくり条例

このため，万が一地震が発生した場合でも，被害が最小限に食い止められるようなまちづくりがされるのであれば，災害被災地において，住民を呼び戻すことや都市を再生して住民とともに防災型都市を構築することも可能であろう。

また，西宮市の条例は，都市機能の充実を図るための目的の下で制定されているものではあるが，今後，防災・減災を目的として，活断層上の土地利用規制を行う条例が制定された場合は，防災・減災が結果として活断層近傍の住民の生命，財産を守るために必要な手段として，活断層上の新規の開発事業について禁止・一定の規制を行うよう条例で定めることは，法令との抵触可能性がある。他方で，マンション開発等が活断層近傍で行われている場合など，建設後に入居する住民の生命，財産は誰が保護するのかという問題が生じることもある。大規模災害時には，避難所等の安全性についても指摘されることがあり，行政には病院や学校等または災害時の避難場所となるような施設が活断層の近傍に建設されないように努める義務があるということもできよう。

建築基準法40条は，「地方公共団体は，その地方の気候若しくは風土の特殊性又は特殊建築物の用途若しくは規模に因り，この章の規定又はこれに基づく命令の規定のみによつては建築物の安全，防火又は衛生の目的を充分に達し難いと認める場合においては，条例で，建築物の敷地，構造又は建築設備に関して安全上，防火上又は衛生上必要な制限を附加することができる」と規定し，条例によって法律の制限に附加する規制を設けることは可能であるとされ，同法1条において「建築物の敷地，構造，設備及び用途に関する最低の基準を定めて，国民の生命，健康及び財産の保護を図り，もつて公共の福祉の増進に資することを目的とする」として，法においては最低の基準を規定している。このことから条例によって上乗せ・横出し規制がなされる可能性はあるが，この点について，自主条例によって横出し規制を行うことは可能であるが，上乗せ規制を行うことはできないとされる[48][49]。

---

(48)　長谷部恭男編『リーディングス現代の憲法』（日本評論社，1995年）201頁。

(49)　他方，建築基準法1条において法律を一応最低基準として位置づけているとして理解されるが，建築基準法には，規制の細目を条例に委ねるもの，一定の事項について条例による制限附加を認めるもの，一定の事項について条例による制限緩和を認めるもの等，規定が様々あり，建築基準法の条文の表現としては，条例により「……することができる」という授権形式がとられていることから，建築基準法による基準が全国の最低基準であって地域の実情に合わせて地方公共団体が厳しい規制を条例によって自由に行うことができると一概に断定するのは困難とする指摘もある（成田・前注(21) 18頁）。

第 3 章　災害と条例制定

　しかし，住民の生命，財産という憲法上の権利を根拠，切り札[50]として規制を行うことも考えるべきかもしれない。本来活断層上の規制は，地震の多いわが国においては国の法律によって規制すべきものではあろう。ただし，活断層法の制定は困難であるとの科学者の見解が一般的であるために，今後も法整備は進行しない可能性がある。このため，地方公共団体は，条例を活用して，活断層周辺の建築物の建設制限や液状化する可能性のある地域の地質調査を行うよう，開発事業等の事業主に義務づけることが，住民の生命，財産の保護につながるものとされよう。他方で，西宮市条例では一般の住宅等は規制の対象外にあり，そうした一般の住宅等についても今後，活断層地震や液状化の被害を最小限度に抑えることができるよう規制内容を改善していく必要があろう。また，活断層が多く存在する地域に関しては，憲法 95 条の地方自治特別法規定を用い，活断層上の土地利用規制を行う，もしくは条例に委任することも考えるべきである。

　東日本大震災で被災した地域では，市街地の復興等が行われているところである。そこでも，土地利用等に関する問題がないわけではない[51]。西宮市においては，東日本大震災後，津波浸水危険区域の見直しにより，津波避難ビルの指定を行っているが，そうした津波避難ビルを含めた津波浸水危険区域内の建築物のあり方についても，活断層上の土地利用規制とともに検討していく必要があろう[52]。津波浸水被害に関しては，名古屋市の条例のように沿岸部の床高制限を設定するなど，これからの津波被害に対応するための条例制定の可能性があるとともに，東日本大震災の被災地においても，建築基準法 39 条により災害危険区域を設定した事例[53]があることからも，今後積極的にこうした制度の活用を行うべきである。

---

(50)　長谷部・前注(48) 204-205 頁。

(51)　阿部泰隆「大津波被災地，原発避難区域のまちづくり（土地利用）について ㈠」自治研究 88 巻 8 号（2012 年）3 頁以下参照。

(52)　津波避難ビルについては，平成 17 年の政府指針によって規定が設けられていたが，東日本大震災後の平成 23 年 6 月に「津波対策の推進に関する法律」としてその内容が規定されている。しかし，ここでは地上 3 階以上の RC 造または SRC 造の新耐震基準（昭和 56 年以降新築）の建築物とされている。政府は津波想定を行っているが，これは有史以来記録のない最大のものとしての想定であるため，このための対策をどこまで行うかは慎重に検討しなければならない。

(53)　平成 17 年には宮城県南三陸町が同年 8 月に発生した宮城県沖地震による津波を受けて，災害危険区域の指定を行っている。

150

平成 24 年 12 月には徳島県が活断層上の土地利用規制を定めた条例「徳島県南海トラフ巨大地震等に係る震災に強い社会づくり条例」（平成 24 年徳島県条例第 64 号）を制定し，学校等の公共施設について活断層上の土地利用規制を行うことが含まれたこの条例は，活断層に焦点を当てた防災条例として注目されるものである（活断層のほか津波対策等についても規定されている）。この条例の 55 条において，「知事は，特定活断層（地震防災対策特別措置法（平成 7 年法律第 111 号）第 10 条第 1 項に規定する地震調査委員会において長期評価が行われている中央構造線断層帯のうち讃岐山脈南縁に係る部分をいう。以下同じ。）の変位による被害を防止するため，特定活断層の位置に関する調査が必要な土地区域を，特定活断層調査区域として指定することができる」と定め，56 条において，この特定活断層調査区域において特定の施設の新築等が避けられること等が規定されている。そして，この区域については，平成 25 年 8 月 30 日に指定がなされ，活断層上の土地利用規制が行われている。活断層上の土地利用規制については，都市機能の充実だけではなく，今後これに防災・減災，住民の生命，財産の保護という趣旨をも踏まえ，より厳格な規制を行うことが必要となってくるものであり，地方公共団体の条例制定を考える上で重要な課題の一つである。

第 2 節　　滋賀県流域治水の推進に関する条例[54]

第 1 項　河川による災害防止の現状

滋賀県は，近時の災害の発生状況に鑑み[55]，総合的な治水の必要性等から

---

(54)　本節は，公益財団法人河川財団の河川基金助成事業の助成を受けて実施した研究（平成 29 年度河川基金研究助成金「滋賀県流域治水の推進に関する条例の研究」助成番号：2017-5311-008）を基に構成している。

(55)　滋賀県条例においても，前文で「近年，滋賀県を含む全国各地で大雨や集中豪雨が頻発し，甚大な被害が発生している。また，都市化の進展とともに県民と河川との関わりが希薄になったこと等により，県民の水害への関心や危機意識が低下し，これまで地域社会で育まれてきた水害から生命と財産を守るための仕組みが次第に失われていくことが危惧されている。こうした状況を踏まえ，水害から県民の生命と財産を守るためには，まず，河川の計画的な整備を着実に進めることが何より重要である。それに加えて，多くの県民が暮らしている氾濫原の潜在的な危険性を明らかにし，県民とその危険性の認識を共有することが必要である」として，災害の発生状況を鑑みた条例の意義が見受けられる。

第3章　災害と条例制定

「滋賀県流域治水の推進に関する条例」（平成26年滋賀県条例第55号。以下「滋賀県条例」という。）を平成26年3月に制定した。

　滋賀県では，流域治水という総合的な治水[56]の必要性から，「滋賀県流域治水基本方針」の策定（平成24年3月），滋賀県条例の制定を行ってきた。三好先生は，①そもそもわが国における（大）河川の整備状況は，30-40年に1回程度発生する洪水に対してもその整備状況は6割程度とされ，無堤，堤防高不足などの改修途上段階のものも多い，②浸水しやすい低湿地が開発されて宅地化された結果，流域の保水力が低下して洪水流出量や流出速度の増加をもたらし，地球温暖化による異常降雨，ゲリラ豪雨などともあいまって，計画高水流量[57]を上回る規模の超過洪水が懸念される，③いったん超過洪水が発生すると破堤の可能性が高まり被害が甚大なものとなるといった問題点を指摘しつつ，それにも関わらず，わが国の治水は，降雨による洪水波のピークをダムによる調節によって低減し，洪水波のピークが到来しても氾濫しないよう堤防を整備するという河川管理を前提とするハード面の技術的対策が主流であり，流域の実質的管理は等閑視されてきたと指摘する[58]。

　そうした状況の中で，ハード面での治水対策では不十分な状況[59]や近時の

　　こうした考えは，条例制定前の平成24年3月に策定された，「滋賀県流域治水基本方針──水害から命を守る総合的な治水を目指して──」において，「水害から命を守るために──滋賀県流域治水基本方針の策定にあたって──」と題する，当時の嘉田知事のコメントとしても表明されている（http://www.shigaken-gikai.jp/voices /GikaiDoc/attach/Nittei/Nt1903_05.pdf, 最終閲覧令和元年5月5日）。

(56)　ここでいう流域治水，総合的な治水とは，「ながす」「ためる」「とどめる」「そなえる」といった河川の災害等を防ぐための滋賀県における総合的な治水対策のことである（滋賀県HP「流域治水政策室」〔https://www.pref.shiga.lg.jp/ippan/kendoseibi/ kasenkoan/19554.html, 最終閲覧令和元年5月5日〕）。以下本節中において特段の記載なく流域治水という場合は同旨のものとする。
　　滋賀県条例においても，前文で「河川等の流水を流下させる能力を超える洪水にあっても県民の生命を守り，甚大な被害を回避するためには，『川の中』で水を安全に『ながす』基幹的対策に加え，『川の外』での対策，すなわち，雨水を『ためる』対策，被害を最小限に『とどめる』対策，水害に『そなえる』対策を組み合わせた『滋賀の流域治水』を実践することが重要である」と記している。

(57)　「洪水を防御するために行う河道計画，施設計画の基本となる流量をいい，基本高水流量をダム等で洪水調節したあとの流量をいう。」（国土交通省九州地方整備局河川部HP「よくつかわれる河川用語」〔http://www.qsr.mlit.go.jp/n-kawa/yougo/yougo_02. html, 最終閲覧令和元年5月5日〕）。

(58)　三好規正「水害をめぐる国家賠償責任と流域治水に関する考察」山梨学院ロー・ジャーナル10号（2015年）132頁。

第2節 滋賀県流域治水の推進に関する条例

豪雨災害[60]の経験を経て，今日においては，それを補完するものとして流域治水の考えも重要視されている[61]。本節では，そのような河川災害等を防ぎ，被害を最小限に抑えるための対策として[62]，滋賀県が条例を制定しこれに基づく施策を独自に行っているところ，これを事例として，災害・防災に関する条例の活用について検討する。

第2項 滋賀県条例の内容

滋賀県条例は，「流域治水に関し，基本理念を定め，県，県民および事業者の責務を明らかにするとともに，県が行う施策の基本となる事項等を定めることにより，流域治水を総合的に推進し，もって浸水被害から県民の生命，身体および財産を保護し，将来にわたって安心して暮らすことができる安全な地域の実現に資すること」を目的としており（1条），この目的を達成するための基本理念（3条），県や県民等の責務を定める（4条以下）ほか，総合的な治水対策の基本的なあり方として，「ながす対策」，「ためる対策」，「とどめる対策」，「そなえる対策」を定めている[63]。

1 条例による流域治水に対する基本的姿勢

同条例は，その基本理念として，流域治水のあり方，考え方について規定し

---

(59) ハード面の失敗事例について，末次忠司『事例からみた　水害リスクの減災力』（鹿島出版会，2016年）21頁以下参照。

(60) 伊豆大島における豪雨土砂災害（平成25年10月）や，広島における豪雨土砂災害（平成26年8月），関東・東北豪雨における鬼怒川氾濫（平成27年9月），平成29年台風3号とこの影響による前線による九州北部豪雨や島根，北陸地域の豪雨（平成29年7月），西日本豪雨（平成30年7月）は記憶に新しい。滋賀県においても平成25年8月の近畿豪雨による浸水被害が発生し，これが条例制定を後押ししたものと考えられる。

(61) 三好・前注(58) 136頁。

(62) 国においても，ソフト面の対策について近時水防法等の改正を行っている（平成29年水防法改正については，国土交通省HP「「水防法等の一部を改正する法律案」を閣議決定」（http://www.mlit.go.jp/report/press/mizukokudo02_hh_000017.html, 最終閲覧令和元年5月5日），平成27年水防法改正については，国土交通省HP「「水防法等の一部を改正する法律」が施行されました」（http://www.mlit.go.jp/river/suibou/suibouhou.html, 最終閲覧令和元年5月5日）参照）。

(63) 滋賀県土木交通部流域政策局流域治水政策室「滋賀県流域治水の推進に関する条例の解説（平成26年10月17日）」（https://www.pref.shiga.lg.jp/file/attachment/1020716.pdf, 最終閲覧令和元年5月5日）（以下「条例の解説」という。）3-4頁。

153

ている（3条）。具体的には，1項においては人命を最優先とし，被害を最小限
とする減災の考え，2項においては河川整備というハード面の整備実施の推進
の必要性（「ながす対策」），3項においては「ながす対策」のみならず，「ため
る対策」，「とどめる対策」，「そなえる対策」を推進する必要性，4項において
は上記の各種対策の推進にあたって地域の実情を考慮すること，5項において
は県や市町，国，県民等が相互協力の下で流域治水を推進することを掲げてい
る。

その上で，県の責務として，基本理念にのっとった施策の策定・実施（4条
1項），その際の市町等との連携や情報提供等（4条2項），市町の流域治水施
策の策定・実施への助言等（4条3項）を定め，県民の責務として，地域特性
や想定浸水深を把握し，生命，財産等への被害を回避・軽減するために自主的
に行動すること（5条1項），県の施策への協力義務（5条2項）を定め，事業
者の責務として，事業の利用者，従業員等の生命，財産等への被害を回避・軽
減するために自主的に行動すること（6条1項），県の施策への協力義務（6条
2項）を定めている。

2　具体的な施策の内容

滋賀県条例では，流域治水施策の実施にあたって，独自の浸水想定の策定，
河川整備対策，貯留浸透対策，浸水警戒区域の指定や建築制限，浸水時の避難
等が定められている。

また，浸水警戒区域の指定や建築制限，浸水時の避難等は，県民との関係に
おける対策として意義深いものである。

滋賀県条例は，想定浸水深[64]の設定等を7条および8条に規定し，ここで
は，想定浸水深の設定等に関する調査を知事が実施し，これを概ね5年ごとに
想定浸水深の設定（見直し）をすることとしている。また，9条において，河
川の整備等（「河道の拡幅，堤防の設置，河床の掘削，洪水調節の機能を有する施設
（ダム等を含む。）の設置等の対策」，「河川内の樹木の伐採，堆積した土砂のしゅん
せつ，護岸の修繕等」，「堤防の性能の向上を図る改良」）を河川の氾濫防止対策と
して知事が実施すること，10条および11条において，雨水貯留浸透対策とし

---

(64)　浸水深と避難行動のあり方について，国土交通省HP「浸水深と避難行動について」
　　（http://www.river.go.jp/kawabou/reference/index05.html，最終閲覧令和元年5月5
　　日）も参照。

て，森林の所有者や農地所有者等が所有地の雨水貯留浸透機能の確保に努めること，公園，運動場等の管理者等および建物等の管理者等が当該施設等の雨水貯留浸透機能の確保等に努めることを規定している[65]。

3 条例に基づく建築制限

滋賀県条例においては，浸水等の被害を受ける可能性がある地域を指定し，建築制限等を定めている[66]。

具体的には，「知事は，200年につき1回の割合で発生するものと予想される降雨が生じた場合における想定浸水深を踏まえ，浸水が発生した場合には建築物が浸水し，県民の生命または身体に著しい被害を生ずるおそれがあると認められる土地の区域で，一定の建築物の建築の制限をすべきものを浸水警戒区域として指定することができる」（13条1項）としている。ここでいう200年に一度の降雨[67]とは，最大規模の（浸水）災害を想定して設定されたものであり[68]，想定浸水深が3メートルを越える地域を浸水警戒区域に指定するものとされる[69]。ここで指定する浸水警戒区域は，建築基準法39条1項[70]の規定による災害危険区域とされ（滋賀県条例13条9項），同条例14条に規定される建築制限がなされる。

---

(65) 雨水貯留浸透対策については，森林の所有者や農地所有者等への運用段階での「お願い」または，所有者等の「善意」によるに過ぎず，実効性確保の観点からは，今後対策を講じていく必要もあろう。

(66) 条例に基づく浸水警戒区域（災害危険区域）の指定は，平成29年6月16日に米原市村井田地区においてなされた。平成31年4月1日現在，条例に基づき浸水警戒区域に指定されている地域には，上記のほかに甲賀市信楽町黄瀬地区（平成30年11月26日付），があり，災害の危険性から対象となりうる地域は他にも存在することから，今後住民との合意形成等が得られ指定が進む可能性がある。

(67) 条例においては，「200年につき1回の割合で発生するものと予想される降雨」と記され，条例の解説（前注(63)参照）においては，200年確率の降雨と記されているが，本節においては，いずれも同旨のものとしてそれぞれ記すこととする。

(68) 滋賀県による浸水分布の解析評価によれば，500年に一度の降雨，1000年に一度の降雨と比べても最大浸水深の分布に大差の無い200年に一度の降雨を「どのような洪水でも人命が失われないことを最優先」とする最大クラスの洪水として設定されている（条例の解説・前注(63) 34頁）。

(69) 条例の解説・前注(63) 33-34頁。

(70) 建築基準法39条1項では，災害危険区域の設定を条例により行うことができる旨定められている。

「地方公共団体は，条例で，津波，高潮，出水等による危険の著しい区域を災害危険区域として指定することができる」。

第3章　災害と条例制定

　滋賀県条例14条は，建築制限に関して，「浸水警戒区域内において，住居の
用に供する建築物または高齢者，障害者，乳幼児その他の特に防災上の配慮を
要する者が利用する社会福祉施設，学校もしくは医療施設（規則で定めるもの
に限る。以下「社会福祉施設等」という。）の用途に供する建築物の建築（移転を
除く。以下同じ。）をしようとする建築主は，あらかじめ，知事の許可を受けな
ければならない。」（14条1項）と規定し，住居や学校等[71]について建築の許
可を要することとしている[72]。また，既にある建築物について増改築する場
合においては，その増改築部分に関する許可を得るものとしている（14条2項）。
　ここでの建築許可の基準として，住居用の建築物については，滋賀県条例
15条1項各号に適合する場合は許可しなければならず[73]，社会福祉施設等の

---

(71)　ここでの規制の対象となる建築物は，①老人福祉施設（老人介護支援センターを除
　　く。），有料老人ホーム，認知症対応型老人共同生活援助事業の用に供する施設，身体
　　障害者社会参加支援施設，障害者支援施設，地域活動支援センター，福祉ホーム，障
　　害福祉サービス事業（生活介護，短期入所，自立訓練，就労移行支援，就労継続支
　　援または共同生活援助を行う事業に限る。）の用に供する施設，保護施設（医療保護
　　施設および宿所提供施設を除く。），児童福祉施設（母子生活支援施設，児童厚生施設，
　　児童自立支援施設および児童家庭支援センターを除く。），障害児通所支援事業（児童
　　発達支援または放課後等デイサービスを行う事業に限る。）の用に供する施設，子育
　　て短期支援事業の用に供する施設，一時預かり事業の用に供する施設，母子健康セン
　　ター（妊婦，産婦またはじょく婦の収容施設があるものに限る。）その他これらに類
　　する施設，②特別支援学校および幼稚園，③病院，診療所（患者の収容施設があるも
　　のに限る。）および助産所（妊婦，産婦またはじょく婦の収容施設があるものに限る。）
　　とされている（条例の解説・前注(63) 42頁，滋賀県条例施行規則7条）。
(72)　ただし，例外として，次に掲げる場合について許可を要しない（滋賀県条例14条1
　　項但書）。
　「(1) 建築物の増築または改築をしようとする場合において，当該増築または改築に係
　　　る部分の床面積の合計が10平方メートル以内であるとき。
　　(2) 建築物の増築または改築をしようとする場合において，当該増築または改築に係
　　　る部分が居室を有しないとき。
　　(3) 建築基準法第85条第5項の規定の適用を受ける仮設建築物の建築をしようとす
　　　る場合
　　(4) 前各号に定めるもののほか，建築物およびその敷地の状況等を勘案してやむを得
　　　ないと知事が特に認めた建築物の建築をしようとする場合」
(73)　滋賀県条例15条1項各号には，次のような許可の基準がある。
　「(1) 1以上の居室の床面または避難上有効な屋上の高さが想定水位以上であり，かつ，
　　　次のアまたはイのいずれかに該当していること。
　　ア　当該建築物の地盤面と想定水位との高低差が3メートル未満であること。
　　イ　想定水位下の主要構造部（壁，柱およびはりのうち，構造耐力上主要な部分
　　　に限る。次項において同じ。）が鉄筋コンクリート造または鉄骨造であること。

156

用途に供する建築物については，同条2項各号に適合する場合は許可しなければならない[74][75]。

　ここでの建築規制は，想定される最大規模の洪水が発生した際に，人命を守ることが困難となる地域・建築物がないようにするものであり，県民の生命，身体，財産の保護を掲げる滋賀県条例の目的を実現する手段として用いられるものである。

　このほか，浸水警戒区域内における建築制限について，滋賀県条例14条1項の許可の変更に関する許可（17条）や大規模な盛土等に関する配慮に関する規定（25条）[76]が定められている。また，このような出水災害，浸水被害に対する建築規制としては，名古屋市（「名古屋市臨海部防災区域建築条例」[77]）や宮

　　⑵　同一の敷地内に前号に該当する建築物があること。
　　⑶　付近に次のいずれにも該当する避難場所があること。
　　　ア　次のいずれかに該当するものであること。
　　　　㋐　当該避難場所の地盤面の高さが想定水位以上であること。
　　　　㋑　第1号に該当する建築物または一時的な避難場所としての機能を有する堅固な工作物があること。
　　　イ　当該避難場所に避難することが見込まれる者の人数を勘案して十分な広さを有すること。
　　　ウ　申請に係る建築物からの距離および経路，当該避難場所の管理の状況等を勘案して浸水が生じた場合に確実に避難することができると知事が認めるものであること。
　　⑷　前3号に定めるもののほか，これらと同等以上の安全性を確保することができると知事が認める建築物であること」。
（74）　滋賀県条例15条2項各号には，次のような許可の基準がある。
　　「⑴　規則で定める用途ごとに規則で定める居室の床面または避難上有効な屋上の高さが想定水位以上であり，かつ，次のアまたはイのいずれかに該当していること。
　　　ア　当該建築物の地盤面と想定水位との高低差が3メートル未満であること。
　　　イ　想定水位下の主要構造部が鉄筋コンクリート造または鉄骨造であること。
　　⑵　同一の敷地内に前号に該当する建築物があること。
　　⑶　前2号に定めるもののほか，これらと同等以上の安全性を確保することができると知事が認める建築物であること」。
（75）　社会福祉施設の利用者が緊急時には水平避難することが困難な可能性もあるため，個人の住居許可基準の付近に有効な避難場所があることは含められていない。
（76）　「氾濫原において道路，鉄道その他の規則で定める施設と相互に効用を兼ねる大規模な盛土構造物の設置，改変または撤去（以下「設置等」という。）をしようとする者は，当該盛土構造物の設置等によりその周辺の地域において著しい浸水被害が生じないよう配慮しなければならない」（滋賀県条例25条1項）。
（77）　名古屋市HP「臨海部防災区域建築条例について」（http://www.city.nagoya.jp/jigyou/category/39-6-3-2-6-0-0-0-0-0.html, 最終閲覧令和元年5月5日）参照。

第3章　災害と条例制定

崎市（「宮崎市災害危険区域に関する条例」[78]）の事例などがある。

4　その他の規定（浸水時の避難等）

　滋賀県条例においては，避難に必要な情報の伝達体制の整備に関する定めや（26条）[79]，県による市町への支援等についても定めがあるほか（27条），浸水災害時の県民の責務として，「県民は，浸水被害を回避し，または軽減するため，日常生活において，避難場所および避難の経路，家族等との連絡方法その他浸水が発生した際にとるべき行動を確認するよう努めなければならない」（28条1項），「県民は，浸水被害が発生するおそれがある場合において，河川の水位等に関する情報および避難の勧告等に関する情報に留意するとともに，状況に応じて的確に避難するよう努めなければならない」（28条2項）と規定されている。

　行政の発する情報の遅れ等によって被害が発生，拡大する可能性もある。そうしたことから，災害発生時に行政が情報を適切に収集し，これを発信する設備や体制を保つことも重要となる。この点に関して滋賀県条例26条は，県が河川の水位等に関する情報の迅速な伝達のための体制等を構築するとしていることから，この点の不十分さが指摘される場合の法的責任の根拠ともなる規定となろう[80]。

---

(78)　宮崎市HP「宮崎市災害危険区域の指定について」（http://www.city.miyazaki.miyazaki.jp/life/house/dwelling/1719.html, 最終閲覧令和元年5月5日）参照。http://www.city.miyazaki.miyazaki.jp/fs/7139/youkougaiyou.pdf, 最終閲覧令和元年5月5日「宮崎市災害危険区域内における住宅改築等事業補助金交付要綱の概要」についても参照されたい。

(79)　「県は，浸水被害が発生し，または発生するおそれがある場合における県民の迅速かつ円滑な避難を確保するため，知事が管理する河川について保有する水位，雨量等に関する情報および洪水に関する予報または警報に関する情報（以下「河川の水位等に関する情報」という。）を市町および県民に的確かつ迅速に伝達するために必要な体制の整備その他必要な措置を講ずるものとする」。

　　この規定は，大規模な盛土等が，氾濫流に大きな影響を与えることから，配慮義務の規定を設けたものであり，これに関するガイドラインも定められている（滋賀県土木交通部流域政策局流域治水政策室「流域治水の推進に関する条例第25条に係る盛土構造物設置等ガイドライン」平成27年4月（https://www.pref.shiga.lg.jp/file/attachment/1020441.pdf, 最終閲覧令和元年5月5日））。

(80)　島根県において，水位計設備の老朽化が原因とみられる誤った水位を計測するトラブルが発生した事例のような場合において，損害が発生すれば体制構築の不備が指摘され，国賠法上の違法が認められる可能性があろう。

第2節　滋賀県流域治水の推進に関する条例

　そして，住民に対しては，日頃から浸水被害発生への「そなえ」を行うとともに，河川等の氾濫によって浸水被害が発生ないし発生の可能性がある場合には，情報収集をし，状況に応じた避難行動を求めている。

　一般に，自らの意思に基づいて避難行動の要否を判断し，避難行動を行うかどうかについて最終的な判断に関する責任は，住民一人ひとりに存在するものである。この点，平成29年に改訂された「避難勧告等に関するガイドライン①（避難行動・情報伝達編）」においても，そうした避難行動の原則（避難行動に関する自己責任の原則とでもいうべきか）について記載がある[81]。滋賀県条例は，こうした原則を前提として，住民らに避難に関する備えと災害時の的確な避難行動を促すものであって，この規定によって住民に不利益が生じるというものではない。他方で，住民に対して明示的に努力義務を求める以上，行政にはその前提となる義務が課される可能性はあろう。例えば，滋賀県条例において規定される教育・訓練等に関する規定（31条，32条）は，住民の努力義務に対する行政の果たすべき役割を示したものと解することもできるだろう。

　さらに，滋賀県条例29条は，宅建業者が土地，建物等の売買等に関して，地域の浸水等に関する情報提供に関する努力義務を課している。滋賀県条例による建築規制の対象地域は，条例によって建築基準法39条1項の規定による災害危険区域として指定された場合には，宅建業法上の重要事項説明が必要となるが，その指定の前や，指定されていなくとも危険性のある地域（指定の

---

(81)　このガイドラインにおいては，次のように記されている。「自然災害に対しては，行政に依存し過ぎることなく，『自らの命は自らが守る』という意識を持ち，自分は災害に遭わないという思い込み（正常性バイアス）に陥ることなく，居住者等が自らの判断で避難行動をとることが原則である。
　災害が発生する危険性が高まった場合には，起こりうる災害種別ごとのリスクの程度に対応して，市町村長から避難勧告等が発令される。避難勧告等は一定のまとまりをもった範囲に対して発令されるものであり，一人ひとりに対して個別に発令されるものではない。また，突発的な災害では，避難勧告等の発令が間に合わないこともある。各個人の居住地の地形，住宅構造，家族構成等には違いがあるため，適切な避難行動，避難のタイミングは各居住者等で異なることを理解した上で，災害種別ごとに自宅等が，立退き避難が必要な場所なのか，あるいは，上階への移動等で命に危険が及ぶ可能性がなくなるのか等について，各居住者等はあらかじめ確認・認識し，自ら避難行動を判断すべきである。」（内閣府「避難勧告等に関するガイドライン①（避難行動・情報伝達編）」（平成29年）（http://www.bousai.go.jp/oukyu/hinankankoku/h28_hinankankoku_guideline/pdf/hinankankokugaidorain_01.pdf, 最終閲覧令和元年5月5日）7頁）。

159

第3章　災害と条例制定

要件を満たしていないだけで，洪水が発生した場合には，滋賀県条例によって災害危険区域として指定される浸水警戒区域と同等程度の被害の可能性がある地域など）等についても，情報提供を可能とするものである。

自然災害に関する不動産取引等に関する重要事項説明は，土砂災害防止法において規定されるほか，宅地造成等規制法などでも定められているところである。ただし，法令で網羅できていない部分については，地方公共団体が条例を定めて，災害に関する情報の提供や建築規制を行うこともあり[82]，近時，災害が頻発する中で，地域の実情に即した規制等の重要性が認識されつつあろう。ただし，こうしたリスク情報は，不動産取引価格への影響も懸念されることから[83]，条例の制定や運用においては慎重な検討が必要とされよう[84]。

5　罰　　則

滋賀県条例では，14条等の建築制限に関して，建築物の設置等の許可の申請に関する規定に違反したものに対して，20万円以下の罰金を科すこと（41条)[85]，届出等をしないことや立ち入り検査の拒否等について，5万円以下の

---

(82)　例えば，第1節の西宮市条例や徳島県の「徳島県南海トラフ巨大地震等に係る震災に強い社会づくり条例」の事例など，法律を根拠にして建築規制等を行うもの以外にも，独自の規制を設けているものもある。

(83)　この点，井上亮「水害危険度が地価に与える影響の地域的差異の抽出――水害危険度に対する地域社会の認知度の把握に向けて――」旭硝子財団助成研究成果報告（2016年）（https://system.af-info.jp/research_report/pdf/2016/r-2016-00065.pdf, 最終閲覧令和元年5月5日）も参照。

(84)　必要以上に危険性を指摘することや，危険度を大きく見積もる等によって不動産取引価格等の下落があった場合には，その補償が求められる可能性もあろう。この点は，「想定外」をなくし，いかなる災害にも対応，人命を守るということが地方公共団体に求められるものであるとする場合，規制と住民理解の間での葛藤の原因ともなろう。ただし，極めて稀な災害等について考慮した制度運用であっても，そのようなリスクは，市場価格に大きく影響しない可能性もある。滋賀県条例における「地先の安全度マップ」と地価変動に関しての研究もあるが，平成24年と平成26年の比較となっており，経年分析が不十分でこれだけでは，地価への影響を判断することはできない（森英高＝西村洋紀＝谷口守「水害リスク情報提供が地価の変動に与える影響――「地先の安全度マップ」を活用して――」都市計画報告集14号（2016年）276頁以下参照）。

(85)　「第41条　次の各号のいずれかに該当する者は，20万円以下の罰金に処する。
(1)　第14条第1項または第17条第1項（建築基準法第87条第2項の規定によりこれらの規定が準用される場合を含む。次号において同じ。）の規定に違反した者。
(2)　偽りその他不正の手段により第14条第1項または第17条第1項の許可を受けた者。

過料を科すこと（43条)[86]とする罰則規定を設けている。これらの罰則規定は，当面の間適用されないこととされているが[87]，罰則規定が存在することによる効果（規則を守ろうとする心理が働くとともに，仮に規則が違法・不当なものであったとしても，これを守ろうとする心理など）もあろう。そうした中で，浸水警戒区域に新たに建築物を設置する際に，滋賀県条例14条の建築許可のために，必要に応じて「盛土をしなければならない」等の負担があり，そうした負担が困難であり盛土をしなかった場合に罰則が適用されることが今後発生しうる。ただし，浸水警戒区域の指定にあたっては，地域住民の意見を反映するために協議会を設置し[88]，ここでの協議を経て浸水警戒区域として指定されることから，指定当時の住民は，建築規制や罰則等への理解があるかもしれない。他方で，今後，相続や転入等により新たな住民がその地区に加わることも考慮して，対応策が検討される必要があろう。

　建築物の設置「許可」等は，本来的には自然の自由であるはずの行為を敢えて禁止した際に，その権利自由を回復するものである。そのような意味において，滋賀県条例の（建築）規制が（運用面も含めて）適切であるか次項にて検討する。

6　地先の安全度マップ

　滋賀県では，滋賀県条例に基づき，河川堤防の決壊等による氾濫とともに水路等の内水氾濫も考慮した，想定浸水深の設定を独自に行い[89]，これを「地

---

　　　(3) 第16条第3項（第17条第3項において準用する場合を含む。）（建築基準法第87
　　　条第2項の規定により準用される場合を含む。）の規定に違反した者」。
(86)　「第43条 次の各号のいずれかに該当する者は，5万円以下の過料に処する。
　　　(1) 第19条第1項または第20条の規定による届出をせず，または虚偽の届出を行っ
　　　た者。
　　　(2) 第19条第2項の規定による調査を拒み，妨げ，または忌避した者。
　　　(3) 第21条の規定による報告をせず，または虚偽の報告をした者。
　　　(4) 第22条の規定による立入検査を拒み，妨げ，もしくは忌避し，または同条の規定
　　　による質問に対して答弁をせず，もしくは虚偽の答弁をした者」。
(87)　滋賀県条例付則2項。
(88)　滋賀県条例33条「県，関係行政機関及び地域住民は，第13条第1項に規定する浸
　　　水警戒区域の指定に関する事項その他の地域における浸水被害の回避または軽減に関
　　　し必要な対策に関する事項について協議するため，水害に強い地域づくり協議会を組
　　　織することができる」。
(89)　地先の安全度マップにおける想定浸水深の設定，解析条件については，〈http://

先の安全度マップ」として公表している[90]。この地先の安全度マップは，河川の氾濫に加えて内水氾濫をも分析の対象とし，住民の避難行動の参考になるものとして重要とされる[91]。

　また，この地先の安全度マップは，河川整備の進捗や土地利用の変化などを踏まえて，概ね5年ごとに更新する予定とされており，地域の状況や実情，または新たな科学的知見に基づく降雨や洪水等の予測を取り入れた形で更新されることも考えられる。ただし，こうした防災マップに類するものは，これによって被害がない，または被害が少ないとされる地域に住む，またはその地域の事業者や施設管理者からすると，安心材料になる反面で，被災意識の低下や日頃からの避難の必要性の認識不足に繋がる可能性もある。「想定外を想定」する必要はないものの，地先の安全度マップの情報は，滋賀県内の市町の防災マップ等にも用いられており，防災上の観点から一般的に必要とされる程度の適切なマップの提供をする必要があろう。

第3項　滋賀県条例の検討

　滋賀県条例の具体的内容を基に，以下の点について検討を行う。特に1.条例に基づく建築規制，2.住民の避難のあり方（行政による対策を含む），3.地先の安全度マップと地価等の関係について検討する。

1　条例に基づく建築規制（特に財産権との関係）

　滋賀県条例では，建築基準法39条に基づき出水の災害危険区域を設定することとしており，指定された区域（条例における浸水警戒区域）においては，建築規制を行うこととされている。

　そもそも建築物の設置に関しては，「基本的に，個人が自分の所有地にどのような建築物を建てようと，自由なはずである（建築自由の原則）。しかし，各人が己の恣に建築物を建造したのでは，『国民の生命，健康及び財産』（建築基準法1条）や『都市の健全な発展と秩序ある整備』『国土の均衡ある発展と公

---

　　　www.pref.shiga.lg.jp/h/ryuiki/tisakinoanzendo/files/map_kaisekizyouken_1.pdf, 最終閲覧平成30年1月1日）を参照。
（90）　滋賀県HP「地先の安全度マップ」（http://www.pref.shiga.lg.jp/h/ryuiki/tisakinoanzendo/map_sinnsuisinnzu.html, 最終閲覧平成30年1月1日）参照。
（91）　「地先の安全度マップQ&A集」（http://www.pref.shiga.lg.jp/h/ryuiki/tisakinoanzendo/files/map_qanda.pdf, 最終閲覧平成30年1月1日）についても参照されたい。

共の福祉の増進』（都市計画法1条）が阻害されるおそれがある。そのため，現実には，法律による広汎な規制がかけられているのである」[92]とされるが，財産権の保障の観点からは，いかなる規制をも憲法上適合するものということはできない。滋賀県条例による規制も，財産権の保障や規制の必要性，合理性等の観点から検討する必要があろう。

　財産権については，その内容を「公共の福祉」に適合するように法律で定めることができるとされ，法律によって一般的に制約されることとされるが[93]，その場合においても財産権の基礎をなす私有財産制を根本的に否定することは許されず，制度的保障としての私有財産制の保障を前提として，個人の財産権が基本的人権として保障されるものと解される[94]。

　財産権の規制についての合憲性審査は，その規制立法の性質に応じて，ある場合には「緩やかに」，また，ある場合には「厳格に」判断されるものとされる[95]。森林法事件[96]において最高裁は，「財産権は，それ自体に内在する制約があるほか，右のとおり立法府が社会全体の利益を図るために加える規制により制約を受けるものであるが，この規制は，財産権の種類，性質等が多種多様であり，また，財産権に対し規制を要求する社会的理由ないし目的も，社会公共の便宜の促進，経済的弱者の保護等の社会政策及び経済政策上の積極的なものから，社会生活における安全の保障や秩序の維持等の消極的なものに至るまで多岐にわたるため，種々様々でありうるのである。したがつて，財産権に対して加えられる規制が憲法29条2項にいう公共の福祉に適合するものとして是認されるべきものであるかどうかは，規制の目的，必要性，内容，その規制によつて制限される財産権の種類，性質及び制限の程度等を比較考量して決すべき」であるとし，財産権の種類等，規制の内容等も様々であることを前提として，規制目的が明らかに公共の福祉に合致しない場合や規制手段が目的を達成するための必要性，合理性に欠けている場合に，立法府の判断が合理的裁量の範囲を超えるものについて違憲であるとの判断基準を示した。

---

(92)　板垣勝彦『住宅市場と行政法——耐震偽装，まちづくり，住宅セーフティネットと法——』（第一法規，2017年）162頁。

(93)　芦部信喜（高橋和之補訂）『憲法〔第7版〕』（岩波書店，2019年）243頁。

(94)　野中俊彦＝中村睦男＝高橋和之＝高見勝利『憲法Ⅰ〔第5版〕』（有斐閣，2012年）483頁。

(95)　野中ほか・前注(94) 486頁。

(96)　最大判昭和62年4月22日民集41巻3号408頁。

第 3 章 災害と条例制定

　また，条例において財産権を制限するような規制を設ける場合，条例による
財産権規制が可能かどうか学説上の争いがあるものの[97]，憲法 29 条 2 項[98]
に規定される「法律」は，地方との関係では「条例」を含むものと解され，「条
例で私法上の基本事項に関し定めえないのは当然であるが，地方自治事務に関
連して条例で財産権に制限を加えることもまた当然と解される」[99]とする見解
が一般的である。

　滋賀県条例は，建築基準法 39 条を用いた，災害危険区域の指定に関するも
の（建築基準法の施行条例）であり，この点，法律の委任に基づくものである。
条例による財産権の制約ではあるものの，実態としては，法律の施行条例であ
り，かつ地方自治の事務の範囲内の行為であることから，「条例による財産権
の制約」として条例の規定自体が問題となるものではない。

　しかしながら，ここで，条例によって建築制限を行うこと自体には問題がな
いとしても，規制目的の合理性，規制手段（制約の程度や方法，罰則等のあり方）
の必要性・合理性等を検討する必要があることとなる。

　滋賀県条例の目的は，浸水被害から「県民の生命，身体および財産」を保
護し，「安全な地域の実現」を図ることにあり（同条例 1 条），これは，建築基
準法の施行条例としての性格から，建築基準法の目的が内在しているといえる。
この際，建築基準法の目的は，「国民の生命，健康及び財産」の保護であるこ
とから（建築基準法 1 条），公共の福祉に合致する重要な目的であることは明ら
かである。

　他方でその規制手段については，検討の余地があろう。すなわち，県民の生
命，身体，財産保護を目的に浸水被害を防ぐための規制のあり方として，建築
規制を行うことについて，その態様，程度が適切なものであるかという点であ
る。滋賀県条例は，浸水被害を防ぐために災害危険区域を指定するものである
が，ここでの規制は，浸水被害を防ぐにあたり，浸水被害の危険性の高い（人
命に関わる危険性がある）地域に関しては，要件を満たさない限り建築物の設
置を認めないというものである。

　そのような規制は，規制の程度としては厳格なものであり，必要性等を満た

---

(97)　野中俊彦＝中村睦男＝高橋和之＝高見勝利『憲法 II〔第 5 版〕』（有斐閣，2012 年）
　　　383 頁。

(98)　財産権の内容は，公共の福祉に適合するやうに，法律でこれを定める。

(99)　佐藤幸治『日本国憲法論』（成文堂，2011 年）313 頁。

164

第2節　滋賀県流域治水の推進に関する条例

すものであるかは，個別の事情を斟酌する必要がある。奈良県ため池訴訟最高裁判決(100)によれば，消極目的ないし警察目的による奈良県のため池条例に基づく財産権の制限に関しては，憲法29条の問題ではなく(101)，当該条例の定めが違憲とされるものではないとされる(102)。滋賀県条例は，建築基準法39条の基づくものであり，その目的は，いわゆる消極目的，警察目的にあたるものであろうが，そうした目的をもって，直ちにいかなる財産権にかかる規制をも「当然に受忍しなければならない」とされるものではなく，規制される財産権の内容や規制の態様等に照らして検討される余地がある。

　特に，滋賀県条例は，罰則規定を設けており(103)，形式的にも厳格な規制であるということができる(104)。そもそも，自ら所有する土地に自らの住居等の建築物の設置を行うことは自由であることが前提であるから，法令による建築規制では，耐震，耐火等の要件を満たせば建築物の設置が認められる。これを特定の地域において，災害が発生する「おそれ」があることから，条例によって厳格な規制を設けるということとなれば，これに対する住民の理解が得られるかが鍵ともいえよう(105)。

――――――――――――

(100)　最大判昭和38年6月26日刑集17巻5号521頁。

(101)　奈良県ため池訴訟最高裁判決においては，「ため池の堤とうを使用する財産上の権利を有する者は，本条例一条の示す目的のため，その財産権の行使を殆んど全面的に禁止されることになるが，それは災害を未然に防止するという社会生活上の已むを得ない必要から来ることであつて，ため池の堤とうを使用する財産上の権利を有する者は何人も，公共の福祉のため，当然これを受忍しなければならない責務を負うというべきである」として，消極目的ないし警察目的による財産権の制約を肯定する。

(102)　小早川光郎＝青柳馨編『論点体系　判例行政法1』（第一法規，2017年）57頁。

(103)　建築基準法107条により，同法39条2項に基づく条例の違反者に対して，罰則を設けることができる旨定めがある。

(104)　先に例示した，災害危険区域に関する，宮崎市，名古屋市の条例においては罰則規定を設けていない。

　　　滋賀県条例においては，罰則規定を実効性確保のために用いているが，他方で，罰則規定については当分の間適用しないこととされている。刑事罰を科す場合には，捜査機関との協議等も必要となるが，行政上の秩序罰（過料等）についても，その導入・運用には慎重な対応が必要とされる（須藤陽子「地方自治法における過料」行政法研究11号（2015年）34-35頁）。

(105)　災害発生の「おそれ」のようなものについては，起こりうるリスクをどのように捉えるべきか議論があろう。そもそも，リスクに関しては，各人によって認識が異なるもので（下山憲治「原子力『安全』規制の展望とリスク論」環境法研究3号（2015年）17頁），これに対するコンセンサスを得ながら，地域住民間での意思統一が図られることが望まれる。その意味において，滋賀県条例では，災害危険区域指定に当

第 3 章　災害と条例制定

　この際，建築物の設置を禁止するような建築規制は，財産権を制約するものとして違憲の可能性が指摘されることもある[106]。滋賀県条例は，建築物の設置を全く認めない（全面的な禁止）のではなく，（盛土や構造等の）要件が満たされなければならないとするものであって，建築物設置の全面禁止の場合とは異なるものの，盛土等による要件を満たすことが困難な程度のものとなる場合（事実上の建築禁止に等しいと判断される場合）は，違憲の可能性が指摘されるだろう[107]。

2　住民の避難のあり方

　次に，住民の避難のあり方についてであるが，これは浸水に備える対策として，①行政（県）による情報伝達体制の整備，②浸水時の県民の避難行動について条例に定めがある。

　滋賀県条例が規定する行政（県）が避難に必要な情報を伝達することは，避難を呼びかけるための情報提供にあたり，災害発生直前・直後における情報提供である[108]。

　　たって，当該地域住民の合意形成の下で行われることとされる（平成 29 年 5 月，10
　　月滋賀県ヒアリングより）。
(106)　東日本大震災の津波被災地において，条例に基づく災害危険区域の指定によって
　　建築制限を行うことについて，「住宅の新増築を禁止するには，リスク（津波の危険
　　性とその発生確率の積）が相応に高くなければならないが，ここでは，津波が発生す
　　れば危険だというだけで，その発生確率の説明がないので，リスクの説明がない。毎
　　年襲ってくる台風で崩れそうな崖の下ならともかく，何十年，何百年に一度襲来する
　　かもしれない大津波対策を念頭におくならば，何百年に一度失われる建物の損失（低
　　いリスク）と何百年間その土地を利用することによる利益（高い便益）を比較すれば，
　　後者の方が大きいことは計算するまでもなく明白である。そして，住宅建築禁止は，
　　住宅地においては，土地の本質的な部分を剥奪するものであるから，リスクと比較し
　　て財産権を過度に制限して違憲であろう」とするものもある（阿部・前注(51) 22 頁）。
(107)　滋賀県では，宅地嵩上げ浸水対策促進事業として，「『浸水警戒区域』内の既存住
　　宅の，住宅の改築（建て替え）および増築時に，地盤の嵩上げ（盛土，法面保護）
　　工事，RC 造，ピロティ化等工事の費用を助成」することが考えられている（「6 支
　　援制度に関することについて」(http://www.pref.shiga.lg.jp/h/ryuiki/jyourei/faq.
　　html#q0413, 最終閲覧平成 30 年 1 月 1 日) 参照)。
　　　ただし，費用負担も少ないものではなく，指定地域が増えていくにつれて，この点
　　の課題は増えていくことになろう。
(108)　自然災害に関して，行政による情報提供がなされるものは，こうした災害発生直
　　前・直後の警報等のほか，「水防法 15 条 3 項に基づく浸水想定区域の周知義務のよう
　　に，災害発生前から住民らに災害の危険性を周知させ，実際に災害が起きる場合への

第 2 節　滋賀県流域治水の推進に関する条例

　行政の情報提供によって避難行動を開始する住民も多数おり[109]，特に洪水等については，河川の状況，氾濫の程度等についての情報を個人が収集することは危険が伴い困難である。そうしたことから，災害時の避難情報については，災害の状況に照らして情報提供や避難の呼びかけ[110]がなされることになる。

　滋賀県条例は，こうした避難情報に関して，適切な伝達ができるよう体制の整備等を講じることとしているが，そのような体制等を備えていないことによって被害が生じ，または拡大した際には，この規定が法的責任の根拠ともなる可能性もあり，注意が必要である。

　災害時の行政の責任について，陸前高田津波訴訟一審では，陸前高田市が非常用電源装置を完備（ここでは，情報収集や水門の閉鎖等に必要とされる全電力を確保することをいう）していなかったことについての不作為責任が追及されたが，裁判所は，「本件地域防災計画は，その文言に照らし，防災行政無線等の通信施設やこれに係る非常電源設備の整備等を推進するにとどまり，被告市に対して，特定の通信設備や非常電源装置の整備を具体的に義務付けたものとま

　対応を促す立法のように，事前に災害情報を提供していく場合がある」（北村和生「行政の情報提供義務と国家賠償責任」行政法研究 19 号（2017 年）83 頁）。

　なお，滋賀県条例においては，宅建業における宅地の売買等について，降雨時における浸水想定の情報等について提供することの努力義務が課されている（滋賀県条例 29 条）。

　ここでの情報提供の実施状況について，国立研究開発法人土木研究所水災害・リスクマネジメント国際センターと芝浦工業大学，兵庫県立大学の共同研究である「滋賀県流域治水の推進に関する条例第 29 条に定める水害リスク情報の提供努力義務に関するアンケート調査」（https://www.pwri.go.jp/icharm/special_topic/pdf/questionnaire_risk.pdf, 最終閲覧令和元年 5 月 5 日）におけるアンケート調査において，常に情報提供を行っているとする宅建業者は，50 ％である。

(109)　例えば，石塚久幸 = 和田晃平 = 宮島昌克「土砂災害における住民の避難行動思考と自治体の避難情報提供の実態に関する考察」自然災害科学 33 号（2014 年）によれば，平成 23 年台風 12 号における那智勝浦町の住民アンケートにおいて，避難したタイミングとして，「避難準備情報・避難勧告・避難指示の発令によって避難した」とする者が全体の 47 ％にのぼり，また，避難情報入手手段として「防災行政無線」とする者が 345（有効回答数 776：複数回答可）で最も多く，次いで「テレビ」，「有線放送」とされている。また，「広報車（消防による広報も含む）」は 84 で，「有線放送」に次ぐ回答数となっている（同著 131 頁）。

(110)　平成 29 年に「避難勧告等に関するガイドライン」が改定され，行政による避難の呼びかけについては，従来の「避難準備情報，避難勧告，避難指示」から「避難準備・高齢者等避難開始，避難勧告，避難指示〈緊急〉」にそれぞれ改められている（内閣府 HP（http://www.bousai.go.jp/oukyu/hinankankoku/hinanjumbijoho/, 最終閲覧令和元年 5 月 5 日）参照）。

167

第 3 章　災害と条例制定

では解されないし，全ての通信機器を賄えるような予備電源を備え置くことまでをも求めているとは到底解されない。また，……被告市には，本件地震当時，防災行政無線，防災行政情報通信ネットワーク，総合防災情報ネットワーク及びJアラート等の通信機器並びに予備電源が整備されていたのであり，予備電源がこれらの通信機器の全てをまかなうことができるだけのものではなかったとしても，それをもって違法と評価することはできず，他に被告市における設備等が不十分であったと評価できるような事実を認めるに足りる証拠もない」として，非常用電源装置の完備がなくとも違法とならないとした。

他方，こうした完備が義務づけられている場合等には，その不作為の違法が認められる可能性もあり，滋賀県条例が，体制整備を謳い，それを県に求めている以上，必要な範囲での体制整備等が行われなければならないだろう。科学技術の進歩により，降雨情報や河川の情報の収集，伝達も従来に比べて行い易くなっていることと思われるが，それでもなお災害とその情報の収集，伝達の間のタイムラグが生じていることから，観測装置の設置や更新のみならず，国や市町との連携，職員の訓練等，様々な方法を用いて災害に備えることが必要であろう。

また，滋賀県条例では，住民の避難行動についても規定があり，ここでは，①日頃からの備え（避難場所，避難経路の確認や家族との連絡方法等），②災害の可能性がある際の情報収集（河川水位や避難勧告等の情報収集）を行い，的確な避難に努めることとされる。

住民の避難行動は，原則として住民個人の判断によるものであるが[111]，次節において触れる避難行動要支援者[112]との関係では，家族や地域，関係機関等が事前に避難計画を考えておくことも重要である。

他方で，避難はもっぱら住民らの責任において行動すべき事項であるということをもって，行政の責任逃れと捉えられることになってはならない。県も市町と連携し，避難行動要支援者等の支援策や避難場所等の整備，また子ども達の安全確保（学校における被災や下校後の避難に対する安全対策[113]）等も行わな

---

(111)　内閣府・前注(81) 7頁。

(112)　避難行動要支援者制度については，内閣府HP（http://www.bousai.go.jp/taisaku/hisaisyagyousei/youengosya/，最終閲覧令和元年5月5日），および第3節参照。

(113)　災害による学校事故に関する訴訟（東日本大震災における事例等）においては，学校側の注意義務を相当程度引き上げる判断をしており（野蒜小学校訴訟控訴審（仙台高判平成29年4月27日裁判所ウェブサイト掲載）やサッカー落雷事故訴訟上告審

ければならないだろう。

　条例において，住民らに避難に関する努力義務規定を設けたことによって，そうした努力義務を適切に履行しなかった場合には，行政の避難勧告等の発令・不発令等を問うような国家賠償訴訟において，これを考慮した過失相殺がなされる可能性もある。住民らは，日頃から，自らの安全は自らの責任において守るという意識を持つ必要があり，そのような意味において，滋賀県条例の定めは啓発的な意義があろう。

3　地先の安全度マップと地価等の関係

　滋賀県条例において，浸水警戒区域に指定される地域等，浸水災害発生時に浸水するおそれのある地域については，地先の安全度マップによって浸水の程度の分類がなされることになる。これらは，行政の情報提供の中でも，避難を呼びかけるもの（災害発生直前・直後における情報提供）とは異なり，「事前に災害情報を提供していく場合」[114]にあたる。ここで，事前の情報提供によって，地価が下落する等が生じる場合には，その程度によって財産権との問題が生じる可能性があろう。

　そもそも，地先の安全度マップにおいて浸水想定がなされ，浸水災害発生時に浸水する「おそれ」があるとされる地域の浸水の危険度は，抽象的危険に過ぎないものである。災害の発生自体は，直前の予知・予測がある程度可能なものもあれば（豪雨や土砂災害等），現在の科学技術をもってしても直前の予知・予測は不可能なものもある（地震や火山の噴火等）。こうした災害が発生する可能性はゼロではないにせよ，一ヶ月先や数年先に起こりうる災害を正確に予測できるものではない。このため，地先の安全度マップを初めとする防災マップや防災計画等は，そうした災害が起こる可能性を考慮して，事前に住民らに情報提供するものである。

　抽象的危険とは，「危害発生の可能性がある（抽象的危険）」[115]とも表現されるように，災害についてはこれが発生する可能性がある場合というべきであろ

（最二小判平成 18 年 3 月 13 日集民 219 号 703 頁）など），浸水災害発生時においても裁判所は，他の災害同様に学校側の注意義務を厳格に判断することや予見可能性を広範に認める判断がなされる可能性がある。

(114)　北村・前注(108) 83 頁。

(115)　最二小判昭和 59 年 3 月 23 日民集 38 巻 5 号 475 頁。

う。そうした災害発生の可能性について，どの程度の頻度や被害を考慮するか
は難しい問題である。災害による被害想定が大きく見積られたにもかかわらず，
実際に発生した災害が小規模であったような場合に，建築規制や災害発生可能
性の情報提供による財産権への影響（地価の下落等）があるとすれば，訴訟等
によって行政の責任が問われる可能性もある。

　滋賀県条例に基づく地先の安全度マップは，200年に一度の降雨による浸水
災害の発生を想定しているものの，こうした災害が発生する可能性は切迫して
いるものではなく，そのような可能性（リスク）に対して，どの程度のリスク
を考慮して安全対策を行うか，安全対策の内容をどのようなものとするのか検
討しなければならないだろう。こうしたリスクに対する安全対策においては，
過剰な対応を行えば（低いリスクに対して，厳格な規制を行う等），その措置には
違憲の可能性がある[116]。

　他方で，リスクに対する規制の正当化根拠として，「民主的正統性」[117]が用
いられることもあり，そのような意味において，滋賀県条例は，浸水警戒区域
の指定に際しては対象地域の住民の同意を前提としているところ，慎重な対応
をしていることがうかがえる。

　しかしながら，今後想定されうる指定後に移住してくる住民や指定後に相続
等により，指定地域に不動産を所有することとなる者との関係において問題が
生じる可能性もあり，新たな住民等の流入に備えた対策を検討していく必要が
あろう。

第4項　滋賀県条例と災害に関する法制度や判例等との比較

　上述してきた滋賀県条例であるが，条例の有する課題や災害に備える各地方
公共団体の条例活用について，他の災害事例，判例と比較しつつ若干の検討を
行う。

1　災害と国家賠償訴訟

　災害と国家賠償訴訟に関して，東日本大震災における訴訟では，特に津波災
害に関して行政の責任を問う訴訟の提起がなされてきた。前述の非常用電源の

---

(116)　阿部・前注(51) 22頁。

(117)　リスクと民主的正統性については，松本和彦「原発再稼動と民主的意思形成」行
　　　政法研究 12号（2016年）65頁以下も参照。

第2節　滋賀県流域治水の推進に関する条例

整備等が争点になったもののほか，学校において（津波災害に）被災した児童，地域住民らに対する学校側の責任等が争点となったものもあった。

　非常用電源の整備等に関しては前述したところであるが，学校における被災との関係でも，学校が指定避難所(118)や指定緊急避難場所(119)として災害時の避難の用に供する場として使用されることから，滋賀県条例との関係においては，災害発生時の避難場所等として使用される学校等（学校のほか病院，社会福祉施設等）の安全（浸水しない場所を避難場所とすることや，津波避難ビルのような避難ビル等を浸水災害においても指定し，確実な避難が実施できるような環境整備等）が確保されるよう，対策をとる必要が求められるだろう。避難場所等の指定にあたっては，そうした避難場所等と住居，事業所等との距離関係に加えて，安全な場所に立地しているかどうかも重要である。災害の種類によって避難場所等が異なる場合があるが，避難する住民が混乱しないよう避難場所等の統一(120)や避難場所等の周知が必要である(121)。

　滋賀県条例が対象としている浸水災害との関係では，伊勢湾台風訴訟において，「堤防の設置または管理に瑕疵があるとは，堤防の築造およびその後の維持，修繕，保管作用に不完全な点があつて，堤防が通常備えるべき安全性を欠いている状態にあることを意味するが，……そもそも国または公共団体が堤防を設置してこれを管理する目的は，堤防によつて国土を保全し住民の生命財産等を保護するにあるのであるから，堤防は右目的を達成するに足るだけの安全

---

(118) 災対法49条の7に定めるもので，災害時に避難のための立退きを行った居住者，滞在者その他の者を避難のために必要な間滞在させ，または自ら居住の場所を確保することが困難な被災した住民その他の被災者を一時的に滞在させるための施設として指定避難所が指定されている（平成25年災対法改正前の避難所に相当）。

(119) 災対法49条の4に定めるもので，災害が発生し，または発生するおそれがある場合における円滑かつ迅速な避難のための立退きの確保を図るために指定緊急避難場所が指定されており，住民等が緊急に避難する際の避難先として位置づけるもので，住民等の生命の安全の確保を目的としている（平成25年災対法改正前の指定避難場所に相当）。

(120) あらゆる災害においても避難場所等として用いることができる場所を確保することも重要であろう。他方で，あらゆる災害に対して安全な場所に避難場所等を設置することは，避難場所等の数，収容者数との関係においても困難であり，避難の方法，避難場所等のあり方については，地域ごとの実情に即して検討する必要がある。

(121) 盛岡地判平成29年4月21日裁判所ウェブサイト掲載では，釜石市鵜住居地区防災センターに避難した住民が津波災害に被災し多数の死者が出たことにつき，同センターが避難場所に指定されていないことの周知等について争われた。

171

第3章　災害と条例制定

性を保有する構造を持たなければならず，したがつて通常発生することが予想される高潮等の襲来に対してはこれに堪え得るものでなければならない」とされている[122]。堤防というハード面の対策との関係ではあるが，ここでは災害に対して通常備えるべき安全性を保持しなければならないとされ，その意味において適切なリスク管理がなされる必要があろう。

　また，同じく水害事案である大東水害訴訟では，「我が国における治水事業の進展等により前示のような河川管理の特質に由来する財政的，技術的及び社会的諸制約が解消した段階においてはともかく，これらの諸制約によつていまだ通常予測される災害に対応する安全性を備えるに至つていない現段階においては，当該河川の管理についての瑕疵の有無は，過去に発生した水害の規模，発生の頻度，発生原因，被害の性質，降雨状況，流域の地形その他の自然的条件，土地の利用状況その他の社会的条件，改修を要する緊急性の有無及びその程度等諸般の事情を総合的に考慮し，前記諸制約のもとでの同種・同規模の河川の管理の一般水準及び社会通念に照らして是認しうる安全性を備えていると認められるかどうかを基準として判断すべきであると解するのが相当である」とされている[123]。文言は異なるものの，伊勢湾台風訴訟と同趣旨のものと解されるが，堤防の安全性については，各種事情の総合考慮に基づくものとされ，ここで発生の頻度等についても考慮することとされる。

　上記のような，水害リスクとの関係では，滋賀県条例における「地先の安全度マップ」の適正さ，条例において建築制限等の措置を講ずる目安となる「200年に一度」程度の頻度で発生する浸水災害対策の適正さが問題となろう。

　ただし，災害と国家賠償の関係では，災害に関する行政の責務・権限が，国と地方では異なり，地方間でも都道府県と市町村でその責務・権限が異なっており，滋賀県条例自体が適法，適正なものであっても，その運用段階で県や市町の行為が不適法，不適正とされることもある点について留意する必要がある。

2　佐用町豪雨災害

　平成21年8月に台風9号の影響による佐用町集中豪雨は，その記録的な大雨によって浸水災害等を生じさせ，佐用町内で20名の住民が死亡するという大きな被害をもたらした。

（122）　伊勢湾台風訴訟・名古屋地判昭和37年10月12日下民13巻10号2059頁。
（123）　大東水害訴訟上告審・最一小判昭和59年1月26日民集38巻2号53頁。

172

第2節　滋賀県流域治水の推進に関する条例

　豪雨時の避難をする途中に河川に流され死亡したものと見られる住民らの遺族が，佐用町の避難勧告発令権限の不行使等をめぐって訴訟提起し，裁判所が市町村の為す避難勧告発令責任について判断を示した（神戸地姫路支部判平成25年4月24日判自372号40頁[124]）。ここでは，滋賀県条例との比較の点を中心に述べる。

　同判決では，避難勧告等は，行政指導に該当するもので，法的拘束力は有しないものの，「市町村長による避難勧告の発令は，助成的・受益的行政指導の面を有する一方で，その対象となった地区住民らに対し，避難のために自宅等から立ち退き，別の場所にある避難場所へと移動する等という具体的な行動をすることを，任意であれ，求めるものである以上，これが住民等に与える影響・不利益は，決して小さなものではな」く，「違法性の判断においても，処分行為と異なる判断をすべき理由はない」として，住民らに対して発せられる避難勧告等が国家賠償訴訟の対象となることを示した。

　その上で，「災害対策基本法は，……常に避難勧告を発令すべき旨を市町村長に義務付けているものではなく，市町村長の裁量において避難勧告を発令するかどうかを決定する権限を与えたもの」であり，避難勧告発令の判断は，「市町村長の専門的判断に基づく合理的裁量に委ね」られており，避難勧告権限の不行使の判断は，「具体的事情の下において，市町村長に……権限が付与された趣旨・目的に照らし，その不行使が著しく不合理と認められる時でない限り，違法と評価されることはない」とする避難勧告発令等の違法性判断基準が示された。これに照らして，佐用町長に「裁量権を逸脱する権限不行使又は行使があったということはでき」ず，損害賠償責任は認められないとした。

　佐用町の事例からすると，被災者の避難と避難勧告の発令等の因果関係の証明が困難であっても，当時の豪雨災害の状況を佐用町が定めていた避難勧告の発令基準と照らした場合，当時の河川の水位や降水状況からそれが明らかに避難勧告の発令基準を充たし，かつ避難勧告を発しないことについての合理的な理由が存在しないのであれば，避難勧告を発令しなかったことについての国家賠償責任が認められる可能性がある。すなわち，違法ないし不十分な避難勧告の発令等と因果関係を有する住民の避難行動によって住民らの生命，財産等へ

---

(124)　村中洋介「地方公共団体の発する避難勧告の適法性──佐用町集中豪雨事件を事例に〔神戸地裁姫路支部判決平成25年4月24日（判例地方自治372号40頁）〕──」自治体学：自治体学会誌28巻2号（2015年）29頁以下参照。

173

第 3 章　災害と条例制定

の影響が生じた場合には，国家賠償責任が認められるものと考えられる[125]。

　地方公共団体の発する避難勧告や直接確認できる予兆現象の情報（崖崩れ等）が，住民の避難行動に結びつくものであり，ニュース等で得ることができる降水（降雨）量の情報では，住民が危険性を理解することは難しいとする報告もある[126]。地方公共団体が災害時に発する避難勧告等は，直接住民の避難行動に結びつくものとして，住民の生命，財産を守るための役割は大きいものだろう。そのような意味において，滋賀県条例の運用に当たって，住民の責務として，情報収集に努めるよう求めているが，市町，場合によっては県が避難情報を適切に伝えることも必要であろう。

　滋賀県条例により浸水警戒区域として指定された米原市村居田地区（同地区の中でも想定浸水深が大きい地点）では，浸水（内水氾濫）の状況が確認できるよう米原市によって監視カメラが設置され，カメラの映像は住民もスマートフォン等で確認ができるようになっている[127]。市町による避難情報の発信によって，被害の発生のおそれや実際の被害発生を住民自らが確認できるようになり，住民の避難の効率化や避難遅れの解消に資するものへ期待される。各種災害について事前に，この地域は「危険である」という認識を住民，行政が共有し，災害を想定した対応を行うことは，国，各地方公共団体に課せられた責務であろう。

　他方で，米原市のように，各種対応を行っている場合であっても，避難勧告等の発令についての国家賠償責任が免除されるわけではなく，災害時の行政本来の対応も十分にこなす必要があることは，今一度付言しておく。

3　東日本大震災に関する訴訟

　東日本大震災に関する訴訟（主に国家賠償訴訟）では，災害の予見可能性や結果回避の可能性を考慮した判断がなされているが，その前提として，行政等の災害に対する備え（責務）について言及されている[128]。

---

(125)　避難勧告と避難指示を分けて，避難勧告については，「損害賠償等は原則的に考えられない」とするものもあるが（荏原明則「避難勧告と避難指示」法教 242 号（2000年）3 頁），事例によっては避難勧告についての損害賠償が認められる余地があろう。

(126)　奥村誠＝塚井誠人＝下荒磯司「避難勧告への信頼度と避難行動」土木計画学研究・論文集 18 巻 2 号（2001 年）315 頁。

(127)　平成 29 年 10 月，滋賀県，米原市ヒアリングにて。

(128)　東日本大震災にかかる訴訟については，村中洋介「災害と国家賠償——津波警報

174

法律上に求められる責務のほか，各種取り決め等を考慮して判断する場合もあるが，地域防災計画を根拠とする例がある[129]。

災害時，特に東日本大震災のような大規模災害時においては，行政の情報収集・情報発信の遮断・遅滞も考えられることから，住民らが自主的に情報収集を行い，避難等の判断をする必要がある。こうしたことから，国のガイドライン[130]においても，従来から災害からの避難の責任は最終的に住民に存在するとされてきた。そのような理解は，東日本大震災にかかる訴訟においても示されている[131]。

他方，大人よりも判断力の劣る子どもの避難については，野蒜小学校訴訟や大川小学校訴訟において，「教員は，自らの判断で自主的に避難することのできない児童らを，可能な限り津波による被災を回避し得ると合理的に予想される場所に避難させるべき義務を負っていた」（大川小学校訴訟一審）などとして，関係者（訴訟では教員ら）の注意義務を重く認定しており，その注意義務を前提として，広範な予見可能性や高度な安全性の確保が求められるとされる。ただし，これは国家賠償訴訟に限られるものではなく，私立学校等でも同様の注意義務を求められることとなろう[132]。そうすると，災害時に「自らの判断で自主的に避難できない者」として位置づけられるであろう，障害者や高齢者，妊婦，そのほか外国人や旅行者等の災害時要援護者[133]とされる者についても，行政や

の適法性と地方公共団体による避難誘導（行政の責務）」宇賀克也責任編集『行政法研究』16（2017年）47頁以下，村中洋介「災害時の学校・避難場所としての責務：野蒜小学校津波訴訟──仙台地判平成28年3月24日（判時2321号65頁），仙台高判平成29年4月27日（裁判所ウェブサイト）──」自治体学：自治体学会誌32巻1号（2018年）64頁以下，村中洋介「大川小学校訴訟控訴審判決」自治研究94巻7号（2019年）143頁以下も参照されたい。

(129) 陸前高田津波訴訟一審・盛岡地判平成27年2月20日判時2268号91頁。また，地域防災計画を予見可能性判断の根拠として扱うものもある（高知地判昭和59年3月19日判時1110号39頁）。

(130) 内閣府・前注(81)7頁。

(131) 「住民らは，児童とは異なり，災害が発生し，又はその発生の兆候が認められる場合には，自らの生命，身体を守るために，自ら情報を収集して分析，判断して行動する能力を有しているから，基本的には，自己の責任において適切と思われる避難行動をとることが可能である。」（野蒜小学校訴訟控訴審），「地域住民は，原則として自らの責任の下に避難の要否や方法を判断すべきものであり，教員は同住民に対する責任を負わない」（大川小学校訴訟一審）。

(132) 石巻私立幼稚園訴訟・仙台地判平成25年9月17日判時2204号57頁。

(133) 災対法上の災害時要支援者の対象よりも広範なもの。

第 3 章　災害と条例制定

施設管理者，関係者の注意義務が通常よりも重く認定される可能性がある。

　各種災害に応じて，避難場所等が設けられているものの，地域防災計画における指定を受けているものもあれば，そうではなく地域住民の間で集会所や寺社，個人の住宅等が避難場所として情報共有されているものもあろう。行政が指定している避難場所等を開設するのが困難な状況がある場合など，地域における避難場所等が運用される効果はある[134]。ただし，釜石市の事例（注121）のように，住民が指定の避難場所を認識できていないとする訴えや行政に頼らずに「共助」を行う際の責任の所在など，解決すべき課題は残る。そのような意味において，法的枠組みにとらわれない制度設計も必要となろう。

　東日本大震災においては，事業者の労働者に対する責務について問われたものもある。

　七十七銀行女川支店訴訟控訴審[135]では，「より遠く，より高い場所に避難すれば津波からの安全性は高まることになるから，特定の場所を避難場所として予定している場合においても，それよりも安全な場所は広範に存在し得ることになる。これらの事情を考慮すると，津波の高さや到達時刻等に関する予想を考慮せずにより安全な場所の存否を基準とする避難行動を義務付けるとすれば，際限のない避難行動を求められ，結果的には，事後的に判断して安全であった避難場所への避難が行われない限り義務違反が認められることになりかねない。よって，より安全な避難場所がある場合にはそこに避難すべき旨の安全配慮義務を課することは，義務者に対して，不確定ないし過大な義務を課することになるから相当とはいえない」と示し，広範な予見可能性等を求めるものではないものの，災害に応じて適切な対応が求められるとする。事業者が労働者に対してどのような避難をさせるか，これに対する備えを行うかも重要であり，滋賀県条例の浸水警戒区域の指定が広がり，工場や商業ビル等といった事業所のある地域もここに含まれれば，事業者は対策を講じることが求められよう。

　住民や事業者等への影響のある滋賀県条例の場合，行政の役割とともに，住民が自らの役割を理解し防災に協力するという体制の構築も重要となる。第一

---

(134)　滋賀県条例の浸水警戒区域に指定された村居田地区においても，地域における避難場所が住民の間で共有されている（平成29年10月，滋賀県，米原市ヒアリングにて。）。

(135)　仙台高判平成27年4月22日判時2258号68頁。

義的な責任の所在はもとより，「自助」「共助」「公助」という災害時のあり方そのものを検討していく必要があろう。災害対策基本法（以下「災対法」という。）は行政の役割を定めることが中心であるが，こうした傾向は災害法制全般にいえる。警戒すべき災害の種類や住民の性質（年齢や労働状況等）は地域によって異なるもので，防災への関心にも地域差があろう。そのような中で，条例等を活用して地域に合わせた「自助」「共助」の体制を構築することも必要であろう。しかしながら，思うに防災面での「自助」「共助」を語る上では，わが国の地方公共団体の区割りは広すぎるもので，より狭い範囲での防災対策を積極的に行うことができる制度設計が必要とされよう。

第5項　小　　括

　水害には，大きな河川の氾濫や巨大堤防の決壊等によらず，小河川によって引き起こされる内水氾濫も数多くある[136]。滋賀県条例は，大河川からの氾濫のみならず，小河川や水路からの氾濫（いわゆる内水氾濫）も考慮した地先の安全度マップを用いて，浸水災害のリスクに一定の線引きをし，規制を行うものである。水防法に基づく浸水想定は大河川からの氾濫を想定しているもので，地先の安全度マップは，これによって想定できない氾濫についても考慮し，安全を確保する施策を講じている。

　滋賀県では，河川整備等として事業計画があるものでも今後約6,000億円分の事業が必要であると見積もられており，年間60億円弱の事業費を計上している[137]が，このペースでいくと全事業が完了するのに100年以上かかることとなる。滋賀県では河川が多く，また天井川が数多くあることから，住民は水害の危険性と隣り合わせの状態であり，河川整備事業が完了するのを待つのではなく，滋賀県条例を根拠として住民も協力しながら，生命を守ることを第一とした対策が採られている点は注目すべきであろう。

　条例内容の適法性等については，条例自体の問題が全くない（解消されていない）わけではない。平成31年4月1日現在，滋賀県条例による浸水警戒区域は，米原市村居田地区および甲賀市信楽町黄瀬地区であるが，今後，指定地域が増えると条例の問題が顕在化してくる可能性もある。

---

(136)　荏原明則「普通河川の管理の法的課題」法と政治62巻2号（2011年）1頁以下。

(137)　滋賀県条例制定後，毎年の事業費は増加しており（近年で少なかった平成23年度は約35億円），条例制定によってハード対策が削られているわけではない。

第3章　災害と条例制定

第一に，建築制限に関して，罰則を設けた規制（厳格な規制）であるが，現在は当面の間，罰則適用はないとするものの，指定地域が広がり，罰則が適用されることとなると，その是非が問われる可能性がある。そこでは罰則の適法性や建築制限の適法性が争われるだろうが，こうした規制の前提として住民の合意形成があるとはいっても[138]，現在は運用段階で合意形成をするとされているのみであるため，指定に対する賛否に応じて住民が（合意形成のプロセス）それを悪用する可能性や行政が合意形成を前提としない運用へと転換する可能性もある。この点は，条例の見直しや（合意形成配慮にかかる）運用基準の策定等によって今後改める必要はあろう。

第二に，住民の避難行動に関して，地域における（地区ごとの）住民側の準備・対策と，それを支援する行政側の準備・対策との調整の必要性がある。例えば，前述の村居田地区では，行政が河川水位の監視カメラを設置することや住民自身が避難場所等（指定緊急避難場所等の地域防災計画に定めるもの以外の避難場所等）を確認するようにしている。日頃から心構えをしている地域，住民は，避難行動の際に，それほど大きな問題は生じないだろうが，その全てが対策に積極的な地域，住民，市町だけであるとは限らない。また，水害発生時には，土砂災害も同時に発生する可能性があり，この点の対策等も重畳的に行う必要があろう。いずれにせよ，行政においても既存の制度枠組みにとらわれない柔軟な対策が求められるといえる。

地域の中で住民自身が決めている避難場所等，すなわち地域防災計画において指定されていない避難場所等（指定されていない集会所，病院，商業施設，寺社等）については，行政の支援や安全性の確保が可能となるよう，耐震，耐水補強といった建築物自体の安全性確保策のほか，地理的安全性（土砂災害の危険等）を踏まえた指導や備蓄，緊急時の設備（行政との連絡手段の確保等）の支援・準備も重要とされよう。地震などのように突然発生する災害ではなく，一定程度の予測が可能な降雨による浸水災害に対しては，発災直前に避難対応することも可能ではあるが，「直前にやれば良い」などと楽観視せずに，日頃から備えることが重要であろう。

---

(138) 滋賀県条例の浸水警戒区域への指定にあたっては，住民の合意形成がなされたことを前提に指定するという運用がなされているが，ここでの合意形成に根拠はなく，また，なにをもって地域での合意形成とするかも定められているわけではない（平成29年10月，滋賀県ヒアリング）。

第3節　避難行動要支援者名簿に関する条例

　第三に，地先の安全度マップによる浸水想定による，土地取引，就労といっ
た経済活動への影響を今後考慮する必要がある。前にも触れたように，現時点
では地価の下落等の問題は起きていないようであるが，土地取引における懸念
は宅建業者から示されているところであり[139]，この影響は今後拡大する可能
性もある。また，就労についても，労働者人口減少の中で危険性を伴う地域で
の就労を控える心理が働き，当該地域での労働力不足が生じる可能性や，雇用
者が避難計画等を適切に定めてこれに対処することが可能かどうかといった問
題が生じる可能性もある。土地取引を希望する者，宅建業者，労働者個人，雇
用者などでは解決が困難な問題について，行政がどのように関与，支援をする
べきであるか，今後精査していく必要があろう。

　本節で触れた滋賀県条例は，制定後まだそれほど時間が経っているわけでは
なく，滋賀県条例に基づく浸水警戒区域の指定も，平成29年に初めて1例が
行われ，平成30年にも1例の指定が行われたところである。このため，現実
に起こりうる課題が明確になっているわけではなく，上記のように，今後検討
していくべき課題がないわけではない。しかしながら，災害に関しては，国の
定める法令，計画に基づいていても住民の生命，財産が保護できるわけではな
く，地域の独自の取組みが重要であることはいうまでもない。

　滋賀県条例の浸水警戒区域の指定は，建築基準法39条に基づく災害危険区
域指定であるが，滋賀県条例の中には，この施策以外にも各種取組みがあり，
非常に意義のある制度設計となっている。克服すべき課題はあるにせよ，各地
方公共団体においては，災害のような人命に関わる事柄について滋賀県のよう
な先駆的取組みが期待される。

第3節　避難行動要支援者名簿に関する条例

第1項　問題の所在

　災対法は，平成25年改正により新たに49条の10以下において「避難行動
要支援者名簿」に関する規定を設けた。この避難行動要支援者名簿は，名簿と
いう個人情報を取扱うことから，個人情報の保護（本人のプライバシー権＝自己
情報コントロール権）上慎重な意見もある一方で，災害時の避難や支援等のた

---

(139)　国立研究開発法人土木研究所水災害・リスクマネジメント国際センター・前注
　　（108）8頁。

第3章　災害と条例制定

めに平時から避難行動要支援者（以下「要支援者」という。）に関する情報を関係機関等と共有することの重要性も指摘されよう。

　他方，避難行動要支援者名簿は市町村等の関係部局にとどまらず，自治会や自主防災組織などの外部に対して提供されうるものとされ，地域住民に年齢や病状等を知られたくないと感じている者等は，名簿情報の提供を拒むといったことも生じ，災害時の避難等における迅速な対応や必要な支援の提供を行うにあたって，そうした住民の保護も課題となる。

　千葉市においては災対法の改正に基づき，従前の災害地域計画の要援護者支援計画（千葉市災害時要援護者支援計画）における「災害時要援護者名簿」を一新し，新たに「千葉市避難行動要支援者名簿に関する条例」（平成25年千葉市条例第40号。以下「千葉市条例」という。）を制定し，避難行動要支援者名簿を作成することとした[140]。

　本節では，災対法の改正による避難行動要支援者名簿と千葉市条例の関係を個人情報保護の観点を踏まえて検討する。

第2項　災対法の改正と避難行動要支援者名簿に関する規定

1　災対法の改正

　災対法は，東日本大震災の教訓を生かすため，法改正によって防災対策や運用の改善等を図ることを目的に平成24年，平成25年に大幅な改正が行われた（平成26年にも災対法の改正により，放置車両等の移動等に関する改正が行われたところである）。

　平成24年改正においては，災害の定義における例示に「竜巻」が追加されたほか（2条1項），住民による災害教訓伝承活動（7条2項）やこれに関する国等の支援（8条2項），地方防災会議や都道府県災害対策本部の所掌事務の追加（14条2項，15条5項，23条），災害予防に関して防災教育の追加（46条1項）などが行われた[141]。

　平成25年改正においては，災害の定義について，平成24年改正において竜

---

(140)　千葉市条例については，中村憲二「CLOSE UP 先進・ユニーク条例【解説】千葉市避難行動要支援者名簿に関する条例」自治体法務研究40号（2015年）64頁以下参照。

(141)　災害対策法政研究会編『災害対策基本法改正ガイドブック——平成24年及び平成25年改正』（大成出版社，2014年）3-11頁参照。

180

第3節　避難行動要支援者名簿に関する条例

巻が追加され「暴風，竜巻，豪雨，豪雪，洪水，高潮，地震，津波，噴火，地滑りその他の異常な自然現象……により生ずる被害」と定められていたところ，「崖崩れ」，「土石流」，「地滑り」が追加され（2条），2条の2に災害対策に関する考え方を統一するために基本理念についての規定が新たに規定されたほか[142]，市町村の責務として住民の自発的な防災活動の促進やボランティアとの連携（5条，5条の3），避難を円滑に進めるための防災マップ作成の促進（49条の9），避難行動要支援者名簿の作成・名簿情報の提供（49条の10から49条の13），屋内での待避等の安全確保措置の指示，いわゆる屋内待避（60条3項）[143]などの規定の追加が行われた[144]。

2　避難行動要支援者名簿に関する規定の新設

平成25年に改正された災対法は，避難行動要支援者名簿の作成を市町村に対して義務づけている。

ここで導入された「避難行動支援者名簿」の制度は，平成23年3月11日の東日本大震災において，「犠牲者の過半数を65歳以上の高齢者が占め，また，障害者の犠牲者の割合についても，健常者のそれと比較して2倍程度と推計」[145]とされ，そのような被災の傾向が過去の大規模な震災・風水害等においても共通してみられることなどから，災害時に自力避難等に支障がある者についての避難支援を強化する制度の構築のために，名簿整備により平時から

---

(142)　新たに災対法2条の2として設けられた災害対策に係る基本理念は，減災の考え方（1号），災害対策の実施主体（2号），ハード面ソフト面の組合せによる対策と不断の見直し（3号），災害応急対策における人命の保護（4号），被災者の援護（5号），速やかな復旧と復興（6号）によって構成される。詳細については，災害対策法政研究会・前注(141) 12-13頁参照。

(143)　屋内待避に関しては，竜巻発生時や津波からの避難，水害・高潮からの避難の際に屋外に出て避難所等へ移動することが困難である場合に屋内に留まることを避難行動として位置づけたものである。この点について，改正前災対法における水害時の避難行動として裁判においても屋内待避のあり方が示されたことがある（佐用町水害訴訟）。

(144)　平成25年災対法改正では，本文中に示したもののほか家族等に対する安否情報の提供（同法86条の15）や被災者台帳の作成（同法90条の3，90条の4）といった個人情報に関わる改正が行われたところである。

(145)　平成25年6月21日府政防第559号，消防災第46号，社援総発0621第1号通知「災害対策基本法等の一部を改正する法律改正後の災害対策基本法等の運用について」1頁。

第3章　災害と条例制定

災害時に避難支援を要する者を確認し，名簿を用い関係機関等との連携を図ることとして導入された[146]。そうした被災者の状況については，内閣府の報告書などによって示されているところであり[147]，この状況の改善の必要性が指摘されている[148]。

　災対法は49条の10から13において避難行動要支援者名簿に関する規定を設けた。49条の10は，1項において各市町村における避難行動要支援者名簿の作成を義務づけ[149]，2項において避難行動要支援者名簿における記載・記録事項として，要支援者の「①氏名，②生年月日，③性別，④住所又は居所，⑤電話番号その他の連絡先，⑥避難支援等を必要とする事由，⑦前各号に掲げるもののほか，避難支援等の実施に関し市町村長が必要と認める事項」を規定する。また，3項において避難行動要支援者名簿作成にあたって必要な情報[150]については市町村内部において目的外利用をできること，4項において避難行動要支援者名簿作成にあたって必要な情報について，都道府県知事その他に対して提供を求めることができるとしている。

　災対法49条の11は，1項において避難支援等のために避難行動要支援者名簿の情報の本来の目的以外での内部利用が可能であること，2項において災害に備えるために，原則本人の同意を得て平時から避難行動要支援者名簿の情報

---

(146)　前掲注(145)平成25年6月21日通知・1頁。

(147)　内閣府「災害時要援護者の避難支援に関する検討会報告書」(http://www.bousai.go.jp/taisaku/hisaisyagyousei/youengosya/h24_kentoukai/houkokusyo.pdf，最終閲覧令和元年5月5日)1頁，内閣府「避難行動要支援者の避難行動支援に関する取組指針」(平成25年)(http://www.bousai.go.jp/taisaku/hisaisyagyousei/youengosya/h25/hinansien.html，最終閲覧令和元年5月5日)1頁など。

(148)　宇賀克也「防災行政における個人情報の利用と保護」季報情報公開個人情報保護52号(2014年)33頁。

(149)　災対法49条の10第1項「市町村長は，当該市町村に居住する要配慮者のうち，災害が発生し，又は災害が発生するおそれがある場合に自ら避難することが困難な者であつて，その円滑かつ迅速な避難の確保を図るため特に支援を要するもの(以下「避難行動要支援者」という。)の把握に努めるとともに，地域防災計画の定めるところにより，避難行動要支援者について避難の支援，安否の確認その他の避難行動要支援者の生命又は身体を災害から保護するために必要な措置(以下「避難支援等」という。)を実施するための基礎とする名簿(以下この条及び次条第1項において「避難行動要支援者名簿」という。)を作成しておかなければならない」。

(150)　ここでの内部利用情報としては，障害等に関する福祉部局が有する情報等が含まれるが，名簿作成に関してどのような情報が必要とされるかは，各地方公共団体が判断し内部利用できることとされている。

第3節　避難行動要支援者名簿に関する条例

を外部（消防，警察，民生委員や自主防災組織など）に提供することができると
している（ただし，後述するように条例に特別の定めがある場合には，本人の同意
を要しない）。また，3項において災害が発生した際や災害発生のおそれのある
場合などの緊急時においては，本人の同意無く避難行動要支援者名簿を外部提
供することができるとしている。

　災対法49条の12は，避難行動要支援者名簿の情報が個人情報であることか
ら，外部への提供等における配慮義務を規定し，49条の13は，「名簿情報の
提供を受けた者（その者が法人である場合にあつては，その役員）若しくはその
職員その他の当該名簿情報を利用して避難支援等の実施に携わる者又はこれら
の者であつた者は，正当な理由がなく，当該名簿情報に係る避難行動要支援者
に関して知り得た秘密を漏らしてはならない。」として，名簿情報の提供を受
けた者の秘密保持義務を規定している。

　災対法の改正によって導入された避難行動要支援者名簿であるが，こうした
災害時に支援を必要とする住民等に対する対応は，平成17年3月に作成され
た「災害時要援護者の避難支援ガイドライン」[151]に基づき各地方公共団体に
おいて平成25年同法改正前から行われてきた[152]。同法の改正による避難行
動要支援者名簿の制度導入は，すべての市町村に対して名簿作成を義務づけ，
一定の画一的な制度を構築し，その情報を活用する法的根拠を示したものとい
うことができるだろう[153]。

---

(151)　内閣府「災害時要援護者の避難支援ガイドライン」（平成17年）（http://www.
　　　bousai.go.jp/taisaku/hisaisyagyousei/youengosya/h16/pdf/03_shiryou1.pdf, 最終閲覧
　　　令和元年5月5日），内閣府「災害時要援護者の避難支援ガイドライン（改訂版）」（平
　　　成18年）（http://www.bousai.go.jp/taisaku/youengo/060328/pdf/hinanguide.pdf, 最
　　　終閲覧令和元年5月5日）。災対法に避難行動要支援者に関して規定されたことに合
　　　わせてガイドラインも改定されている（内閣府・前注(147)（平成25年））。参照にあ
　　　たっては，平成25年ガイドラインに規定されていない事項もあるため，平成18年ガ
　　　イドラインから参照することがある。
(152)　平成25年4月1日現在において要援護者名簿の整備をしている市区町村（1,742
　　　市区町村：当時）は，1,278団体で全体の73.4％に上っている。平成25年7月5日
　　　消防庁「災害時要援護者の避難支援対策の調査結果」（http://www.fdma.go.jp/neuter
　　　/topics/houdou/h25/2507/250705_1houdou/01_houdoushiryou.pdf, 最終閲覧令和元年
　　　5月5日）2頁。
(153)　宇賀・前注(148)34頁においては，地方分権の中で義務付け・枠付けの緩和が進
　　　む中で，名簿作成を市町村に義務付けたことは，要支援者の生命，身体の安全の確保
　　　には，名簿の作成・活用が重要であるとの認識によるものであると指摘されている。

第3章　災害と条例制定

第3項　千葉市条例による規定とその運用

　千葉市条例は，従前より千葉市において行われてきた災害時要援護者支援計画から災対法改正に基づく条例制定を行い，避難行動要支援者名簿の作成，外部への提供によって，「避難支援等関係者による災害時の円滑かつ迅速な避難支援等の実施を支援し，もって避難行動要支援者の生命又は身体を災害から保護することを目的」（同条例1条）として制定された。従前の災害時要援護者支援計画は，支援を要する者として要援護者のうち高齢者等を把握し，そうした情報を自治会等の協力が得られる場合は要援護者本人の同意を得て提供できるものであったが，支援の輪を広げるためにも制度の根拠となる条例を制定し施策を講じることとした[154]。

　そして，避難行動要支援者名簿情報の外部への提供に関して，本人の同意に代わる手段としての「特別の定め」（災対法49条の11第2項）に相当する条例を制定し，拒否の意思表示のない限り避難支援関係者に名簿情報を提供（いわゆるオプトアウト）することとしたものである。

　千葉市条例では，2条に定義規定を置き，ここでは，要支援者として「高齢者，障害者，乳幼児その他の特に配慮を要する者のうち，災害が発生し，又は災害が発生するおそれがある場合に自ら避難することが困難なものであって，その円滑かつ迅速な避難の確保を図るため特に支援を要するもの」（同条1号）と規定し，避難支援等として「避難行動要支援者について避難の支援，安否の確認その他の避難行動要支援者の生命又は身体を災害から保護するために必要な措置」（同条2号），避難支援等関係者として「千葉県警察，社会福祉法人千葉市社会福祉協議会，災害対策基本法（昭和36年法律第223号）第5条第2項に規定する自主防災組織，千葉市町内自治会連絡協議会に加盟する町内自治会，建物の区分所有等に関する法律（昭和37年法律第69号）第3条に規定する区分所有者の団体その他避難支援等の実施に携わる関係者として規則で定めるもの」（同条3号）と規定している[155]。

　千葉市条例3条では，要支援者の範囲について規定がされており，ここでは，65歳以上の独居高齢者で介護保険法に基づく要支援1以上の者や身体障害者

---

(154)　千葉市災害時要援護者支援計画では，市内に1,000以上ある町内自治会中71の町内自治会で支援体制が構築されるにとどまっていた（中村・前注(140) 65頁）。

(155)　千葉市条例では，避難行動要支援者名簿の提供先として，マンションの管理組合を規定している点が他の地方公共団体と異なるもので注目される。

184

手帳の交付を受けている者で別表に規定する者[156]および精神障害者，難病患者などが要支援者として規定されている。また，同条8号においては，「災害が発生し，又は災害が発生するおそれがある場合に自ら避難することが困難な者であって，その円滑かつ迅速な避難の確保を図るため特に支援を要するものとして規則で定めるもの」について，要支援者とされ，後述する手上げ方式によって名簿に情報を載せることを求めることができる[157]。

千葉市条例4条では，避難行動要支援者名簿を作成すること（1項），名簿記載事項を定め（2項）[158]5条では，災害に備えて平時から名簿情報を外部に提供すること（1項），名簿情報の拒否を申し出た際の提供はできないこと（2項），災害発生等の緊急時において避難支援が必要な場合には名簿情報を避難支援関係者等に提供すること（3項）が規定されている。

また，千葉市条例6条では，名簿情報の提供先と名簿情報取扱に関する協定を結ぶこと，7条では，名簿情報の提供を受けた者が情報漏洩措置を講じることを規定し，8条では，名簿情報の提供を受けた者が名簿情報の目的外利用を禁じ，9条では，名簿情報の提供を受けた者の守秘義務を規定している。

第4項　個人情報保護と避難行動要支援者名簿の関係

1　避難行動要支援者名簿における個人情報保護のあり方

避難行動要支援者名簿は，その名簿情報の取扱いにつき個人情報保護の観点から問題点が指摘されている[159]。個人情報の取扱いについては従前から国

---

(156)　別表においては，障害の程度に応じて要支援者の範囲とする者を次のように規定している。視覚障害1級又は2級，聴覚障害2級，上肢機能障害1級又は2級，下肢機能障害1級又は2級，体幹機能障害1級，2級又は3級，乳幼児期以前の非進行性の脳病変による運動機能障害のうち上肢機能障害1級又は2級，乳幼児期以前の非進行性の脳病変による運動機能障害のうち移動機能障害1級，2級又は3級，呼吸器機能障害1級，小腸機能障害1級。

(157)　従前の災害時要援護者支援計画時においては要援護者（＝災対法上の要配慮者15類型とほぼ同じ）として位置づけられていた者であっても，条例上，避難行動要支援者名簿に記載されない者とされている者も，申し出によって100余名の方が名簿記載を求めている（平成27年3月末現在：平成27年6月18日，千葉市役所でのヒアリングにて）。

(158)　千葉市条例において名簿情報として記載される事項は，災対法にて規定される記載事項である。①氏名②生年月日③性別④住所又は居所⑤電話番号その他の連絡先⑥避難支援等を必要とする事由，と規定されている。

(159)　島田茂「災害時要援護者対策と個人情報の保護」甲南法学55巻3号（2015年）1

185

第3章　災害と条例制定

の個人情報保護法制や地方公共団体において制定されている個人情報保護条例[160]において規定されるところである。

避難行動要支援者名簿は，名簿情報という個人情報を取扱うことから個人情報保護の観点から議論がなされており，ここでは，避難行動要支援者名簿の情報に関連して個人情報の目的外利用や個人情報の外部への提供が主に議論されている。

災対法改正において避難行動要支援者名簿が導入される前に用いられていた災害時要援護者（以下「要援護者」という。）の避難支援について，要援護者情報の収集・共有の方法として内閣府ガイドラインにおいては3種類，すなわち「関係機関共有方式」，「手上げ方式」，「同意方式」が挙げられている[161]。

関係機関共有方式は，平時から福祉関係部局等が保有している要援護者情報等を防災関係部局，自主防災組織，民生委員などの関係機関等で共有する方式で，住民基本台帳や介護保険被保険者台帳等の情報を市町村の内部機関において目的外利用，または市町村とは別の関係機関への外部提供という方法で情報の共有をするという方式である。この際，目的外利用・外部提供を行うことにつき，本人の同意を得ずに情報の共有を行うにあたり正当化根拠が必要となる[162]。

手上げ方式は，要援護者名簿に関して周知し，自ら要援護者名簿への登録を希望した者の情報を収集する方式である[163]。

同意方式は，防災関係部局や福祉関係部局等が要援護者本人に働きかけ，必要な情報を収集する方式である。要援護者一人ひとりと直接面会等を行い情報の収集を行うことから，詳細な状況，必要な支援等を把握することが可能な反

　　頁以下，宇賀・前注(148) 33頁以下，神山智美「災害時要援護者支援制度における情報収集・情報共有と『個人情報保護』に関する一考察——『個人情報保護条例』上の論点を克服するための法制度を考える」九州国際大学法学論集 19巻1・2号（2012年）99頁以下など。

(160)　地方公共団体における個人情報保護条例は，平成17年度末をもって全ての地方公共団体で制定されている。

(161)　内閣府・前注(151)（平成18年）6頁。

(162)　正当化根拠としては，条例制定によって目的外利用や外部提供に関する規定を設けること，個人情報保護審査会の意見を聞いて特別の理由があると認められる場合などがある。

(163)　手上げ方式においては，要援護者本人が支援を自覚していることや自らの障害等について他者へ知られることを認識した上で自発的に名簿への登録を希望させるものであるため，十分な情報収集ができない場合もある。

面，効率的で迅速な情報収集が困難となる。

　避難行動要支援者名簿導入にあたって，災対法は，「市町村長は，災害の発生に備え，避難支援等の実施に必要な限度で……，消防機関，都道府県警察……その他の避難支援等の実施に携わる関係者に対し，名簿情報を提供するものとする。ただし，当該市町村の条例に特別の定めがある場合を除き，名簿情報を提供することについて本人の同意が得られない場合は，この限りでない。」（同法49条の11第2項）と定め，本人の同意を前提としているが，特別の定めという例外を置いている。災対法改正後に改定された内閣府の指針[164]では情報収集・共有方式について方法の明示はされておらず，先に述べた関係機関共有方式，手上げ方式，同意方式いずれの方法を用いることも可能であると考えられる[165]。ただし，避難行動要支援者名簿の情報収集・共有にあたっては，共有における外部提供の際の原則本人の同意が必要とされることや情報収集時に名簿登載漏れとなる従前の要援護者のような情報の収集方法について課題がある。

　要援護者は，「必要な情報を迅速かつ的確に把握し，災害から自らを守るために安全な場所に避難するなどの災害時の一連の行動をとるのに支援を要する人々をいい，一般的に高齢者，障害者，外国人，乳幼児，妊婦等」[166]とされているが，避難行動要支援者名簿に記載される要支援者は，「要配慮者のうち，災害が発生し，又は災害が発生するおそれがある場合に自ら避難することが困難な者であつて，その円滑かつ迅速な避難の確保を図るため特に支援を要するもの」（災対法49条の10第1項）と定義され，要援護者よりも狭い範囲で要支援者が位置づけられている[167]。

　内閣府の通知によれば，避難行動要支援者名簿の作成について，「市町村に居住する要配慮者（高齢者，障害者，乳幼児その他の特に配慮を要する者をいう。

---

(164)　内閣府・前注(147)（平成25年）。

(165)　関係機関の共有については，災対法49条の11第1項において内部機関の共有を規定していることから，外部の支援関係組織等との共有につき特別に定めを置くかどうかという議論になるが，「本人の同意」を前提とするのであれば，条例等において外部提供ができるとする規定が置かれたとしても，個人情報保護との関係で批判はあろう（島田・前注(159) 19-23頁など）。

(166)　内閣府・前注(151)（平成18年）2頁。

(167)　要支援者と災害時要援護者，要配慮者の関係については，岡本正＝山崎栄一＝板倉陽一郎編『自治体の個人情報保護と共有の実務——地域災害における災害対策・避難支援』（ぎょうせい，2014年）66頁以下でも説明がなされているので参照されたい。

第3章　災害と条例制定

以下「要配慮者」という。）のうち，災害発生時に自ら避難することが困難な者であって，その円滑かつ迅速な避難の確保を図るため特に支援を要するもの（以下「避難行動要支援者」という。）についての避難支援等を実施する基礎とするための避難行動要支援者名簿を作成しなければならないこととし，原則として，要支援者本人の同意を得て，消防機関，自主防災組織，民生委員等の関係者にあらかじめ名簿情報を提供するとともに，当該名簿の作成に必要な範囲で，要配慮者に関する個人情報を活用できることとしたものである」[168]として，要配慮者を高齢者，障害者，乳幼児等広い範囲の者と捉えている。

　要支援者はその要配慮者の中で避難時の支援が必要な者として，要配慮者や要援護者と比べて限定された範囲の者と位置づけられている。ただし，この要支援者の範囲については，各地方公共団体において広げることも可能であり，地域の実情に合わせて柔軟に対応すべきであろう。

2　避難行動要支援者名簿における個人情報保護の課題

　避難行動要支援者名簿の導入により，個人情報保護との関係において①名簿情報の収集方法，②名簿情報の外部への提供，③外部（特に自治会等）へ提供された情報の管理・漏洩リスクの問題が指摘されるだろう。

　①名簿情報の収集方法については，災対法の規定によって名簿の作成に必要な情報について，市町村内部での情報の目的外利用（49条の10第3項）や関係都道府県知事等への情報提供の求め（同4項）ができることとされる。各地方公共団体の個人情報保護条例等においても原則として禁止される目的外利用・提供については，例外的に認められるものとして本人同意以外の方法として法令等による場合が挙げられ[169]，災対法による規定がここでの法令等による場合とされよう[170][171]。

　②名簿情報の外部への提供については，災対法上は原則として本人の同意を

---

(168)　平成25年6月21日府政防第558号，消防災第245号，社援発0621第1号第1号通知「災害対策基本法等の一部を改正する法律について」3頁。

(169)　宇賀克也『情報公開・個人情報保護──最新重要裁判例・審査会答申の紹介と分析』（有斐閣，2013年）107頁。

(170)　岡本ほか・前注(167) 67-68頁。

(171)　災対法の運用に関する通知においても，法令を根拠として目的外利用・提供が可能であることに鑑み，同法上の規定を設けたものとしている（前注(145) 平成25年6月21日通知3頁以下）。

第3節　避難行動要支援者名簿に関する条例

得ることとしているが，例外的に「条例に特別の定めがある場合」は，本人の同意なく名簿情報を提供できることとされる[172]。しかしながら，個人情報保護の観点からすれば，名簿情報の適切な運用が担保されない限り，原則同意を以て名簿情報の提供をすべきであるし，平時からの名簿情報の提供であれば，緊急時のように暇がないとはいえないため，時間をかけて一人ひとりに同意を得る働きをすべきとの批判もあろう。

③外部へ提供された情報の管理・漏洩リスクの問題については，提供先の第三者が公的機関等（都道府県警察等）であれば地方公務員法や民生委員法によって罰則付守秘義務が課されるが，避難支援関係者として名簿情報の提供先とされる自治会等のいわゆる支援を必要とする者の近隣住民等には罰則付守秘義務ではなく，罰則のない秘密保持義務が災対法において規定されるところである。自治会等が名簿情報の提供先とされる場合に情報の管理が適切に行われるかどうか，漏洩時の責任の所在などが問題となる[173]。

第5項　千葉市条例と個人情報保護

ここでは，第4項に示した課題と千葉市条例を比較し，検討する。

1　名簿情報の収集方法

災対法により内部情報の共有等が行えることとされたが，千葉市条例においても災対法の規定に基づき情報の共有等を行い名簿作成している。ここで名簿に記載される要支援者は千葉市条例3条に定められる者のほか，その他の支援を必要とする者は名簿への記載を求めることができる。

ただし，名簿情報の収集に関しては，どのような者を名簿に記載するのか議論があろう。災害時の避難支援を必要とすることを本人が自覚している場合

---

(172)　条例に特別な定めがある場合とは，災対法の運用等に関する通知において「本項に基づく名簿情報の事前提供は，本人同意を前提としているが，より積極的に避難支援を実効あるものとする等の観点から，自治体が条例で特に定める場合については，同意を要しないこととした。このような特例措置としては，外部提供について同意を不要とする旨を条例上明文で根拠を設けてある場合のほか，……個人情報保護条例上の他の規定を根拠とする場合についても，本項にいう『条例に特別の定めがある場合』に該当する。」とされている（前注(145)平成25年6月21日通知7頁）。

(173)　名簿情報漏洩時の責任について，自治会等の関係者にあっては刑事罰が科されなくとも，民事上の責任を負う可能性があるとされている（前注(145)平成25年6月21日通知11頁以下）。

189

第3章　災害と条例制定

は，本人からの申し出によって避難行動要支援者名簿に記載され，自治会等へ
情報提供されることも本人の同意（提供を拒否しない場合）があれば可能となる。
しかし，避難支援を必要とすることを本人が自覚していない場合も考えられる。
例えば，定住外国人や外国人旅行者等で避難を促してもそれを認識することが
できない者，日本人の旅行者，出張者等で地理に不慣れな者，妊婦や子どもな
どがこれにあたる可能性があり，これらの者は，要配慮者とは位置づけられる
ことがあるものの，避難支援を受ける対象とされるかどうかは，地方公共団体
の判断や本人の判断に委ねられる。

　長期の滞在であれば別として，短期間の旅行者等，日頃その土地に住んでい
ない者については，地方公共団体が名簿を整備して避難支援を行う備えをする
ことは困難であるから，外国人旅行者，日本人の出張者等については，避難場
所等の表示や，旅行者等にも避難情報等が伝わる備え（現在ではエリアメール
等によって携帯電話等への情報伝達が可能となっている）が必要となろう。

　他方，妊婦については，母子健康手帳交付の際に，本人に確認するなどし
て，名簿情報への記載の有無，自治会等への情報提供の可否の確認を行うこと
が考えられる。また，子どもについても保護者の就業状況等（共働きで子ども
が独りになる時間帯がある等）によっては避難支援を要することも考えられるこ
とから，一定の年齢を区切り要支援者として位置づけ，同意を得た上で自治会
等に名簿情報の提供をするべきであろう。

2　名簿情報の外部への提供

　名簿情報の外部への提供に関して，千葉市条例5条2項で，拒否の申し出が
ない場合は名簿情報が外部提供されることとされている。これは，同意をした
者についてのみ提供をするという場合に抜け落ちる者を防ぎ，支援を必要とす
ると考えられる者が必然的に支援の対象となるようにするためには意義のある
方法であるといえる。特に大都市においては一人ひとりからの同意を得る事務
的作業の膨大さもあることから，いわゆるオプトアウトの方法がとられている
ことがわかる。

　平時における名簿情報の提供であることから，個人情報との関係からも同意
を必要とするべきであるとの批判はあるが[174]，同意を経る場合には，支援の

（174）　島田・前注(159) 19-23頁。同著では，関係機関共有方式が同意を得ずに行われ
　　ることへの批判にも言及しており，オプトアウトの方法を用いることがセンシティブ

190

第3節　避難行動要支援者名簿に関する条例

対象となる者本人が支援のあり方や必要性を十分認識することや，同意しなければ自治会等による支援については十分に行き届かない可能性があることを認識できていない場合などに注意が必要である。もちろん，同意方式や手上げ方式といったオプトインの方法にせよ，千葉市のようなオプトアウトの方法[175]にせよ，支援の対象となる者に十分な理解を求めるための地方公共団体等による説明は必要であるが，同意によらない方法であっても，地域の実情に合わせて効率的・効果的な方法を選択すべきであろう[176]。

　個人情報の保護に関しては，慎重な取扱いが必要であり，特に，避難行動要支援者名簿のようなセンシティブ情報を含む場合は，本人の同意無く情報を外部提供することには慎重な意見もあろう[177]。平時からの名簿提供である以上，要支援者本人に避難支援制度を正確に理解してもらうことが重要であり，その上で，市町村は避難支援が必要であれば名簿情報の外部提供への同意を得られるよう努めるべきである。大都市地域では，一人ひとりに説明し同意を得るという作業は膨大な時間を要するものであるが，ダイレクトメール等にて説明文が送付され[178]，同意・不同意や拒否等の返信をするという対応は，要支援者として高齢者や障害者等が含まれることからすると不十分な対応といわざるを得ない[179]。

　　情報を扱う関係上，不適切であるとする。しかし，内閣府は要支援者の把握のためにはオプトアウトの方法を用いることが適切であるとし，これによっている条例もある（千葉市をはじめ横浜市，渋谷区など）。

(175)　千葉市においては，障害者団体の求めに応じて，要支援者に該当する方へ制度の説明や名簿提供拒否の方法の説明などをしており，各人の判断により名簿情報提供を拒否する方が一定数おられる（約24,000名が要支援者とされ，そのうち約15％にあたる約3,500名が名簿提供を拒否している。平成27年6月18日，千葉市役所でのヒアリングにて）。

(176)　特に大都市地域においては，地方公共団体が支援の対象となる者に説明をし，同意を求める作業を行うことは過重な負担となる可能性がある。このため，オプトアウトの方法を用いることは効率的・効果的な方法といえるが，個人情報保護との関係において，十分な制度の説明といった同意を得る努力を怠ってはならないだろう。

(177)　島田・前注(159) 20頁。

(178)　大阪市では，同意を得る方法としてダイレクトメール等により行うこととしている http://www.city.osaka.lg.jp/kikikanrishitsu/cmsfiles/contents/0000058/58401/7bessi6.pdf, 最終閲覧令和元年5月5日。

(179)　この点，神戸市において用いられている「消極的同意：みなし同意」の方法では，本人の同意を得ることを前提とすることから，返答のない者について再度の意思確認を行う等の取組みがなされている（平成27年10月30日，神戸市聞取り調査の回答より）。

第3章　災害と条例制定

　千葉市においては，自治会等が名簿情報の提供の申請をし，市との間で協定を結び，情報の管理等に関する研修を受講するなどの形式的要件を満たせば，名簿情報の提供を行うこととされている。避難支援にあたる者が十分に居ること（若者世帯数等）や支援体制のあり方は要件とされるものではない。地域の支援体制が十分に整っているか不安で名簿情報の提供を拒否する可能性もあり，名簿情報の外部提供先の中でも自治会や自主防災組織については，実際の支援体制整備状況の説明を行った上で名簿情報の外部提供の同意を得る方法も考えるべきである。大都市地域であるからといって，安易に個人情報の外部提供ができるような制度を実施してはならず，地域の実情に合わせたソフト面での制度設計と共に個人情報提供にあたって同意を得る努力が求められる[180]。

3　外部へ提供された情報の管理・漏洩リスク

　外部へ提供された情報の管理・漏洩リスクの問題に関して，千葉市条例では9条では名簿情報の提供を受けた者に守秘義務を課しているが，災対法と同じく罰則は設けられていない。災対法において守秘義務に罰則が設けられていないことについて，「職務としてではなく善意に基づき無償で避難支援等に携わる民間人については，名簿情報の受領について過度な心理的負担を課し，『共助』による避難支援等の裾野自体を限定的なものとすることのないよう，本法では守秘義務違反に対する罰則を設けていない。」[181]とするように，自治会等の関係者が善意で協力を申し出ている場合に，罰則付守秘義務を課すことは，支援を拡大するための阻害要因となるかもしれない。しかし，障害を有する等のセンシティブ情報を取扱う以上，要支援者が安心して情報を提供に同意できる名簿情報の管理体制等を整えることが必要であり，罰則付守秘義務を課すことも一つの方法である。

　例えば，災害時に備えるものではなく，日頃からの地域の高齢者等の見守り活動の一環として地域の自治会等に名簿情報を提供できるよう条例を制定している中野区や足立区では，名簿管理者に対する罰則規定が設けられている[182]。

（180）　名簿情報の提供に際して，高齢者が多い地域であるか，若者世帯や支援可能な人員がどの程度確保できるかといった実質的な内容については検討されないが，市が自治会等の相談を受ける体制があり，この中で，自治会同士の協力や地域内に存在する企業等の協力を受けながら支援体制を構築していくことが重要であろう。

（181）　前注(145)平成 25 年 6 月 21 日通知 11 頁。

（182）　中野区地域支えあい活動の推進に関する条例（http://www.city.tokyo-nakano.

第 3 節　避難行動要支援者名簿に関する条例

日常的な見守り活動支援のための名簿情報の提供であり，災害時の避難支援という目的のための名簿情報の提供ではないが，個人情報を取扱う以上，個人情報保護の観点および避難支援者に対して意識をもたせる意味においても罰則を設ける意義がある。

　災対法が罰則付守秘義務を課さない理由を明示したことによって，地方公共団体が罰則を設けることを躊躇しているとも考えられる。同法 49 条の 12 は名簿情報の外部提供にあたって，「市町村長は，……名簿情報の提供を受ける者に対して名簿情報の漏えいの防止のために必要な措置を講ずるよう求めることその他の当該名簿情報に係る避難行動要支援者及び第三者の権利利益を保護するために必要な措置を講ずるよう努めなければならない。」と規定し，名簿情報の漏洩防止や要支援者の権利保護のための措置を求めていることからも，必要に応じて地方公共団体が罰則付守秘義務を課すことを否定しているものではなく，個人情報という権利保護のための措置として罰則を設けることが妨げられるものではない[183]。

　ただし，避難行動要支援者名簿の制度は，あくまでも日頃からの備えであって，支援をする住民の負担にならないよう，名簿情報の管理体制等を整える支援が地方公共団体に求められる。千葉市においては自治会等に提供する名簿を 1 年ごとに新しいものと手渡しで交換するようにしており[184]，名簿情報としても障害・介護の等級については記載されず，高齢，視覚障害などの項目にチェックがあるような大まかな情報が記載されるにとどまるなど，情報提供にあたっても配慮がなされている。しかし，情報管理や情報の提供に関する配慮がなされていたとしても，人が管理等を行う以上，ミスや不適切な管理等が生じることは考えられる。制度としての整備や法令による担保（罰則や責任の所在など）とともに，支援を行う者や名簿管理者に対する日頃からの支援についても行政に求められる重要な責務である。

---

lg.jp/i/dept/102500/d013812_d/fil/111121.pdf，最終閲覧令和元年 5 月 5 日），足立区孤立ゼロプロジェクト推進に関する条例（https://www.city.adachi.tokyo.jp/chiiki/documents/jyourei.pdf，最終閲覧令和元年 5 月 5 日）を参照。

(183)　罰則規定に関しては，個人情報を保護するための一手段に過ぎず，罰則による弊害を防止する必要性を主張するものもある。(山崎栄一＝立木茂雄＝林春男＝田村圭子＝原田賢治「災害時要援護者の避難支援—個人情報のより実践的な収集・共有を目指して」地域安全学会論文集 9 号（2007 年）161 頁)。

(184)　千葉市の管理する避難行動要支援者名簿については，住民基本台帳等を基に 3 ヶ月単位で更新されている。

193

第3章　災害と条例制定

第6項　小　　括

　避難行動要支援者名簿の制度は，高齢者や障害者といった災害が発生した際に避難支援を必要とする者を，地方公共団体のみならず地域社会全体で支援する体制を法的に作り上げるというもので，災害時の避難支援の重要性からも意義深いものである。しかし名簿情報を避難支援者である自治会や自主防災組織といった近隣住民にも「平時」から提供することが可能となり，個人情報保護との関係で管理や漏洩の問題は生じる可能性がある。

　そのような制度も，支援に協力をする住民の理解によって成り立つもので，特に大規模災害時においては，消防官・警察官や地方公共団体の職員だけでは救助，避難支援が困難であり，そうした災害に対応し，また，地方公共団体が把握できていない災害（地域的な土砂災害や浸水被害など）の発生時にも，地域住民の支援が極めて重要な意味を持つだろう。

　要支援者の要件には該当しない者であっても避難支援を必要とする者（老老介護や等級未満の障害者）は，手上げ方式等で名簿に記載できることについて各地方公共団体で取組まれるところであるが，名簿上，外見上は避難を必要とするか分からない者（持病の発作が起こることのある者や薬物治療により一次的な行動制限のある者）も一定数存在する。避難行動要支援者名簿という制度を活用することによってこうした人々をどのように支援していけるか，各地方公共団体独自の取組みが期待される。

　名簿情報の外部への提供に関して，オプトアウトの方法を用いることが要支援者の把握には肝要であるものの，センシティブ情報を扱う以上は，その管理や責任を明確化することはもちろん，本人の「同意」を得ることが最も重要な手段であるといえる。しかし，現実的に大都市等では一人ひとりに説明，同意を得る働きかけをすることには膨大な時間がかかることになる。本人からの同意を得る作業や避難支援体制構築までの期間，時限的にオプトアウトの方法で運用するなど，「原則同意」を基本とした姿勢が求められるのではないだろうか[185]。

　災対法の改正によって，市町村に対して避難行動要支援者名簿の作成が義務づけられ，その情報を自治会等に提供することによる支援体制の強化が図れる

---

(185)　災害時には名簿情報を外部に提供できるとされることから（災対法49条の11第3項）むやみにオプトアウトの方法で運用せず，地域の支援体制の構築状況を考慮して同意を得る作業に注力するという考えもあろう。

第3節　避難行動要支援者名簿に関する条例

ものの，大規模災害時における避難所生活等においては食事療養や薬物治療の必要な者もあり(186)，さらにはペットを飼育している場合には避難支援後の避難生活段階での配慮も必要となろう。そのような情報は，市町村や都道府県が保有していない場合もあり，一人ひとりが災害時に自らに必要な支援を認識し日頃からそのような意識の基で周囲に支援を求める体制を構築できるよう法律や条例を活用した取組みが求められよう。

---

(186) 平成25年3月15日避難所における良好な生活環境の確保に関する検討会（第5回）資料5「災害時要援護者等の特性ごとに必要な対応について（案）」においても，避難所生活における配慮事項の検討がなされている（http://www.bousai.go.jp/taisaku/hinanjo/h24_kentoukai/5/pdf/5.pdf, 最終閲覧令和元年5月5日）。

第1節　受動喫煙防止条例と憲法

第4章　受動喫煙防止と条例

第1節　受動喫煙防止条例と憲法

第1項　問題の所在

　平成14年7月26日に健康増進法（平成14年法律第103号）が成立し，同法（旧）25条において受動喫煙（Second-hand Smoke）[1]の防止について規定が設けられて約10年が経過した平成24年3月19日，兵庫県議会はかねてから制定について検討していた[2]「兵庫県受動喫煙の防止等に関する条例」（平成24年兵庫県条例第18号。以下「兵庫県条例」という。）案を可決成立させた[3]。県内全域を規制対象とする受動喫煙防止条例は，神奈川県でも制定されているものの[4]，兵庫県条例の素案においては，神奈川県の条例よりも厳格な規制を求めたものであったことから注目を集めたものである[5]。今日においては，

---

(1)　その他受動喫煙と同意義で用いられているものとして，環境たばこ煙（environmental tobacco smoke），不随意喫煙（involuntary smoking），強制喫煙（compulsory smoking）が使用されている。本書では，同意義のものとして，受動喫煙と表記する。

(2)　兵庫県は，平成11年に「ひょうご健康づくり県民行動指標」において，「家族をいたわる心で　タバコ　ゼロ」を行動指標の一つとして位置づけ，平成12年に策定した「健康日本21兵庫県計画」では，「公共の場や職場における分煙の100％実施」を目標としていたが，平成15年に施行された健康増進法で，多くの者が利用する施設の管理者に対し，受動喫煙を防止する措置をとる努力義務が課せられたことから，受動喫煙をなくし，誰もが暮らしやすい社会づくりを目指して，平成16年3月に「兵庫県受動喫煙防止対策指針」を策定した。この指針の目標実現のために兵庫受動喫煙防止対策検討委員会を開催し，兵庫県条例を制定するに至った。

(3)　兵庫県条例の制定経緯等についての詳細は，四方弘道「受動喫煙防止等に関する条例の制定について」地方自治職員研修45巻10号（2012年）27頁以下を参照。

　　なお，兵庫県条例は，平成31年2月に改正案が成立し，改正後条例について，平成31年7月1日より一部施行，令和2年4月1日より全部施行とされている（https://web.pref.hyogo.lg.jp/kf17/judoukitsuen_jourei.html，最終閲覧令和元年5月5日参照）。

(4)　神奈川県公共的施設における受動喫煙防止条例。不特定または多数の人が出入りすることができる空間（公共的空間）を有する施設（公共的施設）において，受動喫煙を防止するためのルールとして平成21年3月に成立し，平成22年4月1日に施行されている（罰則規定については平成23年4月1日施行）。

(5)　素案内容については，兵庫県受動喫煙防止対策検討委員会報告書（平成23年7月29

197

第 4 章　受動喫煙防止と条例

2020 年東京五輪に向けて東京都や国が受動喫煙防止対策に乗り出すなど，わが国においても，受動喫煙防止対策は活発になってきている。兵庫県条例は，公共的施設[6]については平成 25 年 4 月 1 日（罰則規定については同年 10 月 1 日，民間施設等[7]については平成 26 年 4 月 1 日）に施行されたが，その内容は，素案における厳格な規制に対して業界団体等からの反発を受けて緩和された内容となっている。厚生労働省は平成 25 年 4 月にたばこの健康影響評価専門委員会を設置し，たばこの健康への評価についての公式な見解をまとめるものと思われるが，この委員会の調査結果によっては，今後，受動喫煙を含めた，健康への影響について規制を検討する地方公共団体も増えてくるものと思われる。

健康増進法の制定後の平成 15 年には WHO 第 56 回総会において「たばこの規制に関する世界保健機関枠組条約（WHO Framework Convention on Tobacco Control – WHOFCTC．以下「たばこ規制条約」という。）」が採択され，国際的にも受動喫煙の流れが大きくなってきた[8]。本節では，兵庫県受動喫煙防止条例の内容，素案内容，神奈川県受動喫煙防止条例内容との比較を行うとともに，憲法上の問題点である，嫌煙権（これに対する喫煙の自由），（規制対象となる居酒屋等の）営業の自由等について検討を行い，今後の受動喫煙防止の取組みのあり方（第 3 節）につなげたい。

第 2 項　受動喫煙に関する法律および条約

1　わが国の法律

わが国において，受動喫煙に関する規定を含む法律が制定されたのは，平成 14 年の健康増進法の制定が最初であり，健康増進法制定以前は受動喫煙防止

日）を参照。業界の反発によって内容が後退したことについて批判的な報道もある読売新聞平成 23 年 11 月 9 日朝刊，毎日新聞平成 24 年 3 月 19 日（大阪）夕刊，神戸新聞平成 24 年 3 月 20 日朝刊。

(6)　兵庫県の受動喫煙防止条例内容の適用が平成 25 年 4 月 1 日に施行された施設。官公庁，幼稚園，小学校，大学等の教育施設，病院，助産所，薬局等の医療関連施設，保育所，児童養護施設等の福祉施設（兵庫県条例別表 1 － ①～⑧にあたる施設）。

(7)　兵庫県の受動喫煙防止条例内容の適用が平成 26 年 4 月 1 日に施行された施設。駅等の待合室，列車，船舶，航空機の内部，金融機関，宿泊施設，飲食店から，寺社仏閣，図書館，競馬場，駐車場等までが対象となる（兵庫県条例別表 1 － ⑨～㊲）。

(8)　たばこ規制条約は，平成 15 年に採択された後，わが国においては，平成 16 年 5 月 19 日に国会による承認を経て，平成 17 年 2 月に公布および告示，発効している。同条約 8 条において，受動喫煙の防止を含む，非喫煙者の健康保護に関する対策のための国内法を整備，受動喫煙防止の促進を求めている。

第1節　受動喫煙防止条例と憲法

に関する法律は制定されていなかった[(9)]。昭和56年に平山雄氏によって受動喫煙による健康への危険性について指摘[(10)]されて以降，受動喫煙と健康リスクについての見解が示されてきており[(11)]，今日では受動喫煙と健康リスクについては，受動喫煙によって健康への悪影響があるという一定の疫学的見解が定着したものといえるだろう[(12)]。

---

(9)　喫煙場所以外での喫煙を禁止する旨の規定がある法律は存在している。例えば，鉄道営業法（明治33年法律第65号）34条「制止ヲ肯セスシテ左ノ所為ヲ為シタル者ハ十円以下ノ科料ニ処ス　1　停車場其ノ他鉄道地内吸煙禁止ノ場所及吸煙禁止ノ車内ニ於テ吸煙シタルトキ」。

(10)　Hirayama T., *Nonsmoking wives of heavy smokers have a higher risk of lung cancer : a study from Japan, BMJ* Vol. 282（1981）.

(11)　平成4年に発表されたU. S. Environmental Protection Agency（EPA−米国環境保護庁）による "Respiratory Health Effects of Passive Smoking: Lung Cancer and Other Disorders（受動喫煙の呼吸器への健康影響：肺がん及び他の呼吸器疾患）" において，受動喫煙の健康への危険性が指摘されたほか，近年では，2006（平成18）年のU. S. Department of Health and Human Services（HHS−米国保健福祉省），Centers for Disease Control and Prevention（CDC−疾病予防管理センター）ほかによる "The Health Consequences of Involuntary Exposure to Tobacco Smoke: A Report of the Surgeon General（たばこ煙への不随意曝露の健康影響：公衆衛生総監報告書）2006" において受動喫煙の健康への危険性が指摘されている。https://www.surgeongeneral. gov/library/reports/secondhandsmoke/executivesummary.pdf 報告書原文参照，最終閲覧令和元年5月5日。

　　U. S. Department of Public Health Service, Health Consequences from Smoking: A Report of the Advisory Committee to the Surgeon General of the Public Health Service. PHS Publication No. 1103. Rockville, MD: U.S. Department of Health Education, and Welfare, Public Health Service, Centers for Disease Control (1964), U. S. Department of Health and Human Services. The Health Consequences of Smoking for Women, A Report of the Surgeon General, U. S. Department of Health and Human Services, Public Health Service, Office of the Assistant Secretary of Health, Office on Smoking and Health (1980), U. S. Department of Health and Human Services, Reducing the Health Consequences of Smoking: 25 years of Progress: A Report of Surgeon General, DHHS Publication No. (CDC) 89-8411. Atlanta, GA: U.S. Department of Health and Human Services, Public Health Service, Centers for Disease Control, Center for Chronic Disease Prevention and Health Promotion, Office on Smoking and Health (1989), Hirayama, *T. Lifestyle and Mortality: A Large-Scale Census Based Cohort Study in Japan*, Contributions to Epidemiology and Biostatistics Vol. 6. Karger (Basel), (1990), Smoking Kills: A White Paper on Tobacco, Presented to Parliament by the Secretary of State for Health and the Secretaries of State for Scotland, Wales and Northern Ireland by Command of Her Majesty, (1998), 厚生省編『喫煙と健康——喫煙と健康問題に関する報告書〔第2版〕』（健康・体力づくり事業財団，1993年）。

199

第 4 章　受動喫煙防止と条例

　しかしわが国においては，平成 4 年に，労働安全法（昭和 47 年法律第 57 号。
現，労働安全衛生法）71 条の 3（「厚生労働大臣【旧労働大臣：筆者】は，前条の事
業者が講ずべき快適な職場環境の形成のための措置に関して，その適切かつ有効な
実施を図るため必要な指針を公表するものとする。」）の規定に基づく労働省告示
第 59 号により，空気環境の対策として「屋内作業場では，……必要に応じ作
業場内に喫煙場所を指定する等の喫煙対策を講ずること」とする指針が定めら
れたほかに，健康増進法の制定まで政府による具体的な受動喫煙防止対策は行
われてこなかった[13]。

2　国際条約

　国際社会においては昭和 61 年 WHO 第 39 回総会において受動喫煙防止に
関する決議[14]がなされ，平成 15 年には第 56 回 WHO 総会においてたばこ規
制条約が採択された。その後，平成 19 年に行われた第 2 回条約締結国会議
において，たばこ規制条約 8 条（受動喫煙防止対策）に係る「たばこの煙にさ
らされることからの保護に関するガイドライン」（以下：たばこ規制条約ガイ
ドライン）が全会一致で採択された[15]。また，平成 19 年に発表された WHO

---

(12)　厚生労働省厚生科学審議会（たばこの健康影響評価専門委員会）においても，平成
　　　25 年 4 月以降，疫学的な評価について議論がなされている（http://www.mhlw.go.jp/
　　　stf/shingi/shingi-kousei.html?tid=127755，最終閲覧令和元年 5 月 5 日）。
(13)　労働安全法の関係につき，小畑史子「職場における快適な労働環境確保について」
　　　日本労働研究雑誌 49 巻 1 号（2007 年）32 頁以下参照。
(14)　公共の場所において非喫煙者たちがたばこの煙に曝されないような措置，子どもや
　　　若年者が喫煙の習慣をつけないようにするための措置，たばこの習慣性等についての
　　　警告表示等の実施などの 9 項目を最低限満たす喫煙対策を実施するよう勧告がなされ
　　　た。決議後に発表された，厚生省「公共の場所における分煙のあり方検討会報告書」
　　　（平成 8 年 3 月）においては，受動喫煙による健康被害の防止・減少のために公共の
　　　場における分煙を進めることが必要であると指摘されている。
(15)　本ガイドラインにおいては，100 ％禁煙以外の措置（換気，喫煙区域の使用）を講
　　　じることは不完全であること，すべての屋内の職場，屋内の公共の場および公共交通
　　　機関は禁煙とすべきであること，たばこの煙に曝されることから保護するための立法
　　　措置については，十分な効果を上げるために強制的なものとしなければならないこ
　　　と，などが示された。Guidelines for implementation of Article 8 of the WHO FCTC
　　　"GUIDELINES ON PROTECTION FROM EXPOSURE TO TOBACCO SMOKE"
　　　（http://www.who.int/fctc/protocol/guidelines/adopted/article_8/en/index.html，最
　　　終閲覧令和元年 5 月 5 日）。
　　　　また，厚生労働省が本ガイドラインの仮訳を掲示している。「WHO たばこ規制枠
　　　組条約第 8 条の実施のためのガイドライン『たばこ煙にさらされることからの保護』」

第 1 節　受動喫煙防止条例と憲法

policy recommendations "Protection from exposure to second-hand tobacco smoke"[16]において，「受動喫煙は深刻な健康障害を引き起こす」ものであり，「喫煙室や空気清浄器の使用では受動喫煙を防止することはできない」として，平成 22 年 2 月 27 日までに建物内を完全禁煙とする禁煙法の制定を締結国に求めた[17]。たばこ規制条約は，平成 31 年 4 月 1 日現在，181 か国が批准，168 か国が署名しており，多くの国において取組みがみられる。

　この条約の 8 条（たばこの煙に曝されることからの保護）において，「1 締約国は，たばこの煙にさらされることが死亡，疾病及び障害を引き起こすことが科学的証拠により明白に証明されていることを認識する。2 締約国は，屋内の職場，公共の輸送機関，屋内の公共の場所及び適当な場合には他の公共の場所におけるたばこの煙にさらされることからの保護を定める効果的な立法上，執行上，行政上又は他の措置を国内法によって決定された既存の国の権限の範囲内で採択し及び実施し，並びに権限のある他の当局による当該措置の採択及び実施を積極的に促進する。」[18]ことが規定されており，条約批准国に対して，受動喫煙の防止に係る立法その他の措置を採るよう求めている。

　そもそもたばこ規制条約は，たばこの消費やそれによる周囲への効果等が健

　　（仮訳 厚生労働省及び独立行政法人国立がん研究センター /「喫煙と健康」WHO 指定研究協力センター）（http://www.mhlw.go.jp/topics/tobacco/dl/fctc8_guideline.pdf，最終閲覧令和元年 5 月 5 日）。
(16)　https://www.who.int/tobacco/resources/publications/en/，最終閲覧令和元年 5 月 5 日。
(17)　飯田真美「【第 11 回禁煙推進セミナー】〈受動喫煙防止条例を全国で実施するには〉1. 世界の受動喫煙防止条例の現状と FCTC」日本循環器学会専門医誌 循環器専門医 20 巻 2 号（2012 年）351 頁。
(18)　外務省訳。正文以下の通り。
　　Article 8 ; Protection from exposure to tobacco smoke
　1.　Parties recognize that scientific evidence has unequivocally established that exposure to tobacco smoke causes death, disease and disability.
　2.　Each Party shall adopt and implement in areas of existing national jurisdiction as determined by national law and actively promote at other jurisdictional levels the adoption and implementation of effective legislative, executive, administrative and/or other measures, providing for protection from exposure to tobacco smoke in indoor workplaces, public transport, indoor public places and, as appropriate, other public places.
　　https://apps.who.int/iris/bitstream/handle/10665/42811/9241591013.pdf.jsessionid=AAC9F67ABCF6846D36C1BDDDCF1B1026?sequence=1, 最終閲覧令和元年 5 月 5 日。

第4章　受動喫煙防止と条例

康に及ぼす悪影響から現在および将来の世代を保護することを目的としており[19]，これは，たばこを吸う本人および周囲の者のたばこによる健康への悪影響をできる限り排除しようとするものであろう。この目的の達成のために，①需要の減少のための課税や価格調整（6条），②受動喫煙の防止（8条），③包装，ラベルにおいて健康への悪影響を正確に伝達すること（11条），④教育，情報伝達，啓発（12条）などがたばこ規制条約に定められている。

　受動喫煙の防止の措置に関する規定も目的達成の手段の一つではあるが，上記4点の方法の中で受動喫煙の防止は，他の方法が喫煙者自身の健康のための積極的措置（価格調整により喫煙量を抑制，包装，ラベルによる健康リスクの提示による喫煙量抑制など）であることとは異なり，非喫煙者の健康のための積極的措置であると考えられる。たばこ規制条約ガイドラインにおいて，7つの原則[20]を定めており，ここでは，たばこ規制条約の趣旨として，すべての屋内の公共の場，すべての屋内の職場，すべての公共輸送機関，および場合によってはその他の（屋内または半屋内の）公共の場がたばこによる煙に曝されないようにすることによってすべての人に普遍的な保護を与える義務が定められているものであるとしている。こうした厳格な内容によるたばこ規制条約およびたばこ規制条約ガイドラインによって求められている国内法の整備について，わが国においては条約発効前に健康増進法を制定し，受動喫煙防止対策につい

---

(19)　たばこ規制条約第3条　The objective of this Convention and its protocols is to protect present and future generations from the devastating health, social, environmental and economic consequences of tobacco consumption and exposure to tobacco smoke by providing a framework for tobacco control measures to be implemented by the Parties at the national, regional and international levels in order to reduce continually and substantially the prevalence of tobacco use and exposure to tobacco smoke. (この条約および議定書は，たばこの使用およびたばこの煙にさらされることの広がりを継続的かつ実質的に減少させるため，締約国が自国において並びに地域的及び国際的に実施するたばこの規制のための措置についての枠組みを提供することにより，たばこの消費およびたばこの煙にさらされることが健康，社会，環境および経済に及ぼす破壊的な影響から現在および将来の世代を保護することを目的とする)。

(20)　7つの原則として，①100％無煙空間を作るための措置を講じること，②屋内の職場と屋内の公共の場は禁煙とすること，③強制力を持つ立法により禁煙の措置を講じること，④禁煙法の施行のために十分な企画と資源が必要となること，⑤市民に法律や計画の策定に積極的に参加を促すこと，⑥禁煙に関する法の実施については記録，評価等を行うこと，⑦新しい科学的証拠等を反映し必要に応じて措置の拡大を行うこと，が掲げられている。

第 1 節　受動喫煙防止条例と憲法

て定めている。

　また，平成 27 年 7 月 7 日に発表された WHO の「REPORT ON THE GLOBAL TABACCO EPIDEMIC, 2015」において，たばこの抑制とたばこによる死者の増加の防止のために，たばこの販売価格の 75 ％相当を税とするように提言がなされている。

3　健康増進法と施行後の動向

　平成 14 年に制定された健康増進法は，（旧）25 条で「学校，体育館，病院，劇場，観覧場，集会場，展示場，百貨店，事務所，官公庁施設，飲食店その他の多数の者が利用する施設を管理する者は，これらを利用する者について，受動喫煙（室内又はこれに準ずる環境において，他人のたばこの煙を吸わされることをいう。）を防止するために必要な措置を講ずるように努めなければならない。」と規定し，受動喫煙の防止必要性を認め，多数の者が利用する施設については，受動喫煙のための措置を講じることとしていた。

　同条において受動喫煙防止対策が必要とされる施設として，学校，病院，官公庁等が明示されているが，この他に条文中「その他の多数の者が利用する施設」として厚生労働省通知に記されているものは，「鉄軌道駅，バスターミナル，航空旅客ターミナル，旅客船ターミナル，金融機関，美術館，博物館，社会福祉施設，商店，ホテル，旅館等の宿泊施設，屋外競技場，遊技場，娯楽施設等多数の者が利用する施設を含むもの」に，鉄軌道車両，バス，タクシー，航空機および旅客船を加えたものとされている[21]。また，受動喫煙のための措置についてその方法について，①多数の者が利用する公共的な空間については，原則として全面禁煙とし，少なくとも官公庁や医療施設においては，全面禁煙とすることが望ましいとして，②全面禁煙が極めて困難である場合には，施設管理者に対して，当面の間，喫煙可能区域を設定する等の分煙の措置を講じることを求めている[22]。

　健康増進法で，公共的な場所においては禁煙または分煙の措置を講じることが求められたことによって，一定の効果があったものと思われる[23]。健康

---

(21)　平成 22 年 2 月 25 日健発 0225 第 2 号通知「受動喫煙防止対策について」。

(22)　前注(21)　平成 22 年 2 月 25 日通知。

(23)　新幹線の禁煙化率について，平成 18 年 3 月時点で 44 ％であった，上越新幹線（1,036 両／日），42 ％であった東北／秋田／山形新幹線（2,181 両／日），37 ％であっ

第4章　受動喫煙防止と条例

増進法（旧）25条に基づく受動喫煙防止の措置以外にも，たばこ規制条約によって求められた，たばこの包装・ラベルや広告に対する規制も行われている。平成16年3月には「製造たばこに係る広告を行う際の指針」を改正し，平成16年4月以降テレビ，ラジオ，インターネット等による広告が原則禁止とされ，平成17年7月以降のたばこパッケージの注意文言表示が義務づけられたほか，近時TASPOの導入（平成20年7月以降全国で導入）により未成年者によるたばこ自動販売機の利用防止も行われている[24]。こうした取組みからか，成人の喫煙率[25]が健康増進法制定直後の平成15年では，男性46.8％，女性11.3％，総数27.7％であったのに対して，平成28年では，男性30.2％，女性8.2％，総数18.3％にまで低下している[26]。

　健康増進法は，平成30年に東京五輪に向けて受動喫煙防止対策に関する改正が行われ，ここでは，「国及び地方公共団体は，望まない受動喫煙が生じな

た東海道／山陽新幹線（5,590両／日）のうち，上越，東北／秋田／山形新幹線については平成19年3月時点で100％に，東海道／山陽新幹線は42％にいずれも禁煙化率が上昇している（※なお，九州新幹線は平成17年の開業以来，長野新幹線は平成17年12月より禁煙化率100％となっている）。JR在来線特急の禁煙化率は，JR東日本（3,372両／日）が50.6％（平成18年3月）→97.8％（平成19年3月），JR北海道（746両／日）が53.4％（平成18年3月）→97.3％（平成19年3月），JR九州（1,990両／日）45.7％（平成18年3月）→89.6％（平成19年3月），JR東海（441両／日）23.7％（平成18年3月）→63.3％（平成19年3月），JR西日本（2,054両／日）11.6％（平成18年3月）→47.2％（平成19年3月），JR四国（622両／日）17.9％（平成18年3月）→19.8％（平成19年3月）と，差はあるもののいずれも禁煙化率は上昇している（厚生労働科学研究費補助金（健康科学総合研究事業）平成18年度研究 総括報告書「受動喫煙対策にかかわる社会環境整備についての研究」6-7頁）。また，この報告書においては，レジャー施設，医学部，歯学部及びそれらの附属病院，秋田県全域の一定規模以上ホテルにおける禁煙化の調査報告も行われている。上記研究を含む厚生労働科学研究調査の公表を行っているホームページ（http://www.tobacco-control.jp/，最終閲覧令和元年5月5日）において，JR在来線特急の禁煙化率のその後の推移が公表されており，それによれば，平成23年3月時点において，JR九州，四国は100％，JR東日本は99.2％，JR西日本は98.7％，JR北海道は98.6％，JR東海は98.2％の喫煙化率となっている。

(24)　森淳一郎「【第9回禁煙推進セミナー】〈禁煙治療の現状と発展〉4. わが国におけるたばこ対策について」日本循環器学会専門医誌 循環器専門医18巻2号（2010年）358頁。

(25)　厚生労働省国民健康・栄養調査において，成人で現在習慣的に喫煙している者：これまで合計100本以上または6ヶ月以上たばこを吸っている（吸っていた）者のうち，「この1ヶ月間に毎日又は時々たばこを吸っている」と回答した者の割合。

(26)　厚生労働省『平成28年国民健康・栄養調査結果の概要』28頁。

いよう，受動喫煙に関する知識の普及，受動喫煙の防止に関する意識の啓発，受動喫煙の防止に必要な環境の整備その他の受動喫煙を防止するための措置を総合的かつ効果的に推進するよう努めなければならない。」(25条) として，国，地方公共団体の努力義務を定め，「何人も，喫煙をする際，望まない受動喫煙を生じさせることがないよう周囲の状況に配慮しなければならない。」(25条の3第1項) として，喫煙者の配慮義務等を設けられている (旧来の各施設の受動喫煙防止対策については，25条の5に定められている)。

4　海外における受動喫煙防止対策

　海外において，受動喫煙に関する対策としては，「平成19年度受動喫煙の健康への影響及び防止対策に関する調査研究委員会報告書」において，職場における受動喫煙防止対策の状況が報告されているが，ここでは，調査対象とした国 (州) ―― 8か国 (カナダ，アメリカ，ドイツ，フランス，イギリス，オーストラリア，韓国，タイ)，アメリカ3州 (カリフォルニア，ニューヨーク，ワシントン)，カナダ3州 (オンタリオ，ケベック，ブリティッシュ・コロンビア)，ドイツ1州 (ベルリン)，オーストラリア1州 (ニュー・サウス・ウェールズ) ―― の多くで，職場における受動喫煙防止対策として，わが国よりも厳しい規制が実施されていることが報告されている[27][28]。規制内容はわが国よりも厳しい国が多いものの，各国の受動喫煙防止対策法制の整備の契機となったのは，平成15年に採択された，たばこ規制条約であることから，各国とも禁煙や分煙の歴史が長いわけではない。

　また，Global Smokefree Partnership Status Report on Article 8 (of the FCTC,

----

(27)　「平成19年度受動喫煙の健康への影響及び防止対策に関する調査研究委員会報告書」(平成19年，中央労働災害防止協会) 41頁以下。完全禁煙を採用する国 (州) として，カナダ・オンタリオ州，カナダ・ケベック州，カナダ・ブリティッシュコロンビア州，アメリカ・ニューヨーク州，オーストラリア，完全分煙を採用する国 (州) として，カナダ，アメリカ連邦，アメリカ・カリフォルニア州，ドイツ・ベルリン州，フランスが挙げられている。

(28)　職場環境以外における受動喫煙防止対策の状況としては，大和浩産業医科大学産業生態科学研究所教授によって整理されたものの紹介 (下開千春「受動喫煙から健康を守るために」Life Design REPORT (2009年) 第一生命経済研究所ライフデザイン研究本部) があるほか，Tobacco Control June 2006, Vol. 15, The Global Tobacco Surveillance System: linking data to tobacco control programmes and policy において，約60の国 (一部地域として統合的に説明されているものを含む) の受動喫煙の規制について職場環境に限ることなく紹介されている。

第 4 章　受動喫煙防止と条例

October 2010）によれば，世界 60 か国以上の国において国内すべてまたは地域
内すべての公共の場における厳格な喫煙規制に関する措置が法制化されてい
る[29]。またこのレポートにおいて，喫煙室の設置を認めずにレストランやバー，
から公共施設に及ぶ屋内受動喫煙の防止を行っている国や[30]，喫煙室やシガー
ラウンジなどの限定的空間における喫煙を例外として認めるといった厳格な規
制を行っている国[31]が紹介されており，各国が日本における受動喫煙の規制
に比べて厳格な規制を行っていることがわかる[32]。近年多くの国で公共の場
や職場等での禁煙を実施する法令が施行されるほか，規制の厳格化を行う国も
ある。こうした中で，近年の健康意識の変化に伴い喫煙者の数も減っているこ
とを考慮すると，今後わが国においても，喫煙者，非喫煙者それぞれの利益を
保護するための立法，政策が求められるだろう。

　特に，近時，アメリカにおける電子たばこの規制など[33]，たばこ規制は新

---

(29)　Antonella Cardona, Gillian Griffith. Status Report on Article 8 October 2010, Global
　　Smokefree Partnership（2010）, at 1.
(30)　近年，喫煙室を認めない受動喫煙防止法の制定された国について，2004 年のアイル
　　ランド，ニュージーランド，2006 年のウルグアイ（2008 年施行），2007 年のイギリ
　　ス（UK），2008 年のパナマ，ツバル，トルコ（娯楽施設は 2009 年から施行），2010
　　年，バルバドス，パラグアイ，ペルー，ソロモン諸島，シリア，トリニダード・トバ
　　ゴ，バヌアツ，ギリシア（300 ㎡を超えるバー・カジノは 2011 年 6 月施行），2011 年
　　のホンジュラスが挙げられている。ここでは先進国に限らず法制定が行われているこ
　　とが注目される。
(31)　近年，喫煙室やシガーラウンジなどの限定的な喫煙場所を認めるといった厳格な規
　　制法を制定した国について，2004 年のノルウェー，2005 年のイタリア，マルタ，ス
　　ウェーデン，2007 年のエストニア，アイスランド，イラン，ケニア，リトアニア，シ
　　ンガポール，スロベニア，南アフリカ，ブルネイ，2008 年のバーレーン，クック諸島，
　　フランス，インド，ニジェール，タイ，2009 年のフィンランド，ナウル，パキスタン，
　　カタール，マウリティウス，2010 年のラトビア，オランダ，アラブ首長国連邦，2011
　　年のモルジブ，スペインが挙げられている。ただしここでは，フランス，スウェーデ
　　ンのような完全に分煙されており飲食のできない喫煙室しか認められていない国もあ
　　れば，マウリティウスやノルウェーのように職場の喫煙室を認めるも，バー・レスト
　　ランの喫煙室を認めない国，アラブ首長国連邦などの空港にのみ喫煙室の設置がなさ
　　れている国等，受動喫煙に対する措置は様々である。
(32)　このレポート等について検討しているものとして，飯田真美＝渡辺佐知郎「【第 10
　　回禁煙推進セミナー】〈受動喫煙防止条例を全国で実施するには〉1. 世界の潮流——
　　各国の受動喫煙防止条例と FCTC」日本循環器学会専門医誌 循環器専門医 19 巻 2 号
　　（2011 年）327-329 頁。
(33)　電子たばこの規制については，田中謙「電子タバコ・無煙タバコ規制の法システム
　　と今後の法制的課題」関西大学法学論集 66 巻 1 号（2016 年）1 頁以下参照。アメリ

206

第1節　受動喫煙防止条例と憲法

たな局面に突入しているものともいえる。他方で，平成 27 年に飲食店等の全
面禁煙を定めたオーストリアの法が廃案となる見込み[34]など，国によって様々
な状況変化がある。

第3項　受動喫煙に関する判例

わが国の受動喫煙（喫煙の自由，嫌煙権）に関する判例として，喫煙の自由
を求めて争われた事例，受動喫煙の防止（受動喫煙による健康被害の排除）を求
めて争われた事例（職場や列車内）がある。

1　在監者喫煙権訴訟──最大判昭和 45 年 9 月 16 日民集 24 巻 10 号 1410 頁

憲法 13 条と喫煙権について判断したとされるのが，在監者喫煙権訴訟であ
る。この事件は，在監者の喫煙を禁止した旧監獄法施行規則 96 条が，喫煙の
自由を侵害し憲法 13 条に反するとして争われたものである。

ここで最高裁が，憲法 13 条に喫煙の自由が含まれることを示唆しているも
のと考えられるとする解釈もあるが[35]，判決はあくまでも，在監者の権利制
限について判断をしたものであって，喫煙の自由について正面から判断して
いないため，仮定上認めているものとされるにとどまっているとされよう[36]。
ただし，最高裁は喫煙の自由を憲法上の基本的人権として認めたものではない
とする説もある[37]。

最高裁は，「喫煙の自由は，憲法 13 条の保障する基本的人権の一に含まれる
としても，あらゆる時，所において保障されなければならないものではない」
と判示しており，場合によっては一定の制限がなされることを示唆しているも
のである。判決は，未決勾留の「目的」を考慮した上で「制限の必要性の程
度」と「制限される基本的人権の内容，これに加えられる具体的制限の態様」

カにおける規制については，井樋三枝子「アメリカにおける電子たばこ規制」外国の
立法 262 号（2014 年）176 頁以下も参照。

(34)　毎日新聞平成 29 年 12 月 12 日「オーストリアの飲食店禁煙法案撤回，連立交渉で
合意」（https://mainichi.jp/articles/20171212/reu/00m/030/008000c, 最終閲覧令和元
年 5 月 5 日）。

(35)　長谷部恭男『憲法〔第 6 版〕』（新生社，2014 年）144 頁。

(36)　伊藤正己『憲法〔第 3 版〕』（弘文堂，1995 年）195 頁。

(37)　松井茂記『日本国憲法〔第 3 版〕』（有斐閣，2007 年）333 頁，芦部信喜「科学技術
の発展と人権論の課題──プライバシーの権利を中心として」学習院大学法学部研究
年報 28 号（1993 年）23-24 頁。

第4章 受動喫煙防止と条例

とを比較較量してその制限が「必要かつ合理的なものであるか」，を判断するべきであるとしている。この判決の趣旨から，喫煙の自由が認められたとしても，受動喫煙の防止のために，ある一定の時，場所においての喫煙を制限することも可能であると考えられる。

2 旧国鉄禁煙車両設置等請求訴訟
——東京地判昭和62年3月27日判時1226号33頁

　受動喫煙（嫌煙権）訴訟のリーディングケースとされるのが，旧国鉄禁煙車両設置等請求訴訟である。この事件は，国鉄利用者であった市民（原告14名）が，国鉄が禁煙についての適切な措置を講じていなかったために，健康上の被害等を受けたとして国鉄，国（国鉄に対する監督責任），旧専売公社（現JT）を被告として提訴したものである。原告は国鉄旅客車両の半数以上の禁煙化および健康被害に対して国鉄などに賠償を求めた。

　東京地裁は，車両禁煙化の請求について，「たばこの煙に曝されると健康を害し，何等かの病気にかかる危険が増加するとすれば，それは……人格権に対する侵害にほかならない」，としながらも，その侵害の差止め，侵害に対する措置の請求に関しては，「その請求者がその侵害を受けることもあり得るという抽象的な可能性があるだけでは足りず，現実にその侵害を受ける危険がある場合であることを要する」とし，国鉄が交通手段として唯一のものではないことから，たばこの煙による被害を受けることを回避することが困難であるとは言えないとした。その上で，たばこによる喫煙者の周囲の者への影響は眼への刺激等一過性の害や不快感を受けることはあるが，受動喫煙によって，そうした影響を超える程度の健康被害が生じることは明らかでないことや，わが国が伝統的に喫煙に対して寛容的であるであること，そうした認識の下で，「いついかなる場合に喫煙を差し控えるべきかの判断は，多くの場合において，依然として喫煙者のモラルとその自主的な判断に委ねられて」いる実情等を理由として，請求を退けた。

　国鉄などへの賠償については，国鉄は，「乗客を安全に目的地に輸送する義務があるから，運送契約に基づく安全配慮義務として，乗客に影響を及ぼす事故発生を防止するとともに，乗車中に乗客の健康が損なわれないように配慮すべき注意義務を負っているものということができるが，乗客が車内において喫煙者のたばこの煙に曝露されることにより，一過性の刺激ないし不快感を受け

208

第1節　受動喫煙防止条例と憲法

ることはあるが，それが明らかに健康上の被害の程度に至るものであるとまで
は認め難く」，このことは，「現在の社会的意識のもとにおいては，未だ受忍限
度の範囲内にある」のであって，国鉄は受動喫煙防止についての高度の安全配
慮義務を負担するものではないとして請求を退けた(38)。

　この訴訟において裁判所は，たばこの煙によって周囲の者が受ける健康に対
する影響について，一過性の刺激や不快感にとどまることから，受忍限度を超
えるものではないとしている。他方で，「たばこの煙に曝されると健康を害し，
何等かの病気にかかる危険が増加するとすれば，それは……人格権に対する侵
害にほかならない」。「たばこの煙に曝露されることによって……一過性の刺激
又は不快感を生じることのほかは，特定の疾病に患る可能性が増大する等能動
喫煙の影響に類する作用が非喫煙者に及ぶ危険性があることを全く否定できな
いとしても，……受動喫煙がその危険を伴うのかについての的確な判断を可能
にするだけの証拠資料は存在しない」と判示している。

　これを考慮すると，受動喫煙によって受ける影響について一定の科学的な証
明がなされる場合は，受動喫煙の防止，排除を人格権の侵害を理由として求め
ることができる可能性を示唆していると考えられる。ただし，「その請求者が
その侵害を受けることもあり得るという抽象的な可能性があるだけでは足りず，
現実にその侵害を受ける危険がある場合であることを要する」と示したように，
現実の侵害としての健康被害が，将来に発生する可能性が増大するということ
をもって，直ちに人権侵害となることは否定している。また，健康被害が生じ

---

(38)　専売公社および国に対する賠償請求については，以下の通り請求が退けられた。
　　・専売公社に対する賠償請求──原告らが，「専売公社が積極的な広告宣伝活動を実
　　　施してたばこの消費を増加させ，公衆衛生を害し，日本専売公社法第1条が専売
　　　公社の目的として定める事業の健全性を害したと」する主張について，「たば
　　　この販売を促進することは，たばこ専売事業の目的に反するものではないから，こ
　　　れにより専売事業の健全性が害されるものということはできない」こと，受動喫
　　　煙の被害の程度から，専売公社の不作為の違法性はなことを理由に請求を退けた。
　　・国に対する賠償請求──原告は，運輸大臣の監督権限において，国鉄喫煙車両設
　　　置を講じるよう訓令する義務，大蔵大臣の専売公社に対して，専売事業の健全性
　　　を確保する監督権限行使の義務，厚生大臣の喫煙対策等を講じるべき義務があっ
　　　たとするが，これについて，「喫煙が嗜好として社会的に是認されており，非喫
　　　煙者が列車内におけるたばこの煙に曝露されることによってその身体ないしは健
　　　康に生じる影響が一過性の刺激ないし不快感にとどまることからすると」，各大
　　　臣が非喫煙者保護のために特段の措置を講じるべき義務を負っているとはいえな
　　　いとして，請求を退けた。

209

第4章　受動喫煙防止と条例

たとしても，当該受動喫煙によるものなのか，過去の受動喫煙によるものなのか，または遺伝性のものなのかなど，健康被害と受動喫煙の因果関係を明確にすることは困難であるといわざるを得ない。

3　江戸川区（受動喫煙）訴訟——東京地判平成16年7月12日判時1884号81頁
　比較的新しい受動喫煙（嫌煙権）訴訟とされるのが，江戸川区職員訴訟である。この事件は，江戸川区（被告）に職員として採用された原告が，その職場（平成7年4月から平成8年3月末まで都市開発部再開発課再開発一係）において，受動喫煙に対する措置を求めたものの，その対応が不十分であったために，受動喫煙による疑いのある症状を訴え，非喫煙環境下での就業が望ましい旨の医師による診断書を提示したものの，その後の対応に安全配慮義務違反があったとして，その債務不履行等による賠償請求を提起したものである。
　裁判所は，「喫煙による健康影響としては，……受動喫煙の急性影響として，眼症状……，鼻症状……，頭痛，せき，ぜん鳴等が自覚されることが知られて」おり，受動喫煙の慢性影響については，（平成4年）EPA報告において，米国で，受動喫煙が非喫煙者の肺がんのリスクを20％高めているとの結論に達し，environmental tobacco smoke（second hand smoke：受動喫煙）を，EPAの定義によるA級発がん物質であると認定したほか，WHO勧告や，カリフォルニア州環境保護庁報告による受動喫煙の健康リスクについて，理論上の問題，証拠の重みの評価などを根拠とした批判があるものの，「なお多数の疫学研究が，受動喫煙の慢性影響として肺がんのリスクの増加を指摘し，更には，受動喫煙と心臓疾患との関係や肺がん以外の呼吸器疾患との関係等についても指摘していることからすれば，非喫煙者を継続的に受動喫煙下に置くことによって，非喫煙者の肺がん等のリスクが増加することは否定できないものと考えられる」として，受動喫煙と健康リスクについて，一定の危険性があることを示唆した。
　その上で，職場における受動喫煙については，労働省告示や厚生省の公表資料等に基づき，分煙の推進の必要性が指摘されており，原告江戸川区職員が職場で働き始めた当時（平成7年）において，江戸川区は，「施設等の状況に応じ，一定の範囲において受動喫煙の危険性から」原告の「生命及び健康を保護するよう配慮すべき義務を負っていたものというべきである」ものの，当時は喫煙についての社会的寛容さが残っていることや分煙対策の方法についても検討し

た上で判断するべきとした。そうしたことから，請求内容に対して，非喫煙環境下での就業が望ましい旨の医師による診断書の提示がある前の期間については，安全配慮義務に違反したとまではいえないとしたものの，診断書提示後約３ヶ月の間については，安全配慮義務違反があったとして，原告職員の訴えを認め，江戸川区に対して医療費の一部と慰謝料の支払いを命じる判決を出した。

　この判決では，これまで，受動喫煙と健康リスクについて，一定の科学的，疫学的知見から，何らかの影響を受ける可能性を指摘しながらも，それが受動喫煙によるものかどうか明確でないなどとして認めてこなかったものを，受動喫煙によって一定の健康リスクが生じることを認めた上で，分煙状況等に応じて検討するべきであるとした点注目される。

4　東京マンション喫煙訴訟
——東京地判平成 24 年 3 月 28 日 LEX/DB 文献番号 25493352

　マンションの隣室等の近隣住民による喫煙が原因とされる受動喫煙に関する訴訟がいくつか存在するが，この事案もそのうちの一つである。

　原告の申し出により，家主が消臭剤を設置する等の措置を講じ，喫煙者である被告は，喫煙時に居室の換気扇を回すこととして，窓や玄関扉等は開けないとの約束をしていたものの，夏などは窓を開放して喫煙したことがあったとされる。こうしたことから，慰謝料やたばこの煙が流入しないように対処することを求めて提訴した。

　裁判所は，「タバコの受動喫煙が受忍限度を超える違法なものとして損害賠償が認められるのは，受動喫煙による体調不良が医学的に裏付けられる程度になっていて，かつ，喫煙者が相手方の健康に悪影響が生じていることを認識し得たにもかかわらず，著しく副流煙を到達させるような方法によって喫煙を継続したような場合に限られる」ところ，この事案においては，受動喫煙の状況を「原告が不快に感じているにとどまり，原告に慢性気管支炎が再発したり，悪化するなどの医学的に裏付けられる身体的症状が生じたとは認められないし，被告も原告の健康に悪影響が生じていることを認識していたとも認められず，さらに，被告の喫煙本数は１日 10 本程度に過ぎず，かつ，喫煙時には，換気扇を回すなど，原告にも一定の配慮をしていることが認められるから，被告の喫煙行為が不法行為に該当すると認めることはできない」として訴えを棄却した。

第4章　受動喫煙防止と条例

　ここでは，原告のマンション等の共同住宅における受動喫煙に限定するわけではないが，「受動喫煙が受忍限度を超える違法なものとして……」と示し，受動喫煙にかかる受忍義務について具体的には言及していないものの，隣人等の喫煙による曝露について，直ちに不法行為になるものとはせず，一定程度受忍するべきことを前提としていると考えられる(39)。

第4項　喫煙の自由と嫌煙権

1　喫煙の憲法上の位置づけ

　裁判所が，喫煙の自由については憲法13条の権利として認めうることを示唆していると解することもできるだろう。ただし，一般に喫煙の自由が憲法13条の保障の範囲内にあるとはされていない。

　嫌煙権については，旧国鉄禁煙車両設置等請求訴訟において，「たばこの煙に曝されると健康を害し，何等かの病気にかかる危険が増加するとすれば，それは……人格権に対する侵害にほかならない」と判示され，嫌煙権を認めうると解することも可能かもしれないが，ここではあくまでも健康に対する侵害がある場合に限って嫌煙を認めているとも解することができ，この点で，ただ単に煙を嫌う権利というよりは，自己の健康保護権（健康権）と解する方が良いだろう。このような立場は，東京マンション喫煙訴訟において，受忍限度を超えて違法となる受動喫煙の認定には，現実の健康被害が必要であるとする点，同様に健康への具体的な被害を前提としているだろう。

　喫煙の自由は，喫煙が自己の嗜好として存在し，他者に対して危害を与えること，他者の権利を侵害しないことを前提とすれば，一般的自由として認められてきたものであると考えられる(40)。たばこの歴史は少なくとも日本国憲法よりも古く，そうした嗜好に親しむ権利は現代民主国家において否定されるべきものでないことはいうまでもない。しかし，今日たばこは一定の害悪のある嗜好品として周知されており(41)，このため，少なくとも社会的要請として，

---

(39)　名古屋地判平成24年12月13日判例集未登載も参照。同事案は，一定の受忍義務があると判示した。

(40)　憲法上の喫煙の自由について，幸福追求権の理解に関して，人格的利益権説の立場であれば喫煙の自由が個人の人格的生存に必要不可欠ではないとして認められない可能性があるが，一般的行為自由説の立場であれば，憲法上の権利として認められる可能性があろう。

(41)　平山雄「直接喫煙タバコ病と間接喫煙タバコ病」診断と治療69巻6号（1981年）

212

第1節　受動喫煙防止条例と憲法

周囲に他者がある場合においては自由に喫煙をすることが望ましいことではないということができる。

憲法上の幸福追求権，自己決定権，ライフスタイルの自由として論じられることのある喫煙の自由であるが，憲法13条は公共の福祉による制約を認めている以上，他者に対して害悪を与える可能性のある喫煙という行為が，憲法上全面的に認められるとすることはできない。また，判例において，わが国の風土が喫煙に対して社会的寛容を有することを示しており，このことから喫煙の自由を後押ししているとも解することができるが，むしろ喫煙による害悪やたばこに対する社会的理解が不足（欠乏）していたことを示しているのであって，一般的にたばこが流通，たばこに対しての規制が比較的緩やかであったことが，ある意味において喫煙の自由を容認する趣旨とすることはできない[42]。

他方，嫌煙権についての主たる学説には，嫌煙権を「煙による汚染のない良好な空気を吸う権利」と捉え，「人々の最も身近に近接した生活環境における環境権の一内容と」する立場，環境権を「自然環境との関係で成立する人格権ともいうべき性質」を持つものと把握した上で，嫌煙権がこれに関わるものとする立場，人格権と区別して健康権として理解する立場があるとされているが[43]，嫌煙権を憲法13条から導く人格権の一内容として捉えるのであれば，環境権によって根拠づけなくとも，良好な空気の中で生活する権利（自由）が，人格的生存に必要であるとして解することも可能であろう。ただし，判例においては，受動喫煙と健康リスクについてそのリスクの可能性ではなく，危険性があることとして具体的侵害のあることを要求している点を考慮すると，嫌煙権をたばこの煙（受動喫煙）による健康への侵害の排除・救済を求める権利として，健康権[44]と位置づけることが適当であろう[45]。

を先駆的研究として，秋葉澄伯＝水野正一「〔喫煙と健康〕喫煙による健康影響——がんを中心に」臨床科学34巻2号（1998年），川南勝彦＝簑輪眞澄＝岡山明＝早川岳人＝上島弘嗣「喫煙習慣の全死因，がん，肺がん死亡への影響に関する研究」日本衛生学雑誌57巻4号（2003年）など。

(42)　日本における喫煙に対する社会的寛容さは，約100年に及ぶたばこの専売利益と，その利権をもつ国の規制の甘さが招いた事象である可能性もあろう。

(43)　大沢秀介「嫌煙権訴訟」ジュリ1037号（1994年）183頁。

(44)　健康権については，下山瑛二先生が，従来からその権利の重要性を主張されている。下山瑛二『健康権と国の法的責任——薬品・食品行政を中心とする考察——』（岩波書店，1979年）78頁以下。

(45)　大沢秀介先生は嫌煙権の学説について，「具体的な健康への被害が生ずる前に救済

第4章　受動喫煙防止と条例

2　たばこによる健康への影響と人権

　たばこの煙による健康への影響は喫煙者本人に対することは当然であるが，受動喫煙（Second-hand Smoke）による影響として，主流煙（呼出煙）と副流煙による影響が指摘されてきた[46]。また，米国小児科学会誌「Pediatrics」において三次的喫煙（Third-hand Smoke）にいついての危険性が指摘されている。この三次的喫煙は，これまでの受動喫煙のたばこに起因する直接の煙を吸うことによる影響に加えて，たばこの煙が消えた後に（たばこ）煙に含まれる有害物質が，喫煙者の髪の毛，衣服，居室内のカーテンやソファなどに付着し，それを汚染源として間接的に第三者がたばこの有害物質の影響を受けるものとされる[47]。

　たばこそれ自体もさることながら，たばこの煙による周囲の者への影響が大きいとされることからも，受動喫煙の防止対策をいかにして行うべきか，喫煙者への喫煙抑制・制約とともに問題となるだろう。嫌煙権を憲法上の権利として考えたときに，受動喫煙によって侵害されている具体的な健康被害について明確に示されなければならないという判例の立場を採ったとしても，受動喫煙の影響は，IARC の発がん性分類においてグループ1とされており，受動喫煙のがんに対するリスクは高く，これを無視することはできない。受動喫煙のリスク上昇は，放射線被ばくと比較した場合 100 mSv 〜 200 mSv 相当とされ[48]，

　　を与えうること，および憲法論的位置づけがより強く行われている」として，健康権
　　として理解する説が妥当であるとしている（大沢・前注(43) 183 頁）。
(46)　主流煙（呼出煙）は喫煙する人の吸う，または吐き出す煙，副流煙はたばこ自体
　　（吸い殻も含む）からくすぶる煙のことであって，こうした受動喫煙による健康への
　　影響について厚生労働省は流涙，鼻閉，頭痛等の諸症状や呼吸抑制，心拍増加，血管
　　収縮等生理学的反応等に関する知見が示されるとともに，慢性影響として，肺がんや
　　循環器疾患等のリスクの上昇を示す疫学調査があり，IARC（国際がん研究機関）は，
　　証拠の強さによる発がん性分類において，たばこをグループ1と分類している。また，
　　心血管系に及ぼす影響として，血小板活性化，炎症，感染，動脈硬化，エネルギー代
　　謝の減少，インスリン抵抗性の上昇等が指摘されており（Joaquin Barnoya, Stanton
　　A. Glantz, *Cardiovascular Effects of Secondhand Smoke: Nearly as Large as Smoking,*
　　Circulation Vol. 111 (2005), がん以外の影響についても研究が進められている。
(47)　Jonathan P. Winickoff, Joan Friebely, Susanne E. Tanski, Cheryl Sherrod, Georg E.
　　Matt, Melbourne F. Hovell, Robert C. McMillen, *Beliefs About the Health Effects of*
　　"Thirdhand" Smoke and Home Smoking Bans, Pediatrics Vol. 123 (2009).
(48)　UNSCEAR 2010 Report "Summary of low-dose radiation effects on health", 国立
　　がん研究センター JPHC Study 調査，Preventive Medicine, 38（2004），at 516-522,
　　International Journal of Cancer, 122（2008），at 653-657. 能動喫煙は放射線量に換算す

214

第 1 節　受動喫煙防止条例と憲法

こうした科学的知見から，健康被害を排除する意味で，嫌煙権の重要性が論じられよう。

　喫煙および受動喫煙には相当程度の健康へのリスクが存在することとされ，そうした健康への害悪から逃れ，健康に生活を営む権利，そして健康への侵害に対しては侵害排除・救済を求める権利が認められているといえるだろう[49]。

　人格権とは「主として生命・身体・健康・自由・名誉・プライバシーなど人格的属性を対象とし，その自由な発展のために，第三者による侵害に対し保護されなければならない諸利益の総体」とされ[50]，人格権によって保障される範囲を広範に捉え，健康や良好な環境もここに含まれるとする学説は存在する[51]。

　そのような説を前提に，嫌煙権を人格権の一内容として位置づけることができる可能性はあるものの，憲法25条で保障された生存権について社会権の代表たる性質を考慮して，様々な権利・自由を導き，それぞれの性質・特性に応じて，その取扱いを個別に議論するべきとする考えもあることから[52]，嫌煙権を憲法25条の生存権の一内容と位置づける可能性も否定できない。ただし，判例上嫌煙権は，人格権としての性質を全面的ではないにしても認めていると解することができるため，人格権的性格を有する権利と解すべきであろう。

　嫌煙権を人格権として考えた場合には，健康上の害悪等が存在し，その影響を受けた（受けている）場合に人格権の侵害とされるという，人格権の保障と

───────────

　　ると 2,000 mSv 相当とされる。

(49)　こうした権利が憲法上認められるのであれば，たばこの煙以外でその害悪が相当と認められるもの，例えば放射性物質やアスベストといったものから健康を守る権利も当然有することになろう。

(50)　五十嵐清『人格権法概説』（有斐閣，2003年）10頁。

(51)　裁判例においても，金沢地判平成18年3月24日などで，健康を人格権として位置づけられることが判示されている。「個人の生命，身体及び健康という重大な保護法益が現に侵害されている場合，又は侵害される具体的な危険がある場合には，その個人は，その侵害を排除し，又は侵害を予防するために，人格権に基づき，侵害行為の差止めを求めることができると解される」。またこの裁判においては志賀原発周辺公衆の被ばく線量についてその許容限度，規制値について，ラドンを除く自然放射線による年間被ばく線量が 1mSv を超えない程度という ICRP 勧告── ICRP Publication 60 "Recommendation of International Commission on Radiological Protection", Pergamon Press1990 ──を前提としており，このことからも受動喫煙と放射線被ばくの比較において，受動喫煙の危険性が高いことがうかがえる。

(52)　藤井正希「生存権（憲法25条）の法解釈論──その法的性質を中心にして──」社学研論集17号（2011年）213頁。

第4章　受動喫煙防止と条例

しては消極的な立場が裁判所によって示されている一方で，健康上の害悪の存在について言及していることから，これが生存権にかかわる事柄としても考えられる。

　これを踏まえると，嫌煙権は，人格権としての性質を含む権利ではあるものの，健康上の害悪という状況を排除するためには，憲法25条における生存権としての社会権的性質を認めた上で，生存権による侵害の排除等（分煙の要求や禁煙地区の設定，喫煙抑制措置など）を国や地方公共団体に求めることが可能であると解するべきであろう。

　判例上，人格権による侵害排除を積極的に認めていない一方で，健康への害悪による侵害の可能性を認めている。ただし，ここでは侵害を受ける可能性ではなく，具体的な侵害の危険が必要とすることから，健康に対する影響が回復困難な状況に至る可能性がある以上，そうした危険を排除するための救済措置を否定することは，人格権による健康保持それ自体を否定することになりかねない。このため，人格権としての（健康保持権）保障はあるものの，その実現の手段としては生存権としての性質による救済を求める権利を有すると解するべきである。人格権として保障される，健康への害悪から逃れ，健康に生活を営む権利と，生存権として，健康への侵害に対して侵害排除・救済を求める権利について人格権的健康権ないし人格権的生存権として嫌煙権を位置づけるべきであろう。

　受動喫煙が主流煙，副流煙という今日までの認識のみならず，三次的喫煙による間接受動喫煙の（特に子どもに対する）危険性が示されていることから，こうした受動喫煙に対する措置を人格権的健康権に基づき求めることが可能であるか(53)，条例，法律によって受動喫煙の防止措置を行う場合の限界について検討したい。

第5項　神奈川県および兵庫県の受動喫煙防止条例

　地方公共団体による受動喫煙防止条例制定の限界について検討するにあたり，神奈川県，兵庫県の受動喫煙防止条例について紹介するとともに，その差異についてみておきたい。

---

(53) Third-hand Smoke に対する措置をも含まなければならないとすれば，極めて厳格な受動喫煙防止措置を行わなければ，人格権的健康権による保護にとしては不十分となろう。

第1節 受動喫煙防止条例と憲法

1 神奈川県公共的施設における受動喫煙防止条例（以下「神奈川県条例」と
いう。）

神奈川県条例は，平成 21 年 3 月に成立，公布され，平成 22 年 4 月 1 日から
施行されている。平成 19 年の「受動喫煙に関する施設調査」による調査結果
においては，飲食店のうち 6 割が受動喫煙の防止対策を実施しておらず，加え
て，対策を実施していない飲食店のうち 7 割が，今後の対策実施の予定もない
としたことが明らかになったほか，「受動喫煙に関する県民意識調査」におい
ても，飲食店などで受動喫煙（たばこ煙による曝露）にあったとする回答が過
半数を超えていた。県内の受動喫煙防止対策が不十分であることから，健康増
進法による施設管理者の努力義務や喫煙者マナーの向上を図ることによって
も受動喫煙の防止対策を十分な状態とするのは困難であるとして，神奈川県は，
条例の制定に至ったものである[54]。

神奈川県条例は，受動喫煙が健康へ悪影響を与えることが明らかであるとい
う前提の下で，①県民，保護者，事業者，県の責任の明確化，②県民自らの意
思によって受動喫煙を避けることができる環境の整備促進[55]，③未成年者の
受動喫煙による健康への悪影響からの保護を掲げ，「受動喫煙による県民の健
康への悪影響を未然に防止すること」を目的としている。神奈川県条例では 8
条で，「何人も，喫煙禁止区域（次条第 1 項又は第 2 項の規定による措置により設
けられたものに限る。以下同じ。）内においては，喫煙をしてはならない」と定
めており，ここで喫煙禁止区域とされた区域には，禁煙義務とされる第一種施
設[56]と禁煙または分煙義務とされる第二種施設[57]が設定されている[58]。

---

(54) 加藤康介＝井出康夫「【第 10 回禁煙推進セミナー】〈受動喫煙防止条例を全国で実施
するには〉4．神奈川県公共的施設における受動喫煙防止条例について」日本循環器
学会専門医誌 循環器専門医 19 巻 2 号（2011 年）341 頁。

(55) ここでいう「受動喫煙を避けることができる環境の整備」とは，受動喫煙（たばこ
煙の曝露）を避けたいと思っている県民が，公共施設等を利用しようとする際に，た
ばこの煙に曝露されない環境を選択できることを意味するものとされる。

(56) 第一種施設として禁煙義務とされる施設は，幼稚園，小中学校，高校，大学等の教
育施設，病院，薬局等の医療機関，劇場，映画館，観覧場，集会場，公会堂，寺社仏
閣，火葬場，展示場，体育館，水泳場，ボーリング場，公衆浴場，百貨店，スーパー
マーケット，公共交通機関の待合所等，公共交通機関の車両等，図書館，動物園，老
人ホーム，保育所，官公庁等である。

(57) 第二種施設として禁煙または分煙義務とされる施設は，飲食店，キャバレー，カフェ，
ナイトクラブ，ホテル，旅館，ゲームセンター，カラオケ，ダンスホール，マージャ
ン店，パチンコ店，場外馬券売り場等および，第一種施設に該当しないサービス業を

第4章　受動喫煙防止と条例

　ここで喫煙禁止とされる区域において禁煙・分煙といった措置を講じなかった施設管理者，事業者に対しては，指導・勧告，命令を経て過料が，ここで喫煙禁止とされている区域において喫煙をした者や県の立ち入り調査に施設管理者が拒否した場合は，直ちに過料が科される[59][60]。

2　兵庫県条例

　兵庫県条例は平成24年3月に成立し，平成25年4月1日から施行されている。兵庫県ではかねてより，県民の健康づくりの一環としてたばこ対策を行っており，平成16年3月に「兵庫県受動喫煙防止対策指針」を策定し，受動喫煙防止対策の実現等を目指していたものの，平成20年度に実施した調査において，建物内の禁煙または分煙の措置を実施している運動施設は85％，文化施設は84％と一定の実施率が確保できていた一方，飲食店は20％，宿泊施設は17％の実施率にとどまっていた。平成22年4月に実施された「受動喫煙に関する意識」調査に際しても，条例等による規制強化を求める県民が58％に上ったこともあり，受動喫煙防止対策の目標値の達成のための方法の一つとして厳格な規制の条例を制定することによって，受動喫煙被害を防止しようとしたものである。

　兵庫県条例は，受動喫煙が，がん，脳血管疾患，心臓病等の疾患のほか，健

　　営む店舗（クリーニング店，質屋，古物店，理容所，美容所，旅行代理店，不動産店，法律事務所，行政書士事務所，司法書士事務所，公認会計士事務所，社会保険労務士事務所，税理士事務所，弁理士事務所，探偵事務所，その他これらに類する施設）である。

　　※ただし風俗営業等の規制及び業務の適正化等に関する法律2条6項に規定する店舗型性風俗特殊営業および同条9項に規定する店舗型電話異性紹介営業を営む店舗については，第一種，第二種施設に含まないとされる。

(58) 神奈川県条例においては，適用除外認定施設（同条例20条），特例第二種施設（同条例21条）が設定されており，適用除外認定施設には，会員制クラブやシガーバー等が対象として含まれ，特例第二種施設には，風営法2条1項1号から7号までに掲げる営業の用に供する施設，食品の調理場を除く床面積が100㎡以下の飲食店，事業用の床面積が700㎡以下のホテル，旅館が含まれ，これらの施設については，条例による規制について努力義務とされる。

(59) 神奈川県条例23条において罰則規定が設けられており，施設管理者が義務に従わなかった場合等は5万円以下の過料，喫煙禁止区域内で喫煙した者は2万円以下の過料の罰則規定が設けられている。

(60) 神奈川県受動喫煙防止条例についての内容とその問題点の検討について大沢秀介＝葛西まゆこ＝大林啓吾編『憲法.com』（成文堂，2010年）211頁以下がある。

第1節　受動喫煙防止条例と憲法

康に悪影響があるという前提の下で，①未成年者および妊婦をはじめ県民が，たばこの煙に曝されることによる健康への危険を避けること，②健康づくりをより一層推進することができるよう，受動喫煙の防止等について，事業者等への周知を行うことが必要であるとして，受動喫煙防止対策により「県民の健康で快適な生活の維持を図ること」を目的として制定された。16条1項において，「何人も，受動喫煙防止区域（第10条第1項，第11条第1項，第12条第1項前段又は第13条第1項の規定により設けられる喫煙区域を除く。次項において同じ。）において喫煙してはならない」と定めており，神奈川県条例同様，喫煙が禁止される区域が設定されその区域内において喫煙することは禁止されるものとなっている。

　兵庫県条例の規制対象となる施設の管理者は，9条に基づく受動喫煙の防止として，受動喫煙防止区域内では喫煙することができないよう措置をとることが求められる。ここで対象となる施設は，ほとんどが神奈川県条例と同じ形態の施設であるが，兵庫県条例では神奈川県条例に規定されていない観覧場の屋外の観客席，動物園，植物園，遊園地，都市公園等の敷地内という「屋外空間」においても規定を設けており，観覧場については受動喫煙防止の努力義務を課し，動物園等については，施設において未成年者が多く集まる区域については受動喫煙防止義務を課している(61)。

　兵庫県条例では，罰則規定として指導・勧告，命令を経た後に適切な対応を行わなかった者（施設管理者）に対して30万円以下の罰金，立ち入り検査時の虚偽報告等を行った者に対して20万円以下の罰金，立ち入り検査を拒み，妨げる等を行った者に対して10万円以下の罰金の規定を設けている(62)ほか，受動喫煙防止区域（禁煙が求められる区域）内において喫煙した者に対して2万円以下の過料の規定を設けている(63)。

---

(61)　兵庫県条例においては，受動喫煙の防止措置として，小中学校，高校，幼稚園等については建物，敷地内の全域，大学，高専，薬局，はり師，官公庁施設であって庁舎以外の施設等については，建物内の公共的空間，病院，診療所，官公庁庁舎，児童福祉施設等については建物内の全域において禁煙の措置が義務づけられる（当面の間は既設喫煙所での喫煙が認められるが喫煙所の設置も禁止される）ほか，これら以外で神奈川県条例によって規制対象とされる施設について，喫煙所の設置は認められるものの，分煙，一部喫煙等の義務が課されている。

(62)　兵庫県条例旧23条。

(63)　兵庫県条例23条2項。

219

第 4 章　受動喫煙防止と条例

3 【素案】兵庫県受動喫煙防止条例（以下「兵庫県条例素案」という。）

兵庫県条例素案は，兵庫県における受動喫煙防止条例制定に際して，平成23 年 7 月 29 日「兵庫県受動喫煙防止対策検討委員会報告書」において示されたものである。兵庫県条例の基になったものであるが，その規制内容が厳しすぎるとして飲食店等を運営している業界からの反発に押し切られる形で，兵庫県条例の規制内容となったものである。

受動喫煙防止条例制定の限界について検討するにあたって，兵庫県条例素案についても確認しておきたい。兵庫県条例素案では，対象とする施設・区域について，「不特定又は多数の人が利用する室内空間」と位置づけた上で，禁煙を義務づける施設（屋内空間に限る）として，「各種学校，保育所，病院・診療所，薬局・薬店，はり・きゅう等施術所，官公庁，児童福祉施設等，社会福祉施設，社会教育施設，運動施設，動物園・植物園・遊園地，列車・バスの車両，船舶の船室，交通機関，火葬場・納骨堂，集会場・公会堂，神社・寺院・教会等，金融機関，公衆浴場，物品販売業を営む店舗，理容店・美容店，その他サービス業店舗，屋内駐車場」といった施設が指定され[64]，禁煙を義務づけるものの，暫定的な措置として，分煙を義務づける施設として，「旅館・ホテル等，客席面積 75 ㎡超の大規模な飲食店・喫茶店（スナック・バーを含む），娯楽施設，競馬場，競艇場，競馬場外の勝馬投票券発売所等，複合施設の共用部分」が指定され[65]，分煙または時間喫煙を義務づける施設として，「客席面積 75 ㎡以下の小規模な飲食店・喫茶店（スナック・バーを除く），興行場（劇場，映画館等）」が指定されていた[66]。

また，風俗営業施設（キャバレー、ナイトクラブ，マージャン屋，パチンコ屋，個室型特殊営業施設等）については，①通常，妊婦や 18 歳未満の者の立入りが想定されないこと，②「客室の内部に見通しを妨げる設備を設けないこと」等の規制があり，たばこの煙を遮る設備を設けることが困難であること等から，禁煙に努めることを義務づけ，小規模なスナック，バー等についても，①通常，妊婦や未成年者の立入りが想定されないこと，②分煙や時間禁煙が困難であると考えられること等から，風俗営業施設と同様に，禁煙に努めることを義務づ

---

(64)　兵庫県受動喫煙防止対策検討委員会「兵庫県受動喫煙防止対策検討委員会報告書」（平成 23 年）9 頁。

(65)　兵庫県受動喫煙防止対策検討委員会・前注(64) 10 頁。

(66)　兵庫県受動喫煙防止対策検討委員会・前注(64) 10 頁。

けるにとどめるものとしていた[67]。

4 神奈川県条例および兵庫県条例，兵庫県条例素案の比較

これらの規制対象となる施設については大きく違いはない。すなわち，受動喫煙の影響が大きいと認められる屋内の施設であって不特定多数の人間が利用する場を中心としているため，規制対象はほぼ同じものといえる。しかしながら，規制内容については，兵庫県条例素案において，原則としてすべての施設が禁煙義務とすることを前提としながらも，当面の間，その施設の営業等に差し障りがないよう，分煙等の措置とすることが可能であるとしていたものの，兵庫県条例および神奈川県条例では，公共性の高い施設・空間や未成年者の利用がある施設については禁煙義務としながらも，飲食店や小売店，公共交通機関等についても分煙や時間喫煙の措置を設け，喫煙所の設置についても認める，または努力義務にとどまる規制内容である。ただし，兵庫県条例では，兵庫県条例素案，神奈川県条例において規制の対象外とされていた屋外についても一部で受動喫煙防止の義務や努力義務を課した規制を行っている。

こうした規制の対象となる施設や規制内容が適切であるのか，喫煙の自由，嫌煙権，また飲食店や小売店等の営業の自由との関係から条例の制定の限界があるといえるのか議論のあるところであろう。神奈川県条例および兵庫県条例，兵庫県条例素案の比較については，健康福祉部健康局健康増進課「受動喫煙の防止等に関する条例における規制内容」[68]を基に作成したものが別稿にあるので参照されたい[69]。

第6項　小括（地方公共団体による受動喫煙防止条例制定の限界）

受動喫煙が健康に対して一定の害悪があることを前提とした場合，その健康に対する害悪を受けたくない者に対して害を与える，つまり，たばこの煙に曝すようなことがないよう，国，地方公共団体にその対策を講じる責務がある。

---

(67) 兵庫県受動喫煙防止対策検討委員会・前注(64) 11頁。兵庫県条例素案では，規制の対象となる施設等は詳細に示されているものの，罰則については必要であるとの見解を示しただけで，具体的な罰則内容については明示されていない。

(68) https://web.pref.hyogo.lg.jp/kf17/judoukitsuen_jourei.html 参照，最終閲覧令和元年5月5日。

(69) 村中洋介「受動喫煙防止条例と喫煙権（喫煙の自由），嫌煙権——兵庫県受動喫煙防止条例を事例として——」法政論叢50巻1号（2013年）1頁以下参照。

第4章　受動喫煙防止と条例

そうした場合に，施設管理者に一定の措置を求めるように定める健康増進法や受動喫煙防止条例の制定は，今日の国民，住民の健康維持・向上のための施策の一つとして考えられるものである。しかしながら，法律や条例を制定する場合には当然に憲法上の権利を侵害する内容を含むことはできないことから，以下では，兵庫県条例および神奈川県条例における規制を参考にしながら，憲法上の権利と受動喫煙防止条例について検討したい。

1　憲法と受動喫煙防止条例

受動喫煙に対して健康への害悪が明白であるとされる以上，たばこの煙に曝されないように生活する権利が人格権的健康権として保障されていると解されることは前述したところである。このような場合，喫煙の自由は他者に対して害悪を与えない場合は認められるものの，他者の人格権的健康権を侵害する喫煙は認められず，受動喫煙に曝されている者は救済を求めることができるとともに，そうした侵害を未然に防ぐための措置として法律や条例によって喫煙場所の制限や喫煙に関する取決めを含む規制を行うことを求めることができると解される。すなわち，人格権的健康権と喫煙の自由の関係からすると，仮に喫煙の自由が憲法上の権利とされうるとしても，人格権的健康権を侵害しない範囲に限られるもので，受動喫煙防止条例による喫煙場所の制限や罰則等の喫煙規制の無効等を喫煙の自由を根拠に認めることはできない。

厳格な受動喫煙の防止についての立場は，ドイツ連邦憲法裁判所判決において，「健康そしてまさに人間の生命が特に高次の利益に属するために，その保護のための手段は，職業の自由という基本権に相当程度介入するものであってもよい」とされることからも，わが国における人格権的健康権と喫煙の自由等との関係についても，生命，健康をより高次の基本権として位置づけることにより，人格権的健康権が保護すべきとされることとなろう[70]。

他方で，営業の自由と人格権的健康権の関係について検討すると，人格権的健康権は，受動喫煙として本人の意思によらずにたばこの煙に曝されることをいうのであって，一部の産業や営業用店舗において受動喫煙防止対策が採られていない場合に，禁煙，分煙の対策を義務づけるものであると，営業の自由と

---

(70)　ドイツ連邦憲法裁判所判決については，井上典之「喫煙規制をめぐる憲法問題——ドイツ連邦憲法裁判所の禁煙法違憲判決を素材に」法時 81 巻 5 号（2009 年）104 頁以下参照。

第1節　受動喫煙防止条例と憲法

の関係で議論があるところであろう。

　平成22年6月〜12月に行われた「受動喫煙防止条例がもたらす需要変動の実態把握」[71]において，神奈川県条例の施行に伴う経済波及効果が算出されている。ここでは，居酒屋や喫茶店，ファーストフード店を含む，外食産業において特に条例施行に伴うマイナス影響が大きいことが示されており，平成22年見込影響額が▲（マイナス）7,650百万円，平成23年予想影響額が▲6,200百万円，平成24年予想影響額が▲2,880百万円とされるほか[72]，ホテル，旅館といった宿泊施設においては，平成22年見込影響額が▲1,020百万円，平成23年予想影響額が▲1,580百万円，平成24年予想影響額が▲1,650百万円の影響があるという調査結果となっている[73]。こうした各産業のマイナス影響に，分煙工事や喫煙所の設置，分煙機器（分煙用エアカーテン等）によるプラス影響を考慮した神奈川県条例施行に伴う経済波及効果は，平成22年見込影響額が▲3,570百万円，平成23年予想影響額が▲6,280百万円，平成24年予想影響額が▲4,505百万円となり，特定産業に対して一定のマイナス影響が示されている[74]。

　受動喫煙防止条例による特定の産業に対する直接の影響のほか，こうした産業に対する影響から他の産業に対して間接的に与える影響についても算出されている[75]。またこの調査においては，受動喫煙防止条例が全国で施行された場合（神奈川県条例と同内容の全国を対象とする受動喫煙防止法が施行されたものと同様）の経済波及効果についても算出されており，ここでは，外食産業，喫煙所設置等の直接の影響によって，平成22年影響額が▲70,560百万円，平成23年影響額が▲129,730百万円，平成24年影響額が▲10,848百万円の影響

---

(71)　東京マーケティング本部第一事業部『受動喫煙防止条例がもたらす需要変動の実態』（富士経済，2011年）。

(72)　東京マーケティング本部第一事業部・前注(71) 16頁。

(73)　東京マーケティング本部第一事業部・前注(71) 21頁。

(74)　東京マーケティング本部第一事業部・前注(71) 55頁。

(75)　ここでは，条例施行による間接的な影響として，生産誘発額，付加価値誘発額，誘発就業者数が算出されているが，それぞれ，生産誘発額が平成22年合計▲5,488百万円，平成23年合計▲10,648百万円，平成24年合計▲7,600百万円，付加価値誘発額が平成22年合計▲2,855百万円，平成23年合計▲5,212百万円，平成24年合計▲3,699百万円，誘発就業者数が平成22年合計▲1,461人，平成23年合計▲1,667人，平成24年合計▲992人とされている。製造業や建設業ではプラス効果があるものの，農水産業，食料品関係，商業，外食においてマイナス効果があるとされる（東京マーケティング本部第一事業部・前注(71) 56-58頁）。

第4章　受動喫煙防止と条例

があるとしている[76]。

　ここで算出されたものはあくまでも一つの分析結果であり，その経済波及効果はそれほど大きくないとする考えも，見逃しがたい重大な影響であるとする考えもあろう。

　このような分析は，平成29年にも出されており[77]，国が検討している受動喫煙防止法の施行にともない外食産業に8,401億円のマイナスの経済波及効果が生じるとの分析を示している[78]。ただし，ここでの外食産業への調査においては，営業する者に対して受動喫煙防止法が施行された場合の売り上げ予測（これくらい減るのではないかという個人の感覚）を聞き取っているもので，適切なものではないとの批判もある[79]。また，厚生労働省が示す資料では，諸外国における外食産業等でのたばこ規制導入後の減収はないとの報告が多数紹介されている[80]。

　侵害される人格権的健康権という人権の保護のためであれば，営業の自由といった経済的自由よりも重要とされる各人の健康等の保護を優先し，一定の経済的損失はやむを得ないと考えられよう。しかしながら，喫煙が必要，または常態化している産業や店舗があるとすれば，そうした産業等に対しては配慮が必要である。そうした産業や店舗において喫煙が認められたとしても，たばこ

---

(76)　東京マーケティング本部第一事業部・前注(71) 59頁。この他，生産誘発額，付加価値誘発額，誘発就業者数についても算出されており，それぞれ，生産誘発額が平成22年合計▲104,274百万円，平成23年合計▲210,174百万円，平成24年合計▲173,535百万円，付加価値誘発額が平成22年合計▲54,250百万円，平成23年合計▲103,820百万円，平成24年合計▲85,553百万円，誘発就業者数が平成22年合計▲22,552人，平成23年合計▲28,685人，平成24年合計▲19,795人とされている（同書59頁）。

(77)　富士経済HP「『居酒屋，バー，スナック』『カフェ・喫茶店』『レストラン』のアンケートから『受動喫煙防止法案（たたき台）』施行による外食市場への影響を調査」（https://www.fuji-keizai.co.jp/market/17021.html, 最終閲覧令和元年5月5日）。

(78)　日本経済新聞「富士経済，『受動喫煙防止法案（たたき台）』施行による外食市場への影響の調査結果を発表」（https://www.nikkei.com/article/DGXLRSP438417_T00C17A3000000/, 最終閲覧令和元年5月5日）。

(79)　日本禁煙学会，日本禁煙推進医師歯科医師連盟（http://www.jstc.or.jp/uploads/uploads/files/ 禁煙学会・禁煙医師連盟共同声明201706061250.pdf, 最終閲覧令和元年5月5日）。

(80)　厚生労働省「受動喫煙防止対策強化の必要性他」（http://www.mhlw.go.jp/file/04-Houdouhappyou-10904750-Kenkoukyoku-Gantaisakukenkouzoushinka/0000172629.pdf, 最終閲覧令和元年5月5日）参照。

第1節　受動喫煙防止条例と憲法

の煙に曝されたくないと思っている者は，そうした場所を訪れることを避ける
ことは容易であり，このことからも，喫煙が必要，または常態化している産業
や店舗においては，喫煙を認めることとされても人格権的健康権を侵害するも
のでもないと解される。

シガーバーやキャバレー，スナックといった施設においては喫煙が必要，ま
たは常態化しているといえるかもしれない。こうした施設においてまで禁煙義
務を課すことは，営業の自由から疑問があるとされよう。その他，居酒屋やパ
チンコ店，マージャン店等でも喫煙の常態化が見受けられるものの，こうした
施設は非喫煙者の利用も比較的多いものと考えられることから，全面的に喫煙
を認めることは問題があるといえる。地域や店舗の形態によって喫煙率や受動
喫煙状況も異なることから，どのような施設で禁煙，分煙等の措置を講じるか
という具体的な政策はそれぞれ検討する必要があろう。

しかしながら，受動喫煙防止対策としてどのような対策を講じるかは，健康
への害悪を排除するために最も効果的な方法を採らなければならず，その意味
において，本来は全面的な禁煙を行う必要があるといえる。

2　規制のあり方

三次的喫煙についての危険性が指摘されたことについて考慮すれば，喫煙し
た者の髪の毛，衣服に付着した有害物質による間接的喫煙の影響がある点で，
喫煙者と非喫煙者については完全に隔離される生活が必要となり，また，こ
のようなことは困難であるとしても，喫煙空間内の備品（ソファーやカーテン）
に付着した有害物質の影響を非喫煙者が受けないよう，分煙については完全分
煙が求められるほか，時間喫煙を可能として，喫煙者と非喫煙者が同一空間を
利用する状況は避けなければならない。特に三次的喫煙については，研究にお
いて子どもに対する影響が極めて大きいとしていることからも，子どもを持つ
世帯等には，家庭内での喫煙のあり方についても指導，対策が必要となってく
るものであろう。なお，東京都は，平成29年10月に「東京都子どもを受動喫
煙から守る条例」が制定し，ここでは家庭内や子どもが同乗する自動車内での
受動喫煙防止の努力義務が規定されている[81]。

---

(81)　日本経済新聞「都の受動喫煙防止条例が成立　18年4月，国に先行」(https://
　　　www.nikkei.com/article/DGXMZO21918250V01C17A0000000/, 最終閲覧令和元年5
　　　月5日)。

225

第4章　受動喫煙防止と条例

「環境タバコ煙の暴露状況調査」[82]では，大学構内の完全分煙されていない喫煙所（屋外開放型の喫煙所）周辺の受動喫煙の状況を調査しており，喫煙所から3メートル程度離れた場所でも，厚生労働の定める分煙判定基準である時間平均浮遊粉塵濃度 $0.15 \text{ mg} / \text{m}^2$ [83]を大きく上回り，屋外開放型の喫煙所においては相当離れた場所でなければ十分な分煙効果が認められないこととされている。大学構内や駅のプラットホーム，店舗前等でみられるような開放型喫煙所については，少なくとも人の通行する場所，人の集まる場所付近において設置することは禁止されるべきであろう。

受動喫煙防止条例を制定するにあたっては，一部の産業等に対しての配慮は要するものの，基本的には人格権的健康権の保護のために必要な手段として，原則禁煙の措置を行うことが求められ，分煙や時間喫煙等の対策を講じる際にも，三次的喫煙の影響や，屋外開放型の喫煙所についての取扱い等留意すべき事項がある。条例制定によって経済へのマイナス影響が目につくが，受動喫煙防止条例制定によって，一部の疾患患者が減少したとする報告もあることから[84]，健康維持，健康向上の観点からも受動喫煙防止条例の制定は注目されるものである。

兵庫県条例が制定された背景には，住民の意識が禁煙または分煙の推進に向

---

(82)　定岡直＝柳沢茂＝中根卓＝八上公利＝小口久雄＝笠原香「環境タバコ煙の暴露状況調査」信州公衆衛生雑誌4巻1号（2009年）72-73頁。

(83)　http://www.mhlw.go.jp/houdou/2002/06/h0607-3.html 参照，最終閲覧令和元年5月5日。

(84)　米国モンタナ州ヘレナにおいて受動喫煙防止条例が制定，施行された後に急性心筋梗塞の発症が減少したとされる報告（Richard P. Sargent, Robert M. Shepard, Stanton A. Glantz, *Reduced incidence of admissions for myocardial infarction associated with public smoking ban: before and after study, BMJ* Vol. 328（2004）, at 977-980），米国ニューヨーク州において受動喫煙防止条例が制定，施行された後に急性心筋梗塞による入院例が減少し，推定5,600万ドルの医療費が削減されたとする報告がある（Harlan R. Juster, Brett R. Loomis, Theresa M. Hinman, Matthew C. Farrelly, Andrew Hyland, Ursula E. Bauer, Guthrie S. Birkhead, *Declines in Hospital Admissions for Acute Myocardial Infarction in New York State After Implementation of a Comprehensive Smoking Ban, American Journal of Public Health* Vol. 97, No. 11（2007）, at 2035-2039），この他海外における受動喫煙防止条例の制定，施行後に急性心筋梗塞患者が増加した事例を紹介しているものがある（海老名俊明「【第10回禁煙推進セミナー】〈受動喫煙防止条例を全国で実施するには〉2. 受動喫煙防止条例と急性冠症候群──神奈川県スタディーの紹介」日本循環器学会専門医誌 循環器専門医19巻2号（2011年）330-335頁）。

かっていることがあると考えられる。近年，喫煙者数は減少傾向にあり，厚生労働省の調査[85]では，平成22年に20歳以上の男女の喫煙率が19.5％と，調査以来，初めて20％を下回った。

平成28年は18.3％と下げ止まりの傾向にあり[86]，喫煙者が少なくなったといったといっても，依然として2割程度の成人が喫煙する状態にあることから，施設を全面的に禁煙にする等することは喫煙者の喫煙場所を奪うことになり，結果的に路上喫煙等が増え非喫煙者の受動喫煙被害が増大する危険性もある。三次的喫煙，屋外開放型の喫煙所の研究からすると，喫煙所を完全に分離する形で設置することが求められるものであって，条例においてもそのような受動喫煙防止対策が求められるだろう。

第2節　路上喫煙防止条例による規制
──横浜市路上喫煙訴訟──

第1項　問題の所在

前節で触れたように，住民の健康被害を防止するために受動喫煙防止条例が制定される事例がある。この受動喫煙防止条例は，主として子どもや妊婦といった住民等の健康保護を目的としているものであると紹介してきたが，他方，たばこに関する規制については，各市町村が制定している都市の美観確保等を目的とした，路上喫煙防止条例，ポイ捨て禁止条例等も存在する[87]。

本節では，横浜市において，原告（被控訴人，上告人）の路上喫煙禁止地区における喫煙についての違反が摘発され，過料処分が科された事例について概

---

(85) 厚生労働省・前注(26) 28頁参照。

(86) 厚生労働省・前注(26) 28頁。ただし，喫煙者のうち3割近くは喫煙をやめたいと思っているとされ，今後も一定程度の喫煙者の減少が見込まれる（同29頁）。

(87) 市町村が制定する路上喫煙防止条例等については，東京都特別区，指定都市，中核市を中心とした都市の計94の市および区における制定状況について，深町晋也「路上喫煙条例・ポイ捨て禁止条例と刑罰論──刑事立法学序説──」立教法学79号（2010年）57頁以下において，94市区のうち71市区が制度内容は異なっているものの，路上喫煙を取締まる条例の制定をしているとされる。また平成25年10月18日，平成25年度第2回神奈川県たばこ対策推進検討会・第3回「神奈川県公共的施設における受動喫煙防止条例」見直し検討部会合同会議，参考資料5「県内市町村における路上喫煙の規制等，たばこ関連条例の制定状況一覧」によれば，神奈川県内の33市町村のうち15市町が路上喫煙の規制を条例によって制定しているとされる（http://www.pref.kanagawa.jp/uploaded/attachment/637216.pdf, 最終閲覧令和元年5月5日）。

第4章　受動喫煙防止と条例

観し，路上喫煙防止条例の規制について検討する[88]。これを検討し，近時の
受動喫煙防止条例の制定の背景を踏まえ路上喫煙防止条例による規制のあり方
を考える。

第2項　横浜市路上喫煙訴訟の概要

1　横浜市条例の概要

横浜市は，平成7年に，「横浜市空き缶及び吸い殻等の散乱の防止（等）に
関する条例」（平成7年横浜市条例第46号。以下「横浜市条例」という。（等）に
ついては，平成19年の改正によって追加された。）を制定し，空き缶等の投棄を
禁止し清潔な街，快適な都市環境の確保を掲げていたが，平成19年横浜市条
例第37号による改正によって，屋外の公共の場所（路上等）における喫煙に
ついても禁止することを規定した。

ここでは，「空き缶等及び吸い殻等の散乱の防止等について，横浜市，事業
者及び市民等の責務を明らかにするとともに，空き缶等及び吸い殻等の投棄の
禁止，屋外の公共の場所における喫煙の禁止，空き缶等の回収及び資源化その
他の必要な事項を定めることにより，清潔で安全な街をつくり，かつ，資源の
有効な利用を促進し，もって快適な都市環境を確保すること」を目的としてお
り（横浜市条例1条），このような目的規定は，従来，路上喫煙防止ないしポイ
捨て禁止条例等にみられるような，都市の美観確保ないし生活環境の保全を目
的とする趣旨と解することができるものである。そうすると，横浜市条例にお
ける目的規定は，神奈川県条例に規定されるような，「県民の健康保護」とい
う，より直接的，積極的な法益保護を目的とするものではない点に注意する必
要があるかもしれない。

他方，横浜市条例は，平成19年の改正によって路上喫煙の禁止規定が追加
されたわけであるが，その際に「安全な（街をつく）」ることを新たに追加し
ている点については，「安全」という文言から，積極的な法益保護の観点が考
慮されているとも考えられる。

横浜市条例は，1条の目的を達成するために，「市長は，美化推進重点地区
内において，たばこの吸い殻の散乱につながるとともに，市民等の身体及び財

---

(88)　本件に関する先行研究，地裁判決の紹介として阿部泰隆「政策法学演習講座57・実
例編37路上喫煙禁止条例に違反して喫煙したが無過失の者に過料の制裁を科すこと
は適法か」自治実務セミナー53巻4号（2014年）9頁以下。

第2節　路上喫煙防止条例による規制

産に対し被害を及ぼすおそれのある屋外の公共の場所での喫煙を禁止する必要があると認められる地区を喫煙禁止地区として指定することができる。」（同条例11条の2第1項）こととし，指定された喫煙禁止地区内においては，喫煙を禁止し（同条例11条の3）[89]，喫煙禁止地区内において喫煙した違反者に対しては，2,000円以下の過料を科すこととされている（同条例30条）[90]。

横浜市条例施行時には，喫煙禁止地区として，横浜駅周辺地区，みなとみらい21地区，関内地区の3地区と指定し，その後，平成22年までに，新たに鶴見駅周辺地区，東神奈川・仲木戸駅周辺地区，新横浜駅周辺地区の3地区を指定するとともに，横浜駅周辺地区について指定区域の範囲拡大が行われている。平成30年3月からは戸塚駅周辺が指定区域とされ，平成30年10月からは，二俣川駅周辺についても区域に指定されている[91]。

なお，横浜市条例において，公共の場所とは，道路，公園その他の公共の用に供される場所をいい（同条例2条5号），喫煙とは，たばこを吸うことおよび火の付いたたばこを持つことをいう（同条例2条6号）とされており，例えば，神奈川県条例における喫煙の定義等とは文言の差異はあるものの同旨のものと考えられる[92]。

2　横浜市路上喫煙訴訟の概要

平成24年1月28日午後1時30分頃，原告（東京都内で自営業を営む男性，被控訴人，上告人）が横浜市条例により喫煙禁止地区に指定されている横浜駅周辺地区[93]にあるパルナード（横浜駅周辺の繁華街に位置する通りの名称）の歩道上において喫煙をしたところ，巡回中の横浜市の美化推進員により現認された。ここで，原告は美化推進員から，たばこの火を消すよう指導され，条例違反の告知を受け，告知・弁明書の弁明欄に記載および署名を求められたことか

---

(89)　横浜市条例11条の3「何人も，喫煙禁止地区内において，喫煙をしてはならない」。

(90)　横浜市条例30条「第11条の3の規定に違反した者は，2,000円以下の過料に処する」。

(91)　横浜市HP（https://www.city.yokohama.lg.jp/kurashi/sumai-kurashi/gomi-recycle /seiketsu/kitsuen/shitei.html, 最終閲覧令和元年5月5日）参照。

(92)　神奈川県条例2条6号においては，喫煙は，「たばこに火をつけ，その煙を発生させることをいう。」と規定されている。

(93)　横浜駅周辺の喫煙禁止地区については，https://www.city.yokohama.lg.jp/kurashi/ sumai-kurashi/gomi-recycle/seiketsu/kitsuen/kinshitiku.html 参照，最終閲覧令和元年5月5日。

第4章　受動喫煙防止と条例

らこれに応じ記載および署名をした後，その場において美化推進員より横浜市長の名で，条例に基づき 2,000 円の過料に処するとの処分を受けた。

これに対して，原告は平成 24 年 3 月 27 日に，横浜市長に対して異議申立をしたが，これについては平成 24 年 6 月 25 日に棄却する決定がなされ，さらに，平成 24 年 7 月 23 日に神奈川県知事に対して審査請求をしたところ[94]，これについても平成 24 年 12 月 27 日付で棄却する旨の裁決がなされた。

これを受けて，美化推進員に違反を告知された場所に至る道路に，違反告知をされた場所が喫煙禁止地区に指定されていることを容易に認識できるような標識等がないにも関わらず，過料処分を行ったことは違法であるなどとして，横浜市（被告，控訴人，被上告人）に対して処分の取消しを，神奈川県（被告，控訴審訴外）に対して裁決の取消しを求めて横浜地裁に訴えたものである。

以下で横浜地裁判決（平成 26 年 1 月 22 日），横浜高裁判決（平成 26 年 6 月 26 日，横浜市控訴）を概観し，路上喫煙防止条例における規制について検討する。

なお，最高裁は平成 26 年 12 月 18 日付で，上告棄却決定をした。

第3項　裁判所の判断

1　横浜地判平成 26 年 1 月 22 日判時 2223 号 20 頁

横浜地裁は，横浜市が「行政上の秩序を保つために秩序違反行為に対して科される制裁であるという性質上，違反者の主観的責任要件の具備を必要とせず，客観的違反事実が認められれば，これを科し得る」と主張する過料処分について，①横浜市条例 30 条に基づく過料処分をするためには，処分の相手方に同条例 11 条の 3 違反について故意または過失が必要であるかどうか，②違反者に故意または過失が必要であるとされる場合，原告に少なくとも過失はあったかどうか，に加えて③神奈川県知事がなした審査請求棄却の裁決の取消事由の有無について争われた。

---

(94)　地方自治法 255 条の 2 において，「他の法律に特別の定めがある場合を除くほか，法定受託事務に係る処分又は不作為に不服のある者は，次の各号に掲げる区分に応じ，当該各号に定める者に対して，行政不服審査法による審査請求をすることができる。」と規定し，「市町村長その他の市町村の執行機関（教育委員会及び選挙管理委員会を除く。）の処分又は不作為」については，都道府県知事に審査請求ができるとされている。

第2節　路上喫煙防止条例による規制

a　争点①過料処分と故意・過失

裁判所は，「本件条例は快適な都市環境を確保することを目的としている
（1条）。市長が，その指定した美化推進重点地区内において，さらに，たばこ
の吸い殻の散乱につながるとともに市民等の身体及び財産に対し被害を及ぼ
すおそれのある屋外の公共の場所での喫煙を禁止する必要があると認められ
る地区を喫煙禁止地区として指定することができ（11条の2第1項），喫煙禁
止地区での喫煙を禁止し（11条の3），この禁止違反に対して2,000円以下の
過料をもって臨むこととしているのも（30条），上記の行政目的を達成するた
め」，「この過料処分は，喫煙禁止地区において，快適な都市環境にとって有害
な屋外の公共の場所での喫煙を行政上の制裁をもって抑止しようとするもので
あるから，行政上の秩序罰としての性質を有する。すなわち，本件条例は，喫
煙禁止地区において喫煙をしてはならないという義務を全ての者に負わせた上
で，その義務違反をした者に対して過料という行政上の制裁を加えることによ
り，喫煙禁止地区における喫煙を防止し，もって快適な都市環境という秩序を
維持しようとしているのである」として，過料処分が秩序罰としての性質を有
するものであり，この制裁によって横浜市条例の目的である快適な都市環境を
確保するものであるとした。

その上で，「我が国においていわゆる路上喫煙が禁止されている地域は現在
のところ極めて限られているから（公知の事実），そこが喫煙禁止地区であるこ
とを知らないまま喫煙をし，かつ，知らなかったことに過失もないという場
合が当然にあり得る。仮にこの者に対して過料処分をしたとしても，被処分者
としては喫煙禁止地区と認識し得なかった以上，単に『運が悪かった』と受け
止めるだけであり，今後は喫煙禁止地区において喫煙をしないようにしようと
いう動機付けをされないから，本件条例30条の目的とする抑止効果を期待す
ることはで」きず，「本件条例30条に基づき過料処分をするためには，その相
手方に，同条例11条の3違反について少なくとも過失があったことが必要で
あると解すべきであって，このように解することが過失責任主義という法の一
般的原則にも合致するというべきである」として，過料を科す場合においても，
少なくとも過失がなければならないとした。

横浜市は，秩序罰としての過料は客観的違反事実があれば科しうるのであり，
故意または過失は不要であると主張しているところ，そのような主張を前提と
すると喫煙禁止地区の告示さえすれば過料処分をすることができることになる

231

が，喫煙禁止地区指定の目的は，「当該地区において現実に喫煙をさせないこと」であり，そうすると，「広報活動によって本件条例の趣旨，内容を周知するとともに，喫煙禁止地区内やその周辺に標識を設けるなどして，当該地区を訪れようとする者に対し，当該地区における路上喫煙が罰則をもって禁止されているという認識を持たせるための措置をとることが必要であり，本件条例3条の定める市の責務もこのようなものを含むと解され」る。「本件条例の目的を達成するためには，喫煙禁止地区内において路上喫煙をしようとする者の認識に働きかけることが必要なのであって，このような働きかけを受ける可能性のない者についても，その認識いかんにかかわらずただ路上喫煙さえすれば過料処分をすることができるとする被告の主張は不合理であり，採用することはできない」として，客観的違反事実によって秩序罰としての過料を科すことはできないとした。

　b　争点②過失の有無

　過料処分を科すにあたり，違反者に故意または過失が必要とされるため，原告に少なくとも過失があったかどうかが問題となる。

　裁判所の認定事実によれば，「本件違反場所付近には，路面表示が2箇所，看板が1個存在したことが認められる。しかし，2箇所の路面表示はいずれも直径約30センチメートルと小さいため，歩行者が容易にその文字を読み取ることができないのはもちろんのこと，当該路面表示を認識すること自体が困難である。しかも，この路面表示には，喫煙に対して過料の制裁があるとの記載もない。看板は，原告が交差点を右折して進行したパルナード南側の歩道から道路を隔てて反対側の歩道上に，地上2.5メートルほどの高い位置に道路の西方に向けて設置されており，その歩道を直進する者のための掲示であって，反対側の歩道を進行していた原告がこれを認識し，その文字を読み取ることはできなかった。また，パルナードに進入するまでに原告が通行した道路には，パルナードが喫煙禁止地区であると注意を促すような掲示物は一切設置されていない。そして，原告は，交差点を右折してパルナードの南側歩道に足を踏み入れ，せいぜい10メートルほど進行したところで推進員から突然声をかけられている」のであって，「原告は，本件違反場所が喫煙禁止地区内であることを知らなかったと認められ，かつ，知らなかったことに過失があるとはいえないというべきである」として，原告が指導を受けた場所が喫煙禁止地区内であっ

たことを認識しておらず[95]，これについての過失も認められないとし，原告
に過失が認められない以上，過料処分をすることはできないから，本件条例に
よる過料処分は違法であるとした。

c　争点③神奈川県知事の裁決

審査請求にかかる裁決の取消しについては，「処分の取消しの訴えとその処
分についての審査請求を棄却した裁決取消しの訴えの両方を提起することがで
きる場合には，裁決の取消しの訴えにおいては，原処分の違法を理由として
取消しを求めることができない（行政事件訴訟法10条2項）。そして，裁決固有
の瑕疵とは，実体に関する違法ではなく，裁決の主体，手続等の形式に関する
違法をいうのであるから，原処分を適法とした実体的判断が違法であることは，
裁決固有の瑕疵とはいえ」ず，「原告が主張する本件裁決の違法は，裁決の手
続等の違法をいうものではなく，知事の判断内容の違法をいうもので，結局は
本件処分を適法とした実体的判断を争うものにすぎないから，裁決固有の瑕疵
とはいえない」ため，「本件裁決の違法をいう原告の主張はそれ自体失当であ
る」として，神奈川県知事の審査請求にかかる裁決については，争われるもの
ではないとした（控訴審では，この点については争われていない）[96]。

2　東京高判平成 26 年 6 月 26 日判時 2233 号 103 頁

東京高裁は，地裁で争点とされた①横浜市条例30条に基づく過料処分をす
るためには，処分の相手方に同条例11条の3違反について故意または過失が
必要であるかどうか（主観的責任要件の要否），②違反者に故意または過失が必
要であるとされる場合，被控訴人（原告，上告人）に少なくとも過失はあった
かについて争われた。

a　争点①過料処分の故意・過失

東京高裁は，①の争点について地裁と結論を同じくする判断をした。すなわ

---

(95)　掲示物の視認可能性については，神奈川県に対する審査請求における裁決でも，「歩
　　　行者が本件路上喫煙禁止地区内を歩行等する場合に，路面標示を容易に認識すること
　　　は困難である」，「請求人が進入したルートにおいて，本件喫煙禁止地区に入る前に表
　　　示物が設置されている状況は確認できなかった」として，掲示物により路上喫煙禁止
　　　地区かどうかを認識することが困難であったことが指摘されている。
(96)　取消処分と裁決の関係については，米子鉄道郵便局事件・最三小判昭和62年4月
　　　21日民集41巻3号309頁を参照。

第4章 受動喫煙防止と条例

ち，客観的違反事実によって秩序罰としての過料を科すことはできず，過料を
科す場合においても，少なくとも過失がなければならないとする判断である。

東京高裁は，「本件条例は，喫煙禁止地区内での喫煙を禁止した上，さらに，
過料という財産上の不利益を違反者に科すことで，路上喫煙を防止し，快適な
都市環境を確保するという目的を達成するためのものであり，その主眼が注意
喚起をして路上喫煙をさせないことにあることは明らかである。したがって，
注意喚起が十分にされていない状態で喫煙する者がいたとしても，それに制裁
を科すことは本件条例の趣旨を逸脱するものというべきであり，当該喫煙者が，
通常必要な注意をしても路上喫煙禁止地区であることを認識しえなかった場合，
すなわち，路上喫煙禁止地区と認識しなかったことについて過失がなかった場
合には，注意喚起が十分にされていなかったことになるから，過料の制裁を科
すことはできないと解すべきである。本件条例の過料処分が，本来違法行為と
されていない喫煙行為をあえて禁止し，その違反に対する制裁という性質を有
することからしても，違反者に非難可能性がない場合にまで過料の制裁を科す
のは相当でなく，本件条例30条に基づき過料処分をするためには，その相手
方に，同条例11条の3違反について少なくとも過失があったことが必要であ
ると解すべきであ」るとして，地裁と同様に，横浜市の主張する客観的違反事
実が認められれば過料を科しうるとする主張は認められなかった。

b　争点②過失の有無

他方，被控訴人の過失の有無については，地裁とは異なる結論を導いている。
ここでは，「本件違反場所付近には，路面表示が2箇所，看板が1個存在した
ことが認められる。2箇所の路面表示は，直径約30センチメートルで，被控
訴人がパルナードへ進入した方向から交差点東側歩道上に2枚近接して設置さ
れており，いずれも白地の円形のシートに赤色の円が2本あり，内側の赤色の
円は外側の円より線が太く，その中には黒色でたばこが描かれた上に，赤色で
禁止を意味する斜線が描かれている」という事実認定を行った。

その上で，「我が国では，平成14年の健康増進法の制定，平成22年の厚生
労働省健康局長通知などによって，地方公共団体において，受動喫煙防止のた
めの積極的な取り組みが行われるようになり，神奈川県内の地方公共団体でも
路上喫煙規制条例を制定している市町は15市町，過料または罰則付き路上喫
煙規制条例を制定している市町は9市町あり，被控訴人が居住する立川市にお

234

いても JR 立川駅を中心とした半径 250 メートルの範囲内で一切の路上喫煙が禁止されるなど，受動喫煙防止のための路上喫煙規制の条例制定などの取り組みは，地方公共団体において次第に拡大してきたと認められ，路上喫煙禁止の表示としては，控訴人の場合と同様に，路面表示がされることが一般的となっている。被控訴人自身，路上喫煙禁止の条例制定までは時代の趨勢であり，喫煙場所が制限されることは喫煙者の誰もが普段から認識しているのが現状であることを認めている。このような状況に照らすと，あえて路上で喫煙する場合には，その場所が喫煙禁止か否かについて，路面表示も含めて十分に注意して確認する義務があるというべきである。本件において，路上で歩行喫煙をしていた被控訴人がパルナードに進入する交差点にさしかかった際，路面表示をも十分に注意して路上喫煙禁止か否かを確認すべきであり，その注意を怠らなければ，路上喫煙禁止であることを認識することが十分に可能であったと認められるから，被控訴人には過失があったといわざるを得ない」として，近時の路上喫煙に対する意識等を考慮した上で被控訴人の過失認定をし，「被控訴人には，パルナードに進入するに当たって路面表示により路上喫煙禁止場所であることを認識すべきであったのにこれを見落とした過失があり，被控訴人は，過失によって本件条例 11 条の 3 に違反した者というべきであるから，控訴人が被控訴人に対して，<u>本件条例 30 条に基づく過料処分を科した本件処分は適法である</u>」（下線部筆者）との結論を導いた。

第4項　路上喫煙防止条例における規制のあり方

1　地方公共団体の制定する路上喫煙防止条例の目的

　路上喫煙防止条例の先駆けとして有名なのが東京都千代田区の「安全で快適な千代田区の生活環境の整備に関する条例」（平成 14 年千代田区条例第 53 号。以下「千代田区条例」という。）であり，区内の地域を「路上禁煙地区」に設定し，路上喫煙に対して過料を科すほか，吸い殻を含めたポイ捨てについても過料を科すとしたものである[(97)]。路上喫煙防止の流れは，平成 4 年の福岡県北野町（現：久留米市）において，「北野町の環境をよくする条例」（平成 4 年北野町条例第 13 号）によってたばこのポイ捨て禁止が定められたことを嚆矢として，

---

(97)　千代田区条例に関しては，ホームページ（http://www.city.chiyoda.lg.jp/koho/machizukuri/sekatsu/jore/jore.html, 最終閲覧令和元年 5 月 5 日），千代田区生活環境課『路上喫煙に No!──ルールはマナーを呼ぶか──』（ぎょうせい，2003 年）を参照。

第4章　受動喫煙防止と条例

千代田区条例による罰則規定の導入や横浜市条例の制定に至っている。しかしこのように市町村や特別区において制定されている路上喫煙防止条例等は，従来，その主たる目的を住民等の健康保護ではなく，もっぱら都市の美観確保・生活環境保全を目的としているとされる[98]。

　千代田区条例は，「この条例は，区民等がより一層安全で快適に暮らせるまちづくりに関し必要な事項を定め区民等の主体的かつ具体的な行動を支援するとともに，生活環境を整備することにより，安全で快適な都市千代田区の実現を図ることを目的とする。」（1条）と規定している。

　神奈川県内市町村において制定されている路上喫煙を規制する条例の目的を参照してみても，藤沢市きれいで住みよい環境づくり条例（平成19年藤沢市条例第7号）は，「きれいで住みよい環境づくりを進めるために，市，市民等，事業者及び所有者等の責務を明らかにするとともに，地域の環境美化の促進及び空き缶の投棄，路上喫煙等の防止に関し必要な事項を定め，もって快適な生活環境を確保する」（1条）と規定し，また，横須賀市ポイ捨て防止及び環境美化を推進する条例（平成9年横須賀市条例第14号）は，「この条例は，市，市民等，事業者及び所有者等が一体となって，空き缶等及び吸い殻等のポイ捨て並びに路上喫煙を防止するとともに，美化清掃活動の充実に努めることにより，清潔で美しいまちづくりを目指し，もって快適で安全な生活環境の保持に資することを目的とする。」（1条）と規定されている。

　他方，近時，路上喫煙防止条例を制定している例の中には，住民の健康保護目的を考慮していると思われるものも存在する。例えば，川崎市路上喫煙の防止に関する条例（平成17年川崎市条例第95号）は，「この条例は，路上喫煙を防止することにより，市民等の身体及び財産の安全の確保を図り，もって市民の生活環境の向上に資することを目的とする。」（1条）と規定し，また，相模原市路上喫煙の防止に関する条例（平成24年相模原市条例第9号）においても，「この条例は，路上喫煙の防止について必要な事項を定めることにより，市民等，事業者及び市が連携して市民等の身体及び財産の安全及び安心の確保を図り，もって市民の生活環境の向上に資することを目的とする。」（1条）と規定し，神奈川県条例や兵庫県条例のように，住民等の健康保護を主たる目的としていないものの，その趣旨は，住民等の健康保護に他ならないものということ

---

(98)　深町・前注(87) 64頁。

がきでよう[99]。

　なお，受動喫煙に関する規定を含む法律が制定されたのは，平成14年の健康増進法の制定が最初であり，健康増進法制定以前は受動喫煙防止に関する法律は制定されず，国際的なたばこの害悪に対する取組みとして各国で受動喫煙防止対策が行われてきており，前節にみたように，わが国においても特に地方が先んじて，神奈川県条例，兵庫県条例などが制定されてきたところである。受動喫煙防止という喫煙の規制によって，一部の業種によって経済的なマイナス効果があるとしても，国民，住民の健康保護の観点からはむしろ積極的に受動喫煙の防止が行われるべきであろう[100]。

2　路上喫煙防止条例における規制の内容

　路上喫煙防止条例における規制の内容については，横浜市条例が，喫煙禁止地区での喫煙を禁止し（11条の3），この禁止違反に対して2,000円以下の過料を科す（30条）として，喫煙禁止地区での喫煙（違反行為）について過料処分を科すこととしているが，以下で他の地方公共団体の条例においての規制内容と若干の比較をする。

　路上喫煙防止条例に関しての規制の内容について，千代田区条例では，21条1項で「区長は，特に必要があると認める地区を，路上禁煙地区として指定することができる。」と規定し，この「路上喫煙禁止地区においては，道路上及び区長が特に必要があると認める公共の場所（以下「道路等」という。）で喫煙する行為及び道路等（沿道植栽を含む。）に吸い殻を捨てる行為を禁止する。」（同条例21条3項）として，指定地区内での喫煙，吸い殻を捨てることを禁止し，同条例24条で，「次の各号のいずれかに該当する者は，2万円以下の過料に処する。(1)推進モデル地区内において第9条第1項の規定に違反し，生活環境を著しく害していると認められる者(2)第21条第3項の規定に違反して路上禁煙地区内で喫煙し，又は吸い殻を捨てた者（前号に該当する場合を除く。）」と規定し，違反者に対する罰則規定を設けている[101]。

---

　(99)　この点，本件条例は，その趣旨からして，住民の健康保護を目的としているものとはいえず，裁判所においても，条例の目的からして「喫煙禁止地区における喫煙を防止し，もって快適な都市環境という秩序を維持しようとしている」ものであるとしている（地裁，高裁同文）。

　(100)　村中・前注(69) 17-19頁。また，健康権について，下山・前注(44) 78頁以下。

　(101)　なお，過料の額については，当面の間2,000円とされている。

第4章　受動喫煙防止と条例

　川崎市の路上喫煙防止条例では，5条において，「市民等は，路上喫煙をしないよう努めるものとする。」として，喫煙者全体への路上喫煙防止の努力義務を規定した上で，「市長は，市民等の身体及び財産の安全の確保を図るため，路上喫煙を特に防止する必要があると認める区域を路上喫煙防止重点区域（以下「重点区域」という。）として指定することができる。」（同条例6条）として，路上喫煙防止重点区域を定め，8条において「市民等は，重点区域において路上喫煙をしてはならない。ただし，市長が別に定める場所においては，この限りでない。」として，指定された地区内での路上喫煙を禁止している。同条例8条に違反した場合は，同条例10条の罰則規定により，2万円以下の過料が科されることとされている[102]。

　小田原市きれいなまちと良好な生活環境をつくる条例（平成6年小田原市条例第19号。平成21年小田原市条例第16号による改正により歩きたばこ禁止等が規定された。）では，「市民等は，第12条第1項の環境美化促進重点地区内において，灰皿が設置されている喫煙場所以外で喫煙（火のついたたばこを所持する行為を含む。）をしてはならない。」（同条例10条5項）と規定し，違反者に対しては行為の中止等の勧告を行い（同条例10条の2），これに従わないときは，2万円以下の罰金が科せられる（同条例28条2号）。

　各市町村の条例によって，規制の内容は異なり，喫煙禁止地区の指定のあり方（公的な喫煙所の設置があるかどうか等）や罰則について，罰則なし，罰金，過料の違いも存在するが，この点について詳細な比較を行うことはしない[103]。

3　路上喫煙防止条例における規制としての過料

　地方公共団体の条例によって路上喫煙（受動喫煙）の規制のあり方は様々であるが，ここでは，横浜市条例に基づき過料が科されたことにつき，路上喫煙防止条例において過料を科すにあたって，違反者の主観的責任要件が必要とされるのかどうかについて検討する。

　そもそも，過料とは，行政罰[104]の一つである行政上の秩序罰とされるもの

---

(102)　川崎市の条例では2万円以下の過料を科すとする規定となっているが，実際の徴収額は，2,000円となっている（平成25年10月18日会議参考資料5・前注(87)）。

(103)　深町・前注(87) 60頁以下において，この中で取り上げている94の市区における，罰則なし，罰金，過料の比較を参照。また，神奈川県内の条例による罰則状況については，平成25年10月18日会議参考資料5・前注(87)参照。

(104)　行政罰とは，行政上の義務違反に対して，一般統治権に基づいて制裁として科す

第2節　路上喫煙防止条例による規制

である[105]。行政上の秩序罰は、「行政上の秩序を維持するために、秩序違反
行為に対して科する制裁である。普通、過料と称する一種の金銭罰をその制裁
とする。この意味での秩序罰も、行政法規によって人民に課せられた行政上の
義務違反に対して科せられる制裁であることにおいては、一般の行政刑罰と異
なるところはないが、秩序罰は、単純な行政上の義務違反の懈怠によって、行
政上の秩序に違反し行政目的の達成に障害を生ずる危険があるに止まる場合に、
その秩序維持のために科せられる制裁である点」[106]が特色とされる。

　行政上の秩序罰としての過料は、地方自治法によって地方公共団体が科すこ
とができる行政罰の一つである。地方自治法14条3項において、「普通地方公
共団体は、法令に特別の定めがあるものを除くほか、その条例中に、条例に
違反した者に対し、2年以下の懲役若しくは禁錮、100万円以下の罰金、拘留、
科料若しくは没収の刑又は5万円以下の過料を科する旨の規定を設けることが
できる」として、条例によって過料を含む罰則規定を設けることができるとさ
れるほか、首長の定める規則における過料[107]、分担金、使用料等の徴収に関
する条例における過料[108]が、地方公共団体の科すことのできる過料として規
定されている。

　国の法律違反にかかる過料については、非訟事件手続法に基づき、過料に処
せられるべき者の住所地の地方裁判所において科せられるものであるが、地方
公共団体の科す過料については、地方公共団体の長がこれを科し、期限内に納

罰の総称とされる（田中二郎『法律学全集6　行政法総論』（有斐閣、1957年）405頁）。

(105)　川口公隆「簡易裁判所の取扱う過料の諸問題」司法研究報告書17輯4号（司法研
　　　修所、1967年）1頁など参照。「行政罰として過料を科する場合を広く行政上の秩序
　　　罰ということができる」（田中・前注(104) 412頁）、「行政上の義務違反ではあるが、
　　　直接的には社会的法益を侵害したり民集の生活に悪影響をもたらさない、軽微な形式
　　　的違反行為に対して科される過料という制裁をいう」（原田尚彦『行政法要論（全訂
　　　第7版補訂版）』（学陽書房、2011年）236頁）、「行政上の義務違反に対しては、刑罰
　　　ではなく行政罰としての過料が科されていることがあり、このような過料は、秩序罰
　　　と呼ばれている」（佐伯仁志『制裁論』（有斐閣、2009年）10頁）。

(106)　田中・前注(104) 422頁。

(107)　地方自治法15条2項「普通地方公共団体の長は、法令に特別の定めがあるものを
　　　除くほか、普通地方公共団体の規則中に、規則に違反した者に対し、5万円以下の過
　　　料を科する旨の規定を設けることができる」。

(108)　地方自治法228条2項「分担金、使用料、加入金及び手数料の徴収に関しては、
　　　次項に定めるものを除くほか、条例で5万円以下の過料を科する規定を設けることが
　　　できる」。

第4章　受動喫煙防止と条例

付されない場合には，地方税の滞納処分の例により徴収することとされる[109]。

こうした，行政上の秩序罰としての過料についての一般的な定めはなく，刑罰ではないため，刑法総則の適用もない。このため，過料についてどのような理論を適用するかは，個別の法律等により定めがあるものを除き，行政罰の性質に照らして理論的に考察されるものとされている[110]。

行政上の秩序罰としての過料については，刑法総則の適用がないことから，横浜市が主張したように，「行政上の秩序を保つために秩序違反行為に対して科される制裁であるという性質上，違反者の主観的責任要件の具備を必要とせず，客観的違反事実が認められれば，これを科し得る」ものであるのかどうか，すなわち過料を科す場合に，「刑罰と同様，行為者の故意・過失，違法性の認識といった主観的要件が必要とされるかどうか」が問題となる。

これについて，通説は，消極的つまり主観的要件を不要と解するものであり[111]，裁判所も，「秩序罰としての過料については，実定法上総則的規定を欠き，この点如何なる法理を適用すべきか明らかではないが，前叙のようにその性質が行政上の秩序を保つために秩序違反行為に対して科する制裁であることに鑑みれば，違反者の主観的責任要件（故意又は過失）の具備はこれを必要とせず，単に客観的に違反事実が認められればこれを科し得ると解するのが相当である」[112]（以下「浦和地裁判決」という。）と示されるように，過料を科す場合には客観的違反事実があれば良いとされてきた。

このような立場は，田中二郎先生などによって主張されてきたが[113]，他方で主観的責任要件としての故意・過失を必要とするとしている説も多い。

故意・過失の要件が必要であるとする見解の中でも，秩序違反に対する行政制裁であれば，「罪刑法定主義の原則，責任主義の原則，および罪刑均衡原則」が行政制裁一般に妥当するとするもの[114]，法律や条令について全く不知の者

---

(109)　地方自治法231条の3。なお，過料に処せられる際，不服がある場合には，異議申立等を行うことができる（地方自治法255条の3。本件においても，異議申立，審査請求がなされたところである）。

(110)　田中・前注(104) 425頁，磯崎辰五郎「行政罰」田中二郎＝原龍之助＝柳瀬良幹編『行政法講座第2巻　行政法の基礎理論』（有斐閣，1964年）247頁。

(111)　原田・前注(105) 236頁。

(112)　浦和地決昭和34年3月17日下民10巻3号498頁。

(113)　田中・前注(104) 425頁，磯崎・前注(110) 247頁。磯崎・前注(110) では，「行政罰たる過料は，原則として，苟くも客観的法規違反があればこれを科すことができ，行為者の主観的条件の有無を問題としないものといえるであろう」と述べている。

240

について客観的違反事実によって制裁を科すのは適当ではなく，「法の不知による違反行為についても，行為者に不注意があったことが最小限度必要とされる」とするもの[115]，「行為者に責むべき事由の存するときに限」り，「あらゆる過料につきこれを処罰するには，『正当な理由がなく……』という文言のあるなしにかかわらずこれを必要とする」もの[116]などがある。

　従来，刑法総則の適用がなされず，客観的違反事実によって科すことができるとされていた過料であるが，その制裁としての性質を考慮して，故意・過失の要件を必要とするものがあり，横浜市条例に対する地裁，高裁判決では，過料を科すにあたって故意・過失の要件を必要とするとした。横浜市は浦和地裁判決を引用し，過料について故意・過失の要件を必要とせず，客観的違反事実によって科すことができる旨主張していたが，事例が異なるため従来の理論をそのまま適用できるものではないとしていることを考慮すると，過料の制裁的性質や程度によっては従来の客観的違反事実によって過料を科すとする見解では不十分であるのかもしれない[117]。

　思うに，国の法律によって科される過料については，その構成要件，違反者の態様が規定されていることが，地方公共団体の条例や規則において定められる過料についてはその要件等が法律のそれに比して明確ではない等があることから[118]，横浜市条例のような過料を科す事例において，違反者が過料を科される明確な要件等がない場合には，客観的違反事実のみによって過料を科すことはできないとするのであろう。

　そうすると，地方公共団体の条例や規則によって科される過料については，国の法律による秩序罰としての過料とは異なる性質であることを前提として，裁判所が示したように，故意・過失の要件を必要とされるものと解されるので

---

(114)　佐伯・前注(105) 18 頁，宇賀克也『行政法概説Ⅰ　行政法総論〔第 6 版〕』(有斐閣，2017 年) 252 頁同旨。阿部・前注(88) 11 頁においては，行政処分であっても制裁的なものは，責任主義が妥当するとしている。

(115)　原田・前注(105) 236 頁。

(116)　川口・前注(105) 37 頁。

(117)　須藤陽子「地方自治法における過料」行政法研究 11 号 (2015 年) 34-35 頁では，行政上の秩序罰 (過料等) についても，その導入・運用には慎重な対応が必要とされ，客観的違反事実のみによって判断されるものではないことを示唆している。

(118)　従来からの過料の性質等 (故意・過失の要・不要等) の検討にあたっては，法律による規定について検討されているものであって，条例において規定される過料について直接的に検討されているものではない。

第4章 受動喫煙防止と条例

あろうか。

しかしながら，過料が科される違反事実について故意・過失が要件とされる場合，違反者が「知らなかった，認識できなかった」と主張された場合に，無過失として過料が科されない可能性があるという問題がある。違反者が意図してそのような主張をする場合もあるとすれば，一律に客観的違反事実によって過料を科すことができるとすることも，違反者に過料を科すことによって違反の抑止効果を持たせるという意味においては一定の理解を得ることもできるかもしれない。

原田尚彦先生が指摘される「法の不知」と関係するところでもあるが[119]，違反者に「知らなかった」とはいわせないという姿勢をもって法律や条例の周知をする必要があるのだろう[120]。

4 過料を科す場合の過失の認定基準

横浜市路上喫煙訴訟では，過料を科す場合にも故意・過失の要件が必要とされたため，原告（被控訴人，上告人）が路上喫煙をした行為について故意または過失があったかどうか争点となった。

横浜地裁は，「2箇所の路面表示はいずれも直径約30センチメートルと小さいため，歩行者が容易にその文字を読み取ることができないのはもちろんのこと，当該路面表示を認識すること自体が困難である。しかも，この路面表示には，喫煙に対して過料の制裁があるとの記載もない。看板は，原告が交差点を右折して進行したパルナード南側の歩道から道路を隔てて反対側の歩道上に，地上2.5メートルほどの高い位置に道路の西方に向けて設置されており，その歩道を直進する者のための掲示であって，反対側の歩道を進行していた原告がこれを認識し，その文字を読み取ることはできなかった」とし，喫煙禁止地区に立ち入って10メートル程度の地点で美化推進員より指導を受けたものであり，「原告は，本件違反場所が喫煙禁止地区内であることを知らなかったと認められ，かつ，知らなかったことに過失があるとはいえないというべきである」とした。

---

(119) 原田・前注(105) 236頁。

(120) 千代田区条例においては，「知らなかったとは言わせない」ために周知を行った。そのような千代田区の取組みについて，北村喜宣『行政法の実効性確保』（有斐閣，2008年）27-34頁参照。

第 2 節　路上喫煙防止条例による規制

　他方，東京高裁は，平成 14 年の健康増進法制定以後，各地方公共団体において，受動喫煙防止の取組みがなされ，神奈川県内においても約半数の市町が路上喫煙防止条例を制定していたほか，被控訴人（原告，上告人）の居住する東京都立川市においても JR 立川駅周辺において路上喫煙の禁止が定められていることなどから，被控訴人に相当の注意義務が存在したことが認められ，被控訴人が路面表示等を見落としたことについて過失があったとした。

　このような裁判所の判断からすると，「違反者が知らなかったとはいわせないとする姿勢」を地方公共団体が示すことは必要で，路上喫煙防止条例や路上喫煙の禁止に関する広報，啓発活動を行うことの重要性は理解できる[121]。しかしながら，どこまでの活動を行うことが求められるのかは明確でなく，明確でないからといって不必要な活動にまで公金を支出することは許されない。むしろ，条例の告示とともに，路面表示，標識の設置を一般大衆に分かるようにすることがなされていれば十分ともいえる。

　横浜市は，路面表示，標識ともに設置されており，その表示の仕方も不十分ではないと思われる[122]。個人的には，横浜市の路面表示は他の地方公共団体と比しても見やすく，大きさについては一回り小さいと感じられるかもしれないが，非喫煙者を含めた一般大衆が認識するには十分であると考える[123]。

　横浜市では，横浜駅周辺等に喫煙ルームが設置されるなど，他の地方公共団体よりも先進的にたばこ規制が進められ，横浜市のある神奈川県では全国初の受動喫煙防止条例が制定され多くの場所において喫煙の規制がなされていることは周知の事実である。

　近時，都道府県における受動喫煙防止条例制定の検討がなされ，各市町村においても路上喫煙防止条例が多数制定されていることを考慮すると，喫煙者には，ここで喫煙をして良いかを確認する義務があるというべきであろう。喫煙が喫煙者の周囲の者の健康等に対して不利益を与えるものである以上，周囲の者に受忍義務が存在するような場合[124]であればともかく，路上や公園，公共

（121）　千代田区の取組みについて，千代田区生活環境課・前注(97)，北村・前注(120) 27-34 頁参照。

（122）　地方公共団体よっては，路面表示のみによる啓発の場合もある。

（123）　ただし，路面表示において過料を科されることが明示されていない点は，喫煙者に対して不十分な表示とされよう。また，路面表示が劣化によって認識しにくい場合については，不十分な表示とされ，認識に関しての過失認定が困難であろう。

（124）　マンションのベランダにおける喫煙による健康被害について，マンションという

243

第4章　受動喫煙防止と条例

施設等の敷地など一般大衆の利用する公共の場においては，喫煙は抑制されるべきではないだろうか。

第5項　小括（都市の美観確保とたばこによる住民への健康被害防止のための条例制定権）

　横浜市路上喫煙訴訟の争点として，条例違反者に過料を科す場合において故意・過失を要件とするのかどうか，またこれを要件とする場合に少なくとも過失が認められるかどうかという点が示されていた。

　横浜市条例のような路上喫煙防止条例は，その目的を都市の美観確保等としていることは前述したが，たばこ規制については，これを住民の健康保護の観点から規制している例もある。

　路上喫煙が「人の生命・身体・財産などに対する侵害（あるいはその危険）」を前倒しした犯罪として構成することは可能であり[125]，「路上喫煙は，不特定多数人が行き来する公共の場所における喫煙行為であり，こうした不特定多数人に火傷を負わせる危険性のある行為として法的規制の対象とすることは十分に可能である」[126]ともされるように，路上喫煙による火傷等の危険性があることからの規制も可能であろうが，むしろ，たばこによる煙害つまりは受動喫煙による健康被害を根拠にして規制することも可能であろう。そのような意味において，路上喫煙等の規制の目的は，住民の健康保護とされるべきもので

　共同生活の場においては，「被告がベランダでの喫煙をやめて，自室内部で喫煙をしていた場合でも，開口部や換気扇等から階上にタバコの煙が上がることを完全に防止することはできず，互いの住居が近接しているマンションに居住しているという特殊性から，そもそも，原告においても，近隣のタバコの煙が流入することについて，ある程度は受忍すべき義務があるといえる」とし，その上で受忍限度を超える違法かどうかが争われるものとされた。（名古屋地判平成24年12月13日判例集未登載）

　なお，ここでは，「自己の所有建物内であっても，いかなる行為も許されるというものではなく，当該行為が，第三者に著しい不利益を及ぼす場合には，制限が加えられることがあるのはやむを得ない。そして，喫煙は個人の趣味であって本来個人の自由に委ねられる行為であるものの，タバコの煙が喫煙者のみならず，その周辺で煙を吸い込む者の健康にも悪影響を及ぼす恐れのあること，一般にタバコの煙を嫌う者が多くいることは，いずれも公知の事実である」として，たばこの害悪や程度によっては喫煙による第三者への不利益となるものとしている。ここでは，結果的に何度も注意を受けたにも関わらず喫煙を続けたものの，近隣住民の受忍義務も考慮して5万円の慰謝料の支払いを命じた。

(125)　深町・前注(87) 64頁。
(126)　深町・前注(87) 71頁。

第 2 節 路上喫煙防止条例による規制

はないだろうか。

　受動喫煙については，その危険性が従来から指摘されて，前節で示したように公共施設等において禁煙，分煙の措置をとる条例が制定されてきており，たばこの煙による受動喫煙被害が，屋内においては密閉空間で煙が充満し煙害が増すことから，飲食店等も含めた施設の屋内空間において禁煙，分煙の措置が講じられている。

　しかしながら，屋外空間における受動喫煙についても危険性が指摘されており[127]，兵庫県条例では，屋外観覧場や動植物園等の屋外においても規制がなされていること等，受動喫煙防止の要請は，屋内に限られるものではない。住民の健康を保護することを目的として規制を行うのであれば，あらゆる公共的空間がたばこ規制の対象となるものであり，住民の健康権や人格権的健康権の保護のために受動喫煙防止は積極的に求められるものであろう。

　そのような意味において，禁止場所における喫煙については，喫煙による他者の健康等への侵害という点から秩序罰としての過料ではなく，刑罰としての罰金を科すことも考えられるだろう[128]。

　受動喫煙による被害を防止するために，路上喫煙防止条例，受動喫煙防止条例が地方公共団体で制定され，住民の健康等を保護することを目的とした際に，過料等の罰則を科すことで目的を達成することができるのであれば，罰則を設けて喫煙の抑止効果を求めることも必要であろう。喫煙による他者の健康への侵害という反社会的性質から刑罰としての罰金等を科すことも可能かもしれないが，目的を達成するために刑罰を科すことが必要かどうか判断することは難しい。むしろ，禁止区域で喫煙したことの公表の方が路上等での喫煙の抑止には効果的かもしれない。

　住民の健康保護のためにあらゆる公共的空間を全面喫煙禁止とすることも可能かもしれないが，喫煙者に罰則を科すことで喫煙の抑止をするのではなく，横浜駅前にみられるような喫煙ルームを繁華街や駅前，その他多数の者が利用する施設周辺等に設置し，受動喫煙をなくす取組みを行うことこそ，地方公共

---

(127)　定岡ほか・前注(82) 72-73 頁。

(128)　深町・前注(87) 80 頁。同稿においては，過料，罰金のどちらによる規制を行うべきか検討されている。また，真島信英「行政罰たる過料による制裁のあり方をめぐる研究──刑事的視点から見た刑罰と過料の限界を中心として──」亜細亜法學 45 巻 2 号（2011 年）147 頁以下においても，この点検討されているようであるが，どちらからも刑事法的な結論が示されるわけではなく，今後の検討課題とされている。

245

第4章　受動喫煙防止と条例

団体に求められることであるのではないだろうか。

第3節　わが国における近時の受動喫煙防止対策

　2020年東京五輪を前に，国，東京都において受動喫煙防止対策を本格的な議論されている。わが国の受動喫煙防止対策は，健康増進法において施設管理者に対する受動喫煙防止の努力義務を規定して以降，画期的な対策が採られてきたわけでもなく，受動喫煙防止対策に関しては後進国といえよう。外国人観光客の増加や国際的な行事の開催を控えて，受動喫煙防止対策への動きが加速していることから，この点について若干触れておく。

1　東京都における条例制定

　東京都は，東京五輪に向けて，受動喫煙防止対策を進めており，平成29年10月に東京都子どもを受動喫煙から守る条例（平成29年東京都条例第73号。以下「東京都条例」という）を制定した。ここでは，たばこの影響が喫煙者の周囲の者の生命，健康に悪影響を及ぼすことが明らかであるとの前提の下で，「子どもについては，自らの意思で受動喫煙を避けることが困難であ」ることから（東京都条例前文），「子どもの生命及び健康を受動喫煙の悪影響から保護するための措置を講ずることにより，子どもの心身の健やかな成長に寄与するとともに，現在及び将来の都民の健康で快適な生活の維持を図ること」を目的としている（東京都条例1条）。

　住民の健康保護を目的とする点，神奈川県条例，兵庫県条例と同様のものといえるだろう。他方で，東京都条例では，受動喫煙からの保護の対象を子どもに限定している点が他の条例とは異なるものである。

　また，東京都条例では，都民の責務として，「受動喫煙による健康への悪影響に関する理解を深めるとともに，いかなる場所においても，子どもに受動喫煙をさせることのないように努めなければならない」（同条例3条1項）とし，保護者は，家庭内および自動車内，また家庭外でも子どもが受動喫煙の被害にあうことのないようにしなければならないとされている（同条例6条～8条）。

　東京都条例では，公園内や学校等の周辺（路上）においても受動喫煙防止を規定しているが（同条例9条～11条），こうした規定は，いずれも保護者や喫煙者の受動喫煙防止の努力義務を定めたもので，実効性確保の観点からは不十

246

第3節　わが国における近時の受動喫煙防止対策

分なものであるといえる。

　子どもの受動喫煙防止とはいうものの，子どもが利用する施設全般（公共的施設や飲食店等含む）について規制の範囲を広げているわけでも，効果的な規制を行うわけでもないもので，政治的パフォーマンスとして条例が活用された感は否めない。

　他方，東京都でも兵庫県，神奈川県のような受動喫煙防止条例が制定され[129]（平成30年に成立，平成31年1月1日より一部施行），この中において，公共施設等の喫煙所設置の禁止や禁煙，飲食店等における屋内禁煙や分煙等の措置が定められている。

　東京五輪の直前の条例制定，施行となり，準備期間が十分ではないかもしれないが，条例制定によって，都民や他の道府県民等の意識が変わることや，各種業界の意識が（受動喫煙防止対策や分煙対策により積極的に取組む姿勢へ）変わることも期待できよう。

　日本国内においては，近年外国人観光客の増加や留学生，外国人労働者受け入れなど，諸外国から国内を訪れ，滞在する者が増える傾向にある。そのような中で，兵庫県や神奈川県，東京都ならびに各市町村によって一律でない受動喫煙防止対策では混乱を生じる可能性もあり，また，受動喫煙防止対策が十分でない地域が未だに数多くあり，そうした地域住民の健康を守るためにも，国による取組みが必要となるだろう。

2　国の取組み

　厚生労働省は，健康増進法における受動喫煙防止対策が努力義務とされているものの，こうした取組みでは，非喫煙者の保護には限界があることから，東京五輪前に受動喫煙防止のための法整備の検討を始めている[130]。ここでは，受動喫煙防止対策の方向性として，施設を第一種〜第三種に分類し，第一種施設（医療施設，児童福祉施設，学校等）では敷地内禁煙，第二種施設（大学，老人福祉施設，体育館，官公庁等）では屋内禁煙，第三種施設（劇場，集会場，百

---

(129)　東京都受動喫煙防止条例（平成30年東京都条例第75号）の詳細については，東京都HP（http://www.fukushihoken.metro.tokyo.jp/kensui/tokyo/kangaekata_public.html，最終閲覧令和元年5月5日）参照。

(130)　厚生労働省HP（https://www.mhlw.go.jp/stf/houdou/0000153190.html，最終閲覧令和元年5月5日）参照。

第4章　受動喫煙防止と条例

貨店，飲食店等）では喫煙専用室の設置を認める屋内禁煙の規制が示されている[131]。

　ただし，ここでは，屋外の喫煙（路上や公園，動物園等）については，第一種施設の敷地内の規制の方向性が示されているのみであり，罰則についても，喫煙禁止場所での喫煙者に対して，喫煙の中止等の指導，命令に違反する場合に30万円以下の過料を科すことが考えられている[132]。

　厚生労働省の受動喫煙防止対策では，「喫煙の権利」や「営業の自由」への配慮することが示されており[133]，ここで「喫煙は，公共の福祉に反しない限り，尊重されるべき権利」として，「プライベート空間は今回の規制の対象外」とされているほか，飲食店の中でも，「シガーバー，小規模のバーやスナックは，喫煙専用室が無くても喫煙が可能」とされており[134]，受動喫煙防止対策の趣旨・目的（国民の健康と「望まない受動喫煙をなくす」[135]）からすると不十分かもしれない。特に，東京都条例において子どもの受動喫煙防止対策がなされることとの関係では，「厚生労働省としては，『全ての国民の命を守り，子ども達の未来を守る』ため，『原則屋内禁煙の実現』を最優先課題の一つと位置づけ」[136]るとしており，子どもを受動喫煙から保護するためには，プライベート空間である家庭内における喫煙についても抑制される措置が必要であろう。

　裁判上は，共同住宅等における喫煙で隣人等が不快感を抱いたとしてもそれが違法な侵害行為ではないとされるが，セクシャルハラスメント等のハラスメント行為は，相手が不快の念を抱くことや不快感をもよおすような行為も含まれており，国が「望まない受動喫煙をなくす」ことを趣旨としていることからすると，共同住宅等において，非喫煙者に「受忍せよ」というのは問題があろう。

　また，厚生労働省の調査によれば，路上喫煙を規制している地方公共団体（市町村および特別区）は，1,741団体中243団体であり，全体の一割強とされ

---

(131)　厚生労働省「受動喫煙防止対策の強化について（基本的な考え方の案）【参考資料】」（https://www.mhlw.go.jp/file/04-Houdouhappyou-10904750-Kenkoukyoku-Gantaisakukenkouzoushinka/0000153435.pdf, 最終閲覧令和元年5月5日）1頁。

(132)　厚生労働省・前注(131) 5頁。

(133)　厚生労働省・前注(80) 15頁。

(134)　厚生労働省・前注(80) 15頁。

(135)　厚生労働省「受動喫煙防止対策の徹底に関する厚生労働大臣談話」（https://www.mhlw.go.jp/file/04-Houdouhappyou-10904750-Kenkoukyoku-Gantaisakukenkouzoushinka/0000168298.pdf, 最終閲覧令和元年5月5日）3頁。

(136)　厚生労働省・前注(135) 1頁。

第3節　わが国における近時の受動喫煙防止対策

ている[137]。農村地域では，規制の必要性がないのかもしれないが，歩きた
ばこ等については，都市の美観（ポイ捨て等の禁止）のみならず，火災の予防，
周囲の者への受動喫煙の予防の観点からも，本来は全ての地方公共団体におい
て規制されるべき事項である。国の受動喫煙防止法整備の趣旨に照らせば，こ
れを放置することは認められず，地方公共団体の多くが条例を制定していない
現状を鑑みれば，国による最低限の規制を導入すべき時期に至っているもので
あろう。

　平成30年には，健康増進法が改正され，国や地方公共団体の努力義務が定
められたほか，喫煙者の配慮義務も課されている。しかし，現実には，喫煙に
対する規制が全国的に十分に行われているものとはいえず，多くの地方公共団
体では未だに罰則付き条例が制定されていない。

　国民，住民の「健康」のための施策の実効的な実施が求められているところ
である。

3　今後の受動喫煙防止対策の目指すべき方向

　我々には，生命とともに，その生命の外縁に存在する健康のための権利，第
1節で述べたように，人格権的生存権・人格権的健康憲があるといえる。これ
は，生命活動を維持，継続するために必要不可欠なものであり，生命とともに
高次の人権に位置づけられようことに異論は無いだろう。

　他方で，社会生活を営む以上，社会の中で自らの権利だけが絶対的に保障さ
れるわけではなく，他の者や生命体，様々な便益を与えてくれる科学物質，機
械等とも共存していかなければならない。

　我々が生きていく中で，嗜好品は自らの生活を豊かにし，ストレス社会とい
われる今日，その存在意義は重要であろう。たばこによる健康への害悪がある
ことは，疫学的調査からも明らかになっているが，健康は，我々の社会の中で
の様々な行動や精神的な負担等に加えて，各個人の遺伝的特質によって変化す
るものであり，喫煙や受動喫煙による環境的要因によってのみ健康への害悪が
発生するわけではない。そのような意味において，受動喫煙も一定程度受忍す
べきというべきであり，「望まない受動喫煙をなくす」という方針を貫徹する
施策の実現（プライベート空間での受動喫煙防止対策のない喫煙の禁止や屋外空間

---

(137)　厚生労働省・前注(80) 16頁。

第4章　受動喫煙防止と条例

や飲食店等における完全禁煙など）は困難であろう。

　わが国においては，たばこの販売が禁止されているわけではなく，喫煙は，一般に認められている。そうした嗜好品である以上，本来的に個々人がたばこを楽しむ権利が排除されることはない。他方で，憲法上の権利として喫煙の自由が保障されていないのであれば，立法政策の問題であるとして，これを禁止することも可能である（大麻取締法等のような例もあろう。）。

　喫煙は認めるが，「望まない受動喫煙」は認めないという方向性は，ちぐはぐさを感じずにはいられないが，2020年東京五輪を前に受動喫煙防止対策が喫緊の課題とされる一方で，たばこによる税収も無視できるものではなく[138]，最低限の受動喫煙の防止施策については実施すべきとの姿勢が現れているのかもしれない。

　国が，喫煙を「絶対悪」ではなく，あくまでも個人の嗜好の範囲内で認められることとするのであれば，そうした喫煙による受動喫煙の害悪から国民を保護するために，より実効的な方法を用いるべきである。その意味においては，罰則等の厳罰化が求められるだろう。

　国は，喫煙の禁止の指導，命令に従わない場合に過料を科すとしているが，国全体において飲食店等の禁煙が行われる状況であれば，その客観的違反事実をもって過料を科すことも認められるだろう（仮に，喫煙者の過失が必要であるとしても，国内全域での受動喫煙が行われている状況においては，施設が禁煙，分煙等の措置の講じられている施設かを確認する義務が喫煙者にあるといわざるを得ない）。そのような状況下で，喫煙禁止場所での喫煙を禁止する旨の指導，命令に従わない違反者への罰則が過料で済まされることには疑念がある。また，こうした過料の徴収を含めた指導等については，地方公共団体が行うこととされており，（現在，独自に条例制定している兵庫県などは対応可能であろうが）地方公共団体の負担が増すこととなる。

　路上喫煙を含む受動喫煙全般や喫煙者に対する指導，路上喫煙を単なる都市の美観と考えた場合にはその環境維持といった業務との関係も含めて，責任をもって受動喫煙防止対策を行う主体を明確にする必要があろう。

---

(138)　たばこ税等の税収等については，財務省HP（https://www.mof.go.jp/tax_policy/summary/consumption/d09.htm，最終閲覧令和元年5月5日）参照。また，加熱式たばこについて，段階的な増税の方針が示されている（読売新聞平成29年12月9日朝刊）。

250

第5章　地方自治の課題

　本章では，条例制定が関わる事例について，2点触れておく。

　1点目は，神戸市外郭団体第2次訴訟に関するもので，権利放棄の議決など
が争点となった事例である。もう1点は，神奈川県の企業税条例で，最高裁に
おいて，地方公共団体の課税権に関する判断を示した事例である。

第1節　神戸市外郭団体第2次訴訟

第1項　問題の所在

　神戸市の派遣した職員の給与相当額を補助金として支出した件につき，補助
金によって間接的に給与支給を行うことが，公益法人等への一般職の地方公務
員の派遣等に関する法律（平成12年法律第50号。以下「派遣法」という）に照
らして違法であるとしてなされた住民訴訟があった（以下本節において「本件」
という）。ここでは，地裁判決時は，派遣法と補助金による給与支給が主な争
点となっていたが（神戸市外郭団体派遣人件費1次訴訟・最決平成21年12月10
日。以下「神戸市1次訴訟」という。ここでも同じく争点とされた），高裁判決前
に神戸市が損害賠償請求権等に係る権利放棄の議決を行ったことから，住民訴
訟と権利放棄の議決の関係性（住民訴訟提起時における権利放棄の議決の有効性）
についても高裁判決以降，争点とされた。

　派遣法と補助金による給与支給の点については，最高裁による判断がなされ
たことがあるが，住民訴訟と権利放棄の議決の関係性については，これまで下
級審において判断が分かれており[1]，それらの上告審においても上告不受理
等により最高裁の見解は示されておらず，本件はこの点（住民訴訟と権利放棄

---

[1]　住民訴訟と権利放棄の議決について，そうした議決を無効とするものとして，岩手
県玉串料・仙台高判平成3年1月10日行集42巻1号1頁，鋸南町・千葉地判平成
12年8月31日判自220号38頁，さくら市・東京高判平成21年12月24日判自335
号10頁，議決を有効とするものとして，鋸南町・東京高判平成12年12月26日判時
1753号35頁，玉穂町・東京高判平成18年7月20日判タ1218号193頁，久喜市・東
京高判平成19年3月28日判タ1264号206頁などがある。

251

第5章 地方自治の課題

の議決の関係性）における最高裁の判断が示されたことから，注目されたものである[2]。本節では判決の内容，争点を整理した上で，最高裁判決について検討する。

第2項 事案の概要および判旨

1 事案の概要（地裁・高裁判決まで）

a 訴訟前の概要

本件は，神戸市が，平成17年度および平成18年度の間，神戸市の職員を派遣している市の外郭団体（財団法人，株式会社等）20団体に対して補助金または委託料を支出した行為について，原告住民らが，派遣法6条2項の手続によることなく各団体に派遣職員人件費に充てる補助金または委託料を支出することは脱法行為として違法であり，地方自治法232条の2（地方公共団体による寄附または補助）によっても正当化されないとして，神戸市長に対して，平成17，18年度に神戸市が支出した補助金または委託料に含まれる派遣職員人件費相当額およびこれに対する遅延損害金を損害賠償請求するとともに，補助金または委託料を受領した各団体に対し，上記人件費相当額について不当利得返還請求をすることを求めた住民訴訟（4号訴訟）である。

神戸市においては，派遣法制定後に，公益的法人への職員の派遣については，公益的法人等への職員の派遣等に関する条例（平成13年神戸市条例第49号。平成20年条例改正前の条例名は「公益法人等への職員の派遣等に関する条例」，以下「神戸市派遣条例」という）が制定されている。神戸市の職員が派遣されている20団体については，派遣法2条1項における職員の派遣ができる旨の規定を受けて，条例で派遣法2条1項各号に掲げられている団体のうち，その業務の全部または一部が市の事務または事業と密接な関係を有するものであり，かつ，市がその施策の推進を図るため人的支援を行うことが必要なものとして人事委員会規則で定める団体として，公益的法人等への職員の派遣等に関する条例の施行規則（平成14年神戸市人事院会規則第7号。平成21年規則改正前の規則名は「公益法人等への職員の派遣等に関する条例の施行規則」）において，クリーン神戸リサイクル株式会社を除く19団体については指定がなされていた（クリーン神戸リサイクル株式会社については派遣法10条1項に基づく退職者派遣）。

---

[2] 吉村浩一郎「判批」ジュリ1444号（2012年）9頁。

派遣法6条2項は，派遣職員が派遣先団体において従事する業務が地方公共団体の委託を受けて行う業務等であって，その実施により地方公共団体の事務または事業の効率的または効果的な実施が図られると認められるものである場合等には，地方公共団体は派遣職員に対して，その職員派遣の期間中，条例で定めるところにより給与を支給することができると定めている。これに基づき神戸市派遣条例は，派遣職員のうち派遣法6条2項に規定する業務に従事する者には，その職員派遣の期間中，給料その他の手当等を支給することができる旨を規定していた。

神戸市は，平成17年度および平成18年度の間，神戸市住宅供給公社，社団法人神戸港振興協会，クリーン神戸リサイクル株式会社の3団体を除く17団体に対して補助金の交付（または交付決定）を行い，上記3団体を含む8団体に委託料を支出（または支出決定）した。

これについて原告住民らは，平成18年4月5日および同月10日に神戸市監査委員に対して，神戸市が平成17年度に各団体に補助金または委託料を支出した行為は，派遣法が地方公共団体が給与を負担する外郭団体への職員派遣を原則禁止していることから，職員派遣の際は派遣先が給与を負担する旨を定めていることに反しており，各団体の受領した補助金または委託料の返還と，神戸市長に対して上記補助金または委託料のうち各団体から返還されない額についての損害賠償を求め，平成18年度に支出予定の補助金または委託料については支出すべきでないといった主張をし，住民監査請求を行った。神戸市監査委員はこの請求に対して，平成18年6月1日付の監査結果において，各団体への補助金または委託料は違法な公金支出に当たらないと判断した。これに対して原告住民らは平成18年6月29日，神戸地裁に地方自治法242条の2第1項4号に基づき住民訴訟を提起した。

b　地裁の判断：神戸地判平成20年4月24日民集66巻6号2631頁
派遣法は「職員派遣についての統一的なルールの設定，派遣の適正化，派遣手続きの透明化・身分の取り扱いの明確化等」を目的として定められたものであり，派遣職員の給与は「派遣先団体が支給し，地方公共団体は給与を支給しないが，派遣職員が派遣先団体において従事する業務が給与支給可能業務である場合又は給与支給可能業務が派遣先団体の主たる業務である場合は地方公共団体の職務に従事することと同様の効果をもたらすと認められることから，そ

第5章　地方自治の課題

の場合に限り，例外的に，地方公共団体は，条例で定めることを条件として，派遣職員に対し給与を支給することができる」ものとされる。他方で，一般に地方自治法232条の2の要件を満たす場合は，「地方公共団体が，団体に対し，その人件費を援助するため補助金を支出することは許されるのであり，公益上の必要性の観点からすると」，人件費を固有・派遣職員とで区別する合理的理由があるとはいえない。

　派遣法が，派遣職員の人件費に充てる補助金交付を禁止する明文規定を置いていないこと等を勘案すると，給与の支給対象が派遣職員であることのみを理由に，給与相当額を補助金によって援助することを許さないとする趣旨とは解されず，「地方公共団体が，派遣職員について，派遣先団体の職員としての地位に基づき派遣先団体から支給される給与相当額を援助する趣旨で補助金を支出することは，派遣法とは必ずしも抵触するものではないと解するべきであり，かような補助金支出の適法性は，公益上の必要性の有無の問題として，別途検討されるべきものというべきである」が，「地方公共団体の職員として地方公共団体の事務を行っていない職員に対し，当該地方公共団体が地方公共団体の職員としての給与を支給することは原則として違法であり」，派遣法もこの趣旨を踏まえているものと解される。このため，補助金を充てる給与の支給対象が地方公共団体からの派遣職員である場合には，「公益上の必要性の判断を経た上での補助金支出ではなく，地方公共団体の職員としての給与支給の代替としてその人件費相当額を補助金によって支出するなど地方公共団体からの給与支給そのものと同視できるような補助金の支出は違法であ」り，また，委託料の支出についても，「地方公共団体の職員としての給与支給の代替として，その人件費相当額を委託料によって支出する場合には，ノーワーク・ノーペイの原則に反し違法というべきである」として，神戸市長の過失も認め，神戸市長と各団体（20の団体のうち18の団体について違法：2団体については適法）が損害賠償等を神戸市に支払う旨の一部認容判決を下した。

　地裁判決に対して，神戸市長らは控訴をしたが，平成21年1月21日の控訴審口頭弁論終結後の同年2月26日，神戸市議会は神戸市派遣条例の一部を改正する条例案を可決し，改正条例は即日公布，一部内容を除き即日施行された。この改正条例では，訴訟の対象となっていた団体が，派遣法6条2項の規定により市が直接派遣職員に給与支給を行うことのできる団体として，別表1，2に掲げられるとともに，改正条例附則5項において，本件訴訟に係る市の各請

求権として，市が各団体に支出した補助金等に関する，団体または職員に対する不当利得返還請求権，損害賠償請求権を放棄する旨を定め，附則については平成21年6月1日から施行された。

c　高裁の判断：大阪高判平成21年11月27日民集66巻6号2738頁

高裁では，地裁でも判断された①職員派遣とその給与相当額の派遣先団体への補助金等の支出の違法性に加えて，②神戸市議会が条例制定という議決権の行使によって債権放棄を行ったことの効果等についても判断された。

(1)　補助金等の違法性

派遣法は，「職員派遣について，その統一的なルールの設定，派遣の適正化，派遣手続の透明化・身分取扱いの明確化等及び行政と民間との連携協力による地方公共団体の諸施策の推進を目的として制定されたものであ」り，派遣職員に対して地方公共団体は給与を支給しないとされるが，「派遣職員が派遣先団体において従事する業務が給与支給可能業務である場合又は給与支給可能業務が派遣先団体の主たる業務である場合は，地方公共団体の職務に従事することと同様の効果をもたらすものと認められることから，その場合に限り，例外的に，地方公共団体は，条例で定めることを条件として，派遣職員に対し給与を支給することができるものとされている」。「派遣法は，同法6条2項の手続に拠らずに派遣元が派遣先に派遣職員人件費の相当額を補助金として支出し，派遣先が派遣職員に派遣元と同額の給与を支給することの可否に関する規定を設けていないが，派遣法の運用についての自治公第15号平成12年7月12日付自治省行政局公務員部長通達は，派遣法は職員派遣に関する統一的なルールを定めるものであることから，同法の目的に合致するものについては，その施行後は同法規定の職員派遣制度によるべきものであるとして」おり，「派遣法の規定，その制定経緯・趣旨，同法の運用に関する通達の内容等を総合考慮すると，同法の目的に合致する職員派遣については，同法所定の職員派遣制度によるべきものであり，派遣職員に対する給与の支給についても同法の規定に準拠して行うべきであって，同法6条2項以外の方法による派遣元による給与支給は許されないと解するのが相当であ」って，神戸市の補助金等の支出について，派遣職員の人件費が含まれている場合には，その人件費相当部分については，派遣法に反するものである。

第5章　地方自治の課題

(2)　条例改正による権利放棄の効果

　地方公共団体の「議会は，独立の立場においてその権限を行使するとともに，執行機関と相互に牽制し，均衡と調和の関係を保持して地方公共団体の政治・行政を円滑に遂行するものとされている」が，地方自治法「96条1項10号は，一定の場合の権利の放棄を議会の議決事項と定める一方，同法149条1項6号は，財産を管理し，処分することを普通地方公共団体の長が担任する事務と定めている。上記は，財産の処分のうちでも権利の放棄は地方公共団体の財産を対価なく消滅させるものであるから，特に議会の議決を経た上で，これを長に担任させるのが相当との考慮に基づくものと解される。そうすると，議会が権利の放棄を決議したとしても，また，それが条例の形式でされた場合であっても，執行機関による放棄の行為を待たずに，当該決議によって直ちにその対象となった権利について，放棄の効果が生じ，同権利が消滅するということはできないところ，神戸市長において，上記議会の決議に基づき，本件権利の放棄の手続をしたことを認めるに足りる証拠はない」として，改正条例の成立により損害賠償請求権等の権利が消滅したとはいえないとした。そして，住民訴訟制度が設けられた趣旨等に照らせば，損害賠償請求権等の「権利を放棄する議会の決議は，地方公共団体の執行機関（市長）が行った違法な財務会計上の行為を放置し，損害の回復を含め，その是正の機会を放棄するに等しく，また，本件住民訴訟を無に帰せしめるものであって」，地方自治法における「住民訴訟の制度を根底から否定するものといわざるを得ず」，議会による損害賠償請求権等の権利を放棄する旨の決議は，「議決権の濫用に当たり，その効力を有しないものというべきであ」り，損害賠償請求権等の権利を放棄する議会の決議は効力を有さず，改正条例において権利の放棄を定めた部分はその効果を生じないとした。

(3)　神戸市長の故意または過失の有無

　これまで，様々な職員の派遣があったところ派遣法によって統一的ルールを定めたものであり，同法6条2項は，例外的な場合に限って条例で定めることを条件として派遣職員への給与支給を認めたものであるが，神戸市の職務に従事していない職員に給与の支給を行うことができないのは当然であり，同法の制定を受けその施行前に，同法6条2項に係る条例として神戸市派遣条例を制定している。このことから，神戸市長も派遣法の趣旨については補助金等の交付時までに承知していたと推認でき，補助金等の支出交付決定等の時点で派遣

第1節　神戸市外郭団体第2次訴訟

職員の人件費相当額の多くを補助金等の交付からあてられることが当然に予定されていたと認められること等を考慮すると，神戸市長には補助金等交付決定時の過失があり，各団体の不当利得返還義務については，補助金等が派遣法に違反するものであって，公序良俗に違反するものとして私法上も無効であり，給与相当額についての返還義務を有するとする判決を下した。高裁判決を受けて，神戸市長らが最高裁に上告した。

2　最高裁判決（破棄自判）最二小判平成24年4月20日民集66巻6号
　　2583頁

(1)　神戸市長の過失

最高裁は，地裁，高裁と同様に，①職員派遣とその給与相当額の派遣先団体への補助金等の支出の違法性について，派遣法に定められた手続きによらず補助金等の交付を行ったことについては，手続的な違法があり，無効であるとする。

②神戸市長の過失については，「派遣法は，……地方公共団体の事務又は事業の効率的又は効果的な実施が図られると認められるものである場合等には，条例で定めるところにより，派遣職員に給与を支給することができる旨を規定しているが，地方公共団体が派遣先団体等に支出した補助金等が派遣職員等の給与に充てられることを禁止する旨の明文の規定は置いて」おらず，また，派遣法制定時の国会審議において，派遣職員の給与の支給については，公益上の必要性等に係る地方公共団体の判断によるとし，裁判例も派遣職員に対する給与支給を適法，違法とするものに分かれていたこと等を考慮すると，補助金等の交付の時点において，神戸市長が「派遣法6条2項の規定との関係で，本件各団体に対する本件補助金等の支出の適法性について疑義があるとして調査をしなかったことがその注意義務に違反するものとまではいえず，その支出をすることが同項の規定又はその趣旨に反するものであるとの認識に容易に至ることができたとはいい難い」として，市長の過失を認めず，神戸市長に対する損害賠償請求については理由がないとして棄却した。

(2)　議決による権利放棄の有効性

「普通地方公共団体による債権の放棄は，条例による場合を除いては，地方自治法149条6号所定の財産の処分としてその長の担任事務に含まれるとともに，債権者の一方的な行為のみによって債務を消滅させるという点において債

257

第5章　地方自治の課題

務の免除の法的性質を有するものと解されるから，その議会が債権の放棄の議決をしただけでは放棄の効力は生ぜず，その効力が生ずるには，その長による執行行為としての放棄の意思表示を要するものというべきである」が，「本件改正条例のように，条例による債権の放棄の場合には，条例という法規範それ自体によって債権の処分が決定され，その消滅という効果が生ずるものであるから，その長による公布を経た当該条例の施行により放棄の効力が生ずるものというべきであり，その長による別途の意思表示を要しないものと解される」。

「地方自治法においては，普通地方公共団体がその債権の放棄をするに当たって，その議会の議決及び長の執行行為という手続的要件を満たしている限り，その適否の実体的判断については，住民による直接の選挙を通じて選出された議員により構成される普通地方公共団体の議決機関である議会の裁量権に基本的に委ねられているものというべきである。……住民訴訟の対象とされている損害賠償請求権又は不当利得返還請求権を放棄する旨の議決がされた場合についてみると，このような請求権が認められる場合は様々であり，個々の事案ごとに，当該請求権の発生原因である財務会計行為等の性質，内容，原因，経緯及び影響，当該議決の趣旨及び経緯，当該請求権の放棄又は行使の影響，住民訴訟の係属の有無及び経緯，事後の状況その他の諸般の事情を総合考慮して，これを放棄することが普通地方公共団体の民主的かつ実効的な行政運営の確保を旨とする同法の趣旨等に照らして不合理であって上記の裁量権の範囲の逸脱又はその濫用に当たると認められるときは，その議決は違法となり，当該放棄は無効となるものと解するのが相当である。そして，当該公金の支出等の財務会計行為等の性質，内容等については，その違法事由の性格や当該職員又は当該支出等を受けた者の帰責性等が考慮の対象とされるべきものと解される」。

「本件補助金等の支出の性質及び内容に関しては，……市長はもとより本件各団体においてもその支出の当時これが派遣法の規定又はその趣旨に違反するものであるとの認識に容易に至ることができる状況にはなかったというべきであって，市からその交付を受けて本件派遣職員等の給与等の人件費に充てた本件各団体の側に帰責性があるとは考え難い。次に，本件補助金等の支出の原因及び経緯に関しては，本件各団体が不法な利得を図るなどの目的によるものではなく，派遣職員等の給与等の支給方法について市の側が補助金等の支出という方法を選択したことによるものであって，本件各団体がその支給方法の

258

第1節　神戸市外郭団体第2次訴訟

選択に自ら関与したなどの事情もうかがわれない。また，本件補助金等の支出の影響に関しては，……派遣職員等の給与等の人件費という必要経費に充てられており，これらの派遣職員等によって補強，拡充された本件各団体の活動を通じて医療，福祉，文化，産業振興，防災対策，住宅供給，都市環境整備，高齢者失業対策等の各種サービスの提供という形で住民に相応の利益が還元されているものと解され，本件各団体が不法な利益を得たものということはできない」。そして，改正条例の議決の趣旨，経緯については，「改正条例全体の趣旨は，派遣職員の給与については，市が派遣先団体に支出する補助金等をこれに充てる方法を採らずに，派遣法6条2項を根拠に定める条例の規定に基づき市が派遣職員に直接支給する方法を採ることを明らかにしたものであり，前者の方法を違法とした第1審判決の判断を尊重し，派遣法の趣旨に沿った透明性の高い給与の支給方法を採択したものということができ」，補助金等を直ちに返還することとなった場合には，各団体の財政運営に支障が生じる可能性があり，市議会の審議において，「これにより公益的事業の利用者たる住民一般が被る不利益等を勘案した議論がされていること等に鑑みると，本件附則に係る議決は，公益の増進に寄与する派遣先団体等として住民に対する医療，福祉，文化，産業振興，防災対策，住宅供給，都市環境整備，高齢者失業対策等の各種サービスの提供を行っている本件各団体についてそのような事態が生ずることを回避すべき要請も考慮してされたものであるということができる」。

　「本件補助金等に係る不当利得返還請求権の放棄又は行使の影響についてみるに，……既に本件派遣職員等の給与等の人件費に充てられた本件補助金等につき上記請求権の行使により直ちにその返還の徴求がされた場合，実際に本件各団体の財政運営に支障を来して上記の各種サービスの十分な提供が困難になるなどの市における不利益が生ずるおそれがあり，その返還義務につき上記の要請を考慮して議会の議決を経て免責がされることは，その給与等の大半については返還と再度の支給の手続を行ったものと実質的に同視し得るものともいえる上，そのような市における不利益を回避することに資するものということもでき」，改正条例の制定という議決行為が住民訴訟制度の趣旨を没却する濫用的なものとする観点において，高裁は「議決がされた時期と原審における住民訴訟の審理の状況との関係等をも理由として，市の本件各団体に対する不当利得返還請求権を放棄する旨の本件附則に係る市議会の議決は地方自治法の定める住民訴訟制度を根本から否定するものである」としている。

259

しかしながら、「本件附則に係る議決の適法性に関しては、住民訴訟の経緯や当該議決の趣旨及び経緯等を含む諸般の事情を総合考慮する上記の判断枠組みの下で、裁判所がその審査及び判断を行うのであるから、上記請求権の放棄を内容とする上記議決をもって、住民訴訟制度を根底から否定するものであるということはできず、住民訴訟制度の趣旨を没却する濫用的なものに当たるということはでき」ず、「市が本件各団体に対する上記不当利得返還請求権を放棄することが普通地方公共団体の民主的かつ実効的な行政運営の確保を旨とする地方自治法の趣旨等に照らして不合理であるとは認め難いというべきであり、その放棄を内容とする本件附則に係る市議会の議決がその裁量権の範囲の逸脱又はその濫用に当たるとはいえず、その議決は適法であると解するのが相当である」として、神戸市長らの賠償を認めた地裁、高裁の判断に対して、住民側敗訴の判決を下した。

また最高裁判決には千葉勝美裁判官の補足意見があり、ここでは、「権利の放棄の議決が、主として住民訴訟制度における地方公共団体の財務会計行為の適否等の審査を回避し、制度の機能を否定する目的でされたと認められるような例外的な場合（例えば、長の損害賠償責任を認める裁判所の判断自体が法的に誤りであることを議会として宣言することを議決の理由としたり、そもそも一部の住民が選挙で選ばれた長の個人責任を追及すること自体が不当であるとして議決をしたような場合が考えられる。）には、そのような議会の裁量権の行使は、住民訴訟制度の趣旨を没却するものであり、そのことだけで裁量権の逸脱・濫用となり、放棄等の議決は違法となるものといえ」る、として、住民訴訟と議会の放棄の議決の関係について、住民訴訟制度の機能を否定するような例外的な場合には権利放棄の議決について、その裁量権の逸脱・濫用が認められるとしている。

第3項　本件の整理と主な争点

1　本件の整理

本件は、神戸市の補助金交付に関する監査結果に対してそれを不服として提起された住民訴訟である。地裁での主な争点は、派遣法との関係における補助金交付の違法性（有効性）と神戸市長の補助金交付時における過失責任であったが、ここでは、補助金の交付に関しての「公益上の必要性」の判断が行われているとはいえないこと等により補助金交付の違法性を認めるとともに、神戸市長の過失については、派遣法成立から数年の時を経て職員派遣や補助金交付

に関する要綱等によって補助金交付等が行われたことから，派遣法により派遣職員への給与支給を行うことができないこと等の認識があったとされることに照らして，過失を認め，補助金等の一部について神戸市が（神戸市長らに対して）損害賠償請求等を行わなければならない旨の判決を下した。

高裁において審理がなされていた途中に，神戸市議会において，本件における損害賠償請求権等を含む権利放棄を内容とする条例案が可決された。このため高裁では，地裁で争点となっていた派遣法との関係における補助金交付の違法性（有効性）と神戸市長の過失責任に加えて，市議会で可決された条例の形態をとる権利放棄の議決の有効性についても争点となった。

高裁判決では，補助金交付の違法性，神戸市長の過失責任を認めた上で，神戸市議会における権利放棄の有効性については，議会の権利放棄の議決は，議会の議決のみによって効力を生じるのではなく，首長によって権利放棄が行われなければならず，本件においては首長による権利放棄がなされたといえる証拠がないこと，議会の議決によって本件訴訟における損害賠償請求権等を放棄することは住民訴訟を無にするもので，議会の権利濫用としてその効力を有しないとする判決を下した。

最高裁は，この争点について，①補助金の違法性については，派遣法に照らして公益上の必要性が認められるとはできないとしながらも，市長の過失責任については，補助金交付当時，神戸市長が補助金交付の違法性を認識していたとすることはできないとし，②権利放棄の議決の有効性については，高裁において満たされていないとされた首長による権利放棄の手続きについて，条例による権利放棄の場合は「長による公布を経た当該条例の施行により放棄の効力が生ずる」として，本件議決が住民訴訟を無にするような議会による議決の権利濫用とは認められず，議決は適法（有効）なものとした。

2　本件における争点

本件における争点として，以下①職員の派遣と補助金，②住民訴訟，③議会の議決について概観しておく。

a　争点①職員の派遣と補助金

補助金とは，「国から地方公共団体若しくは民間に対し，又は地方公共団体から他の地方公共団体若しくは民間に対し，各種の行政上の目的をもって交付

第5章　地方自治の課題

される現金給付をい」い[3]，地方においての補助金は，地方公共団体が各種団体等の申請に基づき（その団体の目的等の公共性を考慮して補助金交付を）行うものであって，地方自治法232条の2「寄附又は補助」において，「普通地方公共団体は，その公益上必要がある場合においては，寄附又は補助をすることができる」とされ，補助金の交付に際しては「公益上の必要性」を求めている。

　なお，国の行う補助金については，その交付について，補助金等に係わる予算の執行の適正化に関する法律（昭和30年法律第179号）3条により，「補助金等が国民から徴収された税金その他の貴重な財源でまかなわれるものであることに留意し，補助金などが法令および予算で定めるところに従って公正かつ効率的に使用されるよう努めなければならない」との規定を設けているが，地方公共団体の補助金については，このような一般規定は設けられておらず，各法により個別に規定がなされ，または条例等による規定が置かれている。

　本件のように，職員の派遣とその派遣職員の給与相当額を補助金によって交付することについては，派遣法6条1項に，「派遣職員には，その職員派遣の期間中，給与を支給しない」とする規定を設けており，このことから外郭団体（公益法人）等への派遣職員に対して地方公共団体が直接給与支給を行うことが禁止されている。給与を直接支給できない代わりに地方自治法232条の2の規定による補助金として給与相当額を外郭団体等に交付することは「公益上の必要性」を有するかどうか検討されなければならないが，地裁判決において，給与相当額を補助金で賄うこと自体はその公益性の判断によって適法となる可能性を示し（補助金の一部については適法な交付として認め）ながらも，「公益上の必要性の判断を経た上での補助金支出ではなく，地方公共団体の職員としての給与支給の代替としてその人件費相当額を補助金によって支出するなど地方公共団体からの給与支給そのものと同視できるような補助金の支出は違法である」，としたように，補助金交付の手続きにおいて「公益上の必要性」の検討を行った結果として外郭団体に派遣職員の人件費相当額を補助金として交付する場合は適法の余地がある。

　他方で，単純に補助金制度を用い派遣職員の人件費相当額を外郭団体に交付すると判断される場合は，派遣法6条1項において，「給与を支給しない」と

――――――――――
(3)　新自治用語辞典編纂会編『新自治用語辞典』（ぎょうせい，2000年）846頁。

262

第1節　神戸市外郭団体第2次訴訟

する規定に照らして違法であるということができるとしているものと解される（高裁，最高裁も同様の立場）。

こうした，派遣法6条1項の立場は，地方公務員法24条1項のノーワーク・ノーペイの原則（「職員の給与は，その職務と責任に応ずるものでなければならない。」）や，同35条における職務専念義務（「職員は，法律又は条例に特別の定がある場合を除く外，その勤務時間及び職務上の注意力のすべてをその職責遂行のために用い，当該地方公共団体がなすべき責を有する職務にのみ従事しなければならない。」（下線部筆者））等の規定を考慮したものであり，地方公務員人事における原則ともいえるだろう。ただし，派遣法は6条1項の例外規定を同法6条2項に設け，「派遣職員が派遣先団体において従事する業務が地方公共団体の委託を受けて行う業務，地方公共団体と共同して行う業務若しくは地方公共団体の事務若しくは事業を補完し若しくは支援すると認められる業務であってその実施により地方公共団体の事務若しくは事業の効率的若しくは効果的な実施が図られると認められるものである場合又はこれらの業務が派遣先団体の主たる業務である場合には，地方公共団体は，前項の規定にかかわらず，派遣職員に対して，その職員派遣の期間中，条例で定めるところにより，給与を支給することができる」と規定し，特定の場合には給与の直接支給を認めている。

しかしながら，この規定は，地方公共団体において職員が職務遂行をすることによって事業等に及ぼす効果と派遣先において職務遂行をすることにより同様（またはそれ以上）の効果を及ぼす場合には，直接給与支給を行うことが可能であるとされるものである。ここで，直接給与支給を行うことが可能である時に直接支給せずに派遣先に対して（給与相当額を含む）補助金の交付を行うことは可能なのか（直接支給が認められている以上，そのような非効率な方法による給与支給を行うとは考えにくいが），職員の派遣先業務への従事により同等またはそれ以上の効果が見込めるような場合において，「公益上の必要性」の判断を適切に行わずに補助金の交付がなされたとしても，直接の支給と同等の効果として補助金交付が認められうるか検討される余地がある。

この点，派遣法が原則として派遣職員への給与支給を禁止していることから補助金交付をも含む実体として給与支給を行うこと自体が禁止されているという立場と，補助金による給与の代替支給についての定めがないことから，（派遣法の立法時の趣旨説明等から）派遣法や補助金の交付については各地方公共団体の判断によるという立場の間で議論の分かれるところであろう。

第5章　地方自治の課題

b　争点②住民訴訟

住民訴訟とは，「住民からの請求に基づいて，地方公共団体の執行機関又は職員の行う違法・不当な行為又は怠る事実の発生を防止し，又はこれらによって生じる損害の賠償等を求めることを通じて，地方公共団体の財務の適正を確保し，住民全体の利益を保護することを目的とする制度」[4]とされている。この制度は，地方自治法242条の2に定められており，ここでは，「普通地方公共団体の住民は，前条第一項（監査請求制度[5]）の規定による請求をした場合において，……裁判所に対し，同条第一項の請求に係る違法な行為又は怠る事実につき，訴えをもつて次に掲げる請求をすることができる」と定め，1号から4号までの請求を定めている[6]。また，住民訴訟制度は，本来，ⅰ住民の直接参加の手段，ⅱ地方公共の利益の擁護，ⅲ財務会計の管理・運用に対する司法統制の手段としての意義を有するものとして考えられていた[7]。本件は，4号請求により訴訟提起されたものであるが，住民訴訟の提起は，監査請求においてなされた請求に対して監査結果に不服がある場合に，違法な財務会計行為について行うことができるとされる（監査請求前置主義）。

本件において問題となっている4号請求については，平成14年の地方自治法改正によって従来の「違法な財務会計行為を行った原因者（職員等）に直接

---

(4)　http://www.soumu.go.jp/main_content/000071219.pdf，最終閲覧令和元年5月5日。

(5)　地方自治法242条1項「普通地方公共団体の住民は，当該普通地方公共団体の長若しくは委員会若しくは委員又は当該普通地方公共団体の職員について，違法若しくは不当な公金の支出，財産の取得，管理若しくは処分，契約の締結若しくは履行若しくは債務その他の義務の負担がある（当該行為がなされることが相当の確実さをもって予測される場合を含む。）と認めるとき，又は違法若しくは不当に公金の賦課若しくは徴収若しくは財産の管理を怠る事実（以下「怠る事実」という。）があると認めるときは，これらを証する書面を添え，監査委員に対し，監査を求め，当該行為を防止し，若しくは是正し，若しくは当該怠る事実を改め，又は当該行為若しくは怠る事実によつて当該普通地方公共団体のこうむつた損害を補填するために必要な措置を講ずべきことを請求することができる」。

(6)　地方自治法242条の2「1当該執行機関又は職員に対する当該行為の全部又は一部の差止めの請求。2行政処分たる当該行為の取消し又は無効確認の請求。3当該執行機関又は職員に対する当該怠る事実の違法確認の請求。4当該職員又は当該行為若しくは怠る事実に係る相手方に損害賠償又は不当利得返還の請求をすることを当該普通地方公共団体の執行機関又は職員に対して求める請求。ただし，当該職員又は当該行為若しくは怠る事実に係る相手方が第243条の2第3項の規定による賠償の命令の対象となる者である場合にあつては，当該賠償の命令をすることを求める請求」。

(7)　成田頼明『地方自治の保障《著作集》』（第一法規，2011年）458頁。

第1節　神戸市外郭団体第2次訴訟

（損害賠償，不当利得返還）請求する」とされていたもの（旧4号請求）が，新4号請求においては，住民が原告として行う訴訟は，地方公共団体等に対して，「職員等の行った違法な財務会計行為について，地方公共団体等がその損害請求することを請求する」ものとなり，訴訟に勝訴した場合は，地方公共団体等が違法な財務会計行為の原因者に対して損害賠償等の請求をすることとされている。

　この改正は，住民による直接請求が首長をはじめとする職員の負担になるという第26次地方制度調査会の答申[8]において指摘されている点などが考慮されたものではあるが，従前の違法な財務会計行為の原因たる個人に対する訴訟から，その原因たる個人に賠償請求等を（地方公共団体やその執行機関等に対して）することを求める訴訟（相手方が地方公共団体やその執行機関等）に変わったことから，地方公共団体が訴訟対策をすること等，住民にとっては改悪となったとの批判もある[9]。高裁判決では，「住民訴訟の制度は，執行機関又は職員の財務会計上の行為又は怠る事実の適否ないしその是正の要否について，地方公共団体の判断と住民の判断が相反して対立し，当該地方公共団体がその回復の措置を講じない場合（即ち，執行機関，議会がその与えられた職責を十分果たさない場合に生ずるものである。）に，住民がこれに代わって提訴して，自らの手により違法の防止又は回復を図ることを目的とするものであり，違法な財務会計上の行為又は怠る事実について，最終的には裁判所の判断に委ねて判断の客観性と措置の実効性を確保しようとするものである」として，その趣旨を重視している。

c　争点③議会の議決

　地方議会における議決権は議事機関たる議会の本来的な権限であり，議会の権限の中心に位置づけられている。地方公共団体（地方公共団体の住民）の意思のすべてを決定する権限が議会に存在するわけではないが，議会の有する条例制定権や予算議決権，これらの権限を背景とした議会と首長との利害調整等

---

[8]　第26次地方制度調査会答申「地方分権時代の住民自治制度のあり方及び地方税財源の充実確保に関する答申」（平成12年10月25日）第1自己決定・自己責任の原則を踏まえた地方分権時代の住民自治制度のあり方，1住民自治の更なる充実方策，(3)住民監査請求制度・住民訴訟制度，③住民訴訟における訴訟類型の再構成。

[9]　阿部泰隆＝白藤博行『住民訴訟と議会と首長――議会の損害賠償請求権放棄の論点と首長の責務――』（地域科学研究会，2011年）2頁。

第 5 章　地方自治の課題

により地方公共団体の基本的な方向性が議会において決定されており，議会の議決権は地方公共団体の運営に欠かせないものの一つである。

　地方自治法 96 条 1 項各号に議決事件にかかる議会の議決権が列挙されている。ここでは，条例，予算，決算といった立法機関として当然の機能（1 号〜3 号）に加えて，個別の法政決定についても議決権限を与えている（4 号以下）[10]。本件では，条例改正という手続きによってなされた権利放棄の議決（10 号）にあたるため，債権放棄の議決について触れておく。

　地方自治法 96 条 1 項 10 号に規定されている権利放棄の議決（「法律若しくはこれに基づく政令又は条例に特別の定めがある場合を除くほか，権利を放棄すること。」[11]）については，第 29 次地方制度調査会答申において，「4 号訴訟で紛争の対象となっている損害賠償又は不当利得返還の請求権を当該訴訟の係属中に放棄することは，住民に対し裁判所への出訴を認めた住民訴訟制度の趣旨を損なうこととなりかねない。このため，4 号訴訟の係属中は，当該訴訟で紛争の対象となっている損害賠償又は不当利得返還の請求権の放棄を制限するような措置を講ずるべきである」[12]として，議会の議決権の制限の可能性が示されているものの，議会の議決権については，議会が住民を代表して意思表明をする機関であることから，その議会がなす意思表明としての議決については広く裁量を認めようとする方向性が最高裁判決等からもみられる[13][14]。

---

(10)　飯島淳子「議会の議決権限からみた地方自治の現状」論ジュリ 3 号・2012 年秋号（2012 年）131 頁。

(11)　法令によって特別の定めがあり個別的に放棄の議決を行わなくてよい場合については，「地方税について条例の定めるところにより減免する場合（地方税法第 61 条，第 72 条の 62 等），分担金，使用料，加入金及び手数料に関する条例で定めて減免する場合（地方自治法第 228 条第 1 項），自治法及び地方自治法施行令の規定による債権に係る債権の免除（地方自治法第 240 条第 3 項，地方自治施行令第 171 条の 7），議会の同意を得て行う職員の賠償責任の免除（地方自治法第 243 条の 3 第 8 項）」等がある（松本英昭『要説地方自治法〔第 8 次改訂版〕』（ぎょうせい，2013 年）351 頁）。

(12)　第 29 次地方制度調査会答申「今後の基礎自治体及び監査・議会制度のあり方に関する答申」（平成 21 年 6 月 16 日）。

(13)　下級審においては，東京高判平成 12 年 12 月 26 日判時 1753 号 35 頁，東京高判平成 19 年 3 月 28 日判タ 1264 号 206 頁で同様の派遣職員の給与相当額分の補助金交付に関する事件において議会の議決の裁量を広く解しているものと思われる。

(14)　他方で，権利放棄の議決については，この議決が原理的な反「住民訴訟」性・違法性を有するものであるとして，権利放棄の議決については制限を加えるまたは廃止すべき等の意見もある（兼子仁「住民訴訟請求権の放棄議決をめぐる法制問題」自治総研通巻 406 号（2012 年）51 頁，斎藤誠「住民訴訟における議会の請求権放棄」法教

第1節 神戸市外郭団体第2次訴訟

第4項 検 討

1 本件に関連する判例

本件に関連する判例としては，派遣法制定の契機となった茅ヶ崎市最高裁判決（最二小判平成10年4月24日集民188号275頁。），補助金の公益性判断に関する下関第三セクター補助金広島高裁判決（広島高判平成13年5月29日判時1756号66頁。上告審最一小判平成17年11月10日集民218号349頁。），派遣職員に対する給与相当額の補助金交付に関する埼玉県久喜市東京高裁判決（東京高判平成19年3月28日判タ1264号206頁。），議決の議決と住民訴訟に関する千葉県鋸南町東京高裁判決（東京高判平成12年12月26日判時1753号35頁。），浄水場用地過大購入に関するさくら市（旧氏家町）東京高裁判決（東京高判平成21年12月24日民集66巻6号2890頁。上告審最二小判平成24年4月23日民集66巻6号2789頁。），警察法改正無効訴訟（最大判昭和37年3月7日民集16巻3号445頁。）などがある。

本節第3項2に挙げた争点①職員の派遣と補助金，②住民訴訟，③議会の議決に照らしながら以下関連判例等について述べる。

a ①職員の派遣と補助金

職員の派遣に関して，茅ヶ崎市最高裁判決においては，地方公務員法35条に定められた職務専念義務に対する特例としての条例による義務免除とノーワーク・ノーペイ原則を定めた地方公務員法24条1項等が問題となったが，最高裁は派遣職員の給与の支給については，派遣に関しての職務専念義務の免除の適法な承認とともに，地方公共団体の業務ではなく派遣先の業務に専念させる場合には，派遣先の業務内容等と地方公共団体の業務との関連や派遣先業務に従事させることによる効果等を検討する，つまり地方公共団体が職員を派遣することについての公益上の必要性の検討が必要となることを示した。ここで示されたものは，職員派遣の適法性が認められなければ給与の支給ができないというもので，換言すれば派遣の適法性が認められた場合の職員の給与支給については認められるものと解することができる[15]。

───────────────

353号（2010年）3頁，阿部泰隆「判批」自治研究85巻8号（2009年）30頁）。

[15] ただし，茅ヶ崎市最高裁判決では，給与支給に関して，職員派遣が適法であった場合は無条件で給与支給が可能であるのか否か検討されていない。この点，給与の支給については条例で定めるとする規定（地方自治法204条の2，地方公務員法24条6項）に照らしてその手続の必要性の問題が指摘される（亘理格「判批」磯部力＝小幡

267

第 5 章　地方自治の課題

この点，茅ケ崎市最高裁判決を契機として制定された派遣法においても，その 6 条 2 項において派遣職員の給与の支給についての例外を定め，ここで適法な職員の派遣については給与を支給することができるとしていることからもそのように解することができる。派遣法制定までは，地方公共団体が各団体に対して職員の派遣を行う場合は，各地方公共団体が様々な形で職員派遣を行ってきたものと思われるが，茅ヶ崎市が職員派遣の際に職務命令により派遣したことは，派遣職員が地方公共団体「自身」の業務に従事していない限り違法とした茅ヶ崎市最高裁判決に対して，下級審判決では，その職務内容が地方公共団体「自身」の業務またはこれと同視できる程度公共性の強い業務である場合は職務命令による職員派遣を適法としている点が注目される（東京地判平成 14 年7 月 18 日判時 1817 号 43 頁)[16]。

補助金の公益性判断について下関第三セクター補助金広島高裁判決は，官民共同出資により設立された下関釜山間の高速海上輸送船運航等を目的とする会社に対して下関市が補助金交付を行った件につき，地方自治法 232 条の 2 による補助金の交付における「公益上の必要性に関する判断に当たっては，補助の要否を決定する地方公共団体の長に一定の裁量権がある」ものの，裁量権の範囲については一定の限界があり，「裁量権の逸脱又は濫用があったか否かは，当該補助金交付の目的，趣旨，効用，及び経緯，補助の対象となる事業の目的及び状況，議会の対応，地方財政に係る諸規範等の諸般の事情を総合的に考慮した上で検討することが必要」であるとし，下関市の補助金交付について一部に裁量権の逸脱を認めた。

地方自治法 232 条の 2 において地方公共団体が行うことが認められている補助金等については，補助金の交付についての公益上の必要性が求められ，これを充たさなければ交付をすることができないとされる。この補助金の交付については地方公共団体に認められるものであって，地方公共団体の首長に補助金交付権限を認めたものではなく[17]，議会の議決等が必要とされる[18]。地方

　　純子＝斎藤誠編『地方自治判例百選〔第 3 版〕』（有斐閣，2003 年）141 頁)。

(16)　派遣法制定後は，派遣法による職員派遣が中心となっているものと考えられるが（職員派遣に関する統計等が存在しないため不明），派遣法が職員の派遣について派遣法によることのみを認めているのか，給与支給等の点での例外として派遣法を規定しているのか議論のあるところである。

(17)　塩野宏『行政法Ⅲ　行政組織法〔第 4 版〕』（有斐閣，2012 年）181 頁注(3)。

(18)　碓井光明『要説住民訴訟と自治体財政〔改訂版〕』（学陽書房，2002 年）196 頁以下。

公共団体（またはその執行機関）が補助金交付決定を行うとき，議会の議決（承認）によって無条件に公益上の必要性があると認められるのではなく，議決（承認）とは別に補助金交付に係る公益上の必要性の検討が必要となる。この公益上の必要性の判断については，地方公共団体の広い裁量を認めており，それぞれの地方公共団体の事情に応じて，公益性，必要性の観点から補助金交付を認めてきたものとされる[19]。

　しかし，補助金交付に係る公益上の必要性の判断については，公益該当性（補助金交付によって達成しようとする目的が公益といえるか）および補助金交付の有効性（補助金交付によって補助金交付の目的が達成することができるような関係にあるか），補助金交付の必要性（補助金交付以外に地方公共団体に負担の少ない方法がないか）について別個に判断するべきであって，補助金交付に係る公益上の必要性の判断についてはこれらの要件を充たす必要があるとする解説もあり[20]，最高裁の立場は，公益上の必要性の判断について，一般に地方公共団体の裁量を認めた上で，補助金の対象となる事業の目的，地方公共団体の事務事業との関連性，議会の関与等を総合考慮して，補助金交付判断に関する裁量の逸脱，濫用を審査するものとされる[21]。

　b　②住民訴訟，③議会の議決
　埼玉県久喜市東京高裁判決は，市の職員を土地区画整理組合に派遣し，派遣法の例外規定（6条2項）による手続きによることなく土地区画整理組合に職員の給与相当額を補助金として交付したことに対する住民訴訟（4号請求）の

　　ここでは，補助金交付の公益性判断について第一次的には地方公共団体に委ねられるものとながらも，この判断には民主的正統性が必要であり，この民主的正統性を備える判断方法として，補助金交付に先立つ一般的規範定立ないし，特定の補助金交付に関する個別の民主的正当化手続（議会の個別議決）が必要であるとしている。

(19)　熊本地裁判決昭和51年3月29日（行集27巻3号416頁）においては，公益上の必要性の判断について，地方公共団体の判断に「著しい不公正もしくは法令違背が伴わない限り，これを尊重することが地方自治の精神に合致する」としたほか，旭川地裁判決平成6年4月26日（行集45巻4号1112頁）においては，「公益上の必要性の有無の判断は，第一次的には，当該地方公共団体の議会や首長こそが，これをよく判断し得るものであって，その裁量に委ねられている」として，裁量の逸脱，濫用のあった場合のみ違法となるとしている。

(20)　桑原勇進「判批」磯部ほか・前注(15) 89頁。

(21)　下関第三セクター補助金上告審・最一小判平成17年11月10日集民218号349頁，静岡県「元県議会議員会」事件上告審・最一小判平成18年1月19日集民219号73頁等。

第5章　地方自治の課題

事例であり，本件と同様の事例であるが，ここでは，派遣法の例外規定による手続きによることなくなされた職員派遣と給与相当額の補助金の交付については，その違法性が認められたものの，議会の議決によって（損害賠償請求権等の）権利放棄を行ったことについては有効性を認めた（適法）(22)。

　また千葉県鋸南町東京高裁判決は，納税貯蓄組合に対する補助金交付を違法として町長に損害賠償を求めた住民訴訟（4号請求）であるが，ここでは，「地方自治法96条1項10号は，議会の議決事項として，『法律若しくはこれに基づく政令又は条例に特別の定めがある場合を除くほか，権利を放棄すること』と規定し，法令や条例の定めがある場合を除いて，広く一般的に地方公共団体の権利の放棄については，執行機関である地方公共団体の長ではなく，議会の議決によるべきものとしているところ，……補助金の交付の違法を原因とする損害賠償請求権の放棄については，法令又は条例になんら特別の定めはないのであるから」，仮に補助金の交付が違法であり，鋸南町が町長に対して損害賠償請求権を取得したとしても，損害賠償請求権は，町議会の行った権利放棄の議決により消滅したものというほかはないとして，訴えを退けた(23)。

　ここでは住民訴訟と議会の議決の関係について，「住民訴訟の制度は，執行

---

(22)　「地方自治法96条1項10号は，議会の議決事項として，『法律若しくはこれに基づく政令又は条例に特別の定めがある場合を除くほか，権利を放棄すること』と規定し，法令や条例の定めがある場合を除いて，広く一般的に地方公共団体の権利の放棄については，執行機関である地方公共団体の長ではなく，議会の議決によるべきものとしている。この点，地方公共団体の長が議会の議決を経ずに請求権の放棄をし得る要件については，地方自治法施行令171条の7で詳細に定められているが，これに対し議会の議決により放棄する場合の要件については，具体的な定めが何もない。権利の放棄とは，地方公共団体の有する財産権その他の権利を地方公共団体の意思によって対価なく消滅させる行為であり，本件給与支給及び本件補助金交付の違法を原因とする損害賠償請求権ないし不当利得返還請求権の放棄については，法令又は条例になんら特別の定めがないから，仮にそれらが違法であって，久喜市がb（市長）及び本件組合に損害賠償請求権ないし不当利得返還請求権を行使しうるとしても，議会は，権限を濫用し，又はその範囲を逸脱しない限り，本来有する権限に基づき自由に権利の放棄の議決をなしうるものというべきで，その損害賠償請求権ないし不当利得返還請求権は，本件権利放棄の議決により消滅したものというほかはない」（派遣職員に対する給与相当額の補助金交付に関する埼玉県久喜市東京高裁判決（平成19年3月28日判タ1264号206頁））。

(23)　千葉地判平成12年8月31日判自220号33頁においては，議会の議決によって公金支出が適法となるものではないことから，議決の効力を認めず，町は損害賠償請求権の行使をしなければならない旨を示した。

270

第1節　神戸市外郭団体第2次訴訟

機関又は職員の財務会計上の行為又は怠る事実の適否ないしその是正の要否について地方公共団体の判断と住民の判断が相反して対立し，当該地方公共団体がその回復の措置を講じない場合に，住民がこれに代わって提訴をして，自らの手により違法の防止又は是正をし，もって地方公共団体の被るべき損害の防止又は回復を図ることに意義があるものの，それが限界でもあって，更にそれを超えて，住民訴訟が提起されたからといって，住民の代表である地方公共団体の議会がその本来の権限に基づいて新たに当該住民訴訟における個別的な請求に反した議決に出ることまでを妨げられるものではない（同様に，議会は，住民訴訟の住民の勝訴判決が確定した後において，右勝訴判決に係る権利を放棄することを妨げられるべき理由はない。）のであって，いずれにしても，住民訴訟の提起によって当該地方公共団体がその管理処分権を喪失し又は制限されるべきいわれはない」として，住民訴訟が提起されたことによって，議会議決が制限され，または違法となる可能性を否定しているものと思われる[24]。

　鋸南町高裁判決に関して，住民訴訟の結果について地方公共団体の債権管理を担う首長や議会の裁量を一切奪うことは適当ではなく，新4号請求において，損害賠償請求権の放棄をすることは可能であるとの指摘もある[25]。上記判決や本件最高裁判決が議会の権利放棄の議決の有効性を認めている一方で，本件高裁判決や，さくら市東京高裁判決は，住民訴訟係争中において議会が権利放棄の議決を行うことは住民訴訟の意義を否定するものとなることを指摘し，議決は無効であるとの判決を出した。

　さくら市東京高裁判決においては，「地方自治法96条1項10号に基づく権利の放棄の可否は，議会の良識にゆだねられているものではあるが，裁判所が存在すると認定判断した損害賠償請求権について，これが存在しないとの立場から，裁判所の認定判断を覆し，あるいは裁判所においてそのような判断がなされるのを阻止するために権利放棄の決議をすることは，損害賠償請求権の存否について，裁判所の判断に対して，議会の判断を優先させようとするものであって，権利義務の存否について争いがある場合には，その判断を裁判所に委

---

(24)　ただしここでは，住民訴訟が提起されたことと議会の議決との関係であって，（判決では示されていないが）議会の議決が不合理な場合，裁量権の逸脱，濫用がある場合等にまで，議会の議決権が有効となるとするものではないと考えられる。ただし，この鋸南町判決はいかなる場合でも議会による権利放棄が可能であるという趣旨との見解もある（阿部ほか・前注(9) 62頁）。

(25)　伴義聖 = 大塚康男「判批」判例地方自治232号（2003年）10頁。

第 5 章　地方自治の課題

ねるものとしている三権分立の趣旨に反するものというべきであり，地方自治法も，そのような裁判所の認定判断を覆す目的のために権利放棄の議決が利用されることを予想・認容しているものと解することはできない。したがって，本件議決は，地方自治法により与えられた裁量権を逸脱又は濫用したものとして違法無効なものというべきであり，本件議決により損害賠償請求権は消滅するものではない」（下線部筆者）として，地方議会と司法との関係において，議会の権利放棄の議決を有効とすることはできないとしている[26]。

　議会による補助金交付（の議決）と住民訴訟の関係についての警察法改正無効訴訟は，昭和 29 年 6 月 8 日公布された新警察法の施行により，従来市町村の事務とされていた警察が都道府県に移行することに伴い，大阪府議会が追加予算の可決をしたところ，新警察法は違憲無効でありこれに基づく予算の可決は違法なものであるとして監査を経て提起された住民訴訟（昭和 38 年第法律 99 号による改正前地方自治法 243 条の 2 第 4 項）である。ここで最高裁は，「地方自治法 243 条の 2 による住民の監査請求及び訴訟は，地方公共団体の公金または財産に関する長その他の職員の行為を対象とするものであつて，議会の議決の

---

(26)　なお，さくら市の事例では最高裁（平成 24 年 4 月 23 日民集 66 巻 6 号 2789 頁）において，三権分立による議決無効の判断をした東京高裁判決に対して，「住民訴訟の係属の有無及び経緯に関しては，……本件訴訟の係属中に，上告人の第 1 審での敗訴を経て原審の判決言渡期日の直前に本件議案が可決されており，このような現に係属する本件訴訟の経緯を踏まえ，本件議決については，主として住民訴訟制度における当該財務会計行為等の審査を回避して制度の機能を否定する目的でされたなど，住民訴訟制度の趣旨を没却する濫用的なものに当たらないか否かという観点からみることとする。この点に関し，原審は，本件議決がされた時期と原審における住民訴訟の審理の状況との関係等をも理由として，住民訴訟の対象とされている市の損害賠償請求権の放棄を内容とする本件議決は，議会の判断を裁判所の判断に優先させるもので三権分立の趣旨に反するものであるなどとして，これが市議会の裁量権の範囲の逸脱又はその濫用に当たる旨をいう。しかしながら，本件議決の適法性に関しては，住民訴訟の経緯や当該議決の趣旨及び経緯を含めた諸般の事情を総合考慮する上記の判断枠組みの下で，裁判所がその審査及び判断を行うのであるから，第 1 審判決の認容に係る上記請求権の放棄を内容とする本件議決をもって，議会の判断を裁判所の判断に優先させるもので三権分立の趣旨に反するものということはできず，住民訴訟制度の趣旨を没却する濫用的なものに当たるということはできない」と判断しており，議会の放棄の議決については議会の裁量に委ねられていると判断した上で，考慮すべき事項についての審理が不十分であるとして破棄差戻しの判決が下された（詳細については，吉村・前注(2) 8 頁以下，高裁判決については，早川和宏「判批」会計と監査 62 巻 1 号（2011 年）40 頁以下，伴義聖＝山口雅樹「判批」判例地方自治 334 号（2010 年）4 頁以下などを参照）。

272

第1節　神戸市外郭団体第2次訴訟

是正を目的とするものでない……。しかしながら，長その他の職員の公金の支出等は，一方において議会の議決に基くことを要するとともに，他面法令の規定に従わなければならないのは勿論であり，議会の議決があつたからというて，法令上違法な支出が適法な支出となる理由はない。……監査委員は，議会の議決があつた場合にも，長に対し，その執行につき妥当な措置を要求することができないわけではないし，ことに訴訟においては，議決に基くものでも執行の禁止，制限等を求めることができるものとしなければならない」として，下関第三セクター補助金事件において補助金交付の要件（民主的正当化）としての議会の議決が必要であるとされた点も確認でき，下関第三セクター補助金事件で議会の議決によって直ちに補助金交付が適法化されるものでないとした点と，同旨と解することができる。なお，警察事務が市町村から都道府県に移行されたことが憲法92条に反するかという点については，地方自治の本旨に反するものではないとした。

c　住民訴訟の意義についての判例

住民訴訟の位置づけに関しての判例に村有財産売却行為無効確認等請求事件（最大判昭和34年7月20日民集13巻8号1103頁），住民訴訟における住民訴権に関する最高裁判決（最一小判昭和53年3月30日民集32巻2号485頁）がある。

村有財産売却行為無効確認等請求事件において最高裁は，「憲法92条は，地方公共団体の組織及び運営に関する事項は，地方自治の本旨に基いて，法律でこれを定める，と規定しているだけで，『地方自治の本旨』が何であるかを具体的に明示してはいない。そして（旧）地方自治法243条の2のような訴訟の制度を設けるか否かは立法政策の問題であつて，これを設けないからとて，地方自治の本旨に反するとはいえない」として，住民訴訟制度は憲法上保障された制度ではないことを示した。

住民訴訟における住民訴権に関する最高裁判決では，「地方自治法242条の2の定める住民訴訟は，普通地方公共団体の執行機関又は職員による同法242条1項所定の財務会計上の違法な行為又は怠る事実が究極的には当該地方公共団体の構成員である住民全体の利益を害するものであるところから，これを防止するため，地方自治の本旨に基づく住民参政の一環として，住民に対しその予防又は是正を裁判所に請求する権能を与え，もつて地方財務行政の適正な運営を確保することを目的としたものであつて，執行機関又は職員の右財務会計

273

第5章　地方自治の課題

上の行為又は怠る事実の適否ないしその是正の要否について地方公共団体の判断と住民の判断とが相反し対立する場合に，住民が自らの手により違法の防止又は是正をはかることができる点に，制度の本来の意義がある。すなわち，住民の有する右訴権は，地方公共団体の構成員である住民全体の利益を保障するために法律によつて特別に認められた参政権の一種であり，その訴訟の原告は，自己の個人的利益のためや地方公共団体そのものの利益のためにではなく，専ら原告を含む住民全体の利益のために，いわば公益の代表者として地方財務行政の適正化を主張するものであるということができる」として，住民訴訟の意義を示した。ここで示された住民訴訟の意義について，「地方自治の本旨に基づく住民参政の一環として……裁判所に請求する権能を与え，もって地方財務行政の適正な運営を確保することを目的としたもの」とする点，住民訴訟を憲法上の地方自治権の一つとして法改正によっても奪うことのできないものとも理解できるとされる[27]。

2　本件最高裁判決の評価

a　①職員の派遣と補助金

最高裁は，高裁判決および地裁判決を全面的に支持しており，この点について具体的審理を行っていないが，最高裁が支持した高裁および地裁の判断は，本件における補助金交付の前の年度等の補助金交付を対象として提起された神戸市1次訴訟（最一小決（上告棄却）平成21年12月10日，大阪高判平成21年1月20日）における判断と同趣旨のものであり[28]，派遣法6条2項の「派遣職

---

(27)　乙部哲郎「判批」磯部ほか・前注(15) 152頁。なお，改訂版である藤原静雄「判批」磯部力・小幡純子・斎藤誠編『地方自治判例百選〔第4版〕』（有斐閣，2013年）158頁以下では，住民訴訟の憲法上の保障に関する解説はない。

(28)　「派遣法は，従前，地方公共団体毎に，職務専念義務免除，職務命令，休職，退職等，様々な方法により公益法人等への給与付きの職員派遣が行われていたところ，最高裁平成10年4月24日判決等を踏まえて，職員派遣についての統一的なルールの設定，派遣の適正化，派遣手続の透明化・身分取扱いの明確化等のために制定されたもので，その運用に関する通達上も，同法は職員派遣に関する統一的なルールを定めるものであるから，同法の目的に合致するものについては，同法規定の職員派遣制度によるべきものとされ，職員の任命権者は，2条1項各号に定める公益法人等のうち，条例で定めるものとの間の取決めに基づき，職員を派遣することができるが，派遣元の地方公共団体はその給与を支給しないものとされ（6条1項），派遣職員が派遣先において従事する業務が給与支給可能業務である場合又は給与支給可能業務が派遣先団体の主たる業務である場合に限り，例外的に，派遣元の地方公共団体が，条例で定めるこ

274

員が派遣先団体において従事する業務が地方公共団体の委託を受けて行う業務，地方公共団体と共同して行う業務若しくは地方公共団体の事務若しくは事業を補完し若しくは支援すると認められる業務であってその実施により地方公共団体の事務若しくは事業の効率的若しくは効果的な実施が図られると認められるものである場合又はこれらの業務が派遣先団体の主たる業務である場合」に給与の直接支給をできる旨の規定は，派遣法6条1項において派遣職員への給与支給を原則禁止していることとの関係において，少なくとも同法に基づいて地方公共団体が公益法人等へ職員派遣をなす際には，同法6条2項の方法以外で給与を支給することはできないものとしているのである。

b 争点②住民訴訟

最高裁は住民訴訟制度の趣旨等についての見解を示していないことから，本件高裁判決または先例としての最高裁判決（最一小判昭和53年3月30日民集32巻2号485頁など）における住民訴訟の趣旨を踏襲しているものと考えられる。

本件高裁判決において，「住民訴訟の制度は，執行機関又は職員の財務会計上の行為又は怠る事実の適否ないしその是正の要否について，地方公共団体の判断と住民の判断が相反して対立し，当該地方公共団体がその回復の措置を講じない場合（即ち，執行機関，議会がその与えられた職責を十分果たさない場合に生ずるものである。）に，住民がこれに代わって提訴して，自らの手により違法の防止又は回復を図ることを目的とするものであり，違法な財務会計上の行為又は怠る事実について，最終的には裁判所の判断に委ねて判断の客観性と措置の実効性を確保しようとするものである」として，住民訴訟が住民の手によって地方公共団体の運営の改善等を行う手段として重視しているものと考えられることから，最高裁もこのような趣旨の下で議会の権利放棄の議決との関係の判断を行ったものと解すべきである。

その上で本件最高裁は，「住民訴訟の係属の有無及び経緯に関しては，……

とを条件に派遣職員に給与を支給できると定めたものである（同条2項）。かかる派遣法の規定，その制定経緯・趣旨，同法の運用に関する通達の内容を総合勘案すれば，同法の目的に合致する職員派遣については，同法規定の職員派遣制度によるべきものであり，同法規定の制度による職員派遣である以上は，その給与支給についても同法規定によるべきであって，派遣職員に対する派遣元による給与支給は禁止され（6条1項），例外的な場合に限って条例で定めることを条件に派遣元による給与支給が許され（同条2項），それ以外の場合は派遣元による給与支給は許されないものと解される。」（大阪高判平成21年1月20日LEX/DB文献番号25441037）。

第 5 章　地方自治の課題

上告人の第 1 審での一部敗訴を経て原審の判決の言渡期日の直前に本件改正条例案が可決されており，このような現に係属する本件訴訟の経緯を踏まえ，本件附則に係る議決については，主として住民訴訟制度における当該財務会計行為等の審査を回避して制度の機能を否定する目的でされたなど，住民訴訟制度の趣旨を没却する濫用的なものに当たらないか否かという観点……に関し，原審は，本件議決がされた時期と原審における住民訴訟の審理の状況との関係等をも理由として，市の本件各団体に対する不当利得返還請求権を放棄する旨の本件附則に係る市議会の議決は地方自治法の定める住民訴訟制度を根本から否定するものである旨をいう。しかしながら，本件附則に係る議決の適法性に関しては，住民訴訟の経緯や当該議決の趣旨及び経緯等を含む諸般の事情を総合考慮する上記の判断枠組みの下で，裁判所がその審査及び判断を行うのであるから，上記請求権の放棄を内容とする上記議決をもって，住民訴訟制度を根底から否定するものであるということはできず，住民訴訟制度の趣旨を没却する濫用的なものに当たるということはできない」としたことは，議会の議決も含む各事項について最終的に裁判所が判断するとする最高裁の姿勢から，住民訴訟と議会の権利放棄の議決との関係で，単純に住民訴訟または議会の議決がもう一方に優るものであるとされるものではなく，これに係る学説の無効説または有効説に当たるかどうかも，ここからは定かではない。

　しかし，神戸市 1 次訴訟判決確定後に神戸市が請求権の行使を行わなかったことについて争われた訴訟（以下「神戸市 5 次訴訟」という。）において，神戸地裁（平成 22 年 10 月 28 日 LEX/DB25481044），大阪高裁（平成 23 年 3 月 15 日 LDX/DB25481045）は，判決確定前に権利放棄の議決がなされたことから，請求権は既に存在しないとして訴えを棄却したが，最高裁（平成 24 年 4 月 20 日）は，住民訴訟との関係において権利放棄の議決の裁量権の逸脱・濫用に関して審理が不十分であるとして，破棄差し戻し判決を下している（平成 24 年 9 月 27 日差戻し控訴審は棄却判決を下している。）点を考慮すると，最高裁は住民訴訟と権利放棄の議決の関係について，放棄の議決を有効とする範囲を広く解しながらも，住民訴訟の優位性をも考慮しているものということができよう[29][30][31]。

---

(29)　ただし，最高裁は原則無効とはせず，議会の議決について議会の裁量権を認める立場を採り，神戸市第 5 次訴訟などの経緯については，本件最高裁はある程度審理が熟したものについて破棄自判というかたちで基準を明確にし，それ以外を差戻したもの

276

第 1 節　神戸市外郭団体第 2 次訴訟

　また，千葉勝美補足意見においては，「住民訴訟制度は，普通地方公共団体の財務会計行為の適正さを確保するために住民の関与を認めた制度であるが，地方公共団体の長などの執行機関に対しては，その故意又は過失により行われた違法な財務会計行為と相当因果関係のある地方公共団体の損害につき，個人責任を負わせることとし，そのことにより財務会計行為の適正さを確保しようとするものである。国家賠償法においては，個人責任を負わせる範囲について，同法第 1 条 2 項が公権力の行使に当たる公務員が故意又は重大な過失のあった場合に限定しているのと比べ，住民訴訟においては，個人責任を負う範囲を狭めてはおらず，その点が制度の特質となっている。……地方公共団体の長が自己又は職員のミスや法令解釈の誤りにより結果的に膨大な個人責任を追及されるという結果も多く生じてきており（最近の下級裁判所の裁判例においては，損害賠償請求についての認容額が数千万円に至るものも多く散見され，更には数億円ないし数十億円に及ぶものも見られる。），また，個人責任を負わせることが，柔軟な職務遂行を萎縮させるといった指摘も見られるところである。地方公共団体の長が，故意等により個人的な利得を得るような犯罪行為ないしそれに類する行為を行った場合の責任追及であれば別であるが，錯綜する事務処理の過程で，一度ミスや法令解釈の誤りがあると，相当因果関係が認められる限り，長の給与や退職金をはるかに凌駕する損害賠償義務を負わせることとしているこの制度の意義についての説明は，通常の個人の責任論の考えからは困難であり，

　　　であるとの見解もある（飯島・前注(10) 132-133 頁）。「最高裁は，……（地方自治法 96 条 1 項 10 号の規定ぶりに着目し，その結果，基本的に議会の裁量権を認めるという立場をとった」として，最高裁が原則有効説の立場を展開していると解していると思われる。また，最高裁は，住民訴訟と放棄の議決の関係について，議決の無効を認定するにあたって慎重な態度を示しているとする解説もある（木村琢磨「判批」法教 338 号（2013 年）43 頁）。

(30)　神戸市外郭団体第 2 次訴訟について，「本判決は，住民訴訟に係る地方公共団体の請求権の放棄を一般的に認めたものでは決してなく，むしろ安易な放棄に対する歯止めとなる基準を示したものと受け止めるべきであろう。」として，無効説に近い立場を示していると解しているとされるものもある（猪野積『地方自治法講義』（第一法規，2012 年）233 頁）。

(31)　違法な補助金支出に関する損害賠償請求権等の放棄については，請求権の発生原因である財務会計上の行為等の性質，請求権の放棄の議決の趣旨，請求権の放棄の影響等を総合考慮した結果，議会の裁量権の範囲内と認められるような場合は，請求権放棄ができるとするものもある（山中浩太郎「理論と実務・住民訴訟と損害賠償請求権の放棄」自治実務セミナー 51 巻 10 号（2012 年）11 頁）。

277

第 5 章　地方自治の課題

それとは異なる次元のものといわざるを得ない」として，住民訴訟の問題点と
その特異性を指摘し，一般的には広い裁量権の認められる議会の議決について
も，住民訴訟との関係における権利放棄の議決については，住民訴訟の特異性
を考慮する必要性があるとしているものであろう。

c　争点③議会の議決（権利放棄の議決）

最高裁は，「地方自治法 96 条 1 項 10 号は，普通地方公共団体の議会の議決
事項として，『法律若しくはこれに基づく政令又は条例に特別の定めがある場
合を除くほか，権利を放棄すること』を定め，この『特別の定め』の例として
は，普通地方公共団体の長はその債権に係る債務者が無資力又はこれに近い状
態等にあるときはその議会の議決を経ることなくその債権の放棄としての債務
の免除をすることができる旨の同法 240 条 3 項，地方自治法施行令 171 条の 7
の規定等がある。他方，普通地方公共団体の議会の議決を経た上でその長が債
権の放棄をする場合におけるその放棄の実体的要件については，同法その他の
法令においてこれを制限する規定は存しない。したがって，地方自治法にお
いては，普通地方公共団体がその債権の放棄をするに当たって，その議会の議
決及び長の執行行為（条例による場合は，その公布）という手続的要件を満たし
ている限り，その適否の実体的判断については，住民による直接の選挙を通じ
て選出された議員により構成される普通地方公共団体の議決機関である議会の
裁量権に基本的に委ねられているものというべきである」として，権利放棄の
議決について裁量権を広く認めることを原則としながらも，住民訴訟が提起さ
れ訴訟係争中または訴訟確定後に権利放棄の議決がなされた場合は，「……住
民訴訟の対象とされている損害賠償請求権又は不当利得返還請求権を放棄する
旨の議決がされた場合……，このような請求権が認められる場合は様々であり，
個々の事案ごとに，当該請求権の発生原因である財務会計行為等の性質，内容，
原因，経緯及び影響，当該議決の趣旨及び経緯，当該請求権の放棄又は行使の
影響，住民訴訟の係属の有無及び経緯，事後の状況その他の諸般の事情を総合
考慮して，これを放棄することが普通地方公共団体の民主的かつ実効的な行政
運営の確保を旨とする同法の趣旨等に照らして不合理であって上記の裁量権の
範囲の逸脱又はその濫用に当たると認められるときは，その議決は違法となり，
当該放棄は無効となるものと解するのが相当である」として，一般的な議会の
議決および住民訴訟と関わらない権利放棄の議決とは異なり，住民訴訟の重要

性を鑑みて，考慮することを求めているものである。

　そして，これらを考慮した上で，「本件附則に係る議決の適法性に関しては，住民訴訟の経緯や当該議決の趣旨及び経緯等を含む諸般の事情を総合考慮する上記の判断枠組みの下で，裁判所がその審査及び判断を行うのであるから，上記請求権の放棄を内容とする上記議決をもって，住民訴訟制度を根底から否定するものであるということはできず，住民訴訟制度の趣旨を没却する濫用的なものに当たるということはでき」ず，「市が本件各団体に対する上記不当利得返還請求権を放棄することが普通地方公共団体の民主的かつ実効的な行政運営の確保を旨とする地方自治法の趣旨等に照らして不合理であるとは認め難いというべきであり，その放棄を内容とする本件附則に係る市議会の議決がその裁量権の範囲の逸脱又はその濫用に当たるとはいえず，その議決は適法であると解するのが相当である」として，議決の適法性を認める判断を下している。

　その判断においては，「……既に本件派遣職員等の給与等の人件費に充てられた本件補助金等につき上記請求権の行使により直ちにその返還の徴求がされた場合，実際に本件各団体の財政運営に支障を来して上記の各種サービスの十分な提供が困難になるなどの市における不利益が生ずるおそれがあり，その返還義務につき上記の要請を考慮して議会の議決を経て免責がされることは，その給与等の大半については返還と再度の支給の手続を行ったものと実質的に同視し得るものともいえる上，そのような市における不利益を回避することに資するものということもできる」として，地方公共団体またはその住民の利益を考慮の内容として，住民訴訟との関係における権利放棄の議決の有効性判断をしているものである[32]。

　これまで下級審は，住民訴訟制度の趣旨を没却するものとして議決を無効とするもの（本件高裁判決など）[33]，議会の議決が一般的に議会の裁量権に委ねられるものであるから権利放棄の議決の手続的要件を充たしていれば議決を有効とするもの（鋸南町東京高裁判決など）に分かれていたが，最高裁は住民訴訟と権利放棄の議決について，こうした下級審の判断とは異なる判断基準を示している。

---

(32)　高橋滋＝市村陽典＝山本隆司編『条解行政事件訴訟法〔第4版〕』（弘文堂，2014年）197頁以下においても，公益に反する債権放棄議決は違法であるとしている。

(33)　仙台高判平成3年1月10日判時1370号3頁や千葉地判平成12年8月31日判自220号33頁など。石崎誠也「判批」ジュリ1420号（2011年）70頁も参照。

第5章　地方自治の課題

d　議会の議決と権利放棄の効力

また，最高裁は，「普通地方公共団体による債権の放棄は，条例による場合を除いては，地方自治法149条6号所定の財産の処分としてその長の担任事務に含まれるとともに，債権者の一方的な行為のみによって債務を消滅させるという点において債務の免除の法的性質を有するものと解されるから，その議会が債権の放棄の議決をしただけでは放棄の効力は生ぜず，その効力が生ずるには，その長による執行行為としての放棄の意思表示を要するものというべきである」として，一般に権利放棄の議決を行う場合は，議決によってその効力を有するものではなく，債権放棄が首長の担任事務とされることから，議決とは別に首長による意思表示が必要となると解されるものではあるが[34]，「本件改正条例のように，条例による債権の放棄の場合には，条例という法規範それ自体によって債権の処分が決定され，その消滅という効果が生ずるものであるから，その長による公布を経た当該条例の施行により放棄の効力が生ずるものというべきであり，その長による別途の意思表示を要しないもの」として，条例による権利放棄の議決には，議決とは別に首長による意思表示を必要としないとする。

以上を整理すると，最高裁は，職員の派遣と補助金については，先例と同様に派遣法6条2項の例外規定の適用によることなく，地方公共団体が給与支給したものと同視しうる補助金交付は違法なものとされ，これに対する住民訴訟と議会の議決の関係については，地方公共団体やその住民の利益を考慮して有効とされる議会の裁量権の範囲を広く認めているものではあるが，住民訴訟の優位性をも考慮しているものと思われる。そして，権利放棄については，首長の担任事務として議会の議決によってその効力が生じるものではないものの，条例による権利放棄の議決は，その公布・施行の過程において首長による意思表示が存在するものであり，条例による権利放棄の議決については事実上，議会の議決によって（正確には議決後の公布・施行の手続を経て）効力を生じるものであるとする。

---

(34)　本件高裁判決は，債権放棄に関して議会の議決は長による意思表示の前提として設けられているものであって，いかなる場合も議会の議決とは別に長による意思表示が必要とするが，権利放棄の議決については議会の議決によってその権利が消滅するとしている判例もある（玉穂町東京高裁判決）。

第1節　神戸市外郭団体第2次訴訟

第5項　小　　括

1　職員の派遣と補助金

派遣法は，地方公共団体の職員が外郭団体等に派遣されその業務を行うことに関して規定をしており，これは，茅ヶ崎市最高裁判決を受けて，職員派遣問題の解決のため，基本指針（統一的ルール）として定められたものであって，ここで地方公共団体から派遣される職員が派遣先において従事する業務は，地方公共団体の事務，事業との密接な関係を持つものとされ[35]，派遣職員に対しては，原則として地方公共団体から給与の支給はなされない（同法6条1項）ものとされている。

本件では，派遣法において給与支給をできない旨が規定されていることから，この給与相当額を含む金額を補助金または委託料として職員派遣先団体に対して支給していたところ，ここで，①派遣法による給与支給ができないとする原則が補助金交付の手続により間接的に地方公共団体から支給されることまでも否定するものであるか，②このとき，いかなる場合においても補助金交付の手続によって派遣職員の給与相当額を派遣先団体へ交付することができないかという論点があろう。

①については，派遣法が本来給与相当額を補助金交付の手続により間接的に派遣職員に支給することを否定しているかどうかは定かではないとされるが[36]，同法6条2項において直接給与支給をすることができる場合の例外規定を設けており，ここでは，派遣先での業務内容によって，地方公共団体は条例を定めて給与の支給ができるとされる。派遣法6条1項の給与不支給原則との関係に加えて，補助金等について定めた地方自治法232条の2において補助金交付には「公益上の必要性」が求められることとの関係から，派遣法において補助金交付の手続による派遣職員への間接的給与支給は次の通り否定されるものと解される。すなわち，補助金交付に際しては「公益上の必要性」の判断が必要なことは述べたが，この「公益上の必要性」の判断は，「公益上必要があるかどうかを一応認定するのは長及び議会であるが，この認定は全くの自

---

(35)　派遣法2条4項「前項の規定により第一項の取決めで定める職員派遣に係る職員の派遣先団体において従事すべき業務は，当該派遣先団体の主たる業務が地方公共団体の事務又は事業と密接な関連を有すると認められる業務である場合を除き，地方公共団体の事務又は事業と密接な関連を有すると認められる業務を主たる内容とするものでなければならない」。

(36)　戸部真澄「判批」速報判例解説 vol. 3（法セミ増刊）（2008年）63頁。

281

第 5 章　地方自治の課題

由裁量行為ではないから，客観的にも公益上必要であると認められなければなら」ず[37]，公益該当性および補助金交付の有効性，補助金交付の必要性を別個に判断することが求められているといえる。

　ここで公益該当性および補助金交付の有効性を検討すると，仮に派遣職員に対して間接的に給与支給をするような補助金交付を行う場合であってもその判断において公益該当性および補助金交付の有効性を満たすような補助金とは，派遣法 6 条 2 項に定められるような地方公共団体の業務と同等または同等の効果を有する事業の団体の事務に対してのみ認められるものと解される。

　また，補助金交付の必要性を検討すると，補助金交付によって給与相当額を派遣職員に対して間接的に支給しないまでも，派遣法 6 条 2 項の手続を用いて給与の直接支給をすれば足りると考えると，補助金交付が認められるような派遣職員の業務とは，同法 6 条 2 項に定められるような地方公共団体の業務と同等または同等の効果を有する事業の団体の事務であると解されることから，たとえ派遣職員の給与相当額の派遣先団体への支給という補助金交付が公益該当性および補助金交付の有効性を満たしていたとしても，そうした業務については別の手段（同法 6 条 2 項）によって給与の支給ができる以上，（給与の間接支給の性質を有する）補助金交付の必要性を欠くものといわざるを得ない。

　したがって，派遣法においては，補助金交付について公益該当性および補助金交付の有効性を満たすような場合は，同法 6 条 2 項の規定を用いて派遣職員に給与支給を行う趣旨のものと解するべきである。ただし②の点については，条件を満たして派遣法 6 条 2 項による給与支給派遣を行おうとする場合であっても，その手続のための条例が不成立の場合には例外として補助金による間接的支給が認められる余地はあろう。

　ただし，本件では，裁判所の判断としていずれも派遣職員給与相当額を含む補助金については，違法性を認め，公益該当性および補助金交付の有効性を満たすといった補助金交付対象となる内容を業務とする団体への職員派遣については，派遣法 6 条 2 項の方法によることとして，補助金交付の必要性を欠くものであると解されよう。

---

(37)　行政実例昭和 28 年 6 月 29 日自行行発第 186 号。

第1節　神戸市外郭団体第2次訴訟

2　住民訴訟と議会による権利放棄の議決

　住民訴訟は，憲法92条の「地方自治の本旨」，ここにおける住民自治の原則を根底とする制度であるとされるが[38]，議会の議決も同じく憲法92条「地方自治の本旨」を根底とする地方公共団体（の議会）にとっての権利・権限とされよう（ここには，住民自治的側面と団体自治的側面が包含されるものであろう。）[39]。本件最高裁は，権利放棄の議決によって直ちに住民訴訟の制度が根底から否定されるのではなく，権利放棄の議決の経緯等も踏まえて総合考慮の上で裁判所が判断するものとし，その上で本件における権利放棄の議決を適法とした。

　確かに，住民訴訟制度が，最高裁の示すように「執行機関又は職員の財務会計上の行為又は怠る事実の適否ないしその是正の要否について，……住民が……，自らの手により違法の防止又は回復を図ることを目的とするものであり，違法な財務会計上の行為又は怠る事実について，最終的には裁判所の判断に委ねて判断の客観性と措置の実効性を確保しようとするもの」と解されると，住民訴訟には，権利放棄の議決等の提訴以降の事情も総合考慮する趣旨が含まれるものと考えることもできる。

　しかしそのように解すると，そもそも住民訴訟によって地方公共団体が当該地方公共団体に対して損害を与えた当事者に対して損害賠償請求または不当利得返還請求をなす際に，その権利を放棄することが前提のものとなりかねない。

　ただし，鋸南町東京高裁判決において，「住民訴訟が提起されたからといって，住民の代表である地方公共団体の議会がその本来の権限に基づいて新たに当該住民訴訟における個別的な請求に反した議決に出ることまでを妨げられるものではない（同様に，議会は，住民訴訟の住民の勝訴判決が確定した後において，右勝訴判決に係る権利を放棄することを妨げられるべき理由はない。）」と示し，住民訴訟判決確定後に権利放棄の議決を可能とする旨示しているが，住民訴訟判決確定後に権利放棄の議決をし，その議決の無効の訴えを提起することが考えられるところ[40]，住民訴訟提起後ないし継続中における，議会による権利放

---

(38)　成田・前注(7) 458頁。

(39)　議会の議決権については憲法94条において条例制定権を規定し，地方自治法96条
　　1項において列挙される議会の議決事項に条例制定が含まれることから，議決権については，憲法94条を根拠とするものと解する余地があろう。

(40)　一般に議決自体に処分性は認められないが（最二小判昭和28年6月12日民集7巻
　　6号663頁），議決によって執行された事実（議決によってなされた行政処分等）により無効を主張する利益を有する者は議会の議決の無効を理由としての訴えが認められ

283

第5章　地方自治の課題

棄の議決については，訴訟経済の観点を考慮する余地があろう。

　阿部泰隆先生の指摘される現行住民訴訟制度の問題点（住民にとって不利益となる平成14年地方自治法改正）や[41]，住民訴訟が賠償額の高額化により首長らの負担となること，一人の住民によっても提起されること（地方公共団体や大多数の住民の利益と相反する訴えの可能性）といった問題点もある[42]。

　住民訴訟と権利放棄の議決に関しては，権利放棄の議決を無効とするものと有効とするものとに分かれており，無効とするものには，住民訴訟制度の趣旨に反するものであり無効とするもの（制度趣旨違反説）[43]，地方自治法232条の2を類推適用し，権利放棄の議決に際して「公益上の必要性」を必要とするもの（公益違反説）[44]，長や議会の善管注意義務違反を理由とするもの（善管注意義務違反説）[45]があり，有効とするものには，議決の成立要件を満たせば有効とするもの[46]があるとされる[47]。

　るとされることから（最一小判昭和29年2月11日民集8巻2号419頁），権利放棄の議決については，当該権利放棄の議決によって直ちに地方公共団体やその住民の利益が侵害される性質のものであるということができ，こうした性質から議決の無効を訴えることができる可能性はあろう。しかしながらこの訴えについては，行政事件訴訟法による訴えの性質を有するのか，住民訴訟による訴えとして（放棄の議決が議決のみによってではなく長の放棄行為により成立する点）の性質を有するのか，議論があろうが（ただし，ここでは特定の者の権利利益の関係に係る訴えの提起とされ，放棄の議決が地方公共団体やその住民に対して不利益を与えまたは権利を奪うものである場合は，民集訴訟としての住民訴訟による訴えの提起が妥当とされよう），権利放棄の議決は，直接的権利侵害をなす行為として処分性が認められる可能性があり，この点で，議決自体の違法性の訴えの提起を行うことも可能と解すべきであろう。

(41)　阿部ほか・前注(9) 2頁。

(42)　成田・前注(7) 485頁以下，曽和俊文「住民訴訟制度改革論」法と政治51巻2号（2000年）206頁以下。

(43)　住民訴訟提起後に議会による権利放棄の議決を行うことは基本的に住民訴訟制度の趣旨に反するものであり，許されないとするもので，ここでは，議会という間接民主制度の機能不全時等の住民参与のための住民訴訟という制度を無にするようなことはできないというものである。

(44)　地方自治法96条1項10号に規定される議会による権利放棄の議決については，同法第232条の2の補助金等の支出に関する規定を類推適用して，「公益上の必要性」が認められる場合という要件を満たす必要があるというもの。

(45)　首長と議会は，善管注意義務を負っており，議会による権利放棄の議決はその範囲内でしか有効に行うことはできないというもの。

(46)　法令や条例に特別の定めのない事柄については，権利放棄の議決が議会において適法な手続に従って行われた場合はこれを有効とするというもの。

(47)　津田和之「住民訴訟と議会による債権放棄」自治研究85巻9号（2009年）99頁以下。

第1節　神戸市外郭団体第2次訴訟

「住民自治」の具体化としての住民訴訟制度を，権利放棄の議決を適法と解することによってその意義を無にするようなことがあるとすれば，議決の有効性を認めることはできないと解することも可能ではあろうが[48]，住民訴訟の問題点も踏まえれば，住民訴訟との関係で権利放棄の議決のみを無条件に排除することは適当であるとは言い難い。

そのため，権利放棄の議決については，その放棄の議決により債権等を消滅させることから消極的補助金交付としてみることができ，補助金交付の場合と同様に「公益上の必要性」が要求され，こうした「公益上の必要性」判断を経た議決によって，住民訴訟を阻害しない場合（または，住民訴訟との関係でより公益性，必要性が認められる場合）にはその有効性を認めると解するのが適当であろう[49]。

本件最高裁判決においても，「議決の適法性に関しては，住民訴訟の経緯や当該議決の趣旨及び経緯等を含む諸般の事情を総合考慮する上記の判断枠組みの下で，裁判所がその審査及び判断を行う」として，外郭団体等に対する不当利得返還請求について，「本件補助金等につき上記請求権の行使により直ちにその返還の徴求がされた場合，実際に本件各団体の財政運営に支障を来して上記の各種サービスの十分な提供が困難になるなどの市における不利益が生ずるおそれがあ」る，と示していることからも，「公益上の必要性」を含めた権利放棄の議決についての総合考慮が求められることが判示されたものと思われる[50]。

しかし住民訴訟と権利放棄の議決の関係については，学説上，権利放棄の議決を有効としない立場が多いものの[51]，どちらも憲法上に根源を置く制度であることを前提とすると，単純に解を導くことはできない。住民自治に基礎を置く住民訴訟については，これは憲法上保障されたものとは言えないとする立

---

(48)　斎藤・前注(14) 2 頁，斎藤誠「自治体におけるチェック機能の強化と議会・監査制度」自治フォーラム 601 号（2009 年）3 頁，安本典夫「住民訴訟・新 4 号請求の構造と解釈」立命館大学法学 292 号（2003 年）398 頁以下。

(49)　山本隆司「特殊問題──住民訴訟」南博方＝高橋滋編『条解行政事件訴訟法〔第 3 版補正版〕』（弘文堂，2009 年）173 頁。

(50)　また，最高裁は権利放棄が議決によってのみ行われるものではない点，条例については公布，施行の手続を経ているから，執行機関による放棄行為があるとしているが，この点について，高裁判決と照らして検討の余地があろう（早川・前注(27) 44 頁，阿部泰隆「判批」自治研究 86 巻 3 号（2010 年）26 頁など）。

(51)　木村琢磨「判批」会計と監査 58 巻 10 号（2007 年）21 頁。

第 5 章　地方自治の課題

場もあることや(52)，最高裁において住民訴訟は立法政策の問題であり制度を
設けないことが地方自治の本旨に反するとはいえないと示したことから，憲法
上の保障とされるものではないかもしれない。

　他方，議会の議決は地方公共団体の意思決定，条例制定といった，その運営
上必要不可欠なものであり，その議決を行う主体である議会は住民の直接選挙
による代表者によって構成されるものである以上，一人の住民によって提起す
ることのできる住民訴訟との関係において民主的正統性は議会にあるといえる
だろう。

　こうしたことから，住民訴訟との関係においては，議決の有効性を原則的に
認めるというものとされ，議会の議決について裁量権の逸脱，濫用といったこ
とが認められない限りにおいては，議決は有効であると解されよう(53)。ただ
し，住民訴訟制度が憲法上保障された地方自治権の一環をなす制度であるなら
ば，住民訴訟と権利放棄の議決の関係は，議決が有効，無効と一概に判断され
るものではなく，この制度を含む地方自治の本旨に基づいて総合的に検討され
る必要があり，このような住民訴訟と権利放棄の議決が対峙する場合には，事
例ごとの総合考慮による判断が求められると言えるかもしれない。本件におい
ても，最高裁は議決の有効，無効については明示的に示しておらず，判断枠組
みに照らして判断していることからも，地方自治の本旨に基づいた検討が必要
とされるとするのであろう。

　第 29 次地方制度調査会の答申において示されたように，今日，住民訴訟と
対立するような議会の権利放棄の議決が行われているところ，この議決につい
ての制限についても検討する旨の指摘がなされている。仮に住民訴訟が憲法
上保障されていないとしても，権利放棄の議決との関係において，立法政策に
よって住民訴訟と対峙するような権利放棄の議決については，住民訴訟との関
係における権利放棄の議決の制限が否定されていないことから「公益上の必要
性」等の判断枠組みを設けて，住民訴訟係争中の権利放棄の議決の制限するこ
とは可能であり，憲法上の地方自治の本旨等も踏まえ検討する必要があろう。

---

　(52)　成田・前注(7) 480 頁，注(1)。
　(53)　津田・前注(47) 118 頁。

第2節　企業税条例の法律適合性

第1項　問題の所在

地方公共団体の課税権については学説においても様々な議論がなされ，本件（本節では，企業税訴訟のことをいう。）高裁判決において，「当事者双方から多くの行政法・税法学者を中心とする専門家の意見書等が証拠として提出されている。それらは，被控訴人の主張を結論として支持するもの（碓井光明，金子宏，岡田正則，武田昌輔，宇賀克也，長谷部恭男，水野忠恒，いずれも甲号証）と控訴人の主張を結論として支持するもの（品川芳宣，三木義一，兼子仁，中里実，人見剛，占部裕典，高木光，阿部泰隆，吉村政穂，鈴木庸夫等，いずれも乙号証）とに，大きく二分されており，また，結論を同じくする見解の中でも，その論拠は必ずしも同一ではない。このことは，本件の争点が慎重な検討を要する困難な問題であることを如実に表している」とされるように，地方公共団体の課税権について，法律と条例の関係において条例によって認められる範囲等について議論のあるところである。

本件最高裁判決以降も多くの研究者によって判決の意義や地方公共団体の課税権についての検討がなされているところではあるが[54]，本節では法人税法，地方税法との関係における神奈川県臨時特例企業税条例の関係を検討するとともに，憲法，地方自治法との関係において条例一般における課税の限界，すなわち地方公共団体の課税権の範囲について検討する。

第2項　事案の概要

1　企業税条例制定の経緯

神奈川県が県税の減収に見舞われ，その後の財政危機，財源不足を背景として，法人事業税の外形標準課税が導入されるまでの間につき，臨時的，特例的措置としての臨時特例企業税（以下「企業税」という）を賦課徴収するための神奈川県臨時特例企業税条例（平成13年神奈川県条例第37号。以下「企業税条例」という）を平成13年に制定した（同年3月21日県議会可決，同年6月22日

---

(54)　人見剛「判批」法教395号（2013年）44頁以下，木村草太「判批」ジュリ1456号（2013年）8頁以下，其田茂樹「判批」自治総研417号（2013年）35頁以下，澁谷雅弘「判批」地方税64巻6号（2013年）2頁以下，碓井光明「判批」磯部ほか・前注(27)56-57頁など。

第5章　地方自治の課題

総務大臣同意，同年8月1日施行）。

　企業税条例制定に関しては，平成10年度の急激な税収の減少に対応するために，平成10年12月に設置された，神奈川県地方税制等研究会においての検討を踏まえたものである。この研究会は，「『神奈川県をはじめとする大都市圏の地方自治体は，いずれも深刻な財政危機に直面しているが，今後の少子高齢化社会への対応や分権型社会の実現に向けて，住民ニーズに的確に応え得る，確固たる財政基盤を構築したい。このため，県独自の税源充実策及び大都市圏自治体にふさわしい地方税財政制度のあり方について検討してほしい』との諮問」(55)を神奈川県知事より受けたことから設置され，検討に当たっては，「ア 神奈川らしい生活環境や地域経済の振興を重視した税制，イ 神奈川という大都市圏特有の需要を賄うのにふさわしい税制，ウ 財政危機に対応できる強固な税制，エ 景気に左右されない安定性を兼ね備えた税制」という基本的な方向性に立脚するものとされ，その上で，「法人事業税の外形標準課税の問題に対応する考え方や，県独自の税収確保策としての超過課税措置について検討するとともに，法定外普通（目的）税について方向付けを」するものであった(56)。

　「地方税財政制度のあり方に関する中間報告書」（以下「中間報告」という）において，外形標準課税導入や自動車税等の超過課税，生活環境税制等についての検討がなされていたが，平成13年1月の「法人課税の臨時特例措置に関する報告」（以下「最終報告」という）において，外形標準課税としての企業税の導入について神奈川県知事に対して報告がなされた。

　中間報告においては，企業税の導入に際し，これが法人事業税の欠損金繰越控除との関係について，「欠損金の繰越控除は，法人税法で認められている制度であるが，法人事業税の課税標準については，原則として，法人税の課税標準である所得の計算の例によって算定することとされているため，法人税における繰越控除制度が法人事業税にもそのまま適用される仕組みとなっている。しかしながら，本来，法人事業税は，法人の活動と都道府県の行政サービスとの受益関係に着目して課する税であり，こうした税の性格にかんがみれば，法人事業税の課税標準の算定において，過去の事業活動の結果として生じた欠損金額を控除する合理的理由は認められ」ず，「この繰越控除制度の適用により，

---

(55)　神奈川県地方税制等研究会「地方税財政制度のあり方に関する中間報告書」（平成12年5月）まえがき。

(56)　神奈川県地方税制等研究会・前注(55) 8頁。

第2節　企業税条例の法律適合性

都道府県の基幹税目である法人事業税に大きな減収影響が生じており，結果的に都道府県における安定的な行財政運営の阻害要因」となっており，「しかも，この繰越控除制度は，単年度課税方式の例外として設けられているものであり，また，昭和61年度の税制改正では，当時の厳しい財政事情を踏まえ，2年間の時限措置として繰越控除制度を停止する措置が講じられたことを勘案すると，法人の所得金額を計算する上での絶対的な制度とは言えず，政策的側面を持った制度として位置付けることができる」ことから，外形標準課税導入までの間において臨時的・時限的に欠損金の繰越控除を停止することが適当とした(57)。

　これを受けて，最終報告において，「法人税法上，課税標準となる『各事業年度の所得の金額』は，当該事業年度の益金の額から損金の額を控除した金額とされている（法人税法第21条，第22条第1項）。そして，過去5年間に生じた欠損金額がある場合，当該欠損金額に相当する金額は，当該各事業年度の所得の金額の計算上，損金の額に算入することとされている（同法第57条第1項）。このように，法人税法上，損金に算入することとしているのは，企業が長期にわたり継続的に活動することを前提としていることから，『所得』の概念には，繰越欠損金を差し引いたものという意味を含んでいると考えられる」が，「その損金とすべき欠損金を何年間認めるかについては，政策上の判断にゆだねられているというべきであり，また，臨時的にその適用を一部又は全部遮断することは」，過去の事例からも認められ，欠損金に関しても，その性格は，「一つは，通常の事業活動から生じた欠損金であり，もう一つは，本来の事業活動から離れて行った土地や株式等の投機活動により生じた欠損金」が考えられ，「この場合，損金として，必ず認めなければならないのは，前者の通常の活動から生じた繰越欠損金であって，後者の投機活動から生じた繰越欠損金は，必ずしも認める必然性はない」ことから，欠損金の概ね30％程度においては，投機活動等によるものとして，これについては控除を認めないことも可能である。

　そして，課税標準について，「欠損金の繰越控除額の一定割合（30％×法人事業税の分割基準の相当する割合）に相当する当期利益が課税標準となる案が考えられるが，これを定義すると，『各事業年度の法人事業税の課税標準である所得に，当該所得の計算に当たって損金に算入した繰越欠損金に相当する額を

---

(57)　神奈川県地方税制等研究会・前注(55) 19-20頁。

289

第5章 地方自治の課題

加算した額に一定の割合（30％×法人事業税の分割基準の相当する割合）を乗じた額。ただし，当該額が，繰越欠損金に相当する額の一定の割合を上回る場合は，当該繰越欠損金に相当する額を上限とする。』」とし，これは，「当期利益が生じた場合で，欠損金の繰越控除額を損金に算入しても，さらに法人事業税の課税所得が生じるとき，このような限度額を設定することにより，欠損金の繰越控除額相当分のみを課税対象となるよう，仕組むために設けるものであり，これにより，法人事業税との二重課税を避けることができるものである」ものの，分かりやすい税制という観点からは上記のような課税標準規定は適当ではないところ，「課税標準については，『各事業年度の法人事業税の課税標準である所得に，当該所得の計算に当たって損金に算入した繰越欠損金に相当する額を加算した額に一定の割合（法人事業税の分割基準の相当する割合）を乗じた額。ただし，当該額が，繰越欠損金に相当する額を上回る場合は，当該繰越欠損に相当する額を上限とする。』ことが適当である」として，法定外普通税としての企業税の導入を提案した。これを受けて神奈川県は条例案を議会に提案し，可決成立し，対象となる法人に対して企業税が課された。

2 企業税の内容

企業税条例には，課税の対象となる法人として，資本金の額または出資金の額が5億円未満の事業年度および清算中の事業年度を除く（同条例3条1号），県内に事務所または事業所を設けて行う法人（同条例5条）を挙げており，同条例6条[58]において規定される非課税法人を除く，いわゆる大企業に対して課税されたものである。

また，「臨時特例企業税の課税標準は，各課税事業年度における法人の事業税の所得割の課税標準である所得の金額の計算上，繰越控除欠損金額を損金の

---

(58) 次の各号のいずれかに該当する法人が行う事業活動並びに電気供給業，ガス供給業及び保険業に係る事業活動に対しては，臨時特例企業税を課さない。

    (1) 国及び法人税法第2条第5号に規定する公共法人

    (2) 法人税法第2条第6号に規定する公益法人等（管理組合法人及び団地管理組合法人，マンション建替組合，地方自治（昭和22年法律第67号）第260条の2第1項の認可を受けた地縁による団体，政党交付金の交付を受ける政党等に対する法人格の付与に関する法律（平成6年法律第106号）第7条の2第1項に規定する法人である政党等並びに特定非営利活動促進法（平成10年法律第7号）第2条第2項に規定する法人を含む。）

290

額に算入しないものとして計算した場合における当該各課税事業年度の所得の金額に相当する金額（当該金額が繰越控除欠損金額に相当する金額を超える場合は，当該繰越控除欠損金額に相当する金額）とする」（企業税条例7条1項）と定められ，他県にも事務所を有する法人については，神奈川県分の割合に乗じものとされた（同条例7条2項）。

　法人税法において，法人税課税に関して青色申告書等の提出といった要件を充たす場合には，各事業年度開始の日前9年以内に開始した事業年度において生じた欠損金額について，当該欠損金額に相当する金額は，当該各事業年度の所得の金額の計算上，損金の額に算入すること，いわゆる繰越欠損金を認めており（法人税法57条1項），法人事業税については，地方税法の規定により各事業年度の所得は，各事業年度の益金の額から損金の額を控除した金額によるものとし，各事業年度の法人税の課税標準である所得の計算の例によって算定することとして法人事業税に関しても繰越欠損金が認められている（地方税法72条の23第1項，改正前地方税法72条の14第1項）。

　企業税の課税標準は，実質的にこの繰越欠損金の額を課税標準とする法定外普通税であり，ここでの税率は，特別法人以外の法人で3％（平成16年4月1日以降は2％）とされた（企業税条例8条2項，特別法人については同条例8条1項により2％）。

　本件においては，企業税条例により企業税を課された原告いすゞ自動車株式会社（以下「いすゞ自動車」という。）が，平成16年3月期および平成17年3月期において企業税の申告納付を行っていたものの，その後，企業税条例は無効であり，税の納付義務はなかったとして，平成17年6月16日申告内容の更正の請求を行った。これに対して，同年7月20日付けで川崎県税事務所長が更正すべき理由がない旨の通知処分を行ったところ，いすゞ自動車は，これを不服とする審査請求を神奈川県知事に対して行った。これについて神奈川県知事は棄却する裁決をしたため，いすゞ自動車は，同年10月25日に神奈川県を被告として，企業税条例が無効であることを理由として，通知処分の取消し等を求めて提訴した。

3　地裁，高裁の判断

a　地裁判決：横浜地判平成20年3月19日判時2020号29頁

　横浜地裁は，「憲法は，第8章『地方自治』において，『地方公共団体の組織

第5章　地方自治の課題

及び運営に関する事項は，地方自治の本旨に基いて，法律でこれを定める。』（92条）と規定し，さらに，『地方公共団体は，その財産を管理し，事務を処理し，及び行政を執行する権能を有し，法律の範囲内で条例を制定することができる。』（94条）と規定している。そして，地方団体が，地方自治の本旨に従い，国から独立した地位においてその財産を管理し，事務を処理し，及び行政を執行していくには，その財源を自ら調達する権能，すなわち課税権を有することが必要であることからすると，地方団体の課税権は，地方自治の不可欠の要素であり，地方団体の自治権の一環として，憲法上保障されているものと解すべきである」として，憲法上，地方公共団体に対して課税権を保障しているものと示した。

　しかしながら，「地方団体の課税権が憲法上保障されたものであるとしても，憲法はその具体的内容について規定するものではないこと，地方団体はその組織及び運営に関する事項につき『法律でこれを定める』ものとされ（憲法92条），『法律の範囲内』で条例を制定することができるものとされていること（同94条），及び，租税の賦課については国民の総合的な税負担の程度や国・地方間ないし地方団体相互間の財源の配分等の観点から国家的な調整が必要であることに照らせば，地方団体が課することができる租税の税目，課税客体，課税標準，税率その他賦課徴収のあり方については，法律によってその準則ないし枠を定めることが予定されているものというべきである。すなわち，法律は，地方団体が課税権を行使する際の具体的準則ないし枠を設けるものであり，当該法律が地方団体の課税権を実質的に否定するものとして地方自治の本旨に反する場合は格別，地方団体の課税権は，具体的には，当該法律の規定に従って行使されなければならない」として，地方公共団体の課税権については，租税法律主義の下に存在することを原則とした。

　そして，地方自治法が「普通地方公共団体は，法律の定めるところにより，地方税を賦課徴収することができる」（同法223条）と定めているとして，地方税法上，法律はあくまでも準則等を定めるものであるとされ，具体的には地方公共団体の条例に基づき賦課徴収がなされるものの，ここでの地方公共団体の「課税権は，……地方税法上の具体的準則に従って行使されなければならないものというべきである」として，地方公共団体の課税権についての考えを示した。

　その上で，企業税が法定外税であることに関して，「法定外税の創設により

292

法定税に係る規定の趣旨に反する課税をすることは，道府県において法定税を法定の準則に従い課すべきものとした地方税法の趣旨に反し許されず，同法259条ないし290条に規定する要件及び手続を満たしたかどうかにかかわらず，違法というべきである。そして，法定外税が法定税に係る規定の趣旨に反するかどうかの検討には，当該法定外税及び当該法定税並びに各関係規定の，趣旨，目的，内容及び効果を比較対照することが必要である」として，企業税条例の趣旨等について検討するに，企業税の課税標準について，「本件条例の文言上，企業税の課税標準は，繰越控除欠損金額を控除しない場合の所得すなわち当期所得の金額（ただし，繰越控除欠損金額を超えない額。）として規定されており（本件条例7条1項），繰越控除欠損金額の存在それ自体を課税対象……とする構成にはなっていない。しかし，課税標準は課税客体を金額化ないし数量化したものであるところ，上記のとおり企業税の課税標準の金額は常に繰越控除欠損金額と同額なのであるから，少なくとも課税標準の計算上は，本件条例7条1項の規定は，実質的には『企業税の課税標準は，法人事業税における繰越控除欠損金額とする。』という趣旨に読み替えることが可能である。……そうすると，企業税は，実質的には，欠損金額の繰越控除によって法人事業税の課税対象である所得から控除される部分の当期所得を課税対象とし，繰越控除欠損金額を課税標準として課税する効果を持つものということができる」。

そして，「企業税及びその規定の趣旨・目的は，法人事業税における欠損金額の繰越控除のうち一定割合についてその控除を実質的に遮断し，当該部分に相当する額を課税標準として法人事業税に相当する性質の課税をする効果を意図しつつ，この割合を税率の設定に反映させ，課税標準を繰越控除欠損金額に相当する当期所得額として，同性質の課税をすることにある」ことから，「法人事業税と企業税とは，租税としての趣旨・目的及び課税客体を共通にするものであり，企業税の課税により，法人事業税の課税標準につき欠損金額の繰越控除を定めた規定の目的及び効果が阻害されることは，既に判断したとおりであるから，企業税の課税は，地方税法上の当該規定の趣旨に反するものというべきである」と結論づけ，企業税条例を無効とし，神奈川県に対して企業税として納付された金額についての返還を命じた。

b　高裁判決：東京高判平成22年2月25日判時2074号32頁

東京高裁は，地方公共団体の課税権について，地裁判決に示された一般的理

第5章　地方自治の課題

解，すなわち地方公共団体の課税権が憲法上の保障であることを前提とした上で，「憲法は，92条においても94条においても，地方公共団体の権能などを法律をもって具体化するものとしており，法律を条例の上位に置き，条例は法律の範囲内でのみ制定することができるものとしている。これは，地方公共団体に自治を認めるにしても，その基本となる事項については，国家的な観点からの調整が必要であるとの考え方に基づくものと考えられる。とりわけ，租税の賦課については，国税を含む国民の総合的な税負担の在り方，国，都道府県及び市町村間ないし各地方公共団体相互間の財源の配分等の観点から，国家的な調整が不可欠であるから，租税に関する条例も，憲法の規定に直接基づくのではなく，法律の定めるところにより制定されるべきものとされているのであり，条例は法律の定めに反することはできないと解すべきである。即ち，憲法により認められた地方公共団体の課税権は，あくまでも抽象的なものにとどまり，法律の定めを待って初めて具体的に行使し得るものというべきである。地方自治法14条1項，223条も，そのことを重ねて明らかにしている。ただし，地方公共団体の権能等を規律する法律は，憲法の上記各規定を受けて，地方自治の本旨に基づくように制定されなければならないのであるから，実定法の解釈も，できる限り憲法の定める地方自治の本旨にかなうように行うことが求められ」，「地方公共団体の課税権を含む財政自主権は，現行の憲法の規定によって初めて保障されたものであり，大日本帝国憲法には，地方自治の保障規定は存在しなかった。したがって，憲法制定前の地方税の仕組みと憲法制定後のそれとは，根本的な理念において相違しているというべきであり，憲法制定前の沿革は，そのことを念頭に置いて参考とするにとどめるべきものである」として，地方公共団体の課税権を地方自治の本旨の趣旨に照らして，地裁における判断よりも広範に認めることを示した。

　そして，憲法上の規定，趣旨を受けて定められた地方税法は，「地方公共団体の課税権を具体化するための準則を定めており，地方公共団体は，その枠の中において条例を定めて，憲法の保障している課税権を行使することができるものとされている。したがって，課税条例が地方税法の規定に違反する場合には，当該条例は違法無効といわなければならない。しかし，課税条例が同法に違反するかどうかの判断は，法律が条例の上位に位置することを理由に，同法の定めを偏重するのではなく，同法の明文の規定に違反している場合を別とすれば，地方公共団体が憲法上の課税権を有していることにかんがみて，慎重に

294

行うべきである」として，課税条例が地方税法に反するような場合であっても，これが租税法律主義等によって法律を優先するものとして直ちに条例が法律に反して無効とすべきではないこととした。

その上で，条例による課税について，法律と条例の関係において徳島市公安条例事件最高裁判決との関係から，条例が法律に違反するかどうかの判断は，「両者の対象事項と規定文言とを対比するのみでなく，それぞれの趣旨，目的，内容及び効果を比較し，両者（法律と条例）の間に矛盾抵触があるかどうかによってこれを決しなければならない」（最大判昭和50年9月10日刑集29巻8号489頁）とされ，「『矛盾抵触』というのは，複雑な現代社会を規律する多様な法制度の下においては，複数の制度の趣旨や効果に違いがあるため，互いに他方の趣旨や効果を一定程度減殺する結果を生ずる場合があることは，避けられないものであることや，地方議会の制定した条例を法律に違反するがゆえに無効であるとするものであることを踏まえると，単に両者の規定の間に大きな差異があるとか，一方の目的や達成しようとする効果を他方が部分的に減殺する結果となることをいうのではなく，一方の目的や効果が他方によりその重要な部分において否定されてしまうことをいうものと理解される。また，地方税について定める法律と条例の間に矛盾抵触があるかどうかの判断においては，憲法……規定を踏まえて，その趣旨にかなう解釈をすることが求められ」，このような場合には，「地方税法が明文で禁じていなくても，条例による規制を禁止している趣旨である場合には，条例は同法に違反することになる一方で，条例が同法とは別の目的に基づく規律を意図するものであり，その適用によって同法の規定の意図する目的と効果を何ら阻害することがない場合や，同法が必ずしも全国一律同内容の規制をする趣旨ではなく，各地方の実情に応じて別段の規制を付加することを容認する趣旨である場合等には，条例は同法に違反しないことにな」る。本件においてこの点を当てはめた場合，地方税法における「法人事業税に関する規定が，法人事業税について繰越控除欠損金額に相当する当期利益には課税しないとしているにとどまらず，条例で他の税を創設してこれに課税することも許さないとしているかどうかが問題になる」ものとする。

ここで，「憲法は，法律が地方税の準則を定め尽くすべきことを求めているものではなく，そうするかどうかは，国の立法機関である国会が自由に決めることができるものであ」り，「そして，地方税法は，法定普通税の課税要件等については詳細な規定を置いているが，法定外普通税の課税要件等については，

第5章　地方自治の課題

総務大臣の同意を要することなどを規定するのみで，その内容については特段の定め（準則）を置かず，いわば白紙で地方公共団体に委ねるという立法態度を採って」おり，「地方税法は，地方税が，すべてにわたって全国一律同一でなければならないと考えているものではなく，二義的かつ付加的であるとしても，地域ごとに異なる税制があってもよいと考えているものというべきである。同法が全国一律で同一であるべきであると考えている税目は，具体的に限定列挙されている……のであり，これに付加して，各地方公共団体が課税権に基づいて独自の税目を創設することが認められていると解される。したがって，このような同法の規定を離れて，予見可能性ないし法的安定性や地方税法の枠法たる性質，あるいは地方税が全国的に統一して定めることが望ましい性質のものであるということなどを理由として，地方税は全国一律同一であるべきであるということを過度に強調して，地方公共団体の課税権を必要以上に制約することは，実定法を無視する議論といわなければならない。法定外普通税にも準則ないし枠が必要であるというのであれば，そのような立法がされなければならないのであり，現行法」はそのような態度を採っていないとして，地方税法については，その規定が全国一律に強行的に従うべき規定を設けているのではないとした。

　企業税について，これは「『県の行政サービスを享受し，かつ，当該事業年度において利益が発生していながら，欠損金の繰越控除により相応の税負担をしていない法人に対し，担税力に見合う税負担を求める』ことを趣旨，目的として『当該事業年度において生じている利益に対して課税する』ものとして創設されたことが認められ」，「このような趣旨，目的の普通税は，理念としては応益性を考慮しながら課税標準の選択においては応益性をほとんど取り入れていない法人事業税とは別個の，より応益性を重視した性格を有する税目として成り立ち得るものと解される」ことから，「企業税は，単に法人事業税と異なる外形を整えただけのものではなく，法人事業税を補完する『別の税目』として併存し得る実質を有するものというべきである」として，「本件条例は，地方税法の法人事業税に関する規定を実質的に変更するものであるということはできないから，これと矛盾抵触するものとは解されず，これに違反するということはできない」と結論づけた。

　これに対して，いすゞ自動車が上告した。

第2節　企業税条例の法律適合性

第3項　最高裁判決（破棄自判）最一小判平成25年3月21日
　　　　民集67巻3号438頁

1　地方公共団体の条例制定と課税権

　本件において最高裁は，まず，地方公共団体の条例制定権に関しては，法律
との関係について，徳島市公安条例事件最高裁判決で示された基準によって判
断されるものであるとした。すなわち，「地方自治法14条1項は，普通地方公
共団体は法令に違反しない限りにおいて同法2条2項の事務に関し条例を制定
することができると規定しているから，普通地方公共団体の制定する条例が国
の法令に違反する場合には効力を有しないことは明らかであるが，条例が国の
法令に違反するかどうかは，両者の対象事項と規定文言を対比するのみでなく，
それぞれの趣旨，目的，内容及び効果を比較し，両者の間に矛盾抵触があるか
どうかによってこれを決しなければならない」とし，この点で，条例が文言上
法律に一見抵触するような場合であっても，法律と条例の趣旨，目的等につい
ても考慮しなければならないとしている。

　そして，地方公共団体の課税権について，「普通地方公共団体は，地方自治
の本旨に従い，その財産を管理し，事務を処理し，及び行政を執行する権能を
有するものであり（憲法92条，94条），その本旨に従ってこれらを行うために
はその財源を自ら調達する権能を有することが必要であることからすると，普
通地方公共団体は，地方自治の不可欠の要素として，その区域内における当該
普通地方公共団体の役務の提供等を受ける個人又は法人に対して国とは別途に
課税権の主体となることが憲法上予定されているものと解される」として，最
高裁としては初めて地方公共団体の課税権が憲法上予定されているものである
と判示した。

　しかしながら，この点について，「憲法は，普通地方公共団体の課税権の具
体的内容について規定しておらず，普通地方公共団体の組織及び運営に関する
事項は法律でこれを定めるものとし（92条），普通地方公共団体は法律の範囲
内で条例を制定することができるものとしていること（94条），さらに，租税
の賦課については国民の税負担全体の程度や国と地方の間ないし普通地方公共
団体相互間の財源の配分等の観点からの調整が必要であることに照らせば，普
通地方公共団体が課することができる租税の税目，課税客体，課税標準，税
率その他の事項については，憲法上，租税法律主義（84条）の原則の下で，法
律において地方自治の本旨を踏まえてその準則を定めることが予定されており，

297

第5章　地方自治の課題

これらの事項について法律において準則が定められた場合には，普通地方公共団体の課税権は，これに従ってその範囲内で行使されなければなら」ない。

「地方税法が，法人事業税を始めとする法定普通税につき，徴収に要すべき経費が徴収すべき税額に比して多額であると認められるなど特別の事情があるとき以外は，普通地方公共団体が必ず課税しなければならない租税としてこれを定めており（4条2項，5条2項），税目，課税客体，課税標準及びその算定方法，標準税率と制限税率，非課税物件，更にはこれらの特例についてまで詳細かつ具体的な規定を設けていることからすると，同法の定める法定普通税についての規定は，……任意規定ではなく強行規定であると解されるから，普通地方公共団体は，地方税に関する条例の制定や改正に当たっては，同法の定める準則に拘束され，これに従わなければならないというべきであ」り，「法定普通税に関する条例において，地方税法の定める法定普通税についての強行規定の内容を変更することが同法に違反して許されないことはもとより，法定外普通税に関する条例において，同法の定める法定普通税についての強行規定に反する内容の定めを設けることによって当該規定の内容を実質的に変更することも，これと同様に，同法の規定の趣旨，目的に反し，その効果を阻害する内容のものとして許されないと解される」として，地方公共団体の課税権は法律の範囲内に限定して行使され，原則として法律によって示される枠組み内でのみ行使しうるものとしている。

2　臨時特例企業税条例による課税と法律の規定

「法人税法の規定する欠損金の繰越控除は，所得の金額の計算が人為的に設けられた期間である事業年度を区切りとして行われるため，複数の事業年度の通算では同額の所得の金額が発生している法人の間であっても，ある事業年度には所得の金額が発生し別の事業年度には欠損金額が発生した法人は，各事業年度に平均的に所得の金額が発生した法人よりも税負担が過重となる場合が生ずることから，各事業年度間の所得の金額と欠損金額を平準化することによってその緩和を図り，事業年度ごとの所得の金額の変動の大小にかかわらず法人の税負担をできるだけ均等化して公平な課税を行うという趣旨，目的から設けられた制度であると解される」ことから，法人税法に定める欠損金の繰越控除を法人事業税にも認めていることが，条例によっても改変可能な事項にあたるかどうか問題となるところ，法人事業税の欠損金繰越控除の規定は，必要的に

298

適用することとされるものであって、「法人税法の規定の例により欠損金の繰越控除を定める地方税法の規定は、法人事業税に関する同法の<u>強行規定である</u>というべきである」（下線部筆者）とされる。

そして、「本件条例の規定の趣旨、目的、内容及び効果について検討すると、本件条例は、特例企業税の課税標準を定めた7条1項の規定の文言を一見した限りでは、各課税事業年度における法人事業税の所得割の課税標準（平成16年条例改正前は法人事業税の課税標準）である所得の金額の計算上、原則として繰越控除欠損金額を損金の額に算入しないものとして計算した場合における当該各課税事業年度の所得の金額に相当する金額（すなわち、欠損金の繰越控除をしない場合の所得の金額）をその課税標準とするように見えるものの、同項括弧書きにおいて繰越控除欠損金額に相当する金額がその上限とされており、さらに、繰越控除欠損金額の上限は欠損金の繰越控除をしない場合の所得の金額であること（法人税法57条1項ただし書）からすれば、その実質は、繰越控除欠損金額それ自体を課税標準とするものにほかならず、法人事業税の所得割の課税標準である各事業年度の所得の金額の計算につき欠損金の繰越控除を一部排除する効果を有するものというべきである。……本件条例は、最終報告書に記載されているように、上記の所得の金額の計算において、欠損金の繰越控除のうち約30％につきその適用を遮断することを意図して制定されたものというほかはな」く、欠損金の繰越控除を必要的に適用するものとする地方税法の趣旨に反するものである。

このことから、「特例企業税を定める本件条例の規定は、地方税法の定める欠損金の繰越控除の適用を一部遮断することをその趣旨、目的とするもので、特例企業税の課税によって各事業年度の所得の金額の計算につき欠損金の繰越控除を実質的に一部排除する効果を生ずる内容のものであり、各事業年度間の所得の金額と欠損金額の平準化を図り法人の税負担をできるだけ均等化して公平な課税を行うという趣旨、目的から欠損金の繰越控除の必要的な適用を定める同法の規定との関係において、その趣旨、目的に反し、その効果を阻害する内容のものであって、法人事業税に関する同法の強行規定と矛盾抵触するものとしてこれに違反し、違法、無効である」と判示した。

第5章　地方自治の課題

第4項　本件の整理

1　地方公共団体の条例制定と課税権

　地方公共団体の課税権については，大牟田市電気税訴訟（福岡地裁判決昭和55年6月5日判時966号3頁）において，「憲法で定める地方自治の保障は，国から多少とも独立した地位を有し，その地域の公共事務はその住民の意思に基づいて自主的に行われるべきであるという政治理念を表明したものと解せられる」。「地方税法は，地方公共団体の自治権を保障するものでなければならない。そして地方公共団体がその住民に対し，国から一応独立の統治権を有するものである以上，事務の遂行を実効あらしめるためには，その財政運営についてのいわゆる自主財政権ひいては財源確保の手段としての課税権もこれを憲法は認めているもの」として，地方公共団体固有の課税権を認め，本件でも同様に地方公共団体の課税権については，憲法上認められているものとしている。

　しかしながら，憲法上認められるものとされる地方公共団体の課税権については，これが租税法律主義，すなわち法律と条例の関係において，条例が法律に抵触するかどうかの判断について本件でも争いがある。

　本件地裁判決は，「地方団体の課税権が憲法上保障されたものであるとしても，憲法はその具体的内容について規定するものではないこと，地方団体はその組織及び運営に関する事項につき『法律でこれを定める』ものとされ（憲法92条），『法律の範囲内』で条例を制定することができるものとされていること（同94条），及び，租税の賦課については国民の総合的な税負担の程度や国・地方間ないし地方団体相互間の財源の配分等の観点から国家的な調整が必要であることに照らせば，地方団体が課することができる租税の税目，課税客体，課税標準，税率その他賦課徴収のあり方については，法律によってその準則ないし枠を定めることが予定されているものというべきである。すなわち，法律は，地方団体が課税権を行使する際の具体的準則ないし枠を設けるものであり，当該法律が地方団体の課税権を実質的に否定するものとして地方自治の本旨に反する場合は格別，地方団体の課税権は，具体的には，当該法律の規定に従って行使されなければならない」として，地方税法によって準則規定を設けることを憲法が予定しており，原則としてこれに従った条例，地方税のみが認められ，それ以外（地方税法から逸脱する内容のもの）については認められないとする判断をした。本件最高裁においてもこの判断と同旨の判断がなされている。

第2節　企業税条例の法律適合性

　他方で，本件高裁判決は，「租税に関する条例も，憲法の規定に直接基づく
のではなく，法律の定めるところにより制定されるべきものとされているので
あり，条例は法律の定めに反することはできないと解すべきで……，憲法に
より認められた地方公共団体の課税権は，あくまでも抽象的なものにとどま
り，法律の定めを待って初めて具体的に行使し得るものというべきで」，地方
税法は，「地方公共団体の課税権を具体化するための準則を定めており，地方
公共団体は，その枠の中において条例を定めて，憲法の保障している課税権を
行使することができるものとされている。したがって，課税条例が地方税法の
規定に違反する場合には，当該条例は違法無効といわなければならない。しか
し，課税条例が同法に違反するかどうかの判断は，法律が条例の上位に位置す
ることを理由に，同法の定めを偏重するのではなく，同法の明文の規定に違反
している場合を別とすれば，地方公共団体が憲法上の課税権を有していること
にかんがみて，慎重に行うべきである」として，地方公共団体の課税権につい
ては，憲法上認められるものの，これは法律によって具体化されることを前提
とし，法律による規定に反するものは認められないとし，条例が法律に抵触す
るものであるかどうかは，地方自治に関する法律が地方自治の本旨に沿うよう
に制定されなければならないこと等からも，慎重に検討することが求められる
ものとして，地裁，最高裁とは異なる判断をしている。

　なお，大牟田市電気税訴訟では，「憲法上地方公共団体に認められる課税権
は，地方公共団体とされるもの一般に対し抽象的に認められた租税の賦課，徴
収の機能であって，憲法は特定の地方公共団体に具体的税目についての課税権
を認めたものではない。税源をどこに求めるか，ある税目を国税とするか地方
税とするか，地方税とした場合に市町村税とするか都道府県税とするか，課税
客体，課税標準，税率等の内容をいかにして定めるか等については，憲法自体
から結論を導き出すことはできず，その具体化は法律（ないしそれ以下の法令）
の規定に持たざるをえない」として，本件の地裁，最高裁のような，国の広範
な立法裁量によって地方公共団体の課税権に関して具体的に定めるものとして
いる。

2　地方税法と条例による課税

　憲法84条は，「あらたに租税を課し，又は現行の租税を変更するには，法律
又は法律の定める条件によることを必要とする」と規定していることから，租

301

第5章 地方自治の課題

税法律主義と，地方公共団体による課税条例が問題となる。地方税法3条1項は，「地方団体は，その地方税の税目，課税客体，課税標準，税率その他賦課徴収について定をするには，当該地方団体の条例によらなければならない」と規定している一方で，「地方団体は，この法律の定めるところによって，地方税を賦課徴収することができる」（同法2条）とも規定しており，課税条例の根拠としての地方税法の規定があるとも解される。

秋田市国民健康保険税条例事件第一審判決[59]では，「地方税につき憲法84条に規定する租税法律主義の原則は，憲法92条，94条，地方自治法10条，14条，223条，地方税法2条の規定により，地方公共団体がその有する課税権に基づき地方税法の定める範囲内で，あらたに地方税を課し，または現行の地方税を変更するには，条例によってその租税要件，手続規定等を定めることを要する趣旨でその適用があると解するべき」としており，租税（地方税）条例主義を前提としていることがうかがえる[60]。

また，旭川市国民健康保険条例事件最高裁判決[61]は，国民健康保険に関しては，「保険料を徴収する方式のものであっても，強制加入とされ，保険料が強制徴収され，賦課徴収の強制の度合いにおいては租税に類似する性質を有するものであるから，これについても憲法84条の趣旨が及ぶと解すべきであるが，他方において，保険料の使途は，国民健康保険事業に要する費用に限定されているのであって，法81条の委任に基づき条例において賦課要件がどの程度明確に定められるべきかは，賦課徴収の強制の度合いのほか，社会保険としての国民健康保険の目的，特質等をも総合考慮して判断する必要がある」とした上で，国民健康保険の保険料の賦課徴収については，地方公共団体（市町村）の条例によるとした[62]。

---

(59) 秋田地判昭和54年4月27日行集30巻4号891頁。

(60) これに対して，控訴審（仙台高秋田支部判昭和57年7月23日行集33巻7号1616頁）では，「憲法92条に照らせば……租税（地方税）条例主義が要請されるべきであって，この意味で，憲法84条にいう『法律』には地方税についての条例を含むものと解すべきであり」，「地方税法は地方税の課税の枠を定めたものとして理解される」としている。

(61) 最大判平成18年3月1日民集60巻2号587頁。

(62) また，旭川市国民健康保険条例事件一審判決（旭川地判平成10年4月21日民集60巻2号672頁）においては，地方税条例に関して，「地方自治に関する憲法92条に照らせば，地方自治の本旨に基づいて行われるべき地方公共団体による地方税の賦課徴収については，住民の代表たる議会の制定した条例に基づかずに租税を賦課徴収する

第2節　企業税条例の法律適合性

　本件では，地方税法に規定される地方税に係る準則が，地方税法に定められる法定税に対しての効力と同じく，地方公共団体が条例によって課税することとした法定外税にも適用されるか問題となった。

　本件で最高裁は，法人税法に定める欠損金の繰越控除を法人事業税にも認めていることが，条例によっても改変可能な事項にあたるかどうかについて，法人事業税の欠損金繰越控除の規定は，必要的に適用することとされるものであって，「法人税法の規定の例により欠損金の繰越控除を定める地方税法の規定は，法人事業税に関する同法の強行規定であるというべきである」とされ，企業税条例によって，地方税法上求められている欠損金の繰越控除の適用について，実質的にこれを遮断することは認められないとした。

　本件において地裁もこれと同旨の判断をし，法定税が定められている領域については，法定外税も法定税と同じく地方税法の準則に従わなければならないものであるとしている。

　他方，本件高裁判決では，「地方税法は，法定普通税の課税要件等については詳細な規定を置いているが，法定外普通税の課税要件等については，総務大臣の同意を要することなどを規定するのみで，その内容については特段の定め（準則）を置かず，いわば白紙で地方公共団体に委ねるという立法態度を採って」おり，「地方税法は，地方税が，すべてにわたって全国一律同一でなければならないと考えているものではなく，二義的かつ付加的であるとしても，地域ごとに異なる税制があってもよいと考えているものというべきである。同法が全国一律で同一であるべきであると考えている税目は，具体的に限定列挙されている……のであり，これに付加して，各地方公共団体が課税権に基づいて独自の税目を創設することが認められていると解される。したがって，このような同法の規定を離れて，予見可能性ないし法的安定性や地方税法の枠法たる性質，あるいは地方税が全国的に統一して定めることが望ましい性質のものであるということなどを理由として，地方税は全国一律同一であるべきであるということを過度に強調して，地方公共団体の課税権を必要以上に制約することは，実定法を無視する議論といわなければならない。法定外普通税にも準則ないし枠が必要であるというのであれば，そのような立法がされなければならな

　ことはできないという租税（地方税）条例主義が要請されるというべきであって，この意味で，憲法84条にいう『法律』には地方税についての条例を含むものと解すべきであ」る，としている。

303

いのであり，現行法」はそのような態度を採っていないとして，地方税法については，その規定が全国一律に強行的に従うべき規定を設けているのではないとしている。

地方税法が地方税に関する絶対的規定として，すべての地方税がこれに従うものとされるのであるかどうかは，その状況に応じて検討されなければならないものであろうが，憲法上の地方公共団体の課税権との関係からも検討する必要があろう。

第5項　検　　討

1　憲法上の地方公共団体の課税権

憲法上の課税権について検討すると，地方自治の保障に関する諸説，つまりは，固有権説，伝来説，制度的保障説等，どの立場を採るかで地方公共団体の課税権についての解釈は異なる。

固有権説の立場では，地方公共団体の課税権も地方公共団体固有の権限であるとされ，地方税法はこの権限について確認をするためのものであって，正当な理由のない地方公共団体の課税権の制約は認められないものとされる。そして，地方税法で定めることのできる事項は，地方税制度にかかる大綱とされるものと，国と地方公共団体ないし地方公共団体相互間の税源調整にかかるものに限定される[63]。

伝来説の立場では，地方公共団体の課税権の行使は，国の権限が委任されることによって行われるものであり，具体的な課税については当然に法律の根拠が必要とされるものであるとされる[64]。ここでは，法律による地方税の課税が原則とされるが，法律によって地方税に関しての課税要件等についての定めが条例に委任されることは，憲法が地方自治を保障していることに付随している例外にすぎず，「地方税法は，条例による課税権の『枠』として機能するため，条例によって独自に規律できる範囲はかなり狭いものとなる。極端な場合には，自治体に残されるのは，国法の挙げるリストの中から地方税として導

---

(63)　杉原泰雄『地方自治の憲法論——「充実した地方自治」を求めて〔補訂版〕』（勁草書房，2008年）177-179頁。ここで杉原泰雄先生は，このような地方自治体の課税権について，地方自治の本旨の具体的な内容としての「自主財源配分の原則」と位置づけている。

(64)　樋口陽一＝佐藤幸治＝中村睦男＝浦部法穂『憲法 Ⅳ』（青林書院，2004年）183頁。

第 2 節　企業税条例の法律適合性

入する税目を取捨選択するだけのものになりかねない。自治体による超過税率
の設定や税目の創設は，法律中にこれを許容する特段の定めのない限り無効と
な」るものとされる[65]。

制度的保障説の立場では，地方自治の核心部分については，その本質が侵害
されるような法律は認められないものとされることから，この地方自治の核心
部分に地方公共団体の課税権が含まれるかどうか問題となろうが，制度的保障
説を唱える立場から，地方公共団体の課税権についてはこれが地方自治の核心
部分たるものとされている[66]。しかし他方で，地方公共団体の税収を完全に
遮断することによって，地方公共団体の運営自体を不可能にするような法律で
ない限りは，地方自治の核心部分に当たるものではないとして，このような法
律でなければ認められるとするものもある[67]。このような立場，つまり制度
的保障説の立場に立ちつつも伝来説に近い解釈により地方公共団体の課税に関
する国の広範な立法権を認めようとするものは，大牟田電気税訴訟と同旨のも
のであるとされ[68]，本件地裁，最高裁の地方公共団体の課税権に関する立場
もこれと同様のものと思われる。そして，制度的保障説の中でも固有権説に近
い解釈をするものもあり，ここでは，憲法 92 条における地方自治の本旨から，
地方公共団体の課税権は，地方公共団体の不可欠の要素としての自主財政権と
して認められ，これへの介入となる法律は認められないものとされる[69]。

地方公共団体の課税権に関して，地方税の課税についてはこれを条例に基づ
き行うものとする租税条例主義が主張されている[70]。租税条例主義といって

---

(65)　小山剛 = 駒村圭吾編『論点探究　憲法〔第 2 版〕』（弘文堂，2013 年）380 頁。

(66)　樋口ほか・前注(64) 243 頁。成田頼明「地方自治の保障」においても，ここでの地
方自治制度の本質的内容又は革新とされる事項については，憲法「93 条及び 94 条に
具体的に示されている制度又は権能の本質的内容にだけ及ぶものではなく，これらの
条項に示されていない事項にも及ぶ」ものとして，地方公共団体の課税権が地方自治
制度の核心となる事項の可能性を示している（成田頼明「地方自治の保障」宮沢俊義
先生還暦記念論文集『日本国憲法体系第 5 巻　統治の機構Ⅱ』（有斐閣，1964 年）289
頁）。

(67)　小山ほか・前注(65) 380 頁。

(68)　小山ほか・前注(65) 380 頁。

(69)　碓井光明「判批」磯部ほか・前注(15) 9 頁。なお，ここでは，「『地方税法』が地
方公共団体の財政的自立を脅かしている」として，地方税法の規定が地方自治体の自
主財政権（課税権）を侵害する可能税を示唆している。なお，改訂版である藤谷武史
「判批」磯部ほか・前注(27) 9 頁では，上記碓井先生の考え方を批判している。

(70)　金子宏『租税法〔第 22 版〕』（弘文堂，2017 年）93 頁，渋谷秀樹「地方公共団体の

305

第5章 地方自治の課題

も，その理論づけは様々であるが，地方税が地方公共団体の定める条例を根拠として課税されるものであることについては結論を同じくするところである[71]。租税法律主義の立場からは，地方税の課税が地方公共団体の条例によって行われることから，これが，法律によって範囲を一定程度限定されたものであっても最終的には条例によって課税がなされるものとなる。しかし，ここで法律によって地方税の課税の範囲を限定することが，地方公共団体の課税権を侵害するものとして認められないのかどうか問題となるところである。ただし，地方公共団体の課税権についての上記に触れた説のいずれの立場によって説明されるものかによって異なり，判例・通説的な見解とされる制度的保障説の立場に立ったとしても，地方公共団体の課税権の核心部分を侵害するような法律は認められないこととなるが，ここで「地方公共団体の課税権の核心」をなすものが一体何であるのかは，定説があるわけではなく，司法の判断によって個別に判断されることになろう。

2　地方税法と地方公共団体の課税権

地方税について規定する地方税法と地方公共団体の課税権について，地方公共団体の課税条例との関係について触れておく。

地方自治法は，地方公共団体の課税について，法律の定めに従って行なうこととし（同法223条），地方税法は，このような地方公共団体の課税に関しての基本原則を定めるものであり，その2条において，「地方団体は，この法律の定めるところによつて，地方税を賦課徴収することができる」とし，また，同法3条1項において「地方団体は，その地方税の税目，課税客体，課税標準，税率その他賦課徴収について定をするには，当該地方団体の条例によらなければならない」と定めている。

地方税法が租税条例主義を採用しているとされることは，同法3条1項の条文中の文言から，そのように解することはできるものの，地方自治法との関係で地方税法は，地方公共団体の課税権の根拠法とも解することができる。しかし

課税権」立教法学82号（2011年）167頁以下など。租税条例主義等の学説の整理について，林仲宣『地方分権と地方税システム──税源移譲・自主課税権強化をめぐる地方税務行政の課題』（中央経済社，2005年）18頁。

[71]　地方税法3条1項においても「地方団体は，その地方税の税目，課税客体，課税標準，税率その他賦課徴収について定をするには，当該地方団体の条例によらなければならない。」として，租税条例主義の確認規定を設けているものとされる。

第2節　企業税条例の法律適合性

ながら，地方税法は地方公共団体の課税権を認めた上で，その行使が地方公共
団体相互関係上の混乱等を防ぐことを目的として，法律による統一的な規定を
定めたものであって，地方税の枠組みを定めたものというべき枠組法ないし準
則法とされるのが通説的な理解である[72]。そして，このように地方税法が枠
組法であることの性質を表すものとして，地方税法上の標準税率と超過課税の
制度があるとされる[73]。

　大牟田市電気税訴訟において，地方公共団体の課税権は憲法上認められるも
のとしながらも，（憲法上認められる）課税権の具体的内容については憲法に求
めるものではなく，個別法によって定められるものとしており，この点で地方
公共団体の課税に関する法律が要請されているものと解され，そのような性質
のものとしての地方税法の存在があるものと考えられる。

　地方税法が，地方公共団体の課税に関する枠組法としての性質を有するもの
である場合に，地方公共団体の課税権に関して，大牟田市電気税訴訟が，制
度的保障説の立場を採りつつも，「憲法上地方公共団体に認められる課税権は，
地方公共団体とされるもの一般に対し抽象的に認められた租税の賦課，徴収
の権能であつて，憲法は特定の地方公共団体に具体的税目についての課税権を
認めたものではない。税源をどこに求めるか，ある税目を国税とするか地方税
とするか，地方税とした場合に市町村税とするか都道府県税とするか，課税客
体，課税標準，税率等の内容をいかに定めるか等については，憲法自体から結
論を導き出すことはできず，その具体化は法律（ないしそれ以下の法令）の規定
に待たざるをえない」という，実質的には伝来説に近い立場を採る裁判所の判
断[74]を除いては，結局のところ地方税に関する枠組法として規定されるべき
内容については，それが地方公共団体の課税権（の核心部分）を侵害する性質
のものであるかどうかの判断に委ねられるものであって，憲法上の地方公共団
体の課税権が認められることにより，その権限の存在自体から，枠組法たる地
方税法自体を否定することは認められるものではない。

　このことは，憲法92条，94条，地方自治法223条の関係において，地方公
共団体の課税に関しては，法律によって一定の定め（これを枠組，準則を定める

---

(72)　宇賀克也『地方自治法概説〔第8版〕』（有斐閣，2019年）169頁，金子・前注(70)
　　93頁，塩野・前注(17) 190頁など。
(73)　宇賀・前注(72) 169頁。
(74)　棟居快行「判批」ジュリ755号（1981年）139頁も参照。

307

第5章　地方自治の課題

ことであるのか，具体的課税内容まで定めることであるのかは議論のあるところではあろうが）を置くことを前提としているものと考えられることから，地方税法による枠組，準則を含む一定の定めについて国が定めることが前提とされているものと考えられる。

第6項　最高裁判決の意義

本件最高裁判決は，企業税条例を無効なものと判断したが，本項では，その意義を検討する上で，1.地方公共団体の課税権，2.徳島市公安条例事件最高裁判決との関係，3.地方税条例と地方税法の関係（特に本件における法定外税との関係）についての裁判所の判断と，4.金築補足意見について触れる。

1　地方公共団体の課税権

本件最高裁判決は，最高裁としては初めて，地方公共団体の課税権が憲法上予定されたものであることを示した[75]。すなわち，「普通地方公共団体は，地方自治の不可欠の要素として，その区域内における当該普通地方公共団体の役務の提供等を受ける個人又は法人に対して国とは別途に課税権の主体となることが憲法上予定されているものと解される」とする点である。

憲法上，地方公共団体の権能としての課税権が認められているとすれば，当該地方公共団体の運営に欠かせない財源の確保としての地方公共団体によるあらゆる課税が幅広く認められるものでなければならないだろう。しかしながら最高裁は，地方公共団体の課税権を認めながらも，地方公共団体の課税権は地方税法に基づくものでなければならず，「法律による準則を定めることが予定され」るものとして，地方税法を準則法，枠組法と位置づけ，一定の範囲で地方公共団体の課税権を制限することを容認している。

このように，地方公共団体の課税権について，地方公共団体の課税，課税条例制定について法律による準則等を定めることについては，大牟田市電気税訴訟と同旨のものと考えられる。ただし，最高裁は，課税に関する「事項について法律において準則が定められた場合には，普通地方公共団体の課税権は，これに従ってその範囲内で行使されなければならない」として，「準則が定められた場合には」と限定がされている点において，大牟田市電気税訴訟判決が地

----

(75)　碓井・前注(54) 57頁。

308

方税課税に関する国の広範な立法権（法律の留保）を示すのに対して，本件では，地方公共団体の課税に関する条例に対しての法律の優位性の表明であるとの指摘もある[76]。

　しかしながら，思うに，地方公共団体の課税権について，本件最高裁判決が制度的保障説の立場の中でも，伝来説に近い立場で判断しているように感じるが，本件高裁判決のように地方自治の本旨を重視し，地方自治の本旨との関係において地方公共団体の運営等に支障を来すような地方公共団体の課税権の法律による制約は認められないとするような立場を明確にせず，「法律において地方自治の本旨を踏まえてその準則を定める」として，地方自治の本旨を一つの考慮事項として捉えているにすぎないことからすると，本件最高裁判決は，大牟田市電気税訴訟と同じく，地方税課税に関する国の広範な立法権を前提としているものと解される。

2　徳島市公安条例事件最高裁判決との関係

　本件が地方公共団体の課税に関する条例と法律（地方税法）の関係についての事例であることから，課税に関する条例制定権の問題として，徳島市公安条例事件最高裁判決について触れておく。本件最高裁判決においても，徳島市公安条例事件最高裁判決の判断基準に基づいて条例と法律の関係を判断するものとした。すなわち，「条例が国の法令に違反するかどうかは，両者の対象事項と規定文言を対比するのみでなく，それぞれの趣旨，目的，内容及び効果を比較し，両者の間に矛盾抵触があるかどうかによってこれを決しなければならない」とするものである。この基準の下で，条例が法律に「矛盾抵触」するかどうかを判断しなければならないとするが，同じく徳島市公安条例事件の基準を採用した本件高裁判決においては，この「矛盾抵触」をどのように解するかが，条例と法律の関係において重要な点であることを指摘している。

　そして，本件高裁判決は，「『矛盾抵触』というのは，複雑な現代社会を規律する多様な法制度の下においては，複数の制度の趣旨や効果に違いがあるため，互いに他方の趣旨や効果を一定程度減殺する結果を生ずる場合があることは，避けられないものであることや，地方議会の制定した条例を法律に違反するがゆえに無効であるとするものであることを踏まえると，単に両者の規定の

---

(76)　藤谷・前注(69) 9頁。

第 5 章　地方自治の課題

間に大きな差異があるとか，一方の目的や達成しようとする効果を他方が部分的に減殺する結果となることをいうのではなく，一方の目的や効果が他方によりその重要な部分において否定されてしまうことをいうものと理解される」として，徳島市公安条例事件最高裁判決が示す矛盾抵触が存在しない場合，すなわち，「後者が前者とは別の目的に基づく規律を意図するものであり，その適用によつて前者の規定の意図する目的と効果をなんら阻害することがないときや，両者が同一の目的に出たものであつても，国の法令が必ずしもその規定によつて全国的に一律に同一内容の規制を施す趣旨ではなく，それぞれの普通地方公共団体において，その地方の実情に応じて，別段の規制を施すことを容認する趣旨であると解されるとき」との関係において，徳島市公安条例事件最高裁判決が示す「なんら阻害することがないとき」は矛盾抵触がないとした。

　他方，本件高裁は，「重要な部分において否定され」る場合に矛盾抵触が認められるものとした点において，本件高裁の判断が徳島市公安条例事件最高裁判決の基準を誤って適用しているとの批判がある[77]。

　確かに，本件高裁と徳島市公安条例事件最高裁判決は，矛盾抵触が生じる場合の定義について文言上，若干の違いがあると解することができるが，徳島市公安条例事件最高裁判決時と本件高裁判決時の地方自治制度は異なるものであり，地方分権改革が行われた今日のこの点の解釈については，本件高裁判決の示す定義によるべきとするものもある[78]。

　本件高裁判決は，地方公共団体の課税権をより柔軟に認めようとする趣旨のものと解することができ，ここでは，「地方自治の本旨」の趣旨を重視するものとしていた。徳島市公安条例事件最高裁判決は，そのような前提に立って判断をしたものではなく，本件高裁判決が徳島市公安条例事件最高裁判決の判断を緩やかに解しているのは当然の帰結である。

　しかしながら，本件最高裁判決においては，「矛盾抵触」に関しての定義を示しておらず，また，本件高裁判決とは異なり，国の法律が地方公共団体の課税権を制限することを前提として示しているものであり，このようなことから，

---

(77)　宇賀克也「判批」法教 356 号（2010 年）35 頁以下。なお，人見剛先生は，高裁判決の研究において，「本件高裁判決が大法廷判決の『なんら阻害することがない』という部分を『その重要な部分において否定されてしまう』という独自の基準に置き換えているという見方は当たらないと思われる」としている（人見剛「判批」自治総研393 号（2011 年）75 頁）。批判があり得ることについて，渋谷・前注(70) 195 頁。

(78)　渋谷・前注(70) 195-196 頁。

310

第2節　企業税条例の法律適合性

本件最高裁判決は，徳島市公安条例事件最高裁判決に準拠した条例と法律の関係についての「矛盾抵触」に対する考えに基づき，法律と条例の関係について判断したものであろう[79]。

3　地方税条例と地方税法の関係

本件最高裁判決は，「憲法上，租税法律主義（84条）の原則の下で，法律において地方自治の本旨を踏まえてその準則を定めることが予定されて」いるとして，地方公共団体の課税については法律による準則を規定することが求められるものとして，調整目的の準則法が予定されているものとする[80]。そして，そのような地方公共団体の課税に関しての準則を定める地方税法の法定普通税の規定は，「普通地方公共団体が必ず課税しなければならない租税としてこれを定めており（4条2項，5条2項），税目，課税客体，課税標準及びその算定方法，標準税率と制限税率，非課税物件，更にはこれらの特例についてまで詳細かつ具体的な規定を設けていることからすると，同法の定める法定普通税についての規定は，標準税率に関する規定のようにこれと異なる条例の定めを許容するものと解される別段の定めのあるものを除き，任意規定ではなく強行規定であると解されるから，普通地方公共団体は，地方税に関する条例の制定や改正に当たっては，同法の定める準則に拘束され，これに従わなければならないというべきである」として，法定外普通税については，ここでの法定普通税の強行規定に反する内容の定めにより，その規定の内容を「実質的に変更」することは許されないものとする[81]。

その上で，法律と条例の関係について徳島市公安条例事件を引用していることから，条例は強行規定たる準則に拘束され，その内容を実質的に変更するということは，換言すれば，法定外普通（目的）税が，地方税法により課税されることとされる法定普通税に関する規定に抵触することを許さないとする趣旨のものであると考えられる。そして，これが抵触するかどうかについては，条例の実質から判断されるものであるとされる[82]。

---

(79)　本件の調査官解説においても，本件最高裁判決が徳島市公安条例事件を前提とすることが示されている（市原義孝「判解」最判解民事篇平成25年度（2016年）1009頁）。

(80)　碓井・前注(54) 57頁。

(81)　地方税における法定税の規定が強行規定であるとして，これを変更・修正する目的の法定外税が違法であるとする学説もある（金子・前注(70) 94頁）。

(82)　澁谷・前注(54) 6頁。

第5章 地方自治の課題

　しかしながら，このような条例の実質による判断について，「法定外税が適法であるか否かを判断する基準は，法廷意見からはそれ以上に読み取れない」[83]とするものもある。

　思うに最高裁は，法律に抵触する法定外普通税の規定内容の判断枠組みを示したものではなく，むしろ，地方税法が，「詳細かつ具体的な規定を設けていることからすると，同法の定める法定普通税についての規定は，標準税率に関する規定のようにこれと異なる条例の定めを許容するものと解される別段の定めのあるものを除き，任意規定ではなく強行規定であると解される」として，枠組法，準則法とされることから，詳細かつ具体的に定めている事項は強行規定として，条例によってこれに反する内容を認めないものとしている点で，条例制定権の範囲を制限する趣旨であろう[84]。

　最高裁は，欠損金繰越控除に関する規定について，法人事業税という法定普通税に関する強行規定であって，法定外普通税である企業税がこの規定に反して，法人事業税の欠損金繰越控除の規定を実質的に変更する趣旨のものである場合には，企業税条例は違法なものであるとした。法人事業税にかかる欠損金繰越控除が強行規定であるとされる場合，本件において企業税条例は，その課税標準を「繰越控除欠損金額それ自体を課税標準とするものにほかならず，法人事業税の所得割の課税標準である各事業年度の所得の金額の計算につき欠損金の繰越控除を一部排除する効果を有するものというべきである」として，条例の趣旨，目的等を検討したところ，課税標準が法人事業税に認められている欠損金繰越控除の額と同一のものになり，実質的にはこの欠損金繰越控除の一部を遮断する性格のものであることから，地方税法の「規定との関係において，その趣旨，目的に反し，その効果を阻害する内容のものであって，法人事業税に関する同法の強行規定と矛盾抵触するものとしてこれに違反し，違法，無効である」として，条例の制定にかかる経緯としての神奈川県地方税等研究会の報告書等の立法事実を重視する判断をしているものとされる[85]。

---

(83)　澁谷・前注(54) 6頁。

(84)　ここでは，地方税法を前提とし，地方公共団体の課税に関する条例についてのみ判断しているが，この基準については，枠組法と条例の関係とも読み取ることができ，この点で，枠組法と条例の関係について，枠組法を優位とする趣旨とも解することができる。

(85)　碓井・前注(54) 57頁。

第2節　企業税条例の法律適合性

4　金築補足意見

金築補足意見においては,「法定税は,地方税法の規定に従って原則として全国一律に課税すべきこととされているものであって,同法が許容しない課税標準の算出方法や税率で課税することが許されないことについて異論は見当たらない。法定税も法定外税も,同法が規定するもので,両者に関する規定の間に法令としての形式的効力の優劣はないけれども,もし仮に,法定外税として……法定税の規定を実質的に潜脱する税を設けることを許容しているとしたら,同法自体が矛盾を内包していることになってしま」い,そして,「特例企業税の課税標準は,所得の計算において欠損金の繰越控除を行う法人事業税を前提として初めてその趣旨が理解できるものであって,単独では合理性を主張できるようなものではない。特例企業税だけでは,担税力に応じた課税であるとも,県から受ける行政サービスの受益に応じた課税であるともいえないのである」として,法廷意見と同じく一体的考察説を採った上で[86],企業税条例が違法なものとしている[87]。

他方で,金築補足意見では,「法定税と課税標準が重複する場合であっても,当該地方公共団体における実情に即した,その税自体として独自の合理性が認められるものであれば,法定外税として許容される余地があるのであり,また,法定税と課税標準が共通性を有する場合などには税収や経済的効果において法定税に事実上の影響が及ぶことは避け難いのであるから,そのような事実上の影響があり得るとしても,法定外税が直ちに法定税と矛盾抵触することになるものではないと解される。もっとも,国税や法定地方税が広く課税対象を押さえているため,これらの税との矛盾抵触を避けて,地方公共団体が法定外税を創設することには,大きな困難が伴うというのが実情かもしれない。しかし,憲法が地方公共団体の条例制定権を法律の範囲内とし,これを受けて地方自治法も条例は法令に違反しない限りにおいて制定できると定めている以上,地方公共団体の課税自主権の拡充を推進しようとする場合には,国政レベルで,そうした方向の立法の推進に努めるほかない場面が生じるのは,やむを得ないことというべきである」として,一見すると地方公共団体の法定外税の規定が,法定税の規定と重複するところがあったとしても,法定外税と法定税が直ちに

---

(86)　碓井・前注(54) 57頁。

(87)　本件における一体的考察説や分離説といった説の適用については,人見・前注(54)　47頁以下を参照。

313

第5章　地方自治の課題

矛盾抵触するものではないとして，地方公共団体の課税権を広く認めようとするものとも解される。

　しかし，地方公共団体の課税権について，法律によって定められた国税，法定税が法定外税を創設できる範囲を狭めており，法律の範囲内で制定される条例による法定外税は，そのような制約の中で定められることから，国の立法等による改革を行わなければ状況を変えられないことを示しており，この意味において，現行の制度そのものや現行法の下での地方公共団体の課税権を前提として，地方公共団体の課税権に対する国の立法権を広範囲認めようとする趣旨と考えられる（ただし，特に立法によって地方公共団体の法定外税の課税範囲の拡大を図ることができるという含みをもたせている）。

第7項　小　括

　本件では，結論として企業税条例を違法・無効とした。最高裁は，①憲法上，地方公共団体の課税権が予定ないし保障されていることを前提としていること，②しかしながら，地方公共団体の課税権は，具体的には条例に基づくものであるとしても，そこには法律による制約がある（法律の範囲内で条例制定が行われなければならない）ものであって，③租税が租税法律主義（憲法84条）や国民全体の租税負担，地方公共団体相互間の税配分の関係上，憲法が地方公共団体の課税権を具体化せず，これを法律に委ねていることから，地方公共団体の課税権は，地方公共団体の課税に関する法律によって具体化されるものであり，国会は地方公共団体の課税に関する法律の制定についての広範な裁量権を有していることを前提としている。

　このように判断する前提として，本件最高裁判決では地方自治の保障が，憲法上どのような性質であるものかを十分に検討されていないようにも見受けられる。

　本件最高裁判決については，大牟田市電気税訴訟よりは，地方公共団体の課税権を認めようとする趣旨であるとする見解もあるが[88]，本件最高裁判決は，あくまでも広範な国の立法裁量を前提としており，「準則が定められた場合には」という限定するような表現があったとしても，準則がない場合においての判断はなされておらず，規制法，準則法が存在しない課税領域についてこれを

---

(88)　藤谷・前注(69) 9頁。

314

認める趣旨とは解されない。仮に，本件最高裁の判断がそのような緩やかな解釈であるとすれば，本件高裁判決でなされたように，準則規定がない場合等においても地方公共団体が憲法上の課税権を有することを前提とするような判断がなされるものであろう。

　企業税条例について検討すると，条例は，一定の期間（地方税法による外形標準課税が導入されるまでの間）において，いわゆる外形標準課税方式での課税を行うものであったが，ここで，その課税対象が法人事業税の欠損金繰越控除の額と同一となるものであったところ，最高裁は，欠損金繰越控除の規定が地方税法上の強行規定であるから，これに反するような課税はできないとした。しかしながら，欠損金繰越控除の規定は，過去にも財政事情により停止されたこと等から，絶対的な規定とされるものではなく，この欠損金繰越控除の一部・全部停止，遮断といったことは，状況に応じて認められる趣旨の制度であると考えられる。

　そして，法定外普通税は，地方分権改革の中でそれまでの許可制度から協議制へと変更され[89]，地方税法においてこれについての総務大臣の同意を除き詳細な規定が置かれていないのは，地方の実情に即した地方独自の税制度の創設を期待しているものであろう。法定税である法人事業税においても過去の事例から改廃可能であると解される欠損金繰越控除について，企業税を課すことにより事実上，法人事業税の欠損金繰越控除について変更されるものであったとしても，地方税法上の強行規定であるとして直ちに企業税を排除するのではなく，課税標準が事実上同一額であるからといって同一税目とするのではなく，別の税目となりうるかどうか検討しなければならない。

　租税のみならず，公課についての賦課徴収について地方公共団体が行うものについては，これを条例によるものとしているように，地方公共団体の財政の自主性が重要とされるものとなっている。憲法上求められる地方自治の保障は，地方公共団体それぞれの実情に即した制度の実現にある。このためには，地方公共団体の行財政力を高めることが必要ではあるものの，国の制度設計もこれによらなければならないだろう。本件のような地方公共団体の課税権にかかる事項について，法律に規定されていない（明示的に禁止されていない）事項は，もっぱら地方優位の事項とする前提に立った判断が必要ではないだろうか。そ

---

(89)　同時に，法定外目的税が導入された。

第 5 章　地方自治の課題

のような中で，本件最高裁判決のように，法定税の規定について例外規定がない限り強行規定であるとするような論理によって，地方公共団体の（法定外税の）課税権を不必要に制限するようなものである場合，そうした趣旨による地方税法それ自体が地方自治の本旨に反するものといわざるを得ないだろう[90]。

---

(90)　木村・前注(54) 9 頁，須賀博志「判批」長谷部泰男＝石川健治＝宍戸常寿編『憲法判例百選　II〔第 6 版〕』（有斐閣，2013 年）443 頁。

第6章　今日の条例制定の限界と地方自治の本旨

　地方公共団体は今日様々な問題を抱えている。これは，地方公共団体の処理する事務が地方分権一括法以降増加したこと，情報化等による社会問題の複雑化や行政（地方公共団体）に求められる問題解決の増大等があろう。前章までに触れたいずれの事例も，地方公共団体の行わなければならない事務との関係や地方公共団体の役割，あり方との関係において，条例制定等の問題を含むものである。

　本章では，本書のまとめとして，条例制定権を中心に憲法上の地方自治の保障について考察したい。

第1節　今日の条例制定の限界と地方自治の本旨

第1項　条例制定と法令等の関係

　条例は，日本国憲法 92 条，94 条によって保障された条例制定権によって地方公共団体が制定する自主法であって，「第1に，条例は地方公共団体によって定立される。第2に，条例は法である。第3に，条例は法のうちで自主法に属する」ものとされる[1]。

　条例の制定の根拠は，本来，憲法 94 条に求められるが，この点条例制定の根拠を憲法 94 条に置くかどうか議論のあるところである。学説として，第一に確認規定説があり，ここでは，条例制定権の根拠は憲法 94 条以外に求められるものとし，憲法の中では 92 条にその根拠が求められ，憲法 94 条における自治権の範囲に条例制定権も含まれるとする。憲法 92 条の「地方自治の本旨」による自治権の保障の中に条例制定権が含まれるものとし，地方自治の成立根拠についての制度的保障説と関連するものであると解される。つまり，制度的保障説は，自治権（自主財政権，自主立法権，自主行政権）について憲法が保障し，その内容は，憲法が求める地方自治の実現のための制度の保障であること

---

(1)　高田敏「条例論」雄川一郎 = 塩野宏 = 園部逸夫編『現代行政法大系 (8)』（有斐閣，1984 年）170 頁。

第6章　今日の条例制定の限界と地方自治の本旨

から，条例制定権に関しても憲法92条の自治権の中にその制度が当然に保障
されており，新たに創設規定を設ける必要性はなく，憲法94条の規定は条例
制定権についての確認にすぎないとされるものである。ここには，大日本帝国
憲法下でのいわゆる条例自主法説[2]についても含まれるものと解される。

　第二は創設規定説であり，憲法94条が地方公共団体に対して創設的に自治
立法権を与えたと解するものである[3]。この説は，地方自治の成立根拠につ
いては狭義伝来説に立つと解される。これは，狭義の伝来説の場合，地方公
共団体がその性質上必ずしも条例制定権を有することにはならず，憲法41条
と憲法94条の関係から，地方公共団体がどの程度の条例制定権を有するかは，
国会の立法により決定されることとなる[4]。

　創設規定説は，憲法41条の国会の規定との関係から，さらに2説に分ける
ことができる。一つが，法律委任説で，憲法94条は確認的に条例制定権を認
めているのであって，それ以上の意味を持たないとされ，憲法が地方公共団体
に対して条例制定権を認めていることが憲法41条の国会中心主義の例外でも
ないとされ，この説において地方公共団体が条例を制定する場合は，根拠とな
る法律に個別の委任規定があるかどうか，または条例が法律執行の目的を有し
ているかどうかが要件となる。

　もう一つが，憲法委任説であり，ここでは憲法94条の条例制定権は憲法41
条に対する例外規定とされ，条例制定権は憲法から直接導かれる権限であって，
法律による委任等は必要ないとされる[5]。

───────────

(2)　地方公共団体に自治権が保障されていること自体を条例制定権の根拠と解する説。

(3)　「憲法94条中の条例制定権に関する規定は，地方公共団体が『地方自治の本旨』に
　基づいて当然に有する権能を確認する趣旨の規定ではなく，むしろ，創設的に条例制
　定権を付与する趣旨とみるのが妥当であろう」（成田頼明「法律と条例」清宮四郎＝佐
　藤功編『憲法講座　4』（有斐閣，1964年）199頁）。

(4)　この立場のものとして，「法律が一定の団体に対して自治権を付与すれば，当該団体
　は，その自治権の範囲内で存立を維持し活動をするために必要な組織・運営に関する
　内部的な規律を一般的な規範の形式で定めることは出来るであろうが，その構成員で
　ある一般人民に新たな義務を課し，その権利・自由を制限する実質的な意味での法規
　を定立するには，そのための特別の授権を必要とするものと解すべきであろう」とす
　るものがある（成田・前注(3)　199頁）。

(5)　「条例制定権の根拠が憲法自体に存する以上，法律の特別の授権や媒介を必要としな
　いというのが，多数の学者のほぼ一致した見解である。このような見地からすれば，
　地方自治法の諸規定は，第一次的な授権規定ではなく，憲法94条を受けて，規定事
　項の範囲を明瞭にした趣旨に過ぎないと考えられる」（成田・前注(3)　199頁）。

また，第三説として，憲法92条と94条があいまって条例制定権を保障するものとするものがある[6]。

条例制定権の存在に関しては，いずれの説も憲法上の根拠を求めるものと解しており，条例制定権が憲法上の問題となること自体については議論の余地はないものである。また，条例の制定については法律の委任による必要もないということについても一致している[7]。

条例制定権については法律の留保との関係，また地域的規定による取扱いの差異による平等原則との関係から，条例制定権の限界について議論がある（いわゆる地域的差異）。加えて，地方自治法14条3項と憲法31条に基づく罪刑法定主義との関係のほか，憲法29条の財産権，憲法84条の租税法律主義との関係で議論があるところである。

1 罪刑法定主義

罪刑法定主義は，憲法31条に規定する「何人も，法律の定める手続によらなければ，その生命若しくは自由を奪はれ，又はその他の刑罰を科せられない」との規定と，憲法73条6号に規定する命令への罰則の一般的委任の禁止との関連で，地方自治法14条3項が，地方公共団体の条例によって罰則規定を設けることができる旨を規定していることとの関係で問題となる。

この問題に関しては，条例による罰則の設定は，憲法94条が地方公共団体に与えた条例制定権について実効性担保のための罰則設定権が含まれるものであり，憲法94条の直接の授権による憲法31条の原則に対する例外とする説（憲法授権説），および刑罰の設定については本来国の事務であって，憲法94条が条例制定権の罰則設定権についても直接授権したものではなく罰則を設けるためには法律による委任が必要であるとする説（法律授権説）とに分けられる。

さらに，後者については，条例の準法律的性質を根拠として，法律による委任は一般的かつ包括的でよいとするもの[8]と，条例における罰則についての法律の授権についても，相当に限定的なものでなければならないとするもの[9]

---

(6) 双方並列説。小林直樹『憲法講義（下）〔新版〕』（東京大学出版会，1981年）474頁。
(7) 小林武＝渡名喜庸安『憲法と地方自治』（法律文化社，2007年）269頁。
(8) 一般的法律授権説。ここでは，地方自治法14条3項を委任・授権規定と解する。
(9) 限定的法律授権説。この説において，限定性については，条例の法律類似性ゆえ，

第6章　今日の条例制定の限界と地方自治の本旨

に分けられる。

大阪市売春勧誘行為等の取締条例事件[10]では、「憲法31条はかならずしも刑罰がすべて法律そのもので定められなければならないとするものでなく、法律の授権によつてそれ以下の法令によつて定めることもできると解すべきで、このことは憲法73条6号但書によつても明らかである。ただ、法律の授権が不特定な一般的の白紙委任的なものであつてはならないことは、いうまでもない」とした上で、地方自治法旧2条3項1号および7号[11]に定められていた事項に関して、この「事項は相当に具体的な内容のものであるし、同法14条5項による罰則の範囲も限定されている。しかも、条例は、法律以下の法令といつても、……公選の議員をもつて組織する地方公共団体の議会の議決を経て制定される自治立法であつて、行政府の制定する命令等とは性質を異にし、むしろ国民の公選した議員をもつて組織する国会の議決を経て制定される法律に類するものであるから、条例によつて刑罰を定める場合には、法律の授権が相当な程度に具体的であり、限定されておればたりると解するのが正当である」として、条例を憲法31条に反しないものとした。また、ここでは、限定的法律授権説の立場に立つており、法律の授権が「一般的の白紙委任的なものであつてはならない」としている。

罰則設定に関する規定については、地方分権一括法による改正によつてそれまで首長が定める規則においてのみ規定することができた「過料」についても条例において規定できるようになつている[12][13]。この過料については、横浜市路上喫煙訴訟でも議論があつたように、地方公共団体の科す「過料」のあり方は、単純なものとはいえないだろう[14]。

　　国の行政立法に比して、より緩やかであるものとされ、地方自治法における、条例規定事項の限定、および同法14条3項の刑罰の限定から、同法14条3項の一般的授権に限定性を認め、この規定を合憲としている。

(10)　最大判昭和37年5月30日刑集16巻5号577頁。

(11)　当時の地方自治法は、2条3項1号に「住民及び滞在者の安全、健康、及び福祉を保持すること」、同7号に「風俗又は清潔を汚す行為の制限その他の保健衛生、風俗のじゆん化に関する事項を処理すること」を規定していた。後出、東郷町建築規制条例事件第一審判決においても、地方自治法の同項規定に関して触れられている。

(12)　松本英昭『要説地方自治法〔第8次改訂版〕』（ぎようせい、2013年）291頁。

(13)　地方公共団体の科す「過料」に関して、刑罰との違いに関して、真島信英「行政罰たる過料による制裁のあり方をめぐる研究――刑事的視点から見た刑罰と過料の限界を中心として――」亜細亜大学法学45巻2号（2011年）147頁以下を参照。

(14)　須藤陽子「地方自治法における過料」行政法研究11号（2015年）34-35頁。

第1節　今日の条例制定の限界と地方自治の本旨

2　財　産　権

　財産権については，憲法29条2項が「財産権の内容は，公共の福祉に適合するやうに，法律でこれを定める」と規定しており，条例によって財産権を侵害または制限するようなことが可能か問題となる。財産権が条例によって規制されうるかどうかについて，条例による規制を認める説（財産権規制許容説），財産権の規制は法律によることを必要とし，条例によっては規制されないとする説（財産権規制不可能説），奈良県ため池条例事件控訴審判決(15)後に展開した，財産権の「内容」と「行使」を厳密に区別して「内容」を限定した上で，前者「内容」については法律による規制のみが認められるが，後者「行使」については条例による規制が可能であるとする説（財産権行使規制許容説）が存在する。

　奈良県ため池条例事件上告審判決(16)では，奈良県の「ため池の保全に関する条例」について，「ため池の堤とうを使用する財産上の権利を有する者は，……その財産権の行使を殆んど全面的に禁止されることになるが，それは災害を未然に防止するという社会生活上の已むを得ない必要から来ることであつて，ため池の堤とうを使用する財産上の権利を有する者は何人も，公共の福祉のため，当然これを受忍しなければならない責務を負うというべきである。すなわち，ため池の破損，決かいの原因となるため池の堤とうの使用行為は，憲法でも，民法でも適法な財産権の行使として保障されていないものであつて，憲法，民法の保障する財産権の行使の埒外にあるものというべく，従つて，これらの行為を条例をもつて禁止，処罰しても憲法および法律に牴触またはこれを逸脱するものとはいえない」として，この条例による財産権の規制は合憲とし，また，条例の制限する内容について，「立法者が科学的根拠に基づき，ため池の破損，決かいを招く原因となるものと判断した，ため池の堤とうに竹木若しくは農作物を植え，……（その他の）行為を禁止することであり，そして，このような禁止規定の設けられた所以のものは，……ため池の破損，決かい等による災害を未然に防止するにあると認められ」，「本条例4条2号(17)の禁止規定

---

(15)　大阪高判昭和36年7月13日判時276号33頁。

(16)　最大判昭和38年6月26日刑集17巻5号521頁。

(17)　「奈良県ため池の保全に関する条例第4条（禁止行為等）
　　　何人も，次の各号に掲げる行為をしてはならない。ただし，第二号に掲げる行為のうち，知事がため池の保全上支障を及ぼすおそれがなく，かつ，環境の保全その他公共の福祉の増進に資すると認めて許可したものは，この限りでない。
　　一　ため池の余水吐のいつ流水の流去に障害となる行為

321

第6章　今日の条例制定の限界と地方自治の本旨

は，堤とうを使用する財産上の権利を有する者であると否とを問わず，何人に対しても適用される」として，条例による財産権の内容への規制も認められる旨を示している。

しかし，財産権の規制に関する条例について，平成12年の地方自治法改正前までは，同法2条3項において地方公共団体が処理する事務について規定し，その18号で「法律の定めるところにより，建築物の構造，設備，敷地及び周密度，空地地区，住居，商業，工業その他住民の業態に基く地域等に関し制限を設けること」と規定し，19号で「法律の定めるところにより，地方公共の目的のために動産及び不動産を使用又は収用すること」していたため，「法律の定めるところにより」の文言によって，条例による財産権の規制が阻まれていた。これにより，特に「まちづくり」などの目的での土地利用規制を条例で定めることが難しかったが，法改正によってこの問題は解消している[18]。

3　租税法律主義

租税法律主義との関係について，憲法84条が「あらたに租税を課し，又は現行の租税を変更するには，法律又は法律の定める条件によることを必要とする」と規定していることから，租税法律主義と，地方公共団体による課税についての条例による課税規定が問題となる。地方税法3条1項は，「地方団体は，その地方税の税目，課税客体，課税標準，税率その他賦課徴収について定をするには，当該地方団体の条例によらなければならない」と規定しており，学説の多くも，この地方税法による委任によって条例で賦課徴収に関する規定を定めるものとしており，判例においても地方税に関する条例の規定については，法律の委任によるものとしていた[19]。しかし，租税条例主義説といわれる地方税条例を制定する地方公共団体の権能は，憲法によって授権されたものであって，個別の法律による委任を必要とはしないとするものが通説的であるとされる[20]。

　　二　ため池の堤とうに竹木若しくは農作物を植え，又は建物その他の工作物（ため池の保全上必要な工作物を除く。）を設置する行為
　　三　前二号に掲げるもののほか，ため池の破損又は決壊の原因となる行為」。
(18)　芝池義一「条例（14条）」小早川光郎＝小幡純子編『あたらしい地方自治・地方分権』ジュリ増刊（2000年）68頁。
(19)　最一小判昭和28年4月30日刑集7巻4号909頁。
(20)　金子宏『租税法〔第22版〕』（弘文堂，2017年）93頁，小林ほか・前注(7) 271頁。

第1節　今日の条例制定の限界と地方自治の本旨

秋田市国民健康保険税条例事件第一審判決[21]において，租税条例主義を前提としていることがうかがえる[22]ほか，大牟田市電気税訴訟[23]においては，憲法上，地方公共団体の課税権が認められているとしながらも，その具体的内容は法律によって規定されるとする。

秋田，大牟田の判決からは，地方公共団体の課税権（自主財政権）に関して条例制定権（租税条例主義）を認めつつも，地方税に関する内容については法律による定めと条例による定めの区別，つまりは，条例が地方税に関する法律と矛盾抵触しないものとして，別の税目について定めていることを必要としているものと解される。また，企業税条例事件最高裁判決（第5章第2節参照）[24]においては，最高裁としては初めて地方公共団体の課税権が憲法上予定されているものであると判示した。

しかし，ここでは，地方公共団体の課税権は法律の範囲内に限定して行使され，原則として法律によって示される枠組み内でのみの行使しか認められないものとしている。

他方で，企業税条例事件東京高裁判決[25]は，地方公共団体の課税権が憲法上の保障であることを前提とした上で，課税条例が地方税法に反するような場合であっても，これが租税法律主義等によって法律を優先するものとして直ちに条例が法律に反して無効とすべきではないこととした。

企業税条例事件において，最高裁は地方公共団体の課税権に関して，地方自治の本旨を一つの考慮事項として捉えているにすぎないと思われるが，東京高裁は，地方公共団体の課税権に関して，地方自治の本旨を重要な考慮事項として慎重に検討するとして，地方公共団体の課税権に関しての，地方自治の本旨を考慮することの必要性について述べられている。

平成18年3月1日，旭川市国民健康保険条例事件[26]についての最高裁大法

---

(21)　秋田地判昭和54年4月27日行集30巻4号891頁。

(22)　この判決について，控訴審（仙台高秋田支部判昭和57年7月23日行集33巻7号1616頁）では，「憲法92条に照らせば……租税（地方税）条例主義が要請されるべきであって，この意味で，憲法84条にいう『法律』には地方税についての条例を含むものと解すべきであり」，「地方税法は地方税の課税の枠を定めたものとして理解される」，としている。なお，この事件では秋田市が上告していたが，最高裁判所の判断のないまま終了している。

(23)　福岡地判昭和55年6月5日判時966号3頁。

(24)　最一小判平成25年3月21日民集67巻3号438頁。

(25)　東京高判平成22年2月25日判時2074号32頁。

323

第6章　今日の条例制定の限界と地方自治の本旨

廷判決において，国民健康保険に関しては，国民健康保険の保険料の賦課徴収については，地方公共団体（市町村）の条例によるとした[27]。最近では，地方が新しい税制度を取り入れるケースとして，宮崎市の「地域コミュニティ税」があった[28]。今後は地方が自治権に基づく自主財政権の行使のために今まで限定的にしか認められなかった地方公共団体の課税権が認められることも必要とされる。

4　条例規定の地域間差異

　もう一つの問題が，地域的規定による取扱いの差異であるが，これは，憲法の平等原則との関係で，条例による規定に基づく処罰等で，地域間の不均衡が生じることが，憲法14条に反しないかとの問題である。しかし，この問題に関しては，地方公共団体の条例に基づく処罰規定等の内容の差が条例制定権を各地方公共団体に認めたことによって生ずる問題であることは，憲法が予期しているものであり，憲法14条に違反するものではないとされてきており[29]，判例においても東京都売春等取締条例事件判決[30]で，「憲法が各地方公共団体の条例制定権を認める以上，地域によって差別を生ずることは当然に予期されることである」ため，このような差別についても憲法は許容しているとの見解が示されている。

　しかし，これに対して，公安条例，青少年条例，売春条例は，本来国家の統一的法として制定されるべきであって，政治的事情などから地方公共団体に委ねられてきたものであり，この点について裁判所が国の立法と地方公共団体の

---

(26)　最大判平成18年3月1日民集60巻2号587頁。

(27)　また，旭川市国民健康保険条例事件についてその一審（旭川地判平成10年4月21日）においては，地方税条例に関して，「地方自治に関する憲法92条に照らせば，地方自治の本旨に基づいて行われるべき地方公共団体による地方税の賦課徴収については，住民の代表たる議会の制定した条例に基づかずに租税を賦課徴収することはできないという租税（地方税）条例主義が要請されるというべきであって，この意味で，憲法84条にいう『法律』には地方税についての条例を含むものと解すべきであ」る，としている。

(28)　ただしこの税制度は，個人住民税の均等割の一部を「地域コミュニティ税」という名目で地域の自治会に振り分けるというもので，法律上の問題となるケースではないだろう。この「地域コミュニティ税」は，平成21年4月から導入されていたが，市長が変わったことにより，平成23年に廃止されている。

(29)　小林ほか・前注(7) 271頁。

(30)　最大判昭和33年10月15日刑集12巻14号3305頁。

第1節　今日の条例制定の限界と地方自治の本旨

自主立法権に関して審査をしなければならないとするものもある[31]。

　最近では，国民の健康志向の高まりからか，第4章において触れた，地方公共団体における受動喫煙防止条例，路上喫煙防止条例の制定の動きがある。しかしながら，その規制内容が各地方公共団体によって異なるために喫煙者の混乱や飲食店や各娯楽施設に対しての喫煙禁止ないし分煙の規制をする条例では，他の地域との差異の問題が生じるところであろう。受動喫煙防止に関しても，地域を限定した規制やポイ捨ての禁止，喫煙場所以外での喫煙の禁止，歩きたばこの禁止など，各地の規制内容が異なるため，混乱を生じることも考えられる。特に大都市圏では，地方からの出張者，他の地域に住む者が通勤で通っているということもあり，住民＝区域内の喫煙者ではない。

　このため，住民に対しての規制に関わる条例については，都道府県単位や国の法律によって規制することが望ましいものもあろう。この点については，国は地方の条例制定権の範囲を縮小するようなことはせず，地方は各地の取組みによって条例を制定することを前提としながらも，条例が乱立し各地の住民生活に支障を来すようなときには，規制内容に関して一定の制限を設けることも必要であろう。

第2項　条例制定の限界

　条例制定権の憲法上の根拠とされる憲法94条には，条例の制定できる範囲については法律に委ねることとなる旨の規定しか存在しない。このため，憲法94条に規定される「法律の範囲内で」条例を制定するにあたって，「法律の範囲内で」の意味をどのように解釈するか問題となる。ただし，この点に関しては，地方自治法14条1項において，「普通地方公共団体は，法令に違反しない限りにおいて第2条第2項の事務に関し，条例を制定することができる」と規定されていることとの関係から，「法律に反しない限りにおいて」と解釈するのが一般的である[32]。

　地方自治法14条1項は，地方自治法「第2条第2項の事務に関し」条例を

────────────

(31)　小林武『地方自治の憲法学』（晃洋書房，2001年）135頁以下。

(32)　ここで，「法律」と「法令」とが憲法と地方自治法でそれぞれ異なる点について地方自治法上の規定が憲法に抵触しないかという問題は存在するが，日本国憲法下での命令は法律の授権によらない限り制定されず，適法に制定された命令は法律の具体化であるとされるために，一般的に憲法の規定との違いに大きく問題はないとされている。

325

第6章　今日の条例制定の限界と地方自治の本旨

制定することができるものとしている。地方自治法 14 条 1 項の規定そのもの
は平成 12 年の改正によっての変更はなかったが，地方自治法 2 条 2 項の改正
がなされ，そこに定める事項に関して従来，公共事務，団体委任事務，行政事
務を挙げられていたのに対して，改正後の規定では，「地域における事務」と
「その他の事務で法律又はこれに基づく政令により処理することとされるもの」
が挙げられており，これについて条例制定権を有することとなっている。改正
後の規定による 2 つの事務は，地方自治法 2 条 8 項の定める自治事務[33]およ
び法定受託事務[34]にあたることから，従来条例の制定範囲となっていなかっ
た機関委任事務（現在の法定受託事務）の領域においても，地方公共団体の条
例制定権が及ぶことになったものである[35]。

　憲法上の「法律の範囲内で」という文言が，前述のように「法律に反しない
限りにおいて」という意味を表しているものである場合，法律と条例の関係，
つまり，どの様な場合に条例が法律に抵触するとされるだろうか[36]。

　条例と法律の関係においては，従来，対象となる事項について制定された条
例と法律が競合し，その間に矛盾・抵触が生じた場合は法律が先占し優位する
という法律先占論が展開されてきた。これは，昭和 30 年代以降に体系化され

---

(33)　地方自治法 2 条 8 項「この法律において「自治事務」とは，地方公共団体が処理す
　　る事務のうち，法定受託事務以外のものをいう」。
(34)　地方自治法 2 条 9 項「この法律において「法定受託事務」とは，次に掲げる事務を
　　いう」。
　　同項 1 号「法律又はこれに基づく政令により都道府県，市町村又は特別区が処理する
　　　こととされる事務のうち，国が本来果たすべき役割に係るものであつて，国におい
　　　てその適正な処理を特に確保する必要があるものとして法律又はこれに基づく政令
　　　に特に定めるもの（以下「第一号法定受託事務」という。)」。
　　同項 2 号「法律又はこれに基づく政令により市町村又は特別区が処理することとされ
　　　る事務のうち，都道府県が本来果たすべき役割に係るものであつて，都道府県にお
　　　いてその適正な処理を特に確保する必要があるものとして法律又はこれに基づく政
　　　令に特に定めるもの（以下「第二号法定受託事務」という。)」。
(35)　ただし，法定受託事務については，その処理に関して一般に，法令の中に詳細な規
　　定が設けられており，条例で定めを行う場合は極めて狭い領域のものとなる。また，
　　法定受託事務については，法令所管の各大臣が事務処理基準を設定することができ
　　（地方自治法 245 条の 9），国の関与（管理）によらなければならない。
(36)　この点については，平成 12 年の地方自治法改正による基本的な変更点はないが，
　　地方自治法 2 条 12 項前段において「地方公共団体に関する法令の規定は，地方自治
　　の本旨に基づいて，かつ，国と地方公共団体との適切な役割分担を踏まえて，これを
　　解釈し，及び運用するようにしなければならない」と規定しており，今後の条例の守
　　備範囲の拡大を示唆しているものと解される。

326

てきたものであって，ここでは，法律が規定しようとする事項について「法令による規定がない場合」と「法令の規定がある場合」に分けられて検討がなされてきた。

　一般的・抽象的規範として，国家の統一規則として制定される法によっては達成できない地域の実情に合わせた条例の規定が，自治権によって要請されているにもかかわらず，法律による規制の存在により条例の規定を無効化することに対する批判もある。また，法律先占論に対する修正論としての明白性の理論[37]や，法律先占論を否定するような立場としての法律ナショナルミニマム論[38]が登場する。

　徳島市公安条例事件[39]において，条例制定権に関して最高裁は，「条例が国の法令に違反するかどうかは，両者の対象事項と規定文言を対比するのみでなく，それぞれの趣旨，目的，内容及び効果を比較し，両者の間に矛盾抵触があるかどうかによってこれを決しなければならない」とし，法律と条例の対象事項について，両者の競合があった場合でも，その趣旨・目的が異なる場合は，条例が無効ではないとされた。ただし，同一目的である場合は，「国の法令が必ずしもその規定によつて全国的に一律に同一内容の規制を施す趣旨ではなく，それぞれの普通地方公共団体において，その地方の実情に応じて，別段の規制を施すことを容認する趣旨であると解されるときは，国の法令と条例との間にはなんらの矛盾牴触はなく，条例が国の法令に違反する問題は生じえない」とした。

　法律先占論に対して，徳島市公安条例事件最高裁判決は，法令が全国の画一的最低基準と解されるときは，法律と条例が同一目的・同一対象である場合の条例の上乗せ規制，いわゆる上乗せ条例を認めていると解される。

　また，法律の規制対象外の事項について，法律と同一目的により規制を行う条例，法律で一定規模または一定基準に満たない場合を対象外としているとき，その部分について規制対象とする条例，いわゆる横出し条例がある。

　これに関して，最高裁は，「ある事項について国の法令中にこれを規律する明文の規定がない場合でも，当該法令全体からみて，右規定の欠如が特に当該事項についていかなる規制をも施すことなく放置すべきものとする趣旨である

---

(37)　成田・前注(3) 215 頁。
(38)　原田尚彦『環境権と裁判』(弘文堂，1977 年) 245-246 頁。
(39)　最大判昭和 50 年 9 月 10 日刑集 29 巻 8 号 489 頁。

第 6 章 今日の条例制定の限界と地方自治の本旨

と解されるときは，これについて規律を設ける条例の規定は国の法令に違反することとなりうる」としており，横出し条例の可否については，法律による規制の空白が，規制禁止の趣旨のものか，あるいは規制許容の趣旨のものかを判断しなければならないとされる[40]。

横出し条例に関して飯盛町旅館建築規制条例事件において，その一審[41]では「旅館業法は，同法と同一目的の下に，市町村が条例をもって同法が定めているより高次の営業規制を行うことを許さない趣旨であると解される」としている一方で，控訴審[42]では，「地域特性に対する配慮を重視すれば，旅館業法が旅館業を規制するうえで公衆衛生の見地及び善良の風俗の保持のため定めている規定は，全国一律に施されるべき最高限度の規制を定めたもので，各地方公共団体が条例により旅館業（旅館業法－筆者）より強度の規制をすることを排斥する趣旨までを含んでいると直ちに解することは困難である」として横出し規制の条例の容認をした。

これに対して，高知市普通河川等管理条例事件最高裁判決[43]は，「河川の管理について一般的な定めをした法律として河川法が存在すること，しかも……普通河川であっても……いつでも適用河川又は準用河川として指定することにより同法の適用又は準用の対象とする途が開かれていることにかんがみると，河川法は，普通河川については，適用河川又は準用河川に対する管理以上に強力な河川管理は施さない趣旨であると解されるから，普通地方公共団体が条例をもつて普通河川の管理に関する定めをするについても……河川法が適用河川等について定めるところ以上に強力な河川管理の定めをすることは，同法に違反し，許されない」とし，ここでは，普通河川管理条例の制定に関しては可能であるとしながらも，条例と河川法とを比べた際に，条例が河川法よりも強力な河川管理を定めたことが違反するものされた。

条例による上乗せ規制に関する事例として，愛知県東郷町建築規制条例事件第一審判決[44]がある。ここでは，徳島市公安条例事件最高裁判決を引用し，

---

(40) こうした徳島市公安条例事件判決を敷衍するかたちで南川諦弘先生は条例と法律の関係について特別意義論を展開している（南川諦弘『「地方自治の本旨」と条例制定権』（法律文化社，2012 年）169 頁以下）。

(41) 長崎地判昭和 55 年 9 月 19 日判時 978 号 24 頁。

(42) 福岡高判昭和 58 年 3 月 7 日行集 34 巻 3 号 394 頁。

(43) 最一小判昭和 53 年 12 月 21 日民集 32 巻 9 号 1723 頁。

(44) 名古屋地判平成 17 年 5 月 26 日判タ 1275 号 144 頁。

第1節　今日の条例制定の限界と地方自治の本旨

条例制定権が地方公共団体に認められることを前提として，風俗営業法・旅館業法と条例の関係について判示した。

　条例の目的については，「風営法……は，①『善良の風俗と清浄な風俗環境』の保持と，②『少年の健全な育成に障害を及ぼす行為を防止』するためのものであり」，本件条例は，「(a)『快適で良好な生活環境を保持』と，(b)『青少年の健全な育成を図る』ものであるところ，①と(a)，②と(b)は，若干の表現の違いはあれ，その趣旨においてほぼ重なるもの」である。そして，規制の対象についても「風営法は，『専ら異性を同伴する客の宿泊……の用に供する政令で定める施設（中略）を設け，当該施設を当該宿泊に利用させる営業』（2条6項4号），すなわちラブホテル営業を対象とし，本件条例は，旅館業法2条2項，3項に定めるホテル等営業の用に供することを目的とする施設全体を対象とするが，建築不同意となるのは，このうち，4条の基準を満たさない……ラブホテルである。そうすると，両者の規制対象は，『営業』と『施設』という点において異なっており，かつ風営法の規制対象となるのは，種々の形態のうち，性的な好奇心を高める設備等を有する典型的なものに限られるという違いはあるものの，いずれも実質的にラブホテルを規制対象とする点でかなり重なっていると解することができ」，これは条例制定の経緯や，「本件条例の実質的な後継法令である新条例の趣旨，目的，内容によっても裏付けられる」ものである。

　「他方，普通地方公共団体は，地方自治法上，地域における事務及びその他の事務で法律又はこれに基づく政令により処理することとされるものを処理する（2条2項）が，とりわけ，市町村は，基礎的な地方公共団体として，都道府県が処理するとされているもの以外の事務を処理するとされている（同条3項）。そして，具体的な事務内容について，『地方分権の推進を図るための関係法律の整備等に関する法律』（平成11年法律第87号）による改正前においては，地方自治法2条3項に例示されていたところ，その1号には，『地方公共の秩序を維持し，住民及び滞在者の安全，健康及び福祉を維持すること』が，さらに7号には，『……風俗又は清潔を汚す行為の制限その他環境の整備保全，保健衛生及び風俗のじゅん化に関する事項を処理すること』が挙げられていた」。

　このことからすると，「市町村などの地方公共団体が，その地域の実情に応じ，生活環境，教育環境等に悪影響を及ぼすおそれのある風俗営業に対して適

　なお，高裁，最高裁はいずれも地裁判決を支持し訴えを退けた。

第6章　今日の条例制定の限界と地方自治の本旨

切な規制を講ずることは，本来的な公共事務（固有事務）と観念されていたと考えられる」。これらのことから，「風営法と本件条例とは，その目的及び規制対象についてはほぼ共通し，規制手法についてはかなりの程度異なる[45]反面，重なる部分も存在しているものの，風営法は，それが規制の最大限であって，条例による上乗せ規制，横出し規制を一切許さない趣旨であるとまではいえず，かえって，地域の実情に応じた風俗営業への規制を行うことにより，良好な生活環境，教育環境の維持，発展を図ることが地方公共団体の本来的な責務であると考えられることに照らせば，本件条例が，風営法の規制の対象外となっている前記の性的好奇心を高める設備等を有しないラブホテル等をも規制の対象としているからといって，風営法の趣旨に反するとまではいえないと判断するのが相当である」とした。

　また，旅館業法との関係については，「旅館業法1条は，『この法律は，旅館業の業務の適正な運営を確保すること等により，旅館業の健全な発達を図るとともに，旅館業の分野における利用者の需要の高度化及び多様化に対応したサービスの提供を促進し，もつて公衆衛生及び国民生活の向上に寄与することを目的とする。』旨定め……その目的が，利用者の需要に対応したサービスの提供を促進することによって公衆衛生や国民生活の向上を図るものとされ，善良な風俗の確保という観点が〈平成8年の旅館業法改正前に比べて－筆者〉後退したことから，上記の共通する部分は解消されたと解するのが相当である。現に，その規制内容は，宿泊者の安全及び衛生の確保を目的とするものが中心を占め，善良，静穏な風俗環境の確保を目的とするものはほとんど存在しない……。そうすると，旅館業法が，ラブホテル経営ないしこれに用いられる建物の建築について，同法に定める以上の規制を禁止する趣旨のものであると解することはできない」と判示した。

　さらに，条例による規制内容については，「本件条例4条は，……判断の客観性が担保されていない旨主張するところ，これらは，一般のホテルと，できる限り利用者とそれ以外の者との接触を避ける構造となっているラブホテルとを区別しようとするものであって，社会通念上，必ずしも判断が困難とは考え

---

(45)　この点に関して判決内で，「このように，風営法が，性風俗関連特殊営業の性格上，専ら事後的な規制手法を採用しているのに対し，本件条例は，施設の建築という営業前の段階における規制手法を採用している点で両者の規制手法はかなり異なっているといえる」，としている。

られない上，本件施行規則，本件指導基準によって，さらに基準の具体化が図られていることをも考慮すれば，要件が明確性を欠き，客観的な判断が担保されないとまではいえない」とし，憲法，風俗営業法，旅館業法との関係からの矛盾抵触もなく，内容の不明確さもないとして，条例が無効ではないとした。

　この判示によれば，地方公共団体がその実情に応じた規制条例を制定することが法律上明らかに禁止されていない場合は，条例制定を行うことができ，法律を上回る規制については法律上の規定に照らした上で，法律による具体的規制と条例による具体的規制の可否について検討しなければならないものであるとしている。つまり，法律によって全国一律の具体的規制が望ましいか，地域の実情に合わせた規制が望ましいかを検討する必要があるとする。

　近年の条例制定は，地域の実情という趣旨について，幅広い制定が許容される傾向のようにみえるが，本来，国の法律で定める事項についても条例制定権の範囲の拡大により，国の法律によって定めるべき事項を条例によって定めることが認められることとなり，国の法定事項そのものを侵害する問題が生じる可能性もある。

　しかし，国の事務，地方の事務をどのように分けるかを，憲法的に明確にすることは難しい。地方自治法の平成12年の改正により条例制定権拡大を示唆するような項目が追加され，事務権限についても法律によって拡大できることから，地方分権の流れの中で，地方公共団体の権限が拡大し，条例制定権についても範囲が拡大されていくことが考えられる。そのような中で，法律と条例の関係はいかにあるべきであろうか。他方，国が地方分権に逆行して地方の事務権限を縮小する懸念もあろう。

　3章から5章で示してきた条例制定の例には，従来からの地方公共団体のいわゆる事務処理のための条例とは異なり，地方公共団体が自らの問題解決のために定めた独自の条例もある。法律による委任のある条例ではない場合には，法律に抵触する可能性や，行き過ぎた規制となる可能性がある。

　法律と条例の関係において条例制定権の限界をどのように考えるかは，地方自治の本旨による地方自治制度の保障という点からも重要な問題であるが，徳島市公安条例事件において最高裁は，従来の法律先占論とは異なり，条例制定権の拡大を示唆し，愛知県東郷町建築規制条例事件第一審判決においても，法律が条例による上乗せ等を否定する趣旨でないような場合には，法律の規制を超えるような条例制定が可能であることを判示している。

331

第6章　今日の条例制定の限界と地方自治の本旨

　憲法が「法律の範囲内」での条例制定を認めていることから，法律の範囲外での条例制定は認められないというべきであるかもしれないが，これは条例制定について「地方自治の本旨」に基づき制定されている地方自治法が，法律と抵触するような条例であっても制定可能な場合等を規定することもできるだろう。この点，南川諒弘先生が指摘されている特別意義論[46]の趣旨は大いに理解できるものである。

　条例が地方公共団体の組織や運営に関する事項を定める上で，条例は非常に重要な役割を担っており，その点で，地方自治の本旨との関係から条例制定権を広く認めようとする趣旨は団体自治の保障という意味において理解できる。しかし，こうした地方公共団体の組織や運営に関する事項を定めた条例の多くは，法律による委任や法律に基づき制定されているものがほとんどであることも事実である。このため，条例制定の限界が問題とされる場合には，法律に基づきまたは委任され制定される条例であっても，地方公共団体が規制を上乗せするような場合や国の法律によって規定されていない点について独自に規定し規制等を行う場合があろう。地域の実情に合わせた条例の必要性が求められていることからも，このような場合の条例制定については，地方自治の本旨に従って法律との抵触関係を検討する必要が生じる。

　地方自治の本旨から直ちに条例指定権が導かれるわけではなく，また，地方自治の本旨の内容としての住民自治，団体自治から条例制定権が導かれるわけではないものの，条例制定権は地方自治の本旨をはじめとする憲法第8章における地方自治の保障に淵源を置くものであることはいうまでもない。憲法94条において条例制定権を規定していることから，憲法上の権利としての保障があるものの，その保障の範囲は，法律によって定められること（法律の留保）を予定しており，言い換えれば，これは地方自治の本旨によって左右される問題である。

　地方自治の本旨を，地方公共団体の権利を広く認めるような趣旨であると解すれば，当然に条例制定権の範囲は広がり，また，法律に条例が優位することをも認める趣旨にも解することが出来よう。他方で，地方自治の本旨を地方公共団体の権利を制限的に解釈するものとすれば，条例制定権の範囲は縮小され，上乗せ，横出し条例はもちろん，地域独自の実情を反映するような条例さえも

————————————

(46)　南川・前注(40)　169頁以下。

第1節　今日の条例制定の限界と地方自治の本旨

否定される可能性がある。前者は，地方公共団体の条例制定権を広く解し過ぎ，国の立法権の侵害となる可能性もあるが，後者においても，今日の地方自治の保障の趣旨にそぐわないものとなろう。

　今日，地方分権が進む中で，地方公共団体の権限（義務）は従来のそれとは比べ物にならないほどに，大きなものとなってきている。わが国の地方自治の歴史の中で地方公共団体が，まさしく地方政府というべき権限を持ち始めていることは事実であろう。そのような中で，国の法律によって地方分権時代の地方公共団体の権限が，憲法の趣旨に反して制限されることがあってはならない。

　憲法上，条例が法律に反しないという前提の下に存在している以上，原則として，これを否定して，法律に反するような趣旨の条例制定を行うことはできないというべきである。しかしながら，今日の地方公共団体に求められていることは，きめ細やかな住民サービス等に加えて，地方公共団体がまさしく地方政府として万能な一政府としての機能を持つことをも求められているといえるのではないだろうか。このような場合，地方独自の条例制定はもちろん，地域の実情に即した形で，規制強化等を行ういわゆる上乗せ横出し条例が認められなければ，地方公共団体の運営は成り立たない。

　上乗せ横出し条例については判例においても示されてきたとおり，否定されるものではなく，法律の趣旨等との比較検討が必要となるものであるが，国の法律に規定されていない事項を条例で定める場合，関連する法令との関係での抵触が生じる可能性がある。このような場合，一概に条例が否定されるべきではなく，他方で，すべてにおいて条例を優位とすべきでもない。ここで条例がどのような趣旨で規定されるのかについては，特別意義論や法律ナショナルミニマム論のように，条例の趣旨に重きを置いて解することが必要であろう。

　また，長谷部恭男先生の主張されるような，切り札としての人権論を条例制定過程において法律との検討の際に導入し，条例制定の意義と憲法上の人権を結びつけることにより条例意義を重視するという考えもあろう[47]。これによれば，災害による住民の生命，財産の保護等をその内在的意義として含むものとして解することも可能であろう。第3章第1節の西宮市条例や第4章第1節においてふれた住民の人格権的健康権を保護することをその内在的意義として含むものと考えられる兵庫県条例などは，その人権保護の観点から法律に優位

（47）　長谷部恭男編『リーディングス現代の憲法』（日本評論社，1995年）204-205頁。

333

第6章　今日の条例制定の限界と地方自治の本旨

または法律による制約を排除することが可能となるかもしれないが，関連する法令の趣旨を理解した上で検討しなければ，切り札としての人権に関わる（内在的意義として人権保護を趣旨とする）条例においては，どのようなものでもその制定の限界が排除され法律に優位することとなりかねない。このため，人権を切り札として条例制定に用いることも関連する法令を検討の上で判断することになる。

　切り札としての人権を用いて，法律に優位または法律による制約を排除することが可能となるような条例を制定できる場合とは，憲法94条等の規定を前提とした上で，①重要な人権的意義を含むこと，②法律によって保護される人権を侵害しないことが必要となろう。第3章で触れてきた災害に関する事項については，これが条例制定時に活用できるだろう。

第3項　地方公共団体の運営と地方自治の本旨

　今日の地方自治の現状は様々な問題を抱えており，地方公共団体内部の問題についても，地方自治の本旨の検討がなされる局面があろう。神戸市外郭団体第2次訴訟のように，地方公共団体の職員が市の外郭団体へ派遣されるという事例においても，派遣が法律に照らして適正なものであるかどうかという法律との関係での問題の一方で，補助金支出に係る議会の債権放棄の議決によって，市の損害賠償請求権が失われるという場合には，これが，地方公共団体内部における地方自治の本旨の解釈の問題の一端を含んでいるものと考えられる。これはつまり，住民訴訟という制度を用いて地方公共団体の住民が，当該地方公共団体の違法な支出につき訴えを起こすという，住民自治的側面と，訴訟により損害賠償請求権を得た地方公共団体の議会がその損害賠償請求権たる債権につき放棄という団体意思を表明するという，団体自治的側面との対立がある。

　企業税条例事件では，地方公共団体の課税権と国の法令との関係が問題となった。ここでは，最高裁が憲法上認められるとした地方公共団体の課税権と国の法令によるこれに対する制約の問題で，地方自治の本旨についての検討が必要なものである。

　住民自治に係る制度等の拡充が主張[48]される中で，団体自治的側面としての議会の債権放棄の議決が，住民自治的側面としての住民訴訟制度の趣旨を没

---

(48)　第26回地方制度調査会答申「地方分権時代の住民自治制度のあり方及び地方税財源の充実確保に関する答申」（平成12年10月25日）。

却することは許されないとする理解が多いだろう[49]。しかし，住民自治と団体自治は地方自治の本旨（地方自治権）を支える重要な概念であり[50]，このどちらかを優位とすることや，排除するということ求められるものではなく，住民自治，団体自治に基づく制度が対立した場合には，地方自治の本旨に基づく総合考慮を必要とするというべきであろう。

ただし，このように住民自治と団体自治を並列的に説くものは，前者をイギリスにおいて成立した民主主義原理に基づき，後者をドイツにおいて成立した自由主義原理に基づくものとされる中で，日本国憲法の民主主義原則の下では，「住民の住民による住民のための自治（住民自治）が基礎をなすものであり，その結果，そのような自治団体の運営が国や他の団体から干渉されないという原則（団体自治）が生じてくることになるわけである。とすれば，地方自治としてはあくまでも住民自治が基本であり，団体自治はそのような住民自治を実現するための一つの手段であり制度である」と理解されるものであるとされ[51]，または，住民自治とは，通常，団体自治あっての住民自治として捉えられ，このことは，団体自治の保障された団体において，その団体の意思形成に住民が参加することが認められるような場合に住民自治が保障されているとされる[52]ように，住民自治と団体自治が地方自治の本旨を支える両輪として双方がそれぞれ独立的に存在するものであると単純に判断されるものではないかもしれない。

ここで，地方自治の本旨に関しての日本国憲法からの理解としては，「住民自治とは，地方自治が住民の意思に基づいて行われるという民主主義的要素であり，団体自治とは，地方自治が国から独立した団体に委ねられ，団体自らの意思と責任の下でなされるという自由主義的・地方分権的要素である」[53]として，住民自治，団体自治の両概念から理解されるものであろう。このような理解の下で，今日の地方自治の本旨の理解について以下で検討したい。

(49) 木村琢磨「判批」会計と監査58巻10号（2007年）21頁。
(50) 第2章でふれたとおり，近時注目される地方自治の解釈として，渋谷秀樹先生による見解がある。ここでは，地方自治の本旨を，住民自治，団体自治と区別して理解するのではなく，地方統治権，地方参政権，対中央政府独立性，地域内最高性の概念によって理解されるものとしている（渋谷秀樹「条例の違憲審査」立教法学85号（2012年）4頁）。
(51) 高田敏＝村上義弘編『地方自治法』（青林書院新社，1976年）13頁。
(52) 宇賀克也『地方自治法概説〔第8版〕』（有斐閣，2019年）3頁。
(53) 芦部信喜（高橋和之補訂）『憲法〔第7版〕』（岩波書店，2019年）378-379頁。

第6章　今日の条例制定の限界と地方自治の本旨

第2節　地方自治とは何か，地方自治の本旨とは何か

第1項　地方自治の意味するところ

　地方自治と，地方分権についてそれぞれ，「地方自治とは，一定の地域を基礎とする国から独立の団体が，その機関により，その事務を，当該団体の住民の意思に基づいて処理することをいう」[54]，「地方分権は，『中央集権』の反対語として使用されており，できるだけ多くの権限を地方に分散することを意味する」[55]とされるものである。地方分権は，中央集権の対義語として用いられ，その際に，権限を地方に分散・移譲するものであって，ここでその分散・移譲先とされる「地方」とは，地方自治が認められている国から独立して行政を行う権限等を有する地方団体がこれにあたるものと解されるものであろう。

　地方自治についての，地方の（国家からの）独立性，そして団体の意思に基づく統治から，地方自治という文言には，住民自治，団体自治という概念が含まれるものであろう。すなわち，住民自治，団体自治が，憲法92条のいうところの「地方自治の本旨」を構成する要素であるとする従来からの説明については[56]，住民自治，団体自治は，「地方自治の本旨」を構成する要素としてではなく，「地方自治の本旨」という文言の中の「地方自治」という言葉の中に，住民自治，団体自治がすでにその内容として含まれているもの解されることになる[57]。

　そして，ここでの住民自治，団体自治の意味は，「地方自治の本旨」の内容として説明されるものと同じく，「住民自治とは一定の地域社会の公的事務をその地域住民がみずからの手によって処理すべきことを意味し，団体自治とは地域社会の公的事務を当該地域社会が中央政府から独立してみずからの機関によって処理すべきことを意味する」[58]ものであって，ここで「地方」，「自治」

---

(54)　新自治用語辞典編纂会編『新自治用語辞典』（ぎょうせい，2000年）608頁。

(55)　新自治用語辞典編纂会編・前注(54) 618頁。

(56)　芦部・前注(53) 378-379頁，佐藤幸治『日本国憲法論』（成文堂，2011年）550頁，塩野宏『行政法Ⅲ　行政組織法〔第4版〕』（有斐閣，2012年）127頁，芝池義一「団体自治と住民自治」法学教室165号（1994年）15頁。

(57)　そもそも「地方自治の本旨」ではなく，「地方自治」の概念に住民自治，団体自治という要素が含まれると解されることを前提としているものとして，高田ほか・前注(51) 4頁，成田頼明「地方自治総論」雄川ほか・前注(1) 3頁，佐藤功『日本国憲法概説〔全訂第5版〕』（学陽書房，1996年）529-530頁，佐藤幸治編『憲法Ⅰ　総論・統治機構』（成文堂，1986年）355-356頁などがある。

336

がそれぞれどのような意味を有し，さらには，「地方自治」がいかなる意味を有するのかが問題となる。

　憲法がいうところの地方とは，「国家の領土の一定の区域」，「国の領土の一部」という，いわゆる一定の地域のことを指すと理解することができ，自治とは，「一般的にいえば，みずからの自由な意思にもとづいて行為を行うことを意味」し，「それは，みずからの意思決定が自由になされるということと，行為がそのような自律的に決定された自由意思にもとづいて行われるということとを，包摂」するとされ，ここで言う意思決定の自由に関して，団体の場合は，「意思決定に対する外部的干渉の排除にとどまるのではなく，団体構成員の自由意思にもとづく団体意思の決定をもその要素と」し，地方公共団体についてもこれが当てはまるものとされることから[59]，外部からの干渉に対する自律（独立）ということになろう。

　そして，これらを合わせて「地方自治」として捉え考えると，地方という国家における一部の地域において自治ないし自律という行為，つまりは自らの自由意思により決断し行動する個人的自治ないし自律を団体に適用した，外部（国からの）干渉の排除と団体意思の決定という行為が認められることとなろう。ここでは，当然に外部からの干渉に対する自律という点での団体自治と，その団体自治の意思を決定に，当該住民が参加するという点での住民自治が含まれるものである。

　ここで住民自治とは，通常，団体自治あっての住民自治として捉えられている。このことは，団体自治の保障された団体において，その団体の意思形成に住民が参加することが認められるような場合に住民自治が保障されていることから，このように解される[60]。しかし，団体自治が外部からの干渉に対する自律，自治としての自由意思の決定が行えるものとする時，この自由意思の決定について外部による干渉を排除する趣旨であるとされ，その意味においてここでの団体自治としての意思決定には，（中世の封建領主制や地主制の元での地方自治であれば，住民自治を前提としない地方自治の理解も可能であろうが）今日の民主主義的地方自治制度の理解として，団体の意思決定に当該地域の住民が参画し決定することが含まれるものであると解される。

---

(58)　高田ほか・前注(51) 4頁。

(59)　高田ほか・前注(51) 3-4頁。

(60)　宇賀・前注(52) 3頁。

第6章　今日の条例制定の限界と地方自治の本旨

　地方自治は，「歴史的・發生的にいえば，地方的な社會協同體の基礎がまず
固まり，それが次第に國家形態にまで發展したこともあり，また，國家の統一
的權力がまず意識され，國家の下における統治の一形態として地方的な社會
協同體の權力が承認されるようになることもあるが，論理的・觀念的には，地
方的な社會協同體たる地方公共団體の自治，即ちここでいう地方自治は當然に，
國家の存在を豫想し，それとの關連において立てられた觀念であり，國家統治
の觀念から離れて地方自治の觀念は成り立たない。いいかえれば，地方自治は，
國家の下における地域的協同體の自治として，それ自體が國家の承認にかかつ
ており，地方自治が具體的にどういう形式と内容とをもつかは，そのよつて立
つ社會的基礎によつて制約されているとはいえ，一に國家の立法政策によつて
決定される」(61)ものとされるように，国家の中における一形態の社会共同体に
おける自治とも位置づけられてきたものである。

　このように理解すると，「地方自治の本旨」における「地方自治」という文
言と，「地方自治の本旨」全体があらわす内容が異なるかどうか疑問が生じ
る。しかし，「本旨」とは，本来の意味，真意といったように使われることか
ら，ここでの「地方自治の本旨」と「地方自治」については，本質的な違いは
無いものと考えられ，「地方自治の本旨」の内容を，住民自治，団体自治と説
明することは，「地方自治」に関する理解からは当然のことであると考えるこ
とができる(62)。

第2項　地方自治の本旨の意味するところ

　このように理解すると，憲法92条が言うところの「地方自治の本旨」は，
住民自治，団体自治という構成要素によって理解されるほかないようにも思え
るが，渋谷秀樹先生は，「地方自治の本旨」についてその構成要素を地方統治
権，地方参政権，対中央政府独立性，地域内最高性によって構成されるとし(63)，
杉原泰雄先生は，「地方自治の本旨」の具体的内容として，ⅰ人権保障の目的
性，ⅱ住民自治と団体自治，ⅲ地方公共団体優先の事務配分の原則と全権限

---

(61)　法学協会編『註解日本国憲法（下巻）』（有斐閣，1954年）1355頁。

(62)　「地方自治」の観念の中に，人民自治・住民自治と団体自治が含まれ，「地方自治の
　　本旨」についても，同様の理解をするとしているものに佐藤功・前注(57) 529-536頁
　　がある。

(63)　渋谷・前注(50) 4頁，渋谷秀樹「憲法と条例——人権保障と地方自治」ジュリ1396
　　号（2010年）128頁など。

第 2 節　地方自治とは何か，地方自治の本旨とは何か

性の原則，iv自主財源の配分の原則[64]とするなど，住民自治，団体自治による理解のみにとどまることなく，また，「補完性の原理」を「地方自治の本旨」の一内容として理解するものがある[65]。

　それでは，「補完性の原理」を含めた，住民自治，団体自治以外の内容，構成要素を，「地方自治の本旨」の中に読み取ることはできるだろうか。「地方自治」の概念が表すものが，住民自治，団体自治という内容であるからといって，「地方自治の本旨」の構成要素が，住民自治，団体自治に限られないような場合とは，①「地方自治」の概念に含まれない要素が，日本国憲法 92 条の「地方自治の本旨」に含まれると考えられる場合（この場合憲法第 8 章地方自治全体から，「地方自治の本旨」について理解されるとするものも含まれるだろう。），②「地方自治」という概念の中で，その内容としての住民自治，団体自治以外にも，それを構成する要素が含まれると考えられる場合，③「地方自治の本旨」について理解する際に，その内容，構成要素を考える時には，「地方自治」とは別の憲法上の保障規定や文言とを同時に検討する必要がある場合，に分けられるだろう。

　③の場合としては，杉原泰雄先生が示すように，人権保障という憲法の他の条項を「地方自治の本旨」の内容として導くものが考えられるだろうが，杉原先生は，「日本国憲法のとくに第 11 条，第 13 条，第 97 条から明らかなように，地方公共団体の政治も，中央政府の政治と同じく，人権保障のためのものであり，人権の最大限の尊重を義務づけられていると解される。これらの規定が地方公共団体の政治を対象外としているとは解されないし，現に異論なくそのようなに解釈されている。『地方自治の本旨』も，当然にその意味を含んでいると解すべきであろう。そうだとすれば，地方公共団体は，住民の人権を保障するうえで必要がある場合には，原則として，すべての事項につき，自主的に，法律による授権の有無にかかわらず，活動することができるはずである」[66]として，「地方自治の本旨」に人権保障の趣旨が含まれると解されている。

---

(64)　杉原泰雄『地方自治の憲法論──「充実した地方自治」を求めて〔補訂版〕』（勁草書房，2008 年）153-180 頁。

(65)　廣田全男「補完性原理と『地方自治の本旨』」白藤博行＝山田公平＝加茂利男編『地方自治制度改革論──自治体再編と自治権保障』（自治体研究社，2004 年）121-122 頁，磯部力「国と自治体の新たな役割分担の原則」西尾勝編『地方分権と地方自治』（ぎょうせい，1998 年）87-90 頁。

(66)　杉原・前注(64) 153 頁。

第 6 章　今日の条例制定の限界と地方自治の本旨

このように，「地方自治」そのものの概念から一歩外に出て，「地方自治の本旨」を考えることは，人権保障規定が憲法に規定されていることから，同じく憲法に規定される「地方自治の本旨」の趣旨として人権保障規定をこの中に含むことができる可能性がある。しかし，「地方自治」についての文言上の理解をはるかに超えて，「地方自治の本旨」を解釈する（この場合，憲法の他の条項についての趣旨をここに含まれるものと解する。）ことは，憲法上の他の条項の改正や解釈，判例の変更等によっても，この「地方自治の本旨」の意味するところが変わる可能性をも認めることとなるものではないだろうか。

「地方自治」条項との関係において「地方自治の本旨」が理解されることは，「地方自治」に関する基本的理解が変動する可能性がほとんどない，ある種の普遍性から理解され，また「地方自治」の理解が変わる場合には「地方自治の本旨」の理解もこれと同じくして変わるものであるとされようが，憲法の他の条項にまで（場合によっては憲法以外の条項にまで），「地方自治の本旨」の理解の範囲を広げることは，「地方自治」ないし「地方自治の本旨」についての解釈を普遍的，安定的なものとすることができず，このことからも憲法上の「地方自治」の内容の理解に関して，上記③のような理解をすることは適当ではないだろう[67]。ただし，後述するように，少なくとも憲法上の他の条項（人権保障規定など）を，地方自治権の理解として，これに包含することは，決して否定されるものではない。

そうすると憲法 92 条のいう「地方自治の本旨」の内容について，「地方自治」の概念による住民自治，団体自治以外にもここに含まれるものがあると解する場合には，①，②の場合が考えられるだろう。

ここで，渋谷秀樹先生がのような理解，つまり，「地方自治の本旨」についてその構成要素を地方統治権，地方参政権，対中央政府独立性，地域内最高性によって構成される理解に立った場合に，上記①，②のどちらの場合が該当しうるか検討する。一見どちらの場合にもあてはまるように見えるが，②「地方

---

(67)　人権保障規定などの他の憲法規定をその内容に含むとする場合，「地方自治の本旨」に関する理解を，判例法主義的に理解すると，判例法の蓄積を通じて判例法の形成をし，これによる「地方自治の本旨」の理解をしようとすると，人権保障規定に関する判例によっても，「地方自治の本旨」の理解が大きく左右されることになる可能性があろう。地方自治の本旨に関する判例法主義的な理解については，西尾勝『「地方自治の本旨」の具体化方策」東京市政調査会編『分権改革の新展開に向けて』（日本評論社，2002 年）52 頁参照。

340

第2節　地方自治とは何か，地方自治の本旨とは何か

自治」という概念の中に，その内容としての住民自治，団体自治以外にも，それを構成する要素が含まれると考えられる場合，対中央政府独立性，地域内最高性は，「地方政府のもつ地方統治権の他の政府に対する独立性については，主権の概念と類比させて，統治団体（政府）のもつ一国内における対外的独立性になぞらえるべきであり，またその固有事務については他の政府の行為に対する優位性を意味する地域内最高性ととらえるべき」(68)として，これらを「地方自治の本旨」の構成要素として捉えるものとしていることから，これは，アメリカにおける地方自治のあり方との比較からも，本来的に「地方自治」の概念に含まれているものと解されるものとはいい難い。憲法92条における「地方自治の本旨」に対する理解と，そもそもの「地方自治」の概念に対する理解を異なるものとして考え，「地方自治の本旨」の内容として，本来的に「地方自治」の概念として備わっている，住民自治，団体自治(69)に加えてそれ以外の要素が含まれるものとするような理解であるとして，渋谷秀樹先生の理解は①の場合に当たるものであると考えられる。

　そして，小林與三次氏が，「『地方自治の本旨』とは，地方自治の根本趣旨，根本精神，本義，眞髄等と，言い代え得るのであろうが，私は，これを分析すると，次のような，假に名づけた四つの原理の上に成り立っているものと思う。第一に，住民自治の原理，第二に團體自治の原理，第三に現地綜合行政の原理，第四に自主責任の原理，これである。そのいわんとするところは後述する通りであるが，この四つの原理の渾然とした融合統一の上にのみ，地方自治の本旨が實現する。而してこの四つの原理は，必ずしも別個獨立の原則ではなく，相互に深い牽連を有しており，或は同一物の二面であり，三面であり，四面であるかも知れず，特に實際の制度のうえに現われるに當つては，必ずしもこれを區別することができない」(70)として，住民自治，団体自治のほかに，現地総合行政の原理，自主責任の原理とを「地方自治の本旨」の内容として位置づけるものも①の場合にあたるものと解されよう。

　本来的な「地方自治」の概念を拡充させることは，アメリカの地方自治などとの比較からも，住民自治，団体自治以上（それ以外の要素）の意味を持たせ

---

(68)　渋谷・前注(50) 4頁。

(69)　渋谷秀樹先生は，これら従来の住民自治を地方参政権，従来の団体自治を地方統治権と呼びかえて理解するべきであるとしている。渋谷・前注(63) 128頁。

(70)　小林與三次「地方自治の本旨 (1)」自治研究25巻2号（1949年）44頁。

341

第6章　今日の条例制定の限界と地方自治の本旨

ることは,「地方自治」の概念の普遍性を否定することになりかねず,「地方自治の本旨」の内容について,住民自治,団体自治のほかに新たに何らかの要素を見出そうとする場合においては,①のような場合,すなわち,「地方自治」の概念に含まれない要素が,憲法92条の「地方自治の本旨」に含まれると考えられる場合として捉えるべきである。ただし,比較研究的意味において,新たな地方自治の概念を導き出すことは可能ではあろう。

憲法上「地方自治の本旨」の内容として住民自治を認めることは,団体自治の保障された団体において,その団体の意思形成に住民が参加することが認められるような場合に住民自治が保障されているとすることから[71],住民の意思を反映する地方自治(地方政治)を行うことを保障するものとされ,憲法上,住民代表による議会の設置(93条1項),議会議員や首長の直接選挙(93条2項),議会による条例制定(94条),地方自治特別法に係る住民投票(95条)が憲法上明記されており,これが住民自治の保障と関わってくるものとする[72]。

そして,憲法15条の公務員の罷免に関して,住民の代表としての議会は,住民の意思表明の場とならなければならず,住民の意思を正確に反映するよう構成される必要があり,その議会によって制定される条例は,住民の意思,利益を表明するものである必要があり,住民が首長,議会の議員を罷免することが出来るとされることは,こうした住民自治の憲法上の保障を表すものとされる[73]。

団体自治を認めることは,地方公共団体における自治事務,自治作用が,全国民,全国家的に行われるものではなく,地方公共団体それぞれの事情によって異なることを前提として,そのような事務を処理する権能として地方自治権が認められるということにある[74]。そして,憲法は94条において,その事務処理等に関する権能を有することと,これに関しての条例を定めることが認められている。

また,団体自治とは,「国家の中に国家から独立した団体が存在し,この団体がその事務を自己の意思と責任において処理することをい」い,「法的意味の自治,または対外的自治といわれることもある。わが国の都道府県や市町村

---

(71) 宇賀・前注(52) 3頁。
(72) 杉原・前注(64) 160頁。
(73) 杉原・前注(64) 160-163頁。
(74) 杉原・前注(64) 166頁以下。

第2節　地方自治とは何か，地方自治の本旨とは何か

は，団体自治を認められた団体である」とされ[75]，国家から独立した団体の存在とその事務処理機能を備えることを認めることを団体自治によって保障されるものと解していると思われる。

　小林與三次氏は，団体自治の理解について[76]，団体の意思と，団体の活動が必要であることとされ，この意味での団体意思のための住民自治（の保障），団体活動のための自治事務や国からの独立自主性（の保障）が，団体自治，そして「地方自治の本旨」の内容として求められるとされるのだろう。

　ここで，日本国憲法92条の「地方自治の本旨」には，前述してきたような「地方自治」として当然に包含される住民自治，団体自治以外の要素が含まれるものであるか次に検討する。

第3項　地方自治の本旨の構成要素としての補完性の原理の妥当性

　補完性の原理が，憲法92条にいうところの「地方自治の本旨」の内容，構成要素に含まれるかどうか検討する余地があろう。ヨーロッパ地方自治憲章などの国際条約等における補完性の原理について，「①市民に最も身近な行政主体が優先的に行政を担うこと，②上位の行政主体は，下位の行政主体の権限行使を補助すること，③上位の行政主体が補完して権限行使する場合の基準が示されていること，④上位の行政主体から下位の行政主体への介入は必要最小限でなければならないこと」の4点が要素として考えられるものとされることを念頭に[77]，補完性の原理が，「地方自治の本旨」に含まれるかどうかは，「地方自治」の概念自体からこれを導き出すことはできない。

　しかしながら，日本国憲法上の「地方自治の本旨」に基づいて制定されている，「地方自治の本旨の具体化」である，地方自治法等を見てみると，地方自治法1条の2第2項は，「国は，前項の規定の趣旨を達成するため，国においては国際社会における国家としての存立にかかわる事務，全国的に統一して定めることが望ましい国民の諸活動若しくは地方自治に関する基本的な準則に関する事務又は全国的な規模若しくは全国的な視点に立って行われなければならない施策及び事業の実施その他の国が本来果たすべき役割を重点的に担い，住

---

(75)　宇賀・前注(52) 3頁。

(76)　小林與三次「地方自治の本旨（2・完）」自治研究25巻3号（1949年）15-16頁。

(77)　矢部明宏「地方分権の指導理念としての『補完性の原理』」レファレンス62巻9号（2012年）11頁。

343

第6章　今日の条例制定の限界と地方自治の本旨

民に身近な行政はできる限り地方公共団体にゆだねることを基本として，地方公共団体との間で適切に役割を分担するとともに，地方公共団体に関する制度の策定及び施策の実施に当たって，地方公共団体の自主性及び自立性が充分に発揮されるようにしなければならない」（下線部筆者）と規定し，国は，国が本来行うこととされている事務を行うことを基本として，身近な地方公共団体に，国の事務よりも身近な行政主体としての役割を担わせることを基本として，地方公共団体のそのような役割，制度に関して，つまりは，ここで身近な地方公共団体が行うこととされる事務について，国等の介入を出来る限り排除されることによって，地方公共団体の自主性，自立性を確立させようとすることと規定している。これを，補完性の原理に関する要素に照らしてみると，①市民に最も身近な行政主体が優先的に行政を担うこと，④上位の行政主体から下位の行政主体への介入は必要最小限でなければならないことの2点については検討の余地があろう。

　ただし，①については，最も身近な行政主体としての市町村に行政が分担されるのではなく，あくまでも地方公共団体としている点に疑義を抱く。この条文からは，下位の団体の行政に関して上位の団体によって補完的行政が行われるかどうかも明確でなく，都道府県といった広域自治体と市町村といった基礎的自治体の間での役割分担については，必ずしも明確ではないことを鑑みれば，都道府県集中型地方自治についても否定されるわけではないため，この条文から補完性の原理が地方自治法上規定されているとまではいい難い。

　そして，地方自治法の2条11項，2条12項において，地方公共団体と国との事務の配分について，「適切な役割分担を踏まえて」との規定があるものの，これが，補完性の原理のような，地方分権的作用を意味しているのかは明確ではない。

　しかし，平成7年に5年の時限立法により制定された地方分権推進法においては，2条において，「地方分権の推進は，国と地方公共団体とが共通の目的である国民福祉の増進に向かって相互に協力する関係にあることを踏まえつつ，各般の行政を展開する上で国及び地方公共団体が分担すべき役割を明確にし，地方公共団体の自主性及び自立性を高め，個性豊かで活力に満ちた地域社会の実現を図ることを基本として行われるものとする」として，国と地方の行政における役割分担の明確化とともに，地方公共団体の自主性，自立性の向上を定め，4条において，「地方分権の推進は，国においては国際社会における国家

344

第2節　地方自治とは何か，地方自治の本旨とは何か

としての存立にかかわる事務，全国的に統一して定めることが望ましい国民の諸活動若しくは地方自治に関する基本的な準則に関する事務又は全国的な規模で若しくは全国的な視点に立って行わなければならない施策及び事業の実施その他の国が本来果たすべき役割を重点的に担い，地方公共団体においては住民に身近な行政は住民に身近な地方公共団体において処理するとの観点から地域における行政の自主的かつ総合的な実施の役割を広く担うべきことを旨として，行われるものとする」として，国と地方の行政における役割分担にあたっての，地方公共団体の事務について住民に身近な行政を担うことを定めていた。

この地方分権推進法をふまえた地方自治法の改正により，地方自治法1条，2条の規定が追加・改正されたことを鑑みれば，少なくとも，地方公共団体における行政を，住民にとって身近な行政と位置づけ，「国においては国際社会における国家としての存立にかかわる事務，全国的に統一して定めることが望ましい国民の諸活動若しくは地方自治に関する基本的な準則に関する事務又は全国的な規模で若しくは全国的な視点に立って行わなければならない施策及び事業の実施その他の国が本来果たすべき役割を重点的に担」うこととした点において，国と地方の関係については，補完的要素を取り入れているものと解することができよう。

しかしながら，補完性の原理の4要素を満たすような，いわゆる市町村優先を謳うものではない。すなわち，地方自治法においては，国と地方との関係については，地方が住民に身近な行政を行うことを基本として，国はその地方の行政に対して，補完的に，全国的・統一的行政や国際社会における国家の行政作用を担うこととしているものであって，都道府県，市町村との関係において，より住民に身近な行政を市町村が行い，都道府県がそれを補完するとする理念が導き出されない限りは，ここまで述べてきたような補完性の原理については，「地方自治の本旨」には含まれないと解すべきである[78]。

そして，地方自治法2条3項「市町村は，基礎的な地方公共団体として，第5項において都道府県が処理するものとされているものを除き，一般的に，前項の事務を処理するものとする」，5項「都道府県は，市町村を包括する広域の地方公共団体として，第2項の事務で，広域にわたるもの，市町村に関する

---

(78)　都道府県，市町村の役割分担については，そもそも憲法上，地方公共団体の都道府県，市町村の二層制が保障されているのかどうかという問題もあるが（佐藤幸治・前注(56) 552頁，塩野・前注(56) 151頁以下など），これについては後述することとする。

連絡調整に関するもの及びその規模又は性質において一般の市町村が処理することが適当でないと認められるものを処理するものとする」,との規定からすれば,都道府県は市町村に対して相対的に補完的なもの[79]であるということはできるが,ここからも明確に市町村優先性が導かれない以上,補完性の原理の要素である,最も身近な行政主体が優先的に行政を担うという点との関係で,地方自治の本旨の要素として補完性の原理が含まれるものとはいえないだろう。

第4項　地方自治の本旨の理解とアメリカの地方自治

　以上のように「地方自治の本旨」に,いわゆる補完性の原理がその構成要素としては含まれないとされる。それでは,住民自治,団体自治の他に地方自治の本旨の構成要素は含まれないのであろうか。

　そもそも,日本国憲法第8章地方自治の条項が設けられた背景には,連合国軍総司令部における日本の民主主義の発展のために必要であるものの一つとして[80],明治期における中央集権体制に対する地方自治の章を憲法に設けることを,マイロ・E・ラウエル（Milo E. Rowell）が主張したことが,マッカーサー草案に反映される形となったものとされている[81]。昭和21年2月13日のマッカーサー草案は,第8章に地方政治の章を置き,ここで以下のように規定していた。

　「第8章 地方政治　第86条 府県知事,市長,町長,徴税権ヲ有スル其ノ他ノ一切ノ下級自治体及法人ノ行政長,府県議会及地方議会ノ議員並ニ国会ノ定ムル其ノ他ノ府県及地方役員ハ夫レ夫レ其ノ社会内ニ於テ直接普通選挙ニ依リ選挙セラルヘシ　第87条 首都地方,市及町ノ住民ハ彼等ノ財産,事務及政治ヲ処理シ並ニ国会ノ制定スル法律ノ範囲内ニ於テ彼等自身ノ憲章ヲ作成スル権利ヲ奪ハルルコト無カルヘシ　第88条 国会ハ一般法律ノ適用セラレ得ル首都地方,市又ハ町ニ適用セラルヘキ地方的又ハ特別ノ法律ヲ通過スヘカラス但シ右社会ノ選挙民ノ大多数ノ受託ヲ条件トスルトキハ此ノ限ニ在ラス」[82]と3か

---

(79)　塩野・前注(56) 151頁。

(80)　地方自治に関する民主主義的要素と憲法上に地方自治を規定することについて,宮沢俊義先生は,「近代の諸国の憲法は,いずれも多かれ少なかれ民主主義的政治原理をみとめ,その一環として地方自治の原則をみとめるを例とする……近代の憲法では,地方自治をその必然的な結論として承認する者が多い」としている（宮沢俊義（芦部信喜補訂）『全訂　日本国憲法』（日本評論社,1978年）757頁）。

(81)　佐藤幸治・前注(57) 361頁。

条によって地方自治に関する規定を設けており，これは，首長，議員等の直接選挙を規定し，首都，市の自治憲章制定権を認め，首都，市，町については，国による地方自治特別法を排除する（制限する）ことを規定するという内容である。

この草案と日本国憲法第8章地方自治を比較すると，マッカーサー草案では，「㋑地方自治についてアメリカのホーム・ルール型の考え方をとっていること（87条），㋺憲法上の地方団体が具体的に述べられていること（86条），㋩現行92条の総則的規定が存在しないこと，㊁草案87条が住民の憲章制定権を定めているのに対し，それに対応する現行94条では，地方公共団体の条例制定権となっている」[83]ことが，相違点であるとされる。マッカーサー草案は，アメリカのホーム・ルール制度を導入したものであるとされるが[84]，現行の日本国憲法においてもそのアメリカ地方自治制度に淵源を置くということができる点がある。

第1章でアメリカの地方自治制度について述べた中で，自治憲章制定権，いわゆるホーム・ルール（ホーム・ルール・チャーター）制度についても触れてきたが，この自治憲章制定権は，アメリカの各州がそれぞれ地方自治体に対して認めることができるものであり，その保障の形態は，憲法上に自治憲章制定権を保障するもの（constitution home rule），憲法上は規定されておらず，法律によってのみ規定（保障）されているもの（legislative home rule）に分けられる。法律によって自治憲章制定権の規定を設けている場合は，法律によって否定することも可能であり，また，憲法上に自治憲章制定権の保障を規定している場合であっても，自治憲章制定権の付与について，州議会の認可等，裁量によることとしている場合もあり，このようなものについては，憲法によって規定する場合と法律によって規定する場合とで，地方自治の保障という意味においては大きな差はないものと考えられる。

そして，マッカーサー草案においては，首都と市における憲章（charters）制定権を付与することとされていたものが，現行の日本国憲法94条においては，「地方公共団体は，その財産を管理し，事務を処理し，及び行政を執行す

---

(82) 清水伸編『逐条日本国憲法審議録（第4巻）』（有斐閣，1963年）334-335頁。

(83) 佐藤幸治・前注(57) 361-362頁。

(84) 佐藤幸治・前注(57) 361頁，阿部照哉＝佐藤幸治＝園部逸夫＝畑博行＝村上義弘編『地方自治大系（第2巻）』（嵯峨野書院，1993年）25頁。

る権能を有し，法律の範囲内で条例を制定することができる」として，条例（regulations）制定権を認めているものである。この条例制定権については，この淵源がアメリカにおける自治憲章制定権に倣っていることは，その制定過程の議論において，一時は憲章制定権とされていたことからもうかがえる。

また，日本国憲法95条において規定する地方自治特別法に関する規定は，アメリカのホーム・ルール運動において当初求められていた，州による特別法の禁止を参考とし，マッカーサー草案においては特別法を原則禁止とするものであったことからも，日本国憲法における地方自治の保障は，アメリカにおける地方制度を基にして構成されたものであると解される[85]。

そうすると，アメリカにおける地方自治は，現在においてもなおディロンの原則や，アトキンス事件，トレントン事件などにおいて連邦最高裁が示してきた「地方自治体が州の創造物である」，そして，「地方自治体の権限については州がそれを与えることも奪うことも可能である」と理解されていることから[86]，アメリカの地方自治に淵源を置くわが国の地方自治がアメリカのこうした原則をそのまま適用されることとなると，憲法上の地方自治の保障を否定することにもなりかねない。

日本国憲法における地方自治の保障については次節で触れるが，地方自治が憲法上保障される意義を「地方自治の本旨」規定の存在から導くことによって，アメリカの地方自治を基にして構成されたわが国の憲法であったとしても，「地方自治の本旨」の解釈により，その構成要素を地方自治の概念たる住民自治，団体自治によってのみ構成されるものではないと解することができるだろう。

第5項　地方自治の本旨の理解

地方自治の本旨に関しては，成田頼明先生のように「憲法の規定からどのような種類の事務を必要最小限度地方公共団体に固有の事務として留保すべきであるかは，一義的に明確になるわけではな」く，「どのような事務を地方公共

---

(85) 日本国憲法にアメリカの地方自治要素が含まれていることに関する検証については，豊永郁子「現憲法下におけるアメリカ型地方自治の可能性」地方自治692号（2005年）2頁以下参照。

(86) Atkin v. State of Kansas, 191 U. S. 207 (1903), City of Trenton v. State of New Jersey, 262 U. S. 182 (1923).

第2節　地方自治とは何か，地方自治の本旨とは何か

団体に配分し，どのような事務を国と地方公共団体の公共事務にするかは，基本的には，事務の性質，効果，影響範囲，責任の所在，時代の要求などを考慮して立法政策により定めるべきものであ」るとして[87]，国が立法政策によって地方公共団体の事務の配分等について決定する権限を有することから，より身近な地方公共団体に対して事務の配分をするという趣旨での補完性の原理を「地方自治の本旨」の構成要素とすることはできないと解するものがある。

　しかしながら，「地方自治の本旨」の構成要素には，地方自治の概念として住民自治，団体自治以外にも，ヨーロッパ自治憲章等における補完性の原理とは異なる補完的原理──ここでは地方優先行政の原則という──が含まれるものと解される。

　地方自治法2条11項，12項において規定される，国と地方の行政の役割分担は，地方分権推進法の理念を引き継いでいるものであり，ここに含まれる国と地方の行政の役割分担の理念は，国が全国的・統一的行政や国際社会における国家の行政作用を担うこととされるのに対して，地方は住民に身近な行政を担うこととされ，国はこれに関しての補完的行政作用のみを有することと解される。

　しかし，いわゆる補完性の原理のように，より身近な地方団体による行政と，それを包括する広域的地方団体による補完的行政作用までも規定しているものでもない。そのため，（地方間の行政作用については，次節において都道府県，市町村の二層制が憲法上保障されるか否かという点との関係でも検討するところではあるが）都道府県という広域的な地方公共団体と市町村という基礎的な地方公共団体との間においては，その行政の補完的作用が憲法上の理念として存在することは認められるものではない。

　たとえば，昭和29年6月8日に公布された新警察法によって，それまで市町村が担ってきた自治体警察の事務を，都道府県警察とすることに対して，「地方自治の本旨」に反する改正であるとの主張がなされたが，「同法（警察法──筆者）が市町村警察を廃し，その事務を都道府県警察に移したからといつて，そのことが地方自治の本旨に反するものと解されないから，同法はその内容が憲法92条に反するものとして無効な法律といいえない」として，自治体警察を都道府県警察という広域行政とすることは，「地方自治の本旨」に反するも

─────────────
(87)　成田頼明『地方自治の法理と改革』（第一法規，1988年）25-28頁。

349

第6章　今日の条例制定の限界と地方自治の本旨

のではないとされたように，たとえ歴史的に自治体警察が続いていたとしても，社会事情等を考慮して政策的な判断により，市町村，都道府県という地方間の行政分担の変更が可能とされることを示している。

このため「地方自治の本旨」は，市町村，都道府県の地方間における行政分担について，身近な行政をより身近な（最も身近な）行政主体に委ねなければならないわけではなく，政策的な判断により市町村の行政を都道府県に移すことも可能と解される。もちろん，法律上，市町村を第一義的な行政主体として位置づけ，これに都道府県が協力，支援する枠組みも存在する（災害対策法制など）。

そうすると，「地方自治の本旨」には，補完性の原理とまではいえないものの，国と地方における行政の役割分担については，地方（これがたとえ，一層制，二層制，三層制等のいかなる階層による地方団体の構成であったとしても）と国との間について，地方が担う身近な行政と国がそれについて補完的行政を担うことが，地方自治の本旨の構成要素として含まれていると解され，地方優先行政の原則ないし，国地方間の補完的行政の原則として保障されていると解される。ここでは，時代や社会情勢に応じて，特に交通網，通信網の発達により，地方の担うことのできる行政が増える可能性をも含んでいるものである。

このような原則は，大日本帝国憲法下においても，国による関与が強い官治的な地方制度ではあったものの，地方公共団体としての性格を認められていた市町村（それ以前の大区，小区）に身近な行政（当初の戸籍編成事務から民政一般にわたるまで）を配分しており，補完的行政による行政の効率化の観念自体は，日本国憲法制定前の地方自治制度の下ですでに存在していたものともいうことができる。

そして，地方優先行政という身近な行政の担い手としての立場が保障されていることおよび団体自治との関連から，ここでの地方の事務，今日において自治事務といわれているものについて，地方が国から独立した責任を有する団体であることが「地方自治の本旨」の構成要素として含まれるものと解される。すなわち，自己責任（Selbstverantwortlichkeit, self-responsibility）の原則ともいうべきもので，ドイツ的地方自治行政観念の本質的メルクマールをされるものである[88]。

---

(88)　成田頼明「地方自治の保障」宮沢俊義先生還暦記念論文集『日本国憲法体系第5巻統治の機構II』（有斐閣，1964年）256頁。

第2節　地方自治とは何か，地方自治の本旨とは何か

　このような主張は小林與三次氏が，「地方自治の本旨」に含まれる自主責任（自己責任）の原理について，「地方自治は，住民の意思と責任による行政である。國家の機關ならぬ，獨立の意思の主體による行政は，行政の自主性と責任性とを，その本質とする。自主自律性のない行政は，自治の名に値せず，自治の存在を認める理由を否定する。又，自己責任の伴わない自由意思はあり得ず，責任性のない行政も，自治の名に値しない。團體人格の尊重と住民意思の尊重とは，必然的に團體の自主責任性を要求する。自治の自主性は，制度的には，主として國との關係において現われる。國の意思から完全に獨立して，團體意思の自主自律を求める。簡單に言えば，國の監督の排除である。自治團體に對する監督の問題は，地方自治における，最も重要な問題の一であるが，地方自治の本旨は，國の監督を排除する立場に在ることだけは間違いない。終戰後の自治制度の改正は，この點においても極めて積極的態度を示し，中央政府による行政監督を排除することが，その最も大きな狙いの一であつた。法律卽ち國會と自治團體とを直結させて，中間に行政の介在することを拒否しようとしたのである。別の語で言えば，行政監督から法律監督へ，ということになろう。必要な統制は，最小限度に止め，而も必ず法律を以てし，法律の下においては，完全に自治團體の自主的活動を認める。その行爲は，事後に，裁判所によつて，法律違反を理由としてのみ，批判監督される。合法性の判斷は司法機關に保留されるが，合目的性の判斷は團體自らに委される」[89]としているように，自らの事務について国からの介入の排除するもので，団体自治との関係においても，地方自治の独立性の確保から求められるものである。

　以上のことから，「地方自治の本旨」は，地方自治の概念から導き出される，住民自治，団体自治，すなわち，住民自治の原則，団体自治の原則に加えて，地方優先行政の原則（国地方間の補完的行政の原則），自己責任の原則の4要素により「地方自治の本旨」が構成されるものであると解される。

　そして，日本国憲法において保障される地方自治がアメリカの地方自治を基にしていることから，アメリカの地方自治におけるいわゆるホーム・ルール制度的要素がここに含まれる可能性はあるものの，アメリカにおける地方自治は，全体としてはディロンの原則などの原理によって構成されている。ここでの地方自治の保障の性格は，ホーム・ルール制度などとして語られるそれとは異な

---

(89)　小林・前注(76)　25頁。

第6章　今日の条例制定の限界と地方自治の本旨

り，地方自治体の権限を極力認めない方向性であること，ホーム・ルールの制度においては，各州によってその内容も保障形態も異なることから，「地方自治の本旨」の構成要素として，単純にアメリカのホーム・ルール制度的要素が含まれるものと解することは困難であろう。

第3節　日本国憲法における地方自治の保障の再考

第1項　地方自治の保障に関する考えの整理

　日本国憲法における地方自治の保障，自治権の保障については，従来から固有権説，伝来説，制度的保障説の3説があり，近時では，「地方自治権の主体は住民と自治体にあり，前者には住民自治権が帰属し，後者には団体自治権がかかわるとし，両者を一体化したものが地方自治権である」[90]とするような新固有権説や，「日本国憲法が，社会契約説を採った以上，地方公共団体の統治権も憲法制定という契約締結（または合同行為）によって，直接その地域住民から信託されたとみ」て，「住民こそが地方政府の意思にも優越する地方の主権者であ」り，「地方統治権の正統性は住民の同意にあるとする理論」[91]の社会契約説も説かれている。

　(1)　固有権説は，地方公共団体が一定の固有の自治権を有するとするものとして論じられるが，元来フランス革命時にみられた地方権思想を淵源としてドイツなどで展開したものとされ[92]，地方自治権を自然権として，地方公共団体を一定の固有の権利を有する主体として捉えるもの，地方公共団体が国家成立以前に存在し，その地方公共団体が自治権の維持等の地方公共団体の利益のために国家形成をしたというものがある[93]。この固有権説においては，地方公共団体の組織，運営等について法律によって規定することにも限界が存在することにもなる。固有権説については，これを受け入れる考えも少なからずあったものと思われるが，少数説にとどまっていた[94]。

---

(90)　渋谷秀樹「日本国憲法と地方自治」都市問題研究61巻4号（2009年）35頁。

(91)　渋谷・前注(90) 34-35頁。

(92)　フランス革命時のトゥーレによる「地方権」(pouvoir municipal) の思想を淵源として展開されてきた後，フランスにおいてこの説は力を失ったものの，1830年のベルギー憲法における理解やドイツ公法学説における支持をみてきたものとされる（小林ほか・前注(7) 109頁）。

(93)　杉原・前注(64) 148頁。

第3節　日本国憲法における地方自治の保障の再考

　大日本帝国憲法には地方自治を保障する規定が存在しなかったために，戦前のわが国において，地方自治権の拡大を図るために固有権説は実践的意義を有していたものの少数説にとどまり，日本国憲法下においても，初期に「地方自治の本旨」について固有権説が唱えられたことがあるものの，広い支持を得ているものとはいえないとされる[95]。固有権説においては，その性質が，地方公共団体が固有の自治権を有し，このことから国家権力に限界があるものとされ，地方公共団体の権能・組織・運営については法律によっても規定できない事項が存在することとなる[96]。そして，このような立場は，アメリカにおいてもハールバット事件において，ミシガン州最高裁でクーリー（Thomas M. Cooley）判事が，「地方自治体の自治権は州によっても奪うことのできない絶対的な権利である」として，固有権の立場を採用したこともある。より地方自治権を認め，地方分権を推進しようとする立場からは支持されるものであろうことから，「戦後，早い時期に……地方自治の重要性から，固有権説が主張され，今でも絶無ではない」[97]とされるものの，有力に主張されるものではない。

　(2)　伝来説は，19世紀後半のドイツ（ビスマルク時代）において支配的に主張されたものである。ここでは，地方公共団体の有する自治権は，国の承認，許容や国の委任に基づくものであり，地方公共団体の存在は国より伝来し，その権能は国の委任によるものであり，地方公共団体が国の委任に基づき国の事務を行うものとされるもの，地方公共団体の存在は国より伝来し，その権能は国の委任によるものではあるが，自らの利益のための地方公共事務を行い，国家的利益と矛盾しない限りにおいて地方公共団体の利益になるような事務が認められるものとがあり，このうち後者は，わが国の大日本帝国憲法下における地方自治に関する通説であるとされる[98]。

　伝来説においては，沿革的に国家の成立前に地域住民の共同体が成立したという事実があったとしても，近代国家の統治権は，単一・不可分のものとしてすべて国家に帰属し，地方公共団体も国家の統治機構の一環をなすものであってその自治権も国家統治権に由来するものとされる[99]。今日のアメリカにお

---

(94)　小林ほか・前注(7)　110頁。

(95)　宇賀・前注(52)　5頁。

(96)　杉原・前注(64)　148頁。

(97)　塩野・前注(56)　129頁。

(98)　高田ほか・前注(51)　7頁。

(99)　宇賀・前注(52)　6頁。

第6章　今日の条例制定の限界と地方自治の本旨

ける地方自治は，地方自治に関する決定権限を州のものとして位置づけ，地方自治体は州の創造物であり，州の権限により地方自治体の権限を奪うことも与えることもできるとする州権限の絶対性を認めているものとして，地方自治に関する権限が，州に由来することから，伝来説のような立場が採られているものと思われる。

(3)　制度的保障説は，地方自治制度を憲法の規定によって特別の保護を与えられたものとするもので，ここでは，通常の立法手続によってその制度の廃止や，本質的内容の侵害がなされることがないというものである。これは，ワイマール憲法（127条）の地方自治の規定を制度的保障と解することによって成立し，ここでの通説的地位を占め，ボン基本法（28条2項）下においても通説とされ[100]，日本国憲法においても通説的見解であるとされる[101]。最高裁も，日本国憲法の地方自治に関する規定は，「住民の日常生活に密接な関連を有する公共的事務は，その地方の住民の意思に基づきその区域の地方公共団体が処理するという政治的形態を憲法上の制度として保障しようとする趣旨に出たものと解される」と判示している[102]。

ここでは，地方自治制度が，憲法によって保障されたものであって，憲法以前に自然権として存在するものではないことから，固有権説を否定し，憲法改正によって地方自治制度を廃止することも可能となる。他方で，地方自治制度が憲法上の保障を受けていることから，法律によって地方自治の本質的内容を否定するようなことは許されないものとされる[103]。ただし，憲法上保障する地方自治制度がいかなるものであるのか，その本質的内容をどのように理解するかが問題となるところであり，この点についての意見の一致が見られていない。

第2項　固有権説の理解

地方自治の保障，地方自治権の保障は，今日までの上記のような各説の考えにより理解されうるものであろうか。

まず，固有権説についてみてみると，ここでは地方自治権を前国家的な権利

---

(100)　高田ほか・前注(51) 8頁。
(101)　杉原・前注(64) 149頁。
(102)　最三小判平成7年2月28日民集49巻2号639頁。
(103)　宇賀・前注(52) 7頁。

354

として位置づけるものとされるが，そのように解すると，地方自治権をある一種の自然権のように扱うこととなり，これはハールバット事件判決において，「地方自治体の自治権は州によっても奪うことのできない絶対的な権利である。州が地方自治体の形態を決定されるだけでなく，行政運営に係る行政官を地方自治体に派遣することは，地方自治体の有する自由権（自治権）を表すものであるとすること，または，憲法的自由の下で地方に関する事項についてすべてを地方自治体の権限とすることも，すべての権限を奪うことをも人民に認められているとすることは，不適当なものである」[104]として示されてきたような地方自治の自治権に関する固有権的な見解に淵源を置くことができるだろう。ただし，このようにアメリカの判例において，「地方自治体の機能がinherent power であるという inherent doctrine をとった時代があったが，現在では，地方公共団体は州，つまり国家の創造物である，というのが一般的な見解である」[105]とされている。

　こうした地方自治権の前国家的要素と自然権的保障の背景は，地方と国家の存在について，そもそも国家以前に今日の地方的領域を示す区域について，その統治ないし支配が，小国家的に存在してきた経緯にそれを求めるものやわが国の明治期以前の幕藩体制における藩と幕府の関係を地方と国の関係というように置き換え，ここで藩に対して極めて強大な自治権を認めていたということに求めることができるかもしれない。

　しかし，そもそも「地方」とは，地方公共団体が，「国家の領土の一定の区域をその構成の基礎とし，その区域内の住民をその構成員とし，国家より与えられた自治権に基いて，地方公共の福祉のため，その区域内の行政を行うことを目的とする団体」[106]などとされ，国内において一定の領域・区域を基に構成される団体であって，その自治のための行政を行う主体とされることから，「国家の領土の一定の区域」，「国の領土の一部」という，いわゆる国家内の一定の地域のことを指すものと考えられよう。

　そして，この一定の地域は，単一国家体制におけるものであることを指すものであって，その地域の支配・統治については，国家が第一義的な権限を有することになる。そうすると地方という一定の地域にそもそも支配・統治の権限

---

(104)　People ex rel. Le Roy v. Hurlbut, 24 Mich. 44（1871）.
(105)　塩野・前注(56) 129 頁。
(106)　法学協会・前注(61) 1374 頁。

第6章　今日の条例制定の限界と地方自治の本旨

があるものと解することは，地方は，もはや小国家としての性質を有するものと解さなければならず，ここでの国家は連合国家，国家連邦といった構成となりうる。日本国憲法は，わが国の国家体制を単一国家であることを前提として，「国政は，国民の厳粛な信託によるもの」としているのであって，ここで地方が国家的な支配権・統治権を，たとえその地域内に限定されていたとしても有することとなれば，ここでの地方の支配権・統治権は，単一国家体制と矛盾するものとなろう。

　そもそも，「地方自治の本旨」に基づき法律によって定めるものとされる，組織・運営に関する事項は，地方に前国家的統治権があると解される場合において，最も重要となるべき，自己組織決定権，自己統治運営権ともいうべき権限までも（ここでの組織・運営に関する事項の理解については，後述するものとする），地方の裁量に含まれないことを憲法が明示していることからも，地方が固有的な自治権を前国家的に有しているとする解釈は妥当とはいえない。

　仮に，何らかの前国家的な固有的自治権が地方に認められているものと解した場合であっても，わが国が連邦国家的体制を採用していないことは明らかであり，歴史的に見て，少なくとも地方統治が単一国家体制のうちに行われている大日本帝国憲法下からの地方自治の歴史を概観すると，江戸期から明治初期に存在した藩は，その領域を府県という地方団体として変更され，その実態は，中央集権体制における国の出先機関として，官治の下に置かれてきた。

　江戸時代の村は，字（大字，小字）として，それを包括する，法人としての市，町，村（，郡）という地方団体によって明治期以降その公共事務を行うこととされたわけであるが，ここではもちろん，単一国家としての日本国においての地方として，中央集権的支配の下にあったことはいうまでもなく，戦後日本国憲法によって地方自治について規定がなされたからといって，前国家的地方自治権が現れるわけではなく，固有権説の立場に立てば，歴史的意義を考慮し大日本帝国憲法下における地方自治制度についても固有権としての前国家的地方自治権によって，地方が支配されていたとされなければならないだろう。

　少なくとも，大日本帝国憲法から日本国憲法への改正による地方自治の変革によって，地方の統治形態（都道府県，市町村の類型やその領域）が変更されたわけでもなく，日本国憲法施行前から地方自治制度については戦時においてなされてきた中央集権体制を，戦時体制以前の大日本帝国憲法下においてなされてきた地方自治制度へ回帰し，これが日本国憲法施行と同時施行された地方自

356

第3節　日本国憲法における地方自治の保障の再考

治法の基礎となっていることを鑑みれば，地方自治制度については，大日本帝国憲法と日本国憲法の間の一定の継続性を見ることができるだろう。このようなことからも，大日本帝国憲法下の地方自治制度において少なくとも，固有権的に前国家的地方自治権が存在することが明らかにされない以上，この立場が妥当するとはいえない。

　また，固有権説については，「主権の単一・不可分性の近代理論にどう対応するか，日本国憲法の立脚する個人主義の原則に照らしてなお地方公共団体が自然法的な絶対権を前提にしたものとみることができるか，地方公共団体はヨーロッパのそれのような歴史的基盤を欠いてはいないか，そうした絶対的な固有権の主体というには地方公共団体というのは漠然としすぎてはいないか，憲法が地方自治の組織・運営につき法律に留保しつつ保障していることの関係をどう評価するか，固有権であるといってもその具体的内実は明確を欠くところがないか」[107]といった批判もなされているところである。

第3項　伝来説の理解

　伝来説についてみてみると，ここでは，地方自治権は国家統治権に由来し，国家統治権による伝来ないし国家による承認により，地方に地方自治権が認められるものと解されることから，ここでの地方自治権は，国家による承認，否認も可能とされることになろう。そして，この立場においては，大日本帝国憲法下の地方自治権については，法律により，地方に付与されるという構成によることとなる[108]。

　ここでは，（国家）統治権を単一・不可分のものとして所有する国家が成立し，地方がその中に含まれ（取り込まれ）た後は，地方について，それが固有の自治権を有する主体としては認められず，ここで地方が担う統治権（統治的・支配的）行政行為の権限は国から伝来したものとなり，地方の事務についても法律によって国家により認められるものであり，国家の指揮の下に認められるものであるとされる[109]。

　このような立場は，地方の自治権を認めないとするような，保障否定説と呼ばれるものから（ここでは，地方自治に関する憲法上の規定は，これが憲法上の

(107)　佐藤幸治・前注(56) 549頁。
(108)　塩野・前注(56) 128頁。
(109)　杉原・前注(64) 149頁。

357

第6章　今日の条例制定の限界と地方自治の本旨

保障にあたるか疑問とされ,「極端にいえばそれは全く無内容な規定で……地方自治
制度を保障したものとしては殆ど意義のないものと考えられる」(110)。),広義には,
今日の通説として主張されている制度的保障説に通じるところである。

　伝来説については,上記のように地方の自治権が全く保障されていないとす
るような立場もあれば,憲法による地方自治の規定は単に,地方自治の存在を
許容,承認するにとどまらず,積極的に地方自治を保障しようとするものとし
て,地方自治に関しての総則的規定として設けられた日本国憲法92条は,地
方自治の制度変更について,憲法改正を必要とすることや地方公共団体の組
織・運営に関する事項の法定に関して,「地方自治の本旨」に適合するもので
なければ憲法違反となると解するものもあり(111),判例においても「かかる実
体を備えた団体である以上,その実体を無視して,憲法で保障した地方自治の
権能を法律を以て奪うことは,許されないもの」とされる(112)。

　伝来説においても,地方自治の保障を積極的に認めようとするものがあり,
その後の制度的保障説の嚆矢として,成田頼明先生は,「憲法第8章の規定は,
すでに述べたように,固有の人格と権能を有する地方公共団体の基本権を保障
する趣旨のものではなく,さりとて,地方自治の存在を承認するだけで,その
組織・運営に関する事項の定めを立法府の完全に自由な手にゆだねようとする
趣旨のものでもない。また,立法府に対して一般的に将来の立法の方針を示し
たプログラム規定でもない。憲法第8章は,国の統治構造の一環をなす地方公
共団体の自治行政が民主国家の基礎として欠くことのできない一の公の制度で
あるという認識に立って,歴史的・伝統的,理念的に確立されてきた一定の内
容をもった地方自治制度の本質的内容又は核心を立法による侵害から擁護する
趣旨の下に制定されたものとみるのが最も妥当なみかたであると思われる。け
だし,かようなみかたは,第一に,国法学的な見地からみた現代国家と地方公
共団体との関係を最も的確にとらえたものということができ,第二に,保障の

---

(110)　柳瀬良幹『憲法と地方自治』(有信堂,1954年) 15頁。ここでは,憲法において
　　　地方自治を保障することは,基本的人権や財産権の保障と同列に扱われるものではな
　　　く,ここでの地方自治は無意義なものであるが,意義をみいだすとすれば,ここでの
　　　意義は,65条の定める行政上の中央集権の原則に対する例外を定め,65条では不可
　　　能な地方自治を可能ならしめる点,つまりは,地方自治制度の承認または許容にある
　　　ものとする (同書13-16頁)。

(111)　法学協会・前注(61) 1369-1372頁,成田・前注(88) 239頁など。

(112)　最大判昭和38年3月27日刑集17巻2号112頁。

意味を，基本的人権の保障やプログラム規定の場合と区別して的確に説明することができるからである」という説明により，制度的保障理論の地方自治への導入について語られている[113]。

第4項　制度的保障説の理解

制度的保障説は，「議会は，憲法の定める制度を創設・維持すべき義務を課され，その制度の本質的内容を伝達することが禁止される」[114]ものであり，「憲法上その組織・運営は法律で定めることになっているとはいえ，地方自治制度の本質的内容を侵すことは許されない」[115]とされ，これによれば日本国憲法92条のいうところの「地方自治の本旨」が法律によって侵すことのできない制度の本質とされる。またここでは，その特色が「憲法による地方自治の保障が，①地方公共団体の存立や現状を保障するものではなく，法律でそれらを修正することはできる。②しかし，地方公共団体や地方事務の在り方を法律で任意に定めることまで認めるものではなく，歴史的伝統的に形成されてきた自治制度の本質内容まで法律で改廃することは認めていない」[116]というところにあるとされる。

伝来説における説明の中で，承認説，保障否定説の立場の理解は，アメリカの地方自治におけるディロンの原則やその後の連邦最高裁にみられるような判例により示された，地方自治体が州によって創設されたものであって，そこでの地方自治体に保障されうる地方自治の保障，地方自治権の保障は州に由来するという立場と同じ趣旨のものであろう。しかし，このような伝来説の立場は，地方自治の保障の観点から，地方自治権を認めないもの，ないし地方自治権を認めることについての制限を与えるものと捉えることになるだろう。

このような考え方は，わが国の地方自治制度がアメリカの地方自治制度を参考として，またはそれを基礎とした立場からすると，アメリカの地方自治制度に沿った理解が適当とされるかもしれないが，アメリカの地方自治制度，またマッカーサー草案において提示されていた地方自治制度（地方政治制度）と，

---

(113) 成田・前注(88) 241頁。カール・シュミットの制度的保障理論については石川健二『自由と特権の距離〔増補版〕──カール・シュミット「制度体保障」論・再考』（日本評論社，2007年）参照。

(114) 佐藤幸治『憲法〔第3版〕』（青林書院，1995年）397頁。

(115) 佐藤幸治・前注(114) 267頁。

(116) 杉原・前注(64) 149-150頁。

第6章　今日の条例制定の限界と地方自治の本旨

日本国憲法における地方自治制度は異なり，日本国憲法92条に総則的規定を
設けることにより，「地方自治の本旨」を規定し，これによる国に対する制約
（地方自治に関する地方への国の介入を制約する趣旨）を，憲法上の要求とするこ
とを地方自治の理念としているというべきである。

　つまりは，日本国憲法第8章，地方自治においては少なくとも，92条の総
則的規定を設けていること，そして具体的には93条以下に規定することを
もって，地方自治を保障しているものと捉えられるものであり，国が全面的に
地方自治（国による地方政治の決定という意味として，そこには自治的要素を伴わ
ないとも考えられるが）に関して決定する，いわゆるディロンの原則やその後
のアメリカの地方自治に関する判例によって構築されてきたアメリカの地方
自治制度のような，国（州）に地方公共団体（地方自治体）の権限をすべて奪
うといった，地方公共団体（地方自治体）の自治的要素が認められない考え方は，
日本国憲法の制定過程やその条項をみる限り適当とはいえないだろう。

　日本国憲法は，総則的規定を設けて「地方自治の本旨」により国の地方に関
する立法についての制約を与えていることから，日本国憲法における最大の地
方自治の保障についての特徴といえると思われる[117]。これによって国が絶対
的な地方自治に関する権限を有するものと考えることはできず，伝来説の中で
も地方自治の保障が否定されるとするような，承認説，保障否定説は妥当とは
いえない。

　伝来説の中でも今日通説的な説明がなされてきている制度的保障説について
みると，この制度的保障説は，「地方的行政のために國から獨立した地方公共
團體の存在を認め，この團體が，原則として，國の監督を排除して，自主・自
律的に直接間接，住民の意思によって，地方の實情に即して，地方的行政を行
うべきことをいう，といつたのと大體において，その趣旨を等しくする。その
狙うところは，『團體自治』及び『住民自治』の二つの意味における地方自治
を實現すること，いいかえれば，地方的行政は，國の官廳がこれに關與するこ
となく地方公共團體に委譲し，地方の住民自らの創意と責任と負擔とにおいて
これを行うべきことを意味する」[118]との通説的見解が示されている。

---

(117)　これに対して，佐藤幸治先生は，この総則的規定には，さほど大きな意味はない
　　とされている（その上で，「地方自治の本旨」についての具体的内実も，憲法93条以
　　下との結びつきにより理解する必要があるとする）。佐藤幸治・前注(114) 268頁。
(118)　法学協会・前注(61) 1379-1380頁。

360

他方，成田頼明先生の説明によれば，「『地方自治の本旨』の観念を概念的に定義することはきわめて困難であり，また，一義的に定義することは危険でもあるが，『地方自治の本旨』が住民自治と団体自治の二つの観念からなり立つという通説の見解を一応認めるとしても，憲法解釈上は，あるべき姿という意見でのそれと，侵してはならない本質的内容という意味でのそれとを区別しなくてはならない。こうした見地に立つ場合，Leitbild としての『地方自治の本旨』を問題にする場合には，住民自治と団体自治の双方を含めて考えてよいが，Norm としての『地方自治の本旨』を問題にする場合には，主として法律的意味における自治＝団体自治の観念が中心になるものということできよう。ここでの課題は，あるべき地方自治の姿の探求ではなく，憲法の保障の内容の探求であるから，以下，『地方自治の本旨』の Norm としての側面，すなわち憲法は，侵すことのできない地方自治制度の本質的内容又は核心として何を保障しようとしているのか」[119] が問題であり，「憲法 92 条は，制度としての地方公共団体の存在を保障しているから，法律で地方公共団体の存在そのものを廃止することは許されない。したがって，柳瀬教授のように，緊急事態の下で一切の地方公共団体を廃止し，すべての行政を官治行政とすることも憲法の禁ずるところでない，と解することには賛成できない。しかしながら，地方公共団体の存在の保障は，制度としての地方公共団体の存在の保障であって，個々の地方公共団体の存立の保障ではない。したがって，例えば，都道府県の配置分合を法律で定めたり（自治法 6 条），地方自治法 7 条の特例として，関係市町村の意に反する市町村の配置分合を法律で定めたりすることは，それ自体 92 条に違反するわけではない。また，制度的保障の当然の帰結として，憲法施行当時における制度（status quo）の現状の保障を趣旨とするものでもない」[120] として，地方公共団体の存立に関する制度的保障が唱えられている。

このように制度として保障される地方自治は，内容が明確でなく，そのため「地方自治の本旨」の解釈，理解が極めて重要なものと考えられるだろうが[121]，地方自治の保障を制度として保障するという制度的保障が，日本国憲法における地方自治の保障として適当であろうか。特に，地方公共団体の存在に関しての，成田頼明先生の説明においては「制度としての地方公共団体の保障」であ

---

(119) 成田・前注(88) 288-289 頁。
(120) 成田・前注(88) 290-291 頁。
(121) 成田・前注(88) 289 頁。

第6章　今日の条例制定の限界と地方自治の本旨

り，「制度的保障の当然の帰結として，憲法施行当時における制度（status quo）の現状の保障を趣旨とするものでもない」⁽¹²²⁾とされているが，このように解すると，その制度の解釈はいかなるものとなるか不明である。

　ここでは，憲法制定当時の地方制度を保障するものではないとしているが，そうすると，いつの時点の地方自治の制度を保障するのか，また歴史的な地方自治制度の保障とする場合には，どれほどの歴史のある地方自治の制度であるべきなのか，そして，歴史的に存在してきた地方自治制度，つまりここで制度的保障の対象となるであろう「制度」としての地方自治が，憲法の趣旨，日本国憲法でいうところの「地方自治の本旨」に照らして不適当な「制度」までもが，ここで保障される「制度」としての地方自治に含まれることになるとはいえないのだろう。

第5項　二層制の保障

　成田頼明先生は，このような制度的保障の下で，「憲法が地方公共団体の存在について都道府県・市町村という二段階の重層的構造を要求しているかどうかという点」，すなわち，地方公共団体の二層制の保障については，「憲法は，憲法施行当時の地方公共団体，特に，都道府県・市町村の上下二段階の地方公共団体の存在を予想しているから，その基本的建前を改めることは許されず，したがって，都道府県の制度を廃止したり，都道府県から自治体としての性格を奪って国の行政区画にすることは許されない」⁽¹²³⁾とする。

　他方これについては，「憲法上には，『地方公共團體』とあるだけであるから，都道府縣にしろ，市町村にしろ，これを廢止するを妨げず，ただ何らかの形における地方公共團體を設けるだけで憲法上の要請を充するものと解すべきだとするものがあり，市町村の廢止は，憲法の趣旨に反するが，都道府縣の廢止は，必ずしも憲法の趣旨に反しないとする者があり，更に，市町村の廢止はもちろん，都道府縣の廢止も憲法の趣旨に反するとする者もある。憲法の文字解釋からいえば，第一の見解がとられ得るようであるが，憲法の解釋に當つては，規定の字句によつてではなく，地方自治に關する規定を新しく設けるに至つた歴史的背景とこの規定の存在意義の合理的解釋が必要であり，この見地に立つときは，第三の見解が是認されるのではないかと思われる」⁽¹²⁴⁾とするものがある。

---

　(122)　成田・前注(88) 290-291 頁。
　(123)　成田・前注(88) 291 頁。

第3節　日本国憲法における地方自治の保障の再考

　さらには，「憲法は，必ずしも憲法施行当時の地方公共団体をそのまま地方公共団体として存続することを要求する趣旨ではなく，地方公共団体の範囲を『地方自治の本旨』に従って定めることを要求しているにとどまるから，現在の上下二段階の地方公共団体をそのまま維持することをやめてこれを改めても92条には違反しない。したがって，府県から地方公共団体のたる性格を奪い，市町村だけを地方公共団体とすることにしても，立法政策上の当否は別として，ただちに『地方自治の本旨』に反することにはならない」[125]とするもの，「全國の區域が原則として地方公共團體の事務として，その住民の參與によつて，處理される體制の存することをいうと解される，したがつて，たとえば，府縣から地方公共團體たる性格を奪い，市町村だけを地方公共團體とすることにしても──もちろん，そうすることの立法政策上の當否は別問題として──ただちに『地方自治の本旨』に反するとして，憲法違反になるとはいえない」[126]とするもの，「都道府県と市町村の重層的地方自治制を，それが憲法施行当時に存在したことの故に，当然に保障するものではない。したがって，この点からすれば，都道府県の廃止は当然に違憲ではない」[127]とするものなどに分けられる。

　この点，成田頼明先生は，「憲法は，必ずしも憲法施行当時の現状を保障しているわけではないが，憲法にいう地方公共団体が何であるかを定めるにあたっては，我が国の地方制度の歴史的沿革，憲法が第8章をとくに設けた趣旨等を総合的に考慮しなければならない。……，府県は，旧憲法の当時から市町村と並んで基礎的・普遍的地域共同体として存在し，国から独立した公法人としてすべての地方的事務を処理してきた歴史的沿革をもつ。憲法は，こうした歴史的沿革を考慮しつつ，旧憲法下の府県行政の運営が，国から独立した地域団体の自治行政とはいいながらも，中央集権的・官治的に運営されてきたことの反省の結果として，府県を完全自治体化し，これを民主的に再構成することを主なねらいをして地方自治の保障の規定を設けたものとみることができよう。過去の経験にてらしても，現在の実態にてらしても，府県の存在なくして市町

----

(124)　法学協会・前注(61) 1375-1376 頁。

(125)　成田・前注(88) 291 頁。

(126)　宮沢俊義『コンメンタール日本國憲法』（日本評論新社，1955 年）762-763 頁。

(127)　杉村敏正「地方公共団体」清宮四郎・佐藤功編『憲法講座　4』（有斐閣，1964 年）136 頁。

第6章　今日の条例制定の限界と地方自治の本旨

村の自治を考えることはできず，府県の存在こそは自治制度全体にとって不可欠な本質的構成要素であると思われる。そうだとすると，法律で府県の地方公共団体としての性格を否定したり，廃止したりすることは，地方自治制度の本質的核心を侵すものといわなくてはならない。……もっとも，府県の制度を廃止することができないといっても，現在の府県制度を合理化するために手直しすることまでも許されないというのではない。例えば，現在の都道府県を廃止して数府県の区域を合わせたより広域の上位団体を設けても，その性格，組織，権能等の基本が現在の都道府県のそれと同一のものである限り，当該広域団体は，現在の府県の発展形態として考えるべきものであるから，憲法上これを排除すべき理由はない」(128)として，都道府県，市町村の存在が，地方自治の制度的保障によって，二層制自治制度の保障が求められるものであるとしている。

　しかしながら，地方自治の制度の保障から，二層制が保障されるとするのは，旧来からの地方自治制度に捉われすぎているものであろうし，また最高裁が「地方公共団体といい得るためには，単に法律で地方公共団体として取り扱われていることだけでは足りず，事実上住民が経済的文化的に密接な生活を営み，共同体意識をもっているという社会的基盤が存在し，沿革的にみても，また現実の行政の上においても，相当程度の自主立法権，自主行政権，自主財政権等地方自治の基本的機能を附与された地域団体であることを必要とする」(129)としていることをこの根拠の一つにしているが，この判決は，地方公共団体とされる位置づけについて，一定の歴史的な経緯等を考慮することを求めているものの，制度的保障説においては，基本的に国に対して事務配分の広範な立法裁量を認めている。

　そして，地方自治制度の本質的内容または核心については，国による侵害がなされない保障領域とするものの，その他については，広く国による地方自治制度への介入が認められるものであり，このような点を考慮すると，最高裁の判断が，都道府県や市町村の存在に一定の歴史的意義を置くことは可能であるが，「自主立法権，自主行政権，自主財政権等地方自治の基本的機能」については，現に与えられている法律による権限を最大限に考慮する立場に立つものとも解することができ，判決を制度的保障説の立場から捉えた上で，二層制の保障の根拠となすことは，地方自治を明治期またはそれ以前からの歴史的沿革

---

(128)　成田・前注(88) 292-293 頁。
(129)　最大判昭和 38 年 3 月 27 日刑集 17 巻 2 号 112 頁。

364

第3節　日本国憲法における地方自治の保障の再考

に固執するものや現行の地方自治を変更することを否定するものと解され，地方自治制度の固着となるものと考えられる。

　最高裁はあくまでも，地方公共団体たる考慮要素として，歴史や自主立法権，自主行政権，自主財政権等を挙げており，これは，地方公共団体の階層やその規模，つまりは二層制の保障について言及したわけではなく，少なくとも法改正によって道州制の導入がなされようとも，都道府県の合併がなされようとも，市町村の合併がなされようとも，そこでの一定の歴史的，社会的な要請や自主立法権，自主行政権，自主財政権等の付与を地方公共団体たる要件としているにすぎず，二層制の保障を憲法から導けるものではないだろう。

　この点，松井茂記先生は，「沿革的には地方の政治制度の基礎単位は市町村であったが，今日の状況では，都道府県は地方自治の実質的な部分を占めており，むしろ今日では憲法の地方自治の保障の基礎単位を都道府県と捉えた方がよいように思われる」[130]として，憲法が，市町村，都道府県による二層制の保障を前提としていないとされる。

第6項　地方自治の保障の再考

　固有権説のような「地方自治」に関する何らかの権限，権能が前国家的に地方に存在するという立場は，地方自治それ自体に基本的人権のような性質を求めるものであるが，このように解するとは，単一国家において，自治権，すなわち国であれば統治権にあたるものを，地方が国家以前より有することになる。

　それは，連邦国家，連合国家における，邦（地方）の統治権とは異なり，つまり地方はそこでの邦ではなくあくまでも国家の中における一領域について一定の権限を有する主体であることとなり，当然ながら本来国家の有する統治権が地方に存在するとはされない。ここでの地方の権限は，それぞれの国家において，少なくとも主権在民の民主国家においては，国民の信託を得た国政において決定され，国の事務に対して，地方にその一部の事務（身近な事務）を配分することによって，地方自治を行うものであって，わが国の地方自治は，「地方自治の本旨」に基づき，住民自治の原則，団体自治の原則に加えて，地方優先行政の原則（国地方間の補完的行政の原則），自己責任の原則の4要素，原則によって事務配分がなされ実行されていると解される。そうすると，わが

---

(130)　松井茂記『日本国憲法〔第3版〕』（有斐閣，2007年）279頁。

第6章　今日の条例制定の限界と地方自治の本旨

国の地方自治において，国により制度化・法定化され，国により与えられた権限を行使する主体として，地方公共団体を置き，地方自治を制度化したものと考えるべきであり，国家以前からの統治権を主張できる性質のものではないと解される。

しかし，地方自治がすべて国の思惑によって決定されるということにはならないだろう。制度的保障の立場を採ったとしても，地方自治の本質，核心といった，いわゆる「地方自治の本旨」に基づいて，国の立法が行われるという制約を課して地方自治を保障しようとしているものではあるが，このような「地方自治の本旨」という，地方自治の本質，核心とは別に，つまり，純粋な地方自治領域の問題としての地方自治の本質，核心という「地方自治の本旨」とは別に，地方自治の保障については，憲法全体のコンテクストの中で検討がなされるものとなるのであろう[131]。

そして，地方自治の保障は，憲法全体の構成の中で保障されている，つまり全国家的利益としての地方自治を保障しているのであって，全国家的利益を追求する憲法の理念に反して，地方自治が先行することも後行することも，地方自治の保障としては適当ではない。このような理解の下では，過去のいかなる地方自治制度も，地方自治の伝統も憲法上保障されうるものではなく，つまり憲法制定前の制度の歴史的要素をも保障しうるものではなく，その意味において，現行憲法の下でいかなる地方自治制度を採用するかは，国民の信託による国政，国家に委ねられているものである。

そしてこのような地方自治は，憲法において，全国家的利益の為に憲法全体の構成から導かれる，地方自治の「役割」を保障しているものと考えるべきである。もちろん，これが憲法全体の構成から保障されうる「役割」であるとするのであれば，基本的人権の保障をはじめとする，あらゆる憲法上規定される事項についても，地方自治の保障においては，その「役割」として，憲法上の規定や理念に基づいて，基本的人権の保障の立場に立脚して，地方自治制度を構築することも「求められる」こととなろう。

しかし，憲法上の規定や理念として示されていないことまでもが，地方自治の理念として保障の対象となるものではない。すなわち，地方自治制度の内容については，過去の地方自治制度を保障するものではないため，いかなる地方

(131)　宮沢俊義『公法の原理』（有斐閣，1967年）283頁。

自治制度であっても，憲法上の他の条項による地方自治否定の要求のない限り
は導入することが可能である。つまり，地方自治の本旨，そして日本国憲法第
8章は，地方自治制度の内容について「地方自治制度についての現在の憲法に
おいて求められるべき制度の保障」を規定していると解すべきであろう。

　ただし，地方公共団体の自治権や，その歴史的な制度が保障されず法律に
よって変更することが可能となるとの批判があるかもしれない。そのような
法律による変更については，基本的人権などの憲法上の規定，また日本国憲法
93条以下で具体的に明示される事項については保障されうるのであるが，憲
法上の保障としては，それ以上のものではないということとなる。地方自治の
保障について，いずれの説，立場を採るにしても，憲法上の地方自治は時代に
即して様々な改革，改正，変革を経て今日の制度に至っている。地方自治制度
は，それが憲法による保障の程度に関係なく，ある程度に柔軟な制度変更が
できるものとされてきたと解され，これが日本国憲法における地方自治制度の
特徴ともいえるかもしれない。そして，そのような地方自治制度が国の専断に
よって変革されるときには，「地方自治の本旨」に基づき行われなければなら
ないものとされ，日本国憲法92条に規定される「地方自治の本旨」の意義は
極めて大きいものといえる。

　室井力先生は，「憲法の保障する地方自治の説明において，学説は，前掲の
一部の例外として承認説または許容説を除いても，固有権説，伝来説（狭義の
承認説）および制度的保障説に大別できるが，このような学説の対立も，それ
らがいずれにしても憲法による地方自治の保障を認める以上，具体的な保障の
内容について問題とすることがなければ，たんに相対的なものでしかなく，い
ずれの説に基づこうとも，そのこと自体から，基本的な差異が導かれるもの
ではない。たとえば，伝来説によっても，憲法93条の『地方公共団体』に都
道府県と市町村との両者を含めるものもあれば，あるいは警察事務を地方的事
務とし，現行警察法の規定を憲法92条の『地方自治の本旨』に反すると解す
るものもある。固有権説によっても，国家的事務と地方的事務との区別の基準
が，当然に伝来説におけると異なることとはならないし，また，法律による何
らかの規制を全く否定するものではないだろう。制度的保障説についても，右
に述べたことは基本的に同様である。以上を要するに，学説上の説明の差異
は，憲法92条以下4か条の具体的内容の解釈において，いずれの説がより憲
法に適合した解釈を導くことになるかという問題とは当然にはかかわりのない

第6章　今日の条例制定の限界と地方自治の本旨

ところであって，固有権説，伝来説，制度的保障説などの呼称の差異にさしたる意味を認めることはできないのではあるまいか。むしろ問題の中心は，いずれの説によるにせよ，憲法による保障の具体的内容を，さまざまな手法を用いつつ，わが国の憲法構造にふさわしいものとすることにあるといえるにすぎない」(132)と述べられており，固有権説，伝来説といった議論よりも，すべての説を含めて，憲法上の地方自治をより大きな枠で考えるべきであるとされているのかもしれない。

　企業税条例事件などからは，国の立法を広範に認めることを前提として判断されているものの(133)，下級審判決では，地方公共団体の課税権に関しては，国家全体のあり方を考慮することとし，ここで国の立法を認めることとしながらも，「地方自治の本旨」を重視して地方公共団体の不利益にならないように慎重に検討するものとしているものもある(134)。国家全体のあり方を国家全体の利益を前提として判断することについて，地方自治の本旨を重視するとともに，地方自治の本旨の内容をより具体的にすることによって，地方自治の充実を図れるのではないだろうか。

第4節　条例制定権

第1項　従来の条例制定権

　上述してきた地方自治の本旨，地方自治の保障，地方自治権の保障の解釈の下で，日本国憲法94条に規定されている地方公共団体の条例制定権をどのように捉えるべきであろうか。

　ここまで地方自治の本旨論や地方自治全体の保障を憲法上いかなる方法によって導くべきであるか，どのような解釈の下で地方自治についての総則的規定について考えるべきかを中心に論じてきた。具体的には，地方自治制度の歴史的経緯等を考察した上で，そうした地方自治の本旨，地方自治の保障に関する一定の理解を示してきたものであるが，日本国憲法における地方自治がアメリカの制度を基礎として成り立つことはここまで述べてきたところであり，わ

---

(132)　室井力『現代行政法の展開』（有斐閣，1978年）127-128頁。

(133)　最一小判平成25年3月21日民集67巻3号438頁，福岡地判昭和55年6月5日判時966号3頁も同旨。

(134)　東京高判平成22年2月25日判時2074号32頁。

第4節　条例制定権

が国の地方自治制度についてアメリカの理論を導入出来うるか，もしくは現在
のわが国のアメリカ型地方自治の下で用いられている（アメリカ型）理論の当
否については，次節において検討することとして，わが国の地方制度における
基本的な理解を論じてきたところである。

　そして，条例制定権は，地方自治制度の具体的保障に係る問題として最も重
要なテーマの一つであると考えられる。これは，条例は憲法 94 条の「法律の
範囲内」，地方自治法 14 条 1 項の「法令に違反しない限り」において制定可能
なものとされるが，ここにいう法律（法令）に照らして，条例が反していない
のであれば当然に制定することが可能であり，そしてここで，「地方自治の本
旨」に反する法律の制定は禁止されるものである(135)。

　そうすると，地方自治要素の強い事項，つまりは憲法 92 条において「地方
公共団体の組織及び運営に関する事項」とされるものについては，国の法律
が「地方自治の本旨」に基づいていなければならないことを前提とするもので，
条例は，特に地方公共団体と密接に関わるような地方自治要素の強い事項につ
いては，「地方自治の本旨」に基づき条例による制定が可能であるというべき
である。

　この点，法律によって条例制定が妨げられるものではないと解され，こうし
たことから，憲法 94 条の規定する条例制定権は，地方自治の本旨，地方自治
の保障という，地方自治に関する総則的解釈に極めて密接な関係があり，そう
すると条例制定権の理解は，地方自治全体の保障問題の理解と通じるものとい
うことができる。

　本節では，地方自治の保障等との関係から，条例と法律との抵触関係を中心
に述べるため，特に地方公共団体が法律によらずに定める独自の条例等につい
て検討し，法律による規定に基づき地方が定める条例の中でもその競合，抵触
の問題が生じないものについては検討していない。ただし，これらについても
義務づけ・枠づけといった問題を含んでおり，検討されなければならないもの
であることは付言しておく。

第2項　条例制定権の再考

条例は，憲法 92 条，94 条によって保障された条例制定権によって地方公共

---

(135)　法学協会・前注(61) 1372 頁。

第6章　今日の条例制定の限界と地方自治の本旨

団体が制定する自主法であって，「第1に，条例は地方公共団体によって定立される。第2に，条例は法である。第3に，条例は法のうちで自主法に属する」ものとされるが[136]，その条例の制定の根拠は，本来，憲法94条に求められる。

　条例が，法律に反しないよう制定されるという点について，罪刑法定主義，財産権，租税法律主義，条例規定の地域間差異との関係において，条例と法律の関係が問題となるような点を挙げてきた。そしてこのような問題は，もっぱら条例制定の権限の限界として論じられてきたもので，ここでは，条例制定権の憲法上の根拠とされる憲法94条には，条例の制定できる範囲については法律に委ねることとなる旨の規定のみの存在から，憲法94条に規定される「法律の範囲内で」条例を制定するにあたって，「法律の範囲内で」の意味をどのように解釈するか問題となる。

　そして，この点に関しては，地方自治法14条1項において，「普通地方公共団体は，法令に違反しない限りにおいて第2条第2項の事務に関し，条例を制定することができる。」と規定されていることとの関係から，「法律に反しない限りにおいて」と解釈されるのが一般的である[137]。

　憲法上の「法律の範囲内で」という文言が，このように「法律に反しない限りにおいて」という意味を表しているものであるとするとき，法律と条例の関係，つまり，どのような場合に条例が法律に抵触するのかが問題となる[138]。

　条例制定権は，地方の実情という趣旨により広く許容される傾向にあるようにみえるが，本来，国の法律で定める事項についても条例制定権の範囲の拡大により認められる懸念もある。しかし，国の事務，地方の事務をどのように分けるかを，憲法的に明確にすることは難しいとされる。

---

(136)　高田・前注(1) 170頁。

(137)　ここで，「法律」と「法令」とが憲法と地方自治法でそれぞれ異なる点について地方自治法上の規定が憲法に抵触しないかという問題は存在するが，日本国憲法下での命令は法律の授権によらない限り制定されず，適法に制定された命令は法律の具体化であるとされるために，一般的に憲法の規定との違いに大きく問題はないとされている。

(138)　この点については，平成12年の地方自治法改正による基本的な変更点はないが，地方自治法2条12項前段において「地方公共団体に関する法令の規定は，地方自治の本旨に基づいて，かつ，国と地方公共団体との適切な役割分担を踏まえて，これを解釈し，及び運用するようにしなければならない」と規定しており，今後の条例の守備範囲の拡大を示唆しているものと解される。

第4節　条例制定権

　憲法において「法律の範囲内」での条例制定が認められていることから，法律の範囲外での条例制定は認められないというべきであるかもしれないが，これは条例制定について「地方自治の本旨」に基づき，法律と抵触するような条例であっても制定可能な場合等を法定することも可能であろう。

　憲法上，条例が，法律に反しないという条件の下に存在している以上，原則として，これを否定して，法律に反するような趣旨の条例制定を行うことはできないというべきではある。しかしながら，今日の地方公共団体に求められていることは，きめ細やかな住民サービス等に加えて，地方公共団体がまさしく地方政府として万能な一政府としての機能を持つことをも求められているといえるのではないだろうか。このような場合，地方独自の条例制定はもちろん，地域の実情に即した形で，規制強化等を行ういわゆる上乗せ横出し条例が認められなければ，地方公共団体の運営は成り立たなくなるかもしれない。

　条例制定が，「地方自治の本旨」に沿った，もしくはその趣旨によって制定される地方自治要素の強い問題についてのものである場合には，その法律適合性，つまり法律に反しないかどうかの検討以前に，その領域に関して法律が制定されている場合にはその法律の，そして法律が規定されていない場合にはその条例自体の憲法適合性を検討する余地があるものであろう。すなわち，たとえ条例が法律に適合しない，または法律に反するような内容であったとしても，この条例が地方自治要素の強い，つまりは条例について制約をなす法律が，地方自治の本旨の理念に基づかなければならないものとされるような場合を検討する余地があるというものである。そうすると，一見すると条例が法律に適合しない，または法律に反するような内容であったとしても，直ちに法律に反して違法・無効なものとされるのではなく，ここで条例を制約している法律が，当該条例の内容の制約について，「地方自治の本旨」に適合するか否かの検討を行った上で，条例の有効性が検討されなければならないものとなる[(139)]。

───────────

(139)　神奈川県企業税条例事件においては，地方の課税権に関する条例を不必要に制約する地方税法が地方自治に反するものではないかとの批判もある。木村草太「判批」ジュリ1456号（2013年）9頁，須賀博志「判批」長谷部泰男＝石川健治＝宍戸常寿編『憲法判例百選Ⅱ〔第6版〕』（有斐閣，2013年）443頁。
　　また，大津浩「『対話型立法権分有』の法理に基づく『目的効果基準』論の新展開：神奈川県臨時特例企業税条例の合憲性・合法性についての一考察」成城法学81号（大沼邦弘先生古稀祝賀記念論文集，2013年）369-368頁においては，神奈川県の臨時特例企業税条例は，「『地方自治の本旨』に適合的な法律と条例との有効な『対話』がな

371

第6章　今日の条例制定の限界と地方自治の本旨

　そして，ここでいう「地方自治の本旨」とは，住民自治の原則，団体自治の原則に加えて，地方優先行政の原則（国地方間の補完的行政の原則），自己責任の原則の4要素により構成されるものであると解され，憲法92条のいうように，「地方公共団体の組織及び運営に関する事項は」この「地方自治の本旨」の理念に即して法律で規定されなければならないものとされる。

　条例が「地方自治の本旨」に従って制定されることによって，法律に反するような内容であったとしても，直ちに法律に反して違法，無効なものとされるのではないとはいっても，すべての条例がこのように解されるわけではない。「地方自治の本旨」に基づいて制定される法律，つまりは地方公共団体の組織及び運営に関する事項に係る法律については，「地方自治の本旨」の理念に従う限りにおいて，条例が法律よりも優先される可能性があることになるものである。

　そして，「地方公共団体の組織及び運営に関する事項」とは，組織つまりは地方公共団体の団体組織や内部組織に関する規定，人事権，運営，つまりは団体が自治組織として活動するにあたって必要な事項や手続というように，文言によって狭義に解されるのではなく，広く地方公共団体に関するすべての事項を意味するものと解されるものであり[140]，「単に地方公共団体の内部組織や，その狭義の運営に関する事項だけではなく，地方公共団体の種類・体系・組織・権能その他地方公共団体に関するあらゆる事項を含む」[141]ものとされる。

　地方公共団体の行政に関わる事項全般が，この「地方公共団体の組織及び運営に関する事項」に含まれ，さらには，地方公共団体の運営に必要な要素として，「地方自治の本旨」においてその構成要素とされる住民自治的要素が含まれなければならないものであって，住民に関する事項もここに含まれるものと解することとされるものであろう。

　そのように解すると，「地方自治の本旨」を構成する4要素により，条例制定権は，法律よりも優先される可能性があるものといえるが，ここで制定され

されたものということができ……このような条例をその効果の点で『重要な部分』にまで至る抵触を犯しているとは絶対にできない。以上のように，本件企業税条例を地方税法違反とし，その結果憲法94条違反とするのは，憲法92条の『地方位置の本旨』の『対話型立法権分有』という憲法規範を無視した意見の解釈を言わざるを得ない」として，最高裁判決を批判している。

(140)　宮沢・前注(80) 758頁。
(141)　宮沢・前注(80) 758-759頁。

第 4 節　条例制定権

るすべての地方自治に関する法律については「地方自治の本旨」やその理念によってのみ制約を受けるわけではなく，憲法上の地方自治の保障，地方自治権の保障についても考慮されることとなろう。

　地方自治に関して，憲法全体の構成の中で保障されている，つまり全国家的利益としての地方自治を保障しているのであり，全国家的利益に為に憲法全体の構成から導かれる地方自治の「役割」を保障しているものと考えるべきである。その「役割」として，憲法上の規定，理念に基づいて，基本的人権の立場をはじめとする憲法上規定されるあらゆる事項に立脚して地方自治制度を構築することが「求められる」こととなる。

　そして，特に住民に関する事項も「地方公共団体の組織及び運営に関する事項」に含まれるものであると解するべきところ，これに関する法律の制定，条例の制定に関しては，基本的人権に立脚して考慮されなければならないものである。そうすると，地方公共団体の住民は，その住民の居住する地域内において，他の地域に居住する住民には認められていない，地方自治に関する一定の人権要素を認められる可能性があるとともに，地方公共団体は，たとえ法律に反するような，または法律が規定していない事項を含む内容の条例であったとしても，その地域の住民の生命，健康，財産の保護といった基本的人権に即した条例については，「地方自治の本旨」に照らして条例制定権が認められうるとされよう。

第3項　最高裁判決から導く条例制定権

　地方公共団体における条例制定権を上記のように解することについて，最高裁判決との関係を整理することとする。

　従来，学説においても法律先占論が主張されてきていたわけであるが，この法律先占論は，「国の法令が明示的または黙示的に先占している事項については，法律の明文の委任がない限り，条例を制定することができない」[142]とするものであり，「(a) 条例の規定が国の法令の明文規定に違反する場合だけでなく，(b) 法令の趣旨・目的からみて，条例の規制が法令の先占領域を侵す場合」[143]においても，法令違反となることとされてきた。

---

(142)　赤坂幸一「法律と条例の関係——新条例論を踏まえて」法セミ 684 号（2012 年）39 頁。

(143)　赤坂・前注(142) 39 頁。

373

第6章　今日の条例制定の限界と地方自治の本旨

　そして，徳島市公安条例事件最高裁判決の示すところはここまで触れたように，法律と条例の趣旨・目的を考慮して結論が導かれた。

　徳島市公安条例事件判決においては，「普通地方公共団体の制定する条例は国の法令に違反するような場合には効力を有しないが，条例が国の法令に違反するか否かは，両者の対象事項と規定文言とを対比するだけでなく，それぞれの趣旨，目的，内容及び効果を比較し，両者の間に矛盾抵触があるか否かによってこれを決しなければならない」(144)とすることや，「条例が国の法令に違反するかどうかは，両者の対象事項と規定文言を対比するのみでなく，それぞれの趣旨，目的，内容及び効果を比較し，両者の間に矛盾抵触があるかどうかによってこれを決しなければならない」とすることから，法律先占論の修正理論ないし法令の趣旨解釈論(145)とされるものである。このような立場は，法律先占論の立場にとどまるところから，多くの学説や地方分権一括法の趣旨に反するものとされる(146)。

　その後，高知市普通河川管理条例事件最高裁判決においても，法律先占論的立場に立った判断をした上で，「普通地方公共団体が条例をもつて普通河川の管理に関する定めをするについても……河川法が適用河川等について定めるところ以上に強力な河川管理の定めをすることは，同法に違反し，許されない」とする判断をしている。

　法律先占論に対して，徳島市公安条例事件判決の趣旨からすれば，法律が全国の画一的最低基準と解されるときは，法律と条例が同一目的・同一対象である場合の条例の上乗せ規制，いわゆる上乗せ条例を認めていると解される。また，法律の規制対象外の事項について，法律と同一目的により規制を行う条例，法律で一定規模または一定基準に満たない場合を対象外としているとき，その部分について規制対象とする条例，いわゆる横出し条例があるが，これに関して，徳島市公安条例事件において最高裁は，「ある事項について国の法令中にこれを規律する明文の規定がない場合でも，当該法令全体からみて，右規定の欠如が特に当該事項についていかなる規制をも施すことなく放置すべきものとする趣旨であると解されるときは，これについて規律を設ける条例の規定は国

（144）　鈴木庸夫「条例論の新展開」自治研究86巻1号（2010年）66-67頁。

（145）　南川和宣「普通河川管理条例と河川法」磯部力＝小幡純子＝斎藤誠編『地方自治判例百選〔第4版〕』（有斐閣，2013年）59頁。

（146）　鈴木・前注（144）自治研究86巻1号67頁。

の法令に違反することとなりうる」として，横出し条例等については極めて限定的に解釈している。

　このような，法律先占論，ないし法律先占論的な解釈の下では，地方公共団体の条例制定権は極めて限定的に解釈されることになりかねない。仮に地方自治の保障についてについて，承認説，保障否定説のような立場を採るとする場合には，原則としてすべて法律の下に許容される条例のみの制定しかできないこととなり，ここでの条例制定権とは，国の行政の担い手としての地方が，法律に従って条例を制定する権能を有するにとどまるものと解され，この条例が法律に抵触する場合においては，条例の有効性を認めることはできないこととされよう。

　そして，これを地方自治の保障に関して，固有権説的に解したとすると，ここでは，地方公共団体に自然権的な前国家的固有権が認められうるとされることから，法律先占論的な立場を採ったとしても，地方公共団体の固有的権限として理解される事項について，法律による侵害が排除されることになる。しかし，この場合において，国の権限に服する事項について条例を制定するときには，承認説と同様に，条例はすべて法律に従って制定されることとなり，条例が法律と抵触するような場合には，条例の有効性を認めることはできず，地方公共団体の固有的権限に属する事項については，無制限ではないにせよ，法律に従うことを意識せずに条例を制定することができるものとされよう。

　また，徳島市公安条例事件や高知市普通河川管理条例事件における最高裁の立場が，法律先占論の修正理論にとどまり，法律と条例の間で，「それぞれの趣旨，目的，内容及び効果を比較」するという考慮すべき点が示されるにせよ，法律先占論的な解釈が今日の判例理論を構成していることについては，地方自治の理解から妥当なものとはいえないだろう。

　承認説，固有権説どちらの立場を採ったとしても，また，その他の説でも，法律先占論的な解釈の下では，条例は法律との関係において（固有権説において第一義的に条例が制定されうるとされる場合を除いて），法律に対して絶対的に従うことが前提となるものであろう。徳島市公安条例事件において最高裁は，条例の意義を一定程度認め，法律に対して，条例が上乗せ，横出しとなることについても容認する趣旨であると解されるが，ここで，条例制定が容認される範囲は，決して広範囲に及ぶものではなく，もっぱら，法律によってそのような条例制定の可能性を規制，抑制することも可能となるものである。このよう

375

第6章　今日の条例制定の限界と地方自治の本旨

な立場は，前述してきた地方自治の本旨，地方自治の保障の理解から適当では
ないというべきである。

　しかしながら，徳島県公安条例事件の立場は近時の最高裁でも用いられて
おり（神奈川県臨時特例企業税条例事件最高裁判決[147]など。），こうしたことから，
今日においてもなお，法律先占論的な立場が判例理論上の法律と条例の関係に
おいては採られているものといえる。

第4項　条例制定の専占

　条例制定権には，憲法の規定，理念に拘束されうる地方自治に係る法律との
関係において，条例が優先されうる可能性をも認められると考えられるが，こ
のような条例と法律との関係は，地方自治に関する事項についてはこれが，法
律，条例によってのみ規定されることを前提とするものではなく，もっぱら憲
法上の地方自治の理念による制約されているものと解することで，条例制定を
認められるのではないか。

　こうした憲法によって制約される地方自治領域の事項については，憲法上の
理念に基づく法律，条例が確実に制定されなければならないことが求められて
いるのであって，憲法上の理念が求めるような規定内容が，法律によって実現
されていない場合において，地方の条例によってこれが完遂されるような形で
規定される場合には，条例が法律よりも優先されるという地方自治条例に関す
る憲法の専占の法理が適合するものと考えられる[148]。

　アメリカでは連邦法の専占とされる事項について，州法等が定めること，抵
触することを禁止するものであるとして示してきたが，このような専占の法理
を，地方自治に関する規定についての理念として用いることにより，条例制定
権の範囲，条例と法律との関係において，より地方自治制度に則したものとさ
れうることが期待されるものである。

(147)　最一小判平成 25 年 3 月 21 日民集 67 巻 3 号 438 頁。

(148)　この点に関しては，憲法の地方自治に関する防御的機能として，「一定事項に国法
　　　が立ち入ることを認めない，認めるにしてもこれに競合する条例が制定されたとき
　　　は，条例が優先するという保護の法制を考えることができ」るとするもの（塩野・前
　　　注（56）233-234 頁），国家の法の介入についての限界を事項的にたてて，その範囲の
　　　事項については条例が優先するというものもある（原田・前注（38）248 頁以下）。塩
　　　野宏先生の考え方については，ここでの専占の法理に近いものと考えられる。後掲注
　　　(173)，において，原田尚彦先生も専占の法理を地方自治に適用したような見識を持
　　　たれていることがわかる。

第4節　条例制定権

　ただし，法律との関係において条例は万能なものではなく，法律による規制の内にあることは，「法律の範囲内で」という憲法94条の文言からも明らかではあるが，「條例は，法律の外に，法律と並んで存する法規たる定めではなく，法律の下に，法律の認める範圍内においてのみ認められるもので，條例がその効力において法律に劣り，その規定事項について法律に違反しえないことは，いうまでもない。併し，條例の制定權そのものは，憲法の保障するところであり，且つ，地方自治の本旨を實現する上からいつて，その規定事項は，法律と牴觸しない限りにおいて，廣く地方自治の組織及び運營に關する事項に及ぼさしめなくてはならない」[149]とされてきたものや判例上，上乗せ横出し条例を認めるものとすることもあり，法律と条例との関係においても，憲法上の規定，理念から条例の優位が認められるような事項以外でも，法律と条例が抵触した場合に条例が優先される可能性を完全に否定しているものではないと思われる。

　それでもなお，「法律の範囲内」における条例とする理論が基本とされているものであり，この点について，法律によって条例制定権が認められる（場合によっては条例優位が認められる）事項が何であるかを明確にし，その範囲を拡大縮小することによって地方公共団体の条例制定権がコントロールされるものとなることから，憲法上直接，地方公共団体に当然に認められうる条例制定権以外については，国の立法政策上の問題とされることになる可能性もある。

　このような法律との関係での条例制定権について，最高裁が示した法律先占論の修正理論が通説的に主張されるが，ここでは，法律と条例が競合するような場合には，上乗せ条例を認めること，つまり法律をナショナルミニマムと捉えて，その国の最低基準に対して地方公共団体が条例を以て定めることが適当であるとされよう。すなわち，条例制定権の一般論としては，原田尚彦先生の述べておられるような，「地方住民の生活に密着した行政分野においては，住民に身近でかつ直接行政責任を負いうる地方公共団体が，住民の要求を満たすにふさわしい規制その他の行政手法を，まず開発して国に先駆けて条例でこれを実現していく。そうして，国は各地方自治体のいろいろな試みの最大公約数的な施策を法律に取り入れ，これをナショナル・ミニマムとして各自治体に遵守させる，というのが，『正常な法秩序の発展の姿』となると考えるべきである」[150]という考えによるものとされるものであろう。

---

　(149)　法学協会・前注(61) 1403頁。
　(150)　原田・前注(38) 248-249頁。

第 6 章　今日の条例制定の限界と地方自治の本旨

しかしここでは，すべての法律がナショナルミニマムを設けているとすることはできないことから，どのような領域が法律のナショナルミニマムとしての規制を定めているのかといった点で個別具体的に検討される必要があり，判例の示した法律先占論の修正理論についても，法律の趣旨等を考慮して，その領域における条例制定の可能性を探る点について同じ趣旨のものといえるだろう。

第 5 節　アメリカの制度の導入可能性

　日本国憲法がマッカーサー草案に示されていなかった，憲法 92 条の「地方自治の本旨」による法律の制約という地方自治に関する総則的規定を設け，チャーター制度，ホーム・ルール制度といったアメリカの地方自治制度をそのまま盛り込まなかった背景には，従来からの地方自治制度としてのドイツの理論を用いたことがあるとされ[151]，日本国憲法のいう地方自治がアメリカの地方自治制度を直接導入したものでない以上，アメリカの理論をそのまま用いることには疑問が残る。ただし，今日のわが国の憲法上の地方自治は，少なくともアメリカのそれに影響を受けたことは事実であり，その意味においても，より充実した地方自治を目指す上でも，アメリカの制度をわが国の地方自治制度への応用について再確認しておく必要がある。

　アメリカの地方自治制度が，明示的な保障の下にあるものではないことは，第 1 章においてもの述べてきた。アメリカの地方自治の歴史は，ハールバット事件[152]において，ミシガン州最高裁が地方自治に関する固有の権利を認めることを示し，この後に，一時的にインディアナ，ケンタッキー，アイオワ，ネブラスカ，テキサス，モンタナ，カリフォルニア，ノース・キャロライナ，オクラホマの各州において認められたこともあった[153]。

　そのような地方自治に関する固有権が認められた背景には，「地方公共団体が英国のカウンティ・ハンドレドおよびタウンの後継者であり，移住者がこの組織形態をもたらし，自己の事務を治理する権利を含み，憲法がつくられた際にこの権利は承認され，憲法に別段の定めがない限り，放棄されることなく，州議会に立法権を付与したことは右の権能を放棄する意図にもとづくとは解せ

---

(151)　阿部ほか・前注(84) 32 頁。

(152)　People ex rel. Le Roy v. Hurlbut, 24 Mich. 44 , 1871.

(153)　阿部ほか・前注(84) 5 頁，南川・前注(40) 27 頁。

第 5 節　アメリカの制度の導入可能性

られない，という理論に基礎を置くもの」[154]であり，このようにして地方自
治体の権限を固有権的に絶対的な奪うことのできないものであると解釈される
時期があったものの，今日においてもアメリカにおいて用いられ，基礎づけら
れている地方自治に関するものは，ディロンの原則やそれを基礎とする判決に
他ならない。

　連邦最高裁は，バーネス事件[155]において「州議会は，地方自治体に対して
許容しうるすべての権限を附与し，地方自治体を州内における小国家とするこ
ともできれば，地方自治体からあらゆる権限を奪い，地方自治体を名目のもの
とすることもできる」として，地方自治に関する州の権限の絶対性を認めるも
のとし，アトキンス事件[156]，トレントン事件[157]においても，「地方自治体は，
州の権限行使にあたって州によって創造されたものであり，州の政治的な下部
区画でしかない。そのような地方自治体は，明文化され認められた権限，また
はそれに当然に包含される権限しか行使できない。そのような地方自治体が法
的に公共的性質をもって行うことは，州の承認の下に行われるものである。こ
のような地方自治体の権限は，州議会の意思により，新たに創造されるかもし
れないし，現行のまま存続されるかもしれず，制限され，拡大され，あるいは
剥奪されるかもしれない。すなわち，州議会の権限は，こうした地方自治体
の権限の制限や剥奪に際して，地方自治体の住民の集団的および個人的な権利
を侵害しない限りにおいて有効とされる」[158]（アトキンス事件），「地方自治を
州議会から独立させる州憲法上の規定がない場合，地方自治体は州の立法統制
の及ばないような地方自治固有の自治権を有するものではない」[159]（トレント
ン事件）として，地方自治体が，州の創造物であることや，州の権限の絶対性，
地方（の固有な）自治権の否定する判断を下してきた。

　そして，今日においてもアメリカの地方自治の中心をなすディロンの原則は，
「地方自治体が次のような権限を有し又行使できること，そしてそれ以外の権
限を有しないということは一般的で争いのない命題である。すなわち第一に文
言上明白に認められた権限，第二に必然的，正当なものとして明確に認めら

---

(154)　阿部ほか・前注(84) 5 頁。

(155)　Barnes v. District of Columbia, 91 U. S. 540, 1875.

(156)　Atkin v. State of Kansas, 191 U. S. 207, 1903.

(157)　City of Trenton v. State of New Jersey, 262 U. S. 182, 1923.

(158)　Atkin v. Kansas, 191 U. S. 207, 220-221.

(159)　City of Trenton v. State of New Jersey, 262 U. S. 182, 187.

第6章　今日の条例制定の限界と地方自治の本旨

れた権限に包含されまたは附随する権限，第三に単に都合が良い（便利である）というものでなく，地方自治体の宣言された目的の達成のために不可欠な権限である。権限の存在に関して，何らかの明白で客観的合理的な疑いがある場合には，裁判所によって地方自治体にとって不利な決定がなされ，その権限は否定されることになる」[160]として，地方自治体が有する権限が制限されていることが示されてきた。

　ディロンの原則を基にした理論においては，地方自治体が州の創造物として，州の権限によって地方自治体の権限を奪うことも可能であるとされている。他方で，このような州の権限は，地方自治体に対して，一定の権限を与えることも可能とされたため，今日においてアメリカの地方自治体には，州憲法や州法上認められる一定の地方自治の権限が与えられていることがほとんどであり，ホーム・ルール，自治憲章制定権といった権限は，こうして州によって地方自治体にもたらされたものの一つである。

　そして，アメリカの地方自治制度を参考とするわが国の憲法において，国により制度化され，国により法定化され，国により与えられた権限を行使する主体として，地方公共団体を置き，地方自治を制度化したものと考えられ，そこに国家以前からの統治権を主張できる性質のものではないとされ，わが国の地方自治制度は，アメリカにおいて今日においてもなお地方自治の原則として用いられているディロンの原則のような立場を基として理解されるものである。

　さらに，アメリカの地方自治制度におけるホーム・ルール制度についても，「憲法ホーム・ルールは或る意味では市と州との関係に対し連邦制を適用する。合衆国憲法で連邦と州とに権能が分けられるごとく，憲法ホーム・ルールをもつ州では州に留保された権能（連邦憲法上）が今度は州憲法の規定により州と市とに分かたれる。議会はこの区分を動かすことができない。連邦制では州は留保された行動範囲内に連邦が干渉することをまぬがれる保障を受け，権能の配分を変更するには憲法改正による。憲法ホーム・ルール州で憲法規定により権能配分が行われ，市は議会の支配や干渉を受けることなく，憲法によるホーム・ルールの付与により市に留保された権能の領分に州が進出するには憲法改正によらなければならない。憲法上の権能配分は国家事務・一般的問題と自治事務・地方的問題の区別による」[161]とされるように，ホーム・ルールとい

---

　(160)　John F. Dillon, *Commentaries on the Law of Municipal Corporations*, 5th ed. Vol. 1, Little Brown and Company, Boston, 1911, pp. 448-450.

380

第5節　アメリカの制度の導入可能性

う地方の自治権をより認めようとする制度においても，ここでの州と市（地方
自治体）の関係は，連邦と州の関係と同様のものとして，それぞれ（連邦と州，
州と市）の事務領域について区別され，ここでの領域の区別が主たる問題とな
る点[162]は，わが国の地方自治制度における事務の区別のあり方と同様のもの
といえよう。

　地方自治の本旨，そして日本国憲法第8章は，地方自治制度の内容について，
「地方自治制度における現在の憲法において求められるべき制度の保障」を規
定していると解すべきであって，地方自治制度は，それが憲法による保障の程
度に関係なく，ある程度の柔軟な制度変更できるものとされてきたものと解さ
れる。

　しかし，アメリカにおける地方自治は，全体としてはディロンの原則などの
原理によって構成されているものであって，ここでの地方自治の保障の性格は，
地方自治体の権限を極力認めない方向性であること，ホーム・ルールの制度に
おいては，各州によってその内容も保障形態も異なり，自治事務の配分につい
ても州により異なっていることからも[163]，わが国の「地方自治の本旨」の構
成要素として，単純にアメリカのホーム・ルール制度的要素が含まれるものと
解することは困難であるとしてきた。ここでは，わが国において，地方自治制
度としてホーム・ルールのように地方自治的，地方分権的要素を認めうるため
には，憲法上にその規定の必要が求められることになろう。

　ホーム・ルールという制度によって，地方自治の権限が一定程度与えられた
アメリカの地方自治体においても，州や連邦の権限，法律との衝突によって，
その権限が認められないこともある。これは，わが国と同様で憲法上地方自治
が保障されるからといって，これは絶対的なものではなく，一定の制約の下で
成り立っているものである。

　アメリカの地方自治制度では，明示的に地方自治体の権限とされるものにつ
いては，地方自治体がこれを行い，これに関する条例を制定することができる
が，明示的に州の権限とされるものについては，州がこれを行い，これに関
する州法を制定するものとされる。そして，どちらの権限であるかが明確でな
い場合に，これに関する条例，法律の衝突といったことが考えられる。ただし，

---

(161)　阿部ほか・前注(84) 21-22頁。
(162)　阿部ほか・前注(84) 22頁。
(163)　阿部ほか・前注(84) 22頁。

381

第6章　今日の条例制定の限界と地方自治の本旨

アメリカにおいて，州が地方自治体を創設する，州の地方自治体に対する絶対的権限を有するものであるからといって，条例と州法の衝突に際して，無条件に条例を無効とすることなく，条例を有効とする事例もあり[164]，ここでは，条例と州法の関係を具体的に審理して判断がなされるものである[165]。

　その上で，アメリカの州には地方自治に関しての州法の先占（occupancy）が認められており，「州は，一定の領域について，立法により，明示的（expressly）または黙示的（impliedly）に，特定の活動領域または規制領域を先占または占領（occupied）することができ，州がこれをなした場合，ホーム・ルール・シティの法であるか，非ホーム・ルール・シティの法であるかを問わず，当該問題について地方自治体の法を制定する余地が存在しなくなる」[166]とされ，元来の地方自治の事務領域，州の事務領域に関係なく，州法の制定によって州の事務領域とされた分野から地方自治体の条例を一切排除することまでも認められる[167]。

　このような立場は，わが国における条例制定権に関する法律先占論的な理論のものといえるだろう。元来，アメリカの地方自治においては，地方自治体の権限を認めない，つまりディロンの原則等によってもたらされた，地方自治体が州の創造物であるという立場に立っているものであり，ホーム・ルールという一定程度地方自治を認めようとする制度を導入しようとも，その内実は，州の権限によるところが大きいという点で，法律と条例の抵触に関して条例制定権におけるわが国の法律先占論的な位置づけとされうるものかもしれない。

　ただし，この州法による先占も，地方自治に関して州が絶対的権限を有しているものであるからといって，すべての領域に対して，またいかなる状況においても州法による先占が認められるものではなく，特に，州憲法によって，ホーム・ルール，自治憲章制定権が規定されている場合において，地方自治体は，この自治憲章によって州が州の権限領域として定めていないものについて定めることができ，州法によってこれをすべて排除することがいかなる場合にも認められるものではなく，州法の先占については，州法による規制の包括性や普及性，つまりここでは州法による規制が問題の範囲内に含まれるすべての

---

(164)　村上義弘「アメリカの条例」公法研究 35 号（1973 年）225 頁。
(165)　南川・前注(40) 34 頁。
(166)　南川・前注(40) 34 頁。
(167)　南川・前注(40) 34 頁。

382

活動等に関するものかなど，そして，全州的取扱いの必要性が求められるものとされている[168]。

　ここでも，州と地方自治体の事務の区別，配分が主たる問題となるものであろう。このような点をも考慮すると，アメリカの地方自治における州法と条例の関係については，先に述べた法律先占的な立場から一歩踏み込んで，判断をしたわが国最高裁のような立場，いわゆる法律先占論の修正理論，法令の趣旨解釈論の立場のような理解をするのが適当かもしれない[169]。

　専占とは，主として「明示的専占（express preemption）」と「黙示的専占（implied preemption）」とに分類され，明示的専占は，連邦法が州法の排除について明示的に規定しているような場合であるが，連邦法の規定する専占の事項がどの範囲に適応されるのかが問題となり，専占条項があるからといって直ちに州法が連邦法の専占に違反するというものではなく[170]，黙示的専占においては，分野に関する専占[171]，抵触による専占があるとされる。このようなアメリカにおける専占の法理は，それが全国的に統一的に行われるべきか，地域，州による個別的に行われるべきかという判断によるものであり[172]，このような意味において，わが国における地方自治体の条例によって地域ごとに個別的に行うべき政策か，全国的に統一的に法律によって行うべきかという判断という点で，わが国の法律と条例の関係性に類似的な面があるが，アメリカにおいてのこれは州法との関係において連邦法の専占として，もっぱら連邦的事項とさるものであり，この意味においては，わが国の法律と条例の関係とは異なる。

　しかしながら，専占として，専有事項として取り扱われることに関して，この専占の法理を，わが国の地方自治について，国と地方の関係において，または，地方自治体の本来的に専有する事項の判断について，（地方自治の専占とでもいうべき）もっぱら地方的事項とされるものの判断基準として置き換えて，

---

(168)　南川・前注(40) 35 頁。この全州的取扱いについては，例外的に，一部，部分的に適用されることもあるとされる（同書，35 頁）。

(169)　アメリカのホーム・ルールの法と州法の関係については，わが国におけるナショナル・ミニマムと共通するところがあるとの見解もある（南川・前注(40) 36 頁）。

(170)　樋口範雄『アメリカ憲法』（弘文堂，2011 年）177 頁。

(171)　明示的専占として，連邦の法律が明示的にある分野の州による規制を排除するような場合もある。樋口・前注(170) 177 頁。

(172)　樋口・前注(170) 190 頁。

第6章　今日の条例制定の限界と地方自治の本旨

適用する余地があるといえるだろう[173]。つまり，憲法上，黙示的専占として，地方自治に関する憲法の専占の法理が求められ，ここでは地方自治に関する専占事項については，（その理念として憲法が定め，黙示的に国がもっぱら有する権限，地方がもっぱら有する権限の別を一定の事務領域について定めるものともいうことができようが）地方自治という枠組みの中で，憲法に求められる専占を認め，憲法による理念に基づいて条例が法令よりも優位となるこの可能性が重視されるという理解をすることである。もちろん，専占の法理を用いて，国と地方の権限の明確化に役立てることが可能な側面もある。

　また，南川諦弘先生が，「地方自治体の法と州法の衝突の存否に関する解釈について，州議会の意図，州法の趣旨・目的によるのではなく，州法の目的実現ないし執行を妨げる現実具体的な衝突がなければ地方自治体の法の有効性を肯定する見解や，地方自治体の立法を排斥する州法の趣旨が明白でない限り地方自治体の法の有効性を肯定する見解によって，地方自治体の自治立法権のいわゆる『内容的保護システム』を確保することができる点が注目されてよい」[174]とするところ，わが国の地方公共団体の条例制定権については，上記の地方自治に関する憲法の専占の法理を用いることで，アメリカの地方自治を理解することにつながるのではないかと思うところである。

---

(173)　原田尚彦先生は，ここで私が述べているような地方自治の専占について，「わたくしは，現在，自治体が営む行政の中には，むろん，国の立法政策によって国の事務とも地方の事務ともなしうる領域があることは否定できないと考えるが，地方自治行政の核心部分については，『地方自治の本旨』を保障した憲法の趣旨よりみて国の立法政策のいかんによらず，いわば『固有の自治事務領域』としてその第一次的責任と権限が地方自治体に留保されるべきではないか，と考えている。」（原田・前注(38) 245頁）として，専占の法理について言及されていないものの同趣旨の立場を採っているものと思われる。

(174)　南川・前注(40) 36-37頁。

384

本書を通じて

　以上，6章で簡単に本書の整理をしてきたところであるが，アメリカの地方自治が今日のわが国の地方自治に影響を与えてきたことはいうまでもない。さらに，わが国の地方自治制度が法改正等を通じて改められている中で，憲法上の疑義があると思われることもある。これは，地方自治制度，地方自治の本旨に照らして，時代に逆行する，つまり中央集権的な改革が今日においても行われていることにある。

　こうした状況下で今一度アメリカの地方自治との比較を通じて，わが国の地方自治制度，条例制定権について取り纏めたところである。

　アメリカとの比較を通じて，わが国の条例制定権が拡充できる余地があると感じているが，今後のさらなる研究により，この点を明らかにしたい。

　地方自治制度は，それぞれの国によってあり方が異なり，時代とともに求められるあり方も変遷する。そのような中で，地方自治の中心的役割の一つともいうべき「条例制定」については，時代の変化とともに理論的研究の展開が求められるだろう。

　本書は，その一部についての研究をしたものにすぎず，この研究は途半ばである。今後，アメリカとの比較のほか，条例制定権の研究を進展させ，条例制定についての理論を示したい。

事 項 索 引

◆ あ ◆

秋田市国民健康保険税条例事件 ……… *323*
旭川市国民健康保険条例事件 ……… *323*
アトキンス事件 ……… *83*
アトランタ市 ……… *57*
アベヴィール ……… *56*
アルキスト・プリオロ地震断層地帯法 … *139*
安全で快適な千代田区の生活環境の整
　備に関する条例 ……… *235*
安全配慮義務違反 ……… *211*
伊勢湾台風訴訟 ……… *171*
委任事務 ……… *109*
一院制 ……… *33*
一般的管轄権 ……… *39*
ヴァージニア州海洋資源委員会 ……… *68*
エリー市 ……… *57*
大川小学校訴訟 ……… *175*
オークパーク村 ……… *42*
大牟田市電気税訴訟 ……… *113, 301*
オカラ市 ……… *48*
屋内待避 ……… *181*
オプトアウト ……… *190*
オプトイン ……… *191*
オブライエン・テスト ……… *51*
オブライエン事件 ……… *51*

◆ か ◆

外形標準課税 ……… *288*
開発事業等におけるまちづくりに関す
　る条例 ……… *135*
カウンティ ……… *23*
河川法 ……… *74*
合衆国憲法修正１条 ……… *48*
合衆国憲法修正２条 ……… *42*
神奈川県公共的施設における受動喫煙
　防止条例 ……… *217*
神奈川県臨時特例企業税条例 ……… *287*
過　料 ……… *218*
関係機関共有方式 ……… *186*

カンザスシティ ……… *40*
監査請求前置主義 ……… *264*
議会・支配人型 ……… *34*
機関委任事務 ……… *97*
議決権 ……… *265*
喫煙禁止地区 ……… *229*
喫煙の自由 ……… *207*
教区（パリッシュ） ……… *7*
強市長・議会型 ……… *34*
行政事務 ……… *109*
切り札としての人権論 ……… *333*
警察権 ……… *61*
嫌煙権 ……… *208*
健康権 ……… *213*
健康増進法 ……… *197*
建築基準法 ……… *138*
建築制限 ……… *138*
憲法委任説 ……… *318*
権利放棄の議決 ……… *251, 266, 278*
公益違反説 ……… *284*
公益上の必要性 ……… *260, 262*
公益法人等への一般職の地方公務員の
　派遣等に関する法律 ……… *251*
公開会議法 ……… *36*
公共事務 ……… *109*
高知市普通河川管理条例事件 ……… *74*
合理性審査 ……… *65*
腰パン ……… *47*
国旗冒涜 ……… *53*
固有権説 ……… *111*
ゴンザレス ……… *56*

◆ さ ◆

災害危険区域 ……… *148*
災害時要援護者 ……… *175*
災害時要援護者の避難支援ガイドライン
　……… *183*
災害対策基本法 ……… *177*
罪刑法定主義 ……… *319*
財産権 ……… *319*

事項索引

——規制許容説 ……………………321
——規制不可能説 …………………321
——行使規制許容説 ………………321
佐用町 ………………………………173
三次的喫煙 …………………………214
三新法 …………………………………89
サンフェルナンド地震 ……………139
シアトル市 ……………………………46
シカゴ市 ………………………………42
自己責任の原則 ……………………365
市参事会 ………………………………95
自主行政権 …………………………365
自主財政権 …………………………365
自主立法権 …………………………365
自治憲章制定権 ………………………21
自治事務 ……………………………109
七十七銀行女川支店訴訟 …………176
指定緊急避難場所 …………………171
指定避難所 …………………………171
市民集会型（public comment）……35
下関第三セクター補助金広島高裁判決…268
弱市長・議会型 ………………………34
ジャスパーカウンティ ………………55
住民監査請求 ………………………253
住民自治 ……………………………114
住民訴訟 …………………………251, 264
受動喫煙 ……………………………197
象徴的表現 ……………………………50
条例自主法説 ………………………318
条例定数制度 ………………………105
John F. Dillon ………………………11
植民地自治 ……………………………4
人格権的健康権 ……………………216
人格権の生存権 ……………………216
震災に強いまちづくり条例 ………134
浸水警戒区域 ………………………155
スクールディストリクト ……………23
スペシャルディストリクト …………23
スペンス事件 …………………………52
制度趣旨違反説 ……………………284
制度的保障説 ………………………111
善管注意義務違反説 ………………284
センシティブ情報 …………………192

専　占 …………………………………79
専占の法理 …………………………383
全米自治体協議会 ……………………19
全米自治体連盟 ………………………18
創設規定説 …………………………318
ゾーニング ……………………………18
租税条例主義 ………………………306
租税法律主義 ………………………300, 319

◆ た ◆

大区小区制 ……………………………89
大東水害訴訟 ………………………172
たばこ規制条約 ……………………198
たばこの煙にさらされることからの保
　護に関するガイドライン ………200
団体自治 ……………………………114
茅ヶ崎市最高裁判決 ………………267
地先の安全度マップ …………161~162
千葉市災害時要援護者支援計画 …180
千葉市避難行動要支援者名簿に関する
　条例 ………………………………180
地方公共団体の課税権 ……………297
地方民会 ………………………………93
地方優先行政の原則 ………………365
抽象的危険 …………………………169
町村総会 ………………………………99
直接選挙 ……………………………108
津波浸水危険区域 …………………150
手上げ方式 …………………………186
ディロンの原則 ………………………11
デュー・プロセス条項 ………………49
デルキャンブル ………………………55
伝来説 ………………………………111
同意方式 ……………………………186
東京都子どもを受動喫煙から守る条例…225
東京都売春等取締条例事件 ………324
東郷町建築規制条例事件 …………328
道州制 …………………………127, 130
Thomas M. Cooley …………………353
徳島県南海トラフ巨大地震等に係る震
　災に強い社会づくり条例 ………151
徳島市公安条例事件 ………………308
特定活断層調査区域 ………………151

事 項 索 引

特別意義論 ································· *332*
都市機能 ································· *147*
土地利用規制 ···························· *142*
トレントン市 ····························· *38*
トレントン事件 ··························· *83*

◆ な ◆

内水氾濫 ································· *161*
二院制 ····································· *33*
二元代表制 ······························ *104*
西宮市 ··································· *134*
二層制 ··································· *126*
ヌード規制法 ····························· *61*
ノーザンバーランドカウンティ ········· *68*
ノーザンバーランド土地区画条例 ······· *72*
野蒜小学校訴訟 ··························· *175*

◆ は ◆

バーネス事件 ····························· *10*
ハールバット事件 ························· *10*
バーンズ事件 ····························· *57*
廃藩置県 ································· *87*
幕藩体制 ································· *88*
ハザードマップ ··························· *141*
Bangley-Keene Act ················· *36-37*
避難勧告 ···························· *168, 173*
避難行動 ································· *159*
避難行動要支援者 ······················· *180*
避難場所 ································· *168*
兵庫県受動喫煙の防止等に関する条例 ·· *197*
平等原則 ································· *319*
副次的効果 ······························ *64*
府県参事会 ······························ *96*
府藩県三治制 ····························· *88*

プライバシー権 ··························· *179*
Brown Act ······························· *37*
Presidential system ···················· *101*
ヘラー判決 ······························ *42*
ポイ捨て禁止条例 ························· *227*
法人税法 ································· *291*
法定受託事務 ····························· *109*
法の不知 ································· *242*
法律委任説 ······························ *318*
法律先占論 ······························ *327*
ホーム・ルール運動 ····················· *13*
ホーム・ルール・チャーター ············ *15*
補完性原理 ······························ *116*
補助金 ··································· *251*

◆ ま ◆

マッカーサー草案 ······················· *347*
McFarland ······························· *16*
明示的専占 ······························ *79*
黙示的専占 ······························ *79*

◆ や ◆

ヨーロッパ地方自治憲章 ················· *119*
横須賀市 ································· *137*
横浜市空き缶及び吸い殻等の散乱の
　防止（等）に関する条例 ············· *228*

◆ ら ◆

陸前高田津波訴訟 ······················· *167*
理事会型 ································· *34*
リビエラビーチ ··························· *57*
流域治水 ································· *152*
レイクウッド ····························· *46*
路上喫煙防止条例 ························· *227*

389

〈著者紹介〉

村中洋介（むらなか ようすけ）

1987 年　生まれる。
2014 年　近畿大学大学院法学研究科博士後期課程修了，博士（法学）
同　年　首都大学東京法科大学院助教
2017 年　電力中央研究所社会経済研究所主任研究員
2019 年　静岡文化芸術大学文化政策学部専任講師

〈主要著作〉

　『たばこは悪者か？──ど〜する？ 受動喫煙対策』（単著，信山社，2019 年），『新・基本行政法』（共著，有信堂，2016 年），『ロードマップ法学』（共著，一学舎，2016 年），『判例で学ぶ日本国憲法〔第 2 版〕』（共著，有信堂，2016 年），「大川小学校津波訴訟控訴審判決」自治研究 95 巻 7 号（2019 年），「近時の原発訴訟と司法審査」行政法研究 29 号（2019 年），「災害時の学校・避難場所としての責務」自治体学 32 巻 1 号（2018 年），「災害と国家賠償」行政法研究 16 号（2017 年），「職務質問から逃れた者が抵抗を続け警察官の発砲により死亡した場合の国家賠償が否定された事例」自治研究 93 巻 7 号（2017 年），「原発再稼働に関する訴訟」法学会雑誌 58 巻 1 号（2017 年），「災害対策基本法に基づく地方公共団体の『避難行動要支援者名簿』の作成と個人情報保護」都市問題 107 巻 4 号（2016 年）。

学術選書
204
地方自治法

❀ ❀ ❀

条例制定の公法論

2019年（令和元年）12月20日　第 1 版第 1 刷発行

8234：P410　¥8000E-012-035-005

著　者　村中洋介
発行者　今井 貴・稲葉文子
発行所　株式会社 信山社
編集第 2 部

〒113-0033　東京都文京区本郷 6-2-9-102
Tel 03-3818-1019　Fax 03-3818-0344
info@shinzansha.co.jp
笠間才木支店　〒309-1611 茨城県笠間市笠間 515-3
Tel 0296-71-9081　Fax 0296-71-9082
笠間来栖支店　〒309-1625 茨城県笠間市来栖 2345-1
Tel 0296-71-0215　Fax 0296-72-5410
出版契約 No.2019-8234-4-01011 Printed in Japan

©村中洋介, 2019　　印刷・製本／ワイズ書籍(Y)・牧製本
ISBN978-4-7972-8234-4 C3332　分類 321.000

JCOPY 《(社)出版者著作権管理機構 委託出版物》
本書の無断複写は著作権法上での例外を除き禁じられています。複写される場合は，そのつど事前に，(社)出版者著作権管理機構（電話 03-3513-6969, FAX 03-3513-6979, e-mail: info@jcopy.or.jp）の許諾を得てください。

村中 洋介 著

災害と法
ど〜する防災【水害編】

- Ⅰ 防災ってなに？
- Ⅱ 災害・防災と法
- Ⅲ 水害に関する様々な事件
- Ⅳ 水害に備えるため・水害に遭ったとき
- Ⅴ おわりに

たばこは悪者か？ ― ど〜する？ 受動喫煙対策

- Ⅰ 受動喫煙ってなに？
- Ⅱ たばこの規制は必要なの？
- Ⅲ 嫌煙権ってなに？
- Ⅳ たばこは絶対悪なの？吸う権利はないの？
- Ⅴ たばこを規制する条例にはどんなものがあるの？
- Ⅵ 最近の法改正，条例制定は正しいのか？

信山社